农村新社区建设规划

安国辉　等编著

中国建筑工业出版社

图书在版编目（CIP）数据

农村新社区建设规划／安国辉等编著. —北京：中国建筑工业
出版社，2019.3
ISBN 978-7-112-23074-7

Ⅰ.①农…　Ⅱ.①安…　Ⅲ.①农村社区－社区建设－研究－中
国　Ⅳ.①D669.3

中国版本图书馆CIP数据核字（2018）第287625号

责任编辑：姚荣华　张文胜
责任校对：张　颖

农村新社区建设规划
安国辉　等编著
*
中国建筑工业出版社出版、发行（北京海淀三里河路9号）
各地新华书店、建筑书店经销
北京建筑工业印刷厂制版
天津翔远印刷有限公司印刷
*
开本：787×1092 毫米　1/16　印张：23　字数：569千字
2019年2月第一版　2019年2月第一次印刷
定价：70.00元
ISBN 978-7-112-23074-7
（33159）

本书编委会

主　编　安国辉

副主编　董　硕　张二东

成　员　殷利伟　袁云杰　郭春焕
　　　　刘　丽　胡艳慧　安蕴梅

审稿人　刘秉良

序

党的十九大报告提出实施乡村振兴战略。农业农村农民问题是关系国计民生的根本性问题，必须始终把解决好三农问题作为全党工作重中之重。要坚持农业农村优先发展，按照产业兴旺、生态宜居、乡风文明、治理有效、生活富裕的总要求，建立健全城乡融合发展的体制机制和政策体系，加快推进农业农村现代化。这是我们做好新时期农村工作的总抓手，也为新时期农村新社区规划编制提出了新目标、新方向、新任务。到2020年，要实现"全面建成小康社会"的第一个百年奋斗目标，就必须按照城乡融合发展的目标要求，实现农业全面升级、农村全面进步、农民全面发展，就必须按照《城乡规划法》和《乡村振兴战略规划（2018—2022年）》的要求，深入做好农村新社区规划，建设好农村新社区，管理好农村新社区，全面落实保护农村传统村落，保护农村和农民赖以生存的生态环境，传承农耕文化和农耕文明。

《城乡规划法》颁布实施以来，我国乡村地区的村镇规划取得了积极进展。据城乡建设统计，2016年年底全国已编制总体规划的建制镇17056个，占94.2%；已编制总体规划的乡8737个，占80.3%；已编制总体规划的镇乡级特殊区域594个，占76.6%；已编制农村新社区规划的行政村32.34万个，占61.5%；已编制农村新社区规划的自然村83.03万个，占31.7%；2016年投入规划编制经费35.1亿元。各地在实践中依据《城乡规划法》和"多规合一"的空间规划体制改革要求，积极探索城乡统筹规划与城乡一体化规划，推动了我国乡村地区村镇规划和社区规划的实践探索，发展了我国城乡规划的理论，促进了城乡规划技术方法的进步。

由于我国长期形成的城乡二元结构，城市规划与乡村规划还存在着一定的差别，农村建设规划的特殊性和适用性需求也将在较长阶段客观存在，乡村规划人才缺乏也非短期内能够全面解决，而国家的乡村振兴战略又迫切需要更加科学、更加规范、更加实用、更有利于农民参与的乡村规划，包括以县（镇、乡）为单元的镇村体系规划与农村新社区布局规划（农村新社区布局布点调整规划），以行政村为单元的基层乡村建设规划和以自然村为单元的直接指导实施的乡村整治规划，以及适用于生态移民搬迁、农村新社区调并整合为主的农村新社区规划。在坚持城乡统一法规基础，分层组织实施的基本原则基础上，应根据乡村规划的紧迫性和专业需求的特殊性，勇于改革创新，大胆组织开展乡村建设规划的新实践探索。有针对性地编写、出版适用农村新社区规划建设管理的书籍是社会发展的需要，也是乡村建设和城乡规划行业工作者的职业责任。

我国是一个有着数千年农耕文明传统的大国，当前的中国城镇化进程正处在城乡空间格局形态定形、城乡民俗特色风貌塑造和农耕文化科学传承的关键时期。农村新社区是我国城镇化进程中乡村地区聚落发展的重要形式之一。农村地区聚落空间三十年来的快速变化，自然村落已从20世纪90年代初期的360多万个，减少到21世纪前十年的260多万个，未来还会进一步减少。如何随着新型城镇化进程，发展好保留的农村居民点，保护好各地的传统村落，顺应规律合乎情理地调并空心村落，规划建设管理好农村新型社区村落，进而实现城乡居民基本权益平等化、城乡公共服务均等化、城乡要素配置合理化、城乡产业发展融合化，实现全面建成小康社会的奋斗目标，是农村新社区以及广大乡村地区必须与时俱进与城市共同承担的历史责任。

安国辉教授主持编著的《农村新社区建设规划》，是他和他的团队在广泛参与农村社区建设规划实践的基础上，研究了农村社区的规划内容、任务和技术方法，把握和吸收了农村社区规划的新进展，比较深入地探讨当前农村发展的难点和焦点后形成的。书中农村社区规划基本要素比较齐全，展示了农村社区规划发展的基本走势，覆盖了农村社区规划的多个专业层面，列举了农村社区规划行政管理的基本要求，是一个以农村社区为主体的"多规合一"的艰辛探索与实践总结。本书既可作为高校相关专业的辅助教材，也可提供农村社区建设管理人才培训使用，还可作为农村村干部学习农村社区规划的科普读物。

我祝贺《农村新社区建设规划》的出版。本书的一些观点和规划方法，还需要在实践中继续探索与提升，若能广纳全国农村新型社区规划案例，凡解各地不同的做法路径，此书当更可为之。

我的朋友著名的乡建先行者孙君老师和他的团队也正在努力编写中国乡村建设学系列书籍，期盼着孙君老师的书籍尽快面世，期盼着社会和更多的人士对我国蓬勃展开的系统乡村建设给予更多的关注与支持。

安国辉教授和他的团队为农村规划写书、为农民服务出力，我愿意为之作序。

中国城市发展研究院名誉院长
住房和城乡建设部村镇建设司原司长
中国城镇化促进会副主席兼城市与乡村统筹发展专业委员会会长

李兵弟

2018 年 6 月 27 日

前　言

党的十一届三中全会以来，我国坚持农村生产责任制改革，生产力得到大力发展，农民脱贫致富。在 20 世纪 90 年代，党中央推动乡镇企业大力发展，为农民生活转型奠定了良好的物质基础，也是我国城镇化、工业化发展的重要条件。2006 年党的十六届五中全会提出了"生产发展，生活宽裕，乡风文明，村容整洁，管理民主"的建设目标和任务，社会主义新农村建设出现了新气象。党的十八大以来，坚持把解决好"三农"问题作为全党工作重中之重，持续加大强农惠农富农政策力度，扎实推进农业现代化和新农村建设，全面深化农村改革，农业农村发展取得了历史性成就，为党和国家事业全面开创新局面提供了重要支撑。2012 ~ 2017 年，我国粮食生产能力跨上新台阶，农业供给侧结构性改革迈出新步伐，农民收入持续增长，农村民生全面改善，脱贫攻坚战取得决定性进展，农村生态文明建设显著加强，农民获得感显著提升，农村社会稳定和谐。农业农村发展取得的重大成就和"三农"工作积累的丰富经验，为实施乡村振兴战略奠定了良好基础。习近平总书记指出："中国要强，农业必须强；中国要美，农村必须美；中国要富，农民必须富"。2015 年 6 月 1 日，中共中央办公厅、国务院办公厅印发了《关于深入推进农村社区建设试点工作的指导意见》，并发出通知，要求各地区各部门结合实际认真贯彻执行。党的十九大报告提出：实施乡村振兴战略。农业农村农民问题是关系国计民生的根本性问题，必须始终把解决好"三农"问题作为全党工作重中之重。要坚持农业农村优先发展，按照产业兴旺、生态宜居、乡风文明、治理有效、生活富裕的总要求，建立健全城乡融合发展体制机制和政策体系，加快推进农业农村现代化。提出了新农村建设目标和任务，新农村的建设出现了新气象，进入新时代。在近 70 年的发展中，我国农村、农民、农业发生了巨大的变化，2017 年我国粮食生产能力增至 1.2 万亿斤，主要农产品供给充足；农民人均年收入超 1.2 万元，6000 多万贫困人口稳定脱贫；农业绿色发展势头正劲，生态文明成为美丽乡村建设行动指南。农业农村经济稳中向好、稳中向新，成为经济社会转型发展的"稳压器"，为我国经济社会持续健康发展夯实了根基，农业供给侧结构性改革正在出现新的发展局面。但在长期的发展与建设中也形成了我国的城乡二元化的社会形态，形成城乡发展不平衡的状态，构成新时期经济社会发展的主要矛盾。习近平总书记指出：要坚持乡村全面振兴，抓重点、补短板、强弱项，实现乡村产业振兴、人才振兴、文化振兴、生态振兴、组织振兴，推动农业全面升级、农村全面进步、农民全面发展。要尊重广大农民意愿，激发广大农民积极性、主动性、创造性，激活乡村振兴内生动力，让广大农民在乡村振兴中有更多获得感、幸福感、安全感。要坚持以实干促振兴，遵循乡村发展规律，规划先行，分类推进，加大投入，扎实苦干，推动乡村振兴不断取得新成效。

农村新社区是一个有机的生命体，存在形成、成长、壮大、消亡的自然规律。伴随我国经济社会的发展与建设，千百年形成的村庄将发生前所未有的巨变。农村新社区就是新时代农村发展与建设的新生事物。由过度分散的村庄向中心村聚集，农民居住向城镇化标准方向发展，实现城乡一体化、一家一户经营的模式向农业产业化方向发展，传统的农民向现代化新型农民转化，成为社会主义新农村的主导发展方向，农村出现了建设的新格局。这是我国解决"城乡二元化结构构"与"三农"问题的根本出路，也是人类社会发展的必由之路，也是实现"两个一百年"目标和建设全面小康社会目标的基本诉求。

农村新社区规划与建设，已在我国广大农村蓬勃发展，势不可当，成为我国未来新农村建设与发展的一个主要方向。在新的形势下，我们结合几年来完成的农村新社区与新社区规划项目、员工的专业知识和工作的实践经验，以及对新社区规划发展方向的研究，决定撰写这本书。目的就是总结我们的完成项目和研究的成果，提升公司员工的专业技术水平，同时也为我国新农村社区建设增砖添瓦，贡献一点力量。

农村新社区规划是新时代农村发展与建设的新生事物，没有固定的理论和模式。但农村新社区规划是一个和过去众多规划不同的规划：一是它的规划主体与以往其他规划不同，已有的规划主体基本上是政府和政府相关部门，而它的主体则是农民；二是规划的内容不同，已有的规划都有特定的内容和规程标准，但它是一个集总体规划、专项规划和控制性详细规划于一体，集乡村建设规划、农村新社区规划、生态环境保护规划等规划于一身的高度综合性规划，实属于典型的小空间"多规合一"的规划，许多内容、标准待研究；三是规划的步骤和程序不同，以往的诸多规划是"自上而下"的规划，而农村新社区规划是"自下而上"的规划；四是它的方法必须是公众参与，是在农民自愿、需求的基础上的规划，规划内容要做到"公开、公平、公示"；五是它的规划模式也与原来已有的也不同，它是目标结构规划和空间布局规划并重，重点突出空间布局规划的模式；刚性规划和弹性规划并重，刚性规划最强的规划；与原来已有的相比它是综合性最强、实施性最为突出的规划；六是它的规划对象是"最小的国土单元"，它的规划应该是最小单元的"国土规划"。对于它的规划内容是原来诸多规划所没有的，规划的内容、方法、理念都要创新。因此，我们在这本书中大胆提出了自己的一些看法和理念，很不成熟，试图做到抛砖引玉，愿意和同僚共同探讨这个新领域，以推动我国社会主义新农村的新社区的建设与发展。

本书主要由河北安远规划设计院员工参与编写。安国辉负责第一章、第二章、第四章、第五章、第六章、第十章；殷利伟负责第三章、第九章；张二东负责第七章；第八章的实例则是由刘丽、袁云杰、郭春焕所做项目的成果提供；胡艳慧负责第十一章；董硕负责第十二章、第十三章撰写；第十四章由安蕴梅撰写。终稿由教授级高级工程师、院总工程师刘秉良负责审稿。

本书在完成过程中得到河北省住房和城乡建设厅、河北省小城镇协会、河北省国土资源厅的大力支持，主要有河北省住房和城乡建设厅桑卫京、吴铁、鲍龙、张力、封刚、李忠、吴永强、冯锐以及河北省小城镇协会盖文生会长的大力帮助，在此一并表示感谢。

由于许多概念和理论的不成熟，规划知识方面的欠缺，对于农村新社区的实践经验不足，书中诸多内容还值得推敲，书中存在着各种各样的不足与缺陷，问题还很多，望各位读者予以批评指正，在此谨表谢意。

目　录

第一章 农村新社区建设综述

第一节 农村新社区的概念

一、社区概念辨析

1. 社区

关于社区的概念，目前还没有确切的定义。据世界著名的社区专家、美国匹茨堡大学社会学家杨庆堃教授统计，对于社区解析约有 140 余种说法。最早见于德国社会学家腾尼斯于 1887 年出版的《社区与社会》一书，他认为社区是基于亲族血缘关系结合而形成的社会联合，在这种社会联合中，情感的自然意志占优势，个体的或个人意志被感情的共同的意志所抑制。美国社会学家内斯比特（RobertA.Nesbit）认为社区是社会科学重点关注的基本单位，他说："社区是最基本的、最广泛的社会学单位概念。毫无疑问，社区的重新发现标志着 19 世纪社会思想最引人瞩目的发展……其他任何概念都不曾如此清晰地将 19 世纪与前一时代，即理性时代区分开来。"按现代理解为指居住生活服务社会管理体制，是指居住区建设具有良好社会和人际关系的一种更为和谐的人性化的居住空间。德国社会学家图奈斯（Tonnies）提出形式社区应具备四个条件：有一定的社会关系，在一定的地域内相对独立，有比较完整的公共服务设施，有相近的文化及价值认同感。所以有些国外学者认为社区是人、建筑、街道和社会关系构成的社会空间。

中文关于社区解析最早来源于我国社会学者对于英文的翻译，由英文"community"一词译来，其原意是指公社、团体、社会、公众，以及共同体等，译为"社区"，意在强调这种社会共同体存在于一定的地域之内的。《中国大百科全书》中对于社区的定义为：通常指以一定地理区域为基础的社会群体。它至少包括以下特征：有一定的地理区域，有一定数量的人口，居民之间有共同的意识和利益，并有较密切的社会交往。社区与一般的社会群体不同，一般的社会群体通常都不以一定的地域为特征。所以，我国社会学家认为社区是指聚集在一定地域范围内的社会群体和社会组织，是由一套规范和制度结合形成的社会实体，即是一个地域生活的共同体。

我国关于社区的概念首先是在城市的基层组织中提出，是城市居住区的社会管理体制中的基层单位，是指在社会管理体系中城市管理的最小的基本单位。总之，对于社区的理解可以认为：社区是一个地理空间的范畴，占有一定的地域空间；它是由生活在这个空间的人群组成，这些人群具有一定的情感意志以及规范制度来约束，组成一个小的社会实体；其实质上就是一个社会空间，对其研究就是从一定空间角度研究社会；它是社会的组成部分，社区实质就是社会结构中的一部分，社区的变迁就是经济社会的变迁的一个缩影。

2. 社区组成要素

社区组成主要有以下六个要素：

（1）地域要素 从概念可以看出，社区首先是一个地理空间，是个地域性社会，是一个有自然环境的空间，要有一定的地理位置、一定的资源条件、气候条件、生态环境条件的社会，来满足人们生产生活的需要。地域可大可小，一般认为，作为社区的地域宜小不宜大（如小城镇、村落或是城市中的某片区域以及居住区），是社区研究与管理的空间范围。

（2）人口要素　社区是由一定人群组成的生活共同体。人是社区的主体，所以社区建设首先要有"以人为本"。人口的研究主要有人口的数量与发展、人口的构成与空间分布、人口的流动与就业、人的需求与幸福指数等指标，对于人口的研究应该作为研究与管理社区的基本任务。

（3）物质要素　社区是个相对独立的社会生产生活单位。因此，社区内要有一定的物质基础，即完善的公益设施和良好的基础设施，用来满足生活在这个社区中人们的生产生活的物质需求和精神需求。社区规划设计的重点是合理的布局居住用地、基础设施建设与公益设施的配套。

（4）区位要素　作为一个地域和人口活动的空间，存在着时间与空间的两重性，并呈现出一定的规律性变化。不同的社区，时间利用也不尽相同；同一社区内不同的人口活动时间也不相同；不同人群人的活动内容也不相同，所以对于时间利用也就不同；对于空间利用也存在着很大的差别。所以，研究一个社区，要从多方面研究人群的活动空间。

（5）结构要素　社区是有组织的社会生活体系。生活在社区内的成员要有组织体系与管理网络，按照一定的制度维持秩序，保障生活在社区中人员的良好生产与生活环境，组织管理是建设社区的基本条件。组织是有结构的，由于社区规模大小不一，规模较大的社区内部组织也会多样化，使得组织结构复杂化；不同层次的组织结构也使得社区内人的关系复杂化；社区不是一个封闭的系统，与外界有着千丝万缕的联系，通过种种组织与外界在社会、文化、政治、经济等方面建立密切的联系。

（6）社会文化心理要素　生活在同一地域中的社区成员，有着相互依赖、相互联系的社会交往习惯，有着共同的理想目标、价值观念、信仰、归属感、风俗习惯，也就是传统的人文文脉，即共同的社会文化意识。从社区整体上分析，个体生活在社区中，个体的心理、言行、态度均会受到所在社区的影响；个体在生活中要对所在的社区拥有认同感和归属感。总之，生活在一个社区中的人要以一定共同认可的社会文化为基础。

二、农村新社区

社区本意包括城市社区和农村社区。现在把新社区引入建设社会主义新农村中来，是指由多个农村新社区组成的新的农村居住区域，它是由"农村居民点"转化为"农村新社区"的名称解析。它隶属于乡镇级管辖下的农村社会居住区，比起一般单体农村结构复杂得多，有齐备的基础设施和完善的公益服务设施；生活条件与生活环境犹如城市的社区，但它又比城市社区要复杂一些，还要考虑适应农村生产生活需求的因素。所谓农村新社区其实质就是适应现代化农村生活标准的农村宜居居住区。也可以理解为我国农村由原来的镇—乡—中心村—基层村的结构体系向镇—乡—中心村体系结构发展，逐步取消基层村，逐渐向中心村集结。

2015年6月1日，中共中央办公厅、国务院办公厅印发了《关于深入推进农村社区建设试点工作的指导意见》，要求以全面提高农村居民生活质量和文明素养为根本，完善村民自治与多元主体参与有机结合的农村社区共建共享机制，健全村民自我服务与政府公共服务、社会公益服务有效衔接的农村基层综合服务管理平台，形成乡土文化和现代文明融合发展的文化纽带，构建生态功能与生产生活功能协调发展的人居环境，打造一批管理有序、服务完善、文明祥和的农村社区建设示范点，为全面推进农村社区建设、统筹城乡发展探索路径、积累经验。

党的十九大报告要求，实施乡村振兴战略。农业农村农民问题是关系国计民生的根本性问题，必须始终把解决好"三农"问题作为全党工作重中之重。要坚持农业农村优先发展，按照产业兴旺、生态宜居、乡风文明、治理有效、生活富裕的总要求，建立健全城乡融合发展体制机制和政策体系，加快推进农业农村现代化。建设社会主义新农村，不仅是新社区的物质建设，还应该包括农村的政治建设、经济建设、社会建设、文化建设、生态建设"五位一体"的内容，这是建设社会主义新农村的真谛。农村新社区是指彻底改变农村现状，建设适应现代化农业发展、现代化宜居农村生活和现代化农民居所的城镇化标准的新农村，这才是建设社会主义新农村的根本出路。所谓农村新社区，就是打破原有农村的形态，建设具有一定人口规模的、基础设施完善、公益设施齐备、适应现代化生产、生活需要的新的农村社区，从根本上改变原来村庄"小、散、乱"的空间布局、农村"脏、乱、差"的居住环境，为了满足农民的"衣、食、住、行"的生产生活的需要，营造类似城镇生活"生态宜居"的环境，重构农村河山，使农村生活环境不亚于城市，从根本上解决城乡二元化的问题。

农村新社区建设与规划是时代提出的要求，也是历史发展的必然。目前，我国农村面临经济社会的转型，要由数千年来形成的一家一户的小农经济形式向现代化农业经济转化，发展集约化经济、产业化经济是时代的要求。因此，农村出现了前所未有的重新建设的大好局面，在许多具备建设新社区的地方，一步到位地建设新社区，是我国农村发展的一条必由之路。当然，我国农村差别很大，对于那些还不具备建设新社区的农村也要有计划地逐步实现这一目标。只有这样，才会真正实现建设社会主义新农村的目标。

农村新社区建设规划不同于城市社区建设规划，其本身具有特殊性，在新时代，农村新社区建设属于新的中心村的建设。其域内建设属于田间工程规划设计，村内建设属于乡村建设，所以农村新社区建设规划属于城乡规划设计与田间工程规划设计的结合产物。特别是在党的十九大以后，乡村振兴战略成为新时期新的重点建设任务，要与时俱进，编制新时期农村新社区规划，适应新时代发展的需求。

新时期社区建设规划属于小空间"多规合一"的规划，它是集农村新社区建设规划、土地利用规划、环境保护与生态文明建设等诸多规划的综合性规划；它的规划主体是农民，它的规划路线是"自上而下"与"自下而上"相结合的方式；它的规划模式是目标规划与布局规划并重、突出布局规划的模式；它的规划技术路线是总体规划、专项规划及控制性详细规划于一体的规划，是城乡规划设计、田间工程规划设计综合性的规划设计。

三、农村新社区的性质

1. 地域性

农村新社区实质上是个农民的居住区域。比起原来对村庄的称呼——农村居民点来说，相对是大了许多，由"点"变为"区"，从地理概念上讲，也是有了数量和质量的变化。由社区代替农村居民点，不仅是数量的变化，重要的是质量上将发生巨大的变化，这也符合我国经济社会转型、经济社会由量发展向质发展的大背景。任何社区都在地球表面有个固定的位置和固定的地理坐标表示，而且是不可替代的。社区除了居住点外，还包括了一定的村域土地面积，是形成国土基本单元组成部分，新农村社区的规划也要包括村域规划设计的内容。

2. 社会性

农村新社区是属于整体社会的组成部分，是社会管理的基本单元，是社会管理层次的末端。因此，经济社会所具有的特性和功能一般来说社区都具备。它处在经济社会这个大的系统中，其中的人流、物质流、能量流、信息流无不灌输和流经这个末端微系统中来。所以，农村新社区是整个经济社会大系统的组成部分，是落实各项基本国策的最小基本单元，即是整个经济社会组成的最小细胞，其社会属性就显而易见了。

3. 前瞻性

建设农村新社区具有明显的超前性。面临建设社会主义新农村重大任务，农村应该如何建设？的确是个新问题。我国农村存在极其不平衡状态，不能一概而论，对于建设的主要方式有两个：一是按照原有的农庄修修补补，搞些整治，是个简明快捷的道路，也是最行之有效的办法，对于一些相对落后和比较贫穷地区是适应的；二是对于许多条件较好农庄来说，要建设农村新社区。假若修修补补解决了暂时问题，但解决不了长远的问题，过些年回过头来再做大的调整改革，也是个不小的浪费，就不如一步到位，从彻底上改变农村的问题。所以，建设农村新社区明显地突出了超前性。究竟哪些地方需要村庄整治？哪些地方需要建设新社区？不应该做出具体规定，应由地方从实际出发，结合农民的愿望，因地制宜地做出切实可行的决策。面对我国经济社会的快速发展，建设用地与保护耕地的矛盾日益突出，伴随城镇化和农村机械化的发展，农民转入城镇的数量急剧增加，农村人口将会大幅度减少，农村建设用地也将会出现较大幅度的减少，将剩余在农村的农民聚集起来也将是经济社会发展的必然趋势。这也是将农村建设用地转入城镇建设用地的机遇和必然，通过资源的有机整合，缓解和减少经济社会发展中人地之间的矛盾。

4. 集约性

新社区建设是由自给自足的小农经济向集约化、产业化经济发展的必然道路。农村存在的问题最主要是生产资料、产业结构、经济模式、经济组织、消费形式与环境过度分散，进而造成巨大浪费和难以组织。要从根本上改变农村这种现状，只有走集约化、产业化的道路。要实现集约化经济发展的道路，必须首先从农村居住形式上变革，改变散、乱、小的居住环境，这就把建设农村新社区提到议事日程，这也说明农村新社区的建设不是心血来潮，而是时代与经济社会发展的必然。而只有居住环境的变革，才能实现集约化发展的愿望，否则，集约化发展农村经济将成为一句空话。过度分散的农村在建设新农村时，势必对于建设的物质、资金、人力等方面带来巨大的投入，往往是造成投入大、效果差的局面，而只有把农村聚集起来，则会形成事半功倍的效果。

5. 组织性

我国农村经济社会发展的问题也就是在于组织农民。组织农民首先是要有组织的形式，仍然过度地分散、各自为政的格局，是不可能把农民组织起来的。所以，建设农村新社区就是组织农民的一种最好的方式。现代化的社会需要组织、集约化的经济需要组织、解决农民的问题需要组织，组织是经济社会发展必需的存在形式。现实中，我国农村基本上实施村民自治，社区要组织村民开展民主选举、民主决策、民主管理和民主监督的活动，这也是基本功能之一。因此，建设农村新社区就是为了建设现代化集约经济和解决农民问题必须采取的一种社会组织形式。社区对于整个社会来说，就是一个最基层的社会管理单位。也可以认为这是组成整体社会的一个细胞。我国农村建设的经验告诉我们，只有把农民组织起来，才能实现共同富裕的发展道路。

6. 可持续性

当今经济社会发展的主要问题是经济发展与人口、资源、环境的诸多矛盾。经济社会发展需要建立节约型、集约型的社会。就社会主义新农村建设来说，过度分散的格局对于各种建设来说，都要加大物质、财力与人力投入，势必造成巨大浪费，与经济社会发展的趋势和基本规律相矛盾，这就使得对于农村建设要有充分研究与分析，过度分散的村庄对于节约型经济社会发展是不利的，不符合可持续发展的方针目标。因此，建设社会主义新农村要走可持续发展的道路，就必须建设农村新社区，才是一条正确的发展道路。

综上所述，农村新社区的建设是经济社会发展的必然，是由自给自足的小农经济向现代化农业经济发展的根本性转化的必然趋势。是解决"三农"问题的根本出路，也是未来农村经济与社会发展的必然趋势，所以，建设农村新社区是代表我国农村未来发展的必由之路。

第二节　农村新社区的功能与分类

一、农村新社区的功能

农村新社区是一个具有自然、社会、经济特征和职能的综合体，农村新社区除主要承担农业外，还包括工业、交通运输业、建筑业等物质生产以及非物质生产的功能，同时还包括政治、文化、风俗等人类的载体。农村新社区是一个安排农民生产、生活以及其他社会、经济、文化、生态等活动的居住区。

1. 居住功能

农村新社区仍然是农民的居所，所以居住功能是新社区的基本功能。不过新社区的居住环境和条件将会有根本性变化。首先，因为统一规划、统一建设，居住的房屋质量会有很大提高，改变过去一家一户建房的格局，过去许多农户因建房财力不足，凑凑合合建房，房屋建筑质量得不到保障，使得房屋使用周期大大缩短，建房是农民最大负担和造成一些农户返贫；二是农村新社区的基础设施和公益服务用房齐备，使得农民一切生产生活得以适应现代化的需要，免去一些农户因建房空间、材料不足，不能建设所有用房，影响生产和生活需求；三是农村新社区建设改变了农民的消费环境，为提高农民生活带来保障；四是通过农村新社区建设，改善农村原有的居住环境，使得农村居住条件基础设施完备、公益设施齐全，并不亚于城市，从根本上改变城乡二元化的结构，使得农民真正获得"生态宜居"的优良居住环境。

2. 社会活动的功能

我国面临社会转型期，农民对于生活要求的标准也在提高，在解决了温饱问题以后，精神需求已经提到议事日程。农村新社区的主要功能之一就是满足农民各种物质与精神文化生活需求，这也是旧农村新社区不能满足农民需求的严重缺陷。首先是农村中的社会管理功能，建立起政府行政管理与社区自我管理有机衔接的农村管理体制，完善我国村民自治的基层建设制度和社会保障制度，维护地方治安、调节民间纠纷的职能；其次是农村新社区实现基础设施和公共服务功能的现代化，使的农村社区道路硬化、亮化、绿化、美化，完善社区照顾、卫生保健、社区环境卫生等多项职能；再者就是农村新社区的建设要从农民的精神文化需求上做文章，完善文化、教育、科技的功能，建设现代化的行政管理中心，文化图书室，现代科技传播室，党员、老、青少年活动室，影剧院，文体活动场所，红白喜事活动场所等公益性场所，这是农村新社区的基本功能之，也是建设"乡风文明"的重要载体。

3. 商服功能

农村的交易、商服是农民生产与生活中一项重要的、必需的活动，通过交易使得农民生产的产品转化为商品，体现出农产品以及农民劳动的价值。通过商业服务业的发展，换取农民生产与生活中所需要的物质，是改善农民生产与生活的重要渠道。现代服务业主要的方式是建立现代物流业，在这方面农村市场、物流园区远远不足。农村和城市相比较，就是商业服务设施严重不足，使得许多农民有钱无处花，也给农民生活带来不方便。农村的集贸市场也是在空间上零星分布的，若干个社区一个集市，间隔几天才有一个集市，不大方便农民交易。农村新社区建设就是要建设完善的商业服务设施，譬如农村超市、较大型商场、商店、各类专用商品商店、物流园区以及服务设施，方便农民的生活和生产。

4. 现代化交通功能

交通是农民生产与生活中"行"的问题，是物流、能量流、信息流和人流的重要载体。村中交通包括村内交通、对外交通和田间交通。原来的农村最主要的问题就是街道狭窄、胡同窄长，通过能力很小，只能通过小胶轮的两轮车，相对过两辆拖拉机都困难，远远满足不了现代化机械化生产生活的需求；丁字街、死胡同比比皆是，交通极为不便；在山区一些村庄零星分布在山沟中，彼此交道极为不便，这是旧村庄一个基本的现状，也是建设农村新社区最主要的任务之一。通过新社区建设，例如在平原区，农村新社区的主要干道不少于20m，次干道12～15m，胡同也不低于4～6m，农村之间道路不小于5m，对于现代化的家庭来说，即使有了汽车也完全可以通行。安排用于交通的停车场。农村新社区的对外交通主要借靠国家与地方交通的建设，使农村新社区与外界沟通，形成物流的基本要素。通过农村新社区建设，也可以把农田中的道路进行整治，通过田、渠、井、路、林、电综合治理，一方面改善农业生产条件，另一方面也可以增加有效耕地面积。

5. 满足现代化消费功能

伴随经济社会的发展，农民较快富裕起来已经是个客观事实。为了满足富裕起来农民的需求，通过农村新社区建设，配备各种商业服务设施和公益设施、集贸市场，改变过去由于农村新社区小而不可能建设这些设施的缺陷，通过聚集和集约化发展，形成农民生产生活的现代化社区环境，满足富裕起来的农民新的消费需求，建立城乡统筹一体化的市场消费环境，使得农副产品快速流通，增加农民收入。目前我国农村的消费能力将要超越城镇，这也是一个不争的事实。同时通过"产业融合"也加大第三产业的发展，提高农村剩余劳动力就业的机会，改变农村传统的产业结构，促进农村经济社会的现代化发展。

6. 继承传统文化的功能

农村新社区与城市社区不同的地方就在于农村是我国传统文化的载体。农村中的农耕文化、乡土文化、孝道文化、宗族文化、宗教文化、邻里文化等文化内容与城市存在着差别，存在大批量的非物质文化遗产。所以，建设农村新社区时，必须考虑这一事实，农村的宗族、宗教广泛存在，一些地区是宗教的集中区，对于宗教因地而异地建设教堂、寺庙等场所。对于宗族的祭祀问题，要有充分的安排，往往可把这种场所与白事活动场所安排在一起；农村中原有的文化是我国传统文化的底蕴，继承和发扬传统文化主要是从农村中发掘，充分保护历史非物质文化遗产。农村新社区的文化建设和传统文化保护是新农村建设的重要内容。

7. 生产功能

农村具有利用农村新社区安排一些生产活动习惯，如庭院经济、家庭作坊、家禽养殖、前店后厂等多种生产形式。建设农村新社区后，这些方面有些可能不再存在，如家庭种植、家庭作坊，要放在生产聚集区安排，形成基础设施完善的产业社区。另一方面，现代农业的发展要求实现农村产业融合发展，要改变过去农村单一农业发展的格局，实现一产、二产、三产融合发展是现代农业的根本出路，是农业发展的基本目标，也是实现"产业兴旺"发展目标的途径。用聚集的方式把农村乡镇企业聚集起来，建设现代化的农村工业体系，也是我国农村产业社区的发展趋势；但有些涉及农业生产的需求还必须安排，如大型机械存放场、小型粮食储备库及晾晒、村周边养殖场等内容还需做出规划设计。

二、农村新社区的类别

因我国农村复杂多样，与周围环境的关系十分密切，不同区域的新社区聚落内部的组成要素、结构与布局（如经济职能、自然环境、社会条件、村落形态、房屋建筑形态结构）等因素不同会形成不同的类型，从不同的角度可以分为若干种类。

1. 按功能分类

按照产业功能可分为居住社区、产业社区、商贸社区、文化社区、交通社区、旅游社区等；按照行政功能可以划分为集镇（乡政府所在地）、中心村、农村社区等层次。

2. 按人口规模划分

可分成万人大型社区（人口规模超万人）、数千人中型社区（大于 1000 人，小于 1 万人）；数百人的小型社区（大于 100 人，小于 1000 人）；数十人社区，即仅有几十个人的微型新社区。

3. 按距城市远近分类

可分为一般型农村新社区和城郊型农村新社区。一般型农村新社区指位于城镇规划区范围以外的新型农村社区；城郊型农村新社区指位于城镇规划区范围以内，城镇规划建设用地范围以外的新型农村社区，布局规划时应充分考虑与城镇发展的关系。

4. 按地貌形态分类

可分为平原社区、丘陵社区、山区社区、高原社区、滨海社区等。

5. 按农业产业分类

可分为农业社区、林业社区、牧业社区、沿海渔民社区、旅游观光社区等。

6. 按建设模式划分

可分为城中村改造型社区、旧村庄完善型社区、新社区合并型社区、服务共享型社区和整体搬迁型社区等。我国自东向西、由南到北条件差异很大，因此，以上各种形态的新社区都存在。

7. 按对旧有农村社区的整合情况划分

可分为单村独建型农村新社区和多村合建型农村新社区。

单村独建型新型农村社区指一个行政村或一个行政村内部几个自然农村社区单独建设新型农村社区的建设方式。多村合建型新型农村社区指两个以上行政村或多个自然村共同建设一个新型农村社区的规划建设方式。

三、农村新社区用地分类

广大的农村对于土地利用的问题是社区建设的核心问题，因为土地承载了社区建设的全部内容，是农民生产、生活的主要载体。它不同于城镇仅考虑建设用地即可，因为农村的主体是农业用地，是土地利用的主要对象，因此，农村土地利用的分类，一方面要考虑农村建设用地的分类，另一方面也必须研究农业用地分类。所以农村新社区对于土地的分类要面对土地利用分类和城镇建设用地分类两种分类。

1. 土地利用分类

（1）土地利用的概念

土地利用是人类为了某种目的，对土地所进行的干预活动。也就是指在特定的社会生产方式下，人类依据土地的自然和社会经济属性，进行有目的地开发、利用、整治和保护活动。正如威廉·配第所说："劳动是财富之父，土地是财富之母。"充分说明了人类以土地为劳动对象（或手段），利用了土地的性能，达到人类利用土地的目的，反映了人与土地的关系。

土地利用，包括生产性利用和非生产性利用。土地的生产性利用，是把土地作为主要的生产资料或劳动对象，以生产物品和矿物产品为主要目的的利用，也可以说是土地的直接利用；土地的非生产性利用，亦称间接利用，主要是利用土地的空间和承载力，作为各种建（构）筑物的基地、场所，不以生产物品为主要目的的利用。

土地利用的后果有两种：一种是好的、良性的合理利用，即从非集约化的利用向集约化转变，使土地生态环境不断地向良性发展，并取得良好的生态效益、经济效益和社会效益，使土地不断得到可持续利用。另一种是坏的、恶性的不合理利用，也就是对土地的滥用和掠夺性利用，造成土地生产力下降或土地生产力不能得到恢复，直至完全损失。

（2）土地利用分类

土地利用分类，是人类对土地利用实践中的必然结果。人类的活动要根据不同的目的对土地进行干预，从而改变土地的利用结构。为了组织安排土地利用，就要不断调整土地的结构，也就是不断改变土地利用的类型。土地的分类也要根据人类对土地利用的需要进行调整。2007年，国土资源部为了完成全国第二次国土资源大调查，即为全国最新的土地利用分类，采用二级分类体系，12个一级地类、127个二级地类。12个一级地类包括耕地、园地、林地、牧草地、商服用地、工矿仓储用地、住宅用地、公用管理与公共服务用地、特殊用地、交通运输用地、水域及水利设施用地、其他未利用土地（详见本书附表一）。

（3）农村新社区建设用地分类

农村新社区建设用地要按照国家制定的《城乡用地分类和代码》执行。这是最新的用地分类，比以前城市建设用地分类有不少的改动。在新国标建设用地标准中，分为两个层次：一是城乡用地分类，共分为 2 个大类、8 个中类、17 个小类。两个大类即为：建设用地（H），其中包括五个中类：城乡居民点建设用地、区域交通设施用地、区域公用设施用地、特殊用地和采矿用地；非建设用地（E），其中包括水域、农林用地和其他未利用土地三个中类和 17 个三级地类（详见附表二）。

在农村新社区建设中，主要用地类可按照城乡用地分类对于区域内的建设用地进行分类。对于农村新社区内的建设用地分类参照城市建设用地分类（详见本书附表二）。

2. 土地利用结构与布局

（1）土地利用结构

土地利用结构亦称"土地结构"、"土地构成"，是指在一定区域范围内各种土地类型的土地面积所占该区域总量的百分比。换句话说，就是某区域内各种土地利用类型土地面积所占土地总面积的比重，它是土地利用面积绝对量的相对数表现方式。土地利用结构分析是对一个地区内不同利用类型土地面积所占比重的分析；土地利用结构调整，就是区域内各种地类的结构比由一种集合状态变化到另一种集合状态的调整，如土地利用总体规划就是由基期年的结构调整为规划年结构。区域的土地总面积是个定值，土地利用结构总量为100%，土地各种类型的数量变化表现为结构的变化，反之，土地利用结构的变化，则是反映了土地利用类型面积数量的变化。调整土地利用结构，实质就是调整国民经济各用地部门用地的数量即结构比。

（2）土地利用布局

土地布局亦称"各种用地配置"，是指在一定区域范围内，各种不同的土地利用类型规模和利用方式在区域内的安排。是根据国民经济的发展、各部门、各企业对土地需求，考虑土地资源的数量质量和适宜性以及人口、市场位置、交通运输条件等因素，所进行的土地资源的合理分配，并确定土地的不同功能和区域分工，以合理配置不同用途的土地，实施与各种土地利用有关的措施（如道路、渠道、水工建筑等）的整个过程。土地利用布局，是在土地利用过程中进行宏观和微观控制的一种措施和手段。这种措施不是一成不变的，它是随社会制度、土地使用制度和生产关系变化和生产力发展而变化的，并受自然因素、经济因素、技术因素和社会因素的制约。土地利用布局的任务是：建立土地利用现状分布，在不同部门和不同用途之间合理调整分配，确定各类用地的比例、规模、空间位置和界限，既能充分、合理利用全部土地，又能最大限度地满足各部门、各项目在数量和空间上对土地的需求。

3. 用地标准

对于社区内建设用地的人均建设用地标准、人均居住用地面积指标、规划建设用地结构、城乡用地汇总表、城市建设用地平衡表等相关规定，要参照《城市用地分类与规划建设用地标准》GB 50137—2011 执行。按照标准的规定，农村人均建设用地为 55 ~ 150m^2。按照现状分析，一般农村人均建设用地都超标，这也是农村建设用地具有较大潜力的基本原因。

城市建设用地的分类、标准、人均建设用地标准，仅是农村建设用地的一个参考，它不能完全代表农村建设用地需求。因为农村的生产、生活以及文化的底蕴不同，在建设用地上是和城市有区别的。例如，农村实现了机械化，大型农机的存放需要场地；农村的粮食收完后需要晾晒；农村是传统文化的载体，宗族文化的祭祀用地等，这些用地在城市用地中是不存在的。因此，在农村建设用地分类中，要依据农村建设的需求，研究具体用地分类的类型，以满足农村新社区建设的需要。

第三节　农村新社区建设的意义与任务

一、农村新社区建设的历史意义

1. 农村新社区规划是前所未有的

从我国农村发展的实际情况分析，多数农村社区从未编制过农村社区规划，更没有编制过新社区规划。因此，首先是现在进行的农村社区规划，是有史以来第一次全面系统地编制农村新社区规划，对我国建设社会主义新农村来说具有划时代的意义。第二，农村新社区是我国社会主义新时期建设中的一项重要任务。社会主义新农村建设的目标是到2020年全面建成小康社会，进而到2035年建设现代化农村以及到2050年实现建设成社会主义强国的伟大目标。要实现这些目标，就要消除城乡二元化结构，解决好"三农"问题，消除城乡之间发展的不平衡以及满足农民向往美好生活的新需求。因此，编制农村新社区规划是历史赋予我们的重要任务，具有深远的历史意义。第三，农村新社区建设是实现"生态宜居"目标的重要组成部分，是我国社会主义新农村居住的一场革命。

2. 农村新社区建设具有重要的历史意义

从历史发展角度分析，我国农村社会自新中国成立以来经过三次大的变革。第一次是新中国成立前后的土地改革，打破几千年来土地私有制，使得亿万农民翻身得解放，获得了最主要的生产资料——土地，彻底实现了"耕者有其田"的目标，是我国取得革命胜利的主要象征。第二次是1978年党的十一届三中全会后实施的农村改革，建立实行了土地联产承包责任制，调动了亿万农民生产的积极性。这次农村变革也是一场革命，并且取得了巨大胜利，有力地推动了我国经济社会的进步，为我国改革开放40年的经济社会发展带来了前所未有的动力和能量。第三次就是目前进行的乡村振兴发展战略，也是我国农村面临的又一场深入的变革。与前两次不同的是，这次主要是彻底改变农村经济社会形态的变革，它不仅仅是生产资料的变革，而且是农村经济社会的根本变革。党的十九大报告指出，中国特色社会主义进入新时代，我国社会主要矛盾已经转化为人民日益增长的美好生活需要和不平衡不充分的发展之间的矛盾。农村是这个主要矛盾的最主要体现。在新时期、新形势下所进行的社会主义新农村建设又是我国农村的一场革命。党的十九大报告要求，实施乡村振兴战略。农业农村农民问题是关系国计民生的根本性问题，必须始终把解决好"三农"问题作为全党工作重中之重。要坚持农业农村优先发展，按照产业兴旺、生态宜居、乡风文明、治理有效、生活富裕的总要求，建立健全城乡融合发展体制机制和政策体系，加快推进农业农村现代化。这是历史赋予我们新的历史使命。因此，在新时期、新形势下进行农村新社区建设具有重要的历史意义。

3. 目前的方针政策

我国经历了近 70 年的社会主义建设与发展，整个经济社会取得了巨大的成功与胜利，但在经济社会发展的前 30 年中采取了以农养工、以农养城的发展方针，形成了明显的城乡二元化结构的社会形态。后 40 年来虽然走改革开放的道路，但是由于坚持发展工业化、城镇化的道路，城乡二元化结构并没有实质性改变。所以，城乡二元化结构使得城乡发展形成较大的差距，形成了城乡不平衡的发展格局，构成当今经济社会的主要矛盾。农业农村经济的好形势概括起来有"六个新"，就是粮食生产能力登上新台阶，农业供给侧结构性改革打开新局面，农业现代化建设迈出新步伐，农村改革展开新布局，农业绿色发展有了新进展，农民收入实现新提升。党中央一系列惠农措施相继推出并落到实处，例如农田补贴、医疗保险、农村六十岁以上的老人养老保险、孤独老人住上敬老院、安享晚年，学生上学免费，农村小学生营养餐工程等，使得农民的生活状况和精神面貌能够在短短几年间发生如此巨大变化实属不易。党的十九大报告要求，实施乡村振兴战略。农业农村农民问题是关系国计民生的根本性问题，必须始终把解决好"三农"问题作为全党工作重中之重。要坚持农业农村优先发展，按照产业兴旺、生态宜居、乡风文明、治理有效、生活富裕的总要求，建立健全城乡融合发展体制机制和政策体系，加快推进农业农村现代化。这些政策与事实足以说明党中央解决"三农"问题的决心和毅力。这就给农村新社区建设提供了最基本的保障，指明了发展的方向。

2018 年中央一号文件提出实施乡村振兴战略的目标任务：到 2020 年，乡村振兴取得重要进展，制度框架和政策体系基本形成；到 2035 年，乡村振兴取得决定性进展，农业农村现代化基本实现；到 2050 年，乡村全面振兴，农业强、农村美、农民富全面实现。这也正是我们不断进取和"不忘初心、牢记使命"的鲜明标志，是经济社会不断前进的必然趋势。

二、农村新社区建设的现实意义

1. 建设农村新社区的背景

自 20 世纪 80 年代以来，我国经济与社会改革获得了很大成功，国民经济与社会的快速发展，使我国的经济发生了质的变化。进入 21 世纪以来，一是我国经济实力大大增强，2013 年中央税收和地方税收总和已经占到 GDP 的近 20%，再加上预算外财政，整个财政规模占 GDP 的比重已经有 22.7%。2010 年我国成为世界第二大经济体，综合国力大大加强，这就有条件由国家财政为主导来提供农村的公共品开支。二是产业结构已由原来的一产为主转化为二、三产为主的发展结构。全国的工业化程度有了很大提高，总体已进入工业化中期阶段，较发达省市的工业化发展进入了后工业化阶段。这就给工业反哺农业，城市支援农村奠定了雄厚的物质条件。三是我国农村实施产业融合发展的新策略，农村改变了单一农业的产业形态，显示出我国新时期农业发展的新趋势。因此，经济总量的增强、产业结构的变化、工业化的发展、我国农村产业的融合发展，这些都为建设社会主义新农村和农村新社区提供重要的物质基础。

伴随经济社会的发展，经济建设中的深层次问题日益突出。在生产与消费这个关键环节中，我国人口中占主要成分的是农民，农民的消费是拉动经济向更高层次发展的关键一环，党中央、国务院审时度势、不失时机地提出"五个统筹"的发展观。扶植农民，使占中国近 2/3 的农民富裕起来。2002 年以来，采取"税费改革"的政策，2006 年全国取消农业税、牧业税和农林特产税，改变了几千年来种地纳税的历史，极大地调动了农民生产的积极性。农民迈开致富的步伐，开始谱写新篇章，农村建设出现了新局面。增强农民的消费能力，是激活我国经济活力的最主要环节。搞好农村新社区，引导农村建设城镇化，是国民经济发展的强大推动力，是社会主义市场发展的巨大潜力，亟待开发。

党中央制定了在社会主义初级阶段实现"两个一百年"的奋斗目标，党的十九大又提出实现建设伟大社会主义强国和实现中华民族复兴的伟大梦想，并划出实现目标的时段，给我国社会主义建设提出了明确目标与任务。事实证明，在我国只有农民实现了小康，才能达到和实现制定的目标与任务，没有农民的小康，就不可能实现我国全面建成小康社会的目标。因此，建设社会主义新农村，进行农村新社区建设，是实现农民小康水平的最基础工作，也是社会主义建设事业赋予我们的一项重要的战略任务。

2015 年 6 月，中共中央办公厅、国务院办公厅印发了《关于深入推进农村社区建设试点工作的指导意见》中指出：农村社区是农村社会服务管理的基本单元。随着中国特色新型工业化、信息化、城镇化、农业现代化进程加快，我国农村社会正在发生深刻变化，农村基层社会治理面临许多新情况新问题：农村人口结构加剧变化，部分地区非户籍居民大幅增加，非户籍居民的社会融入问题凸显，部分地区存在村庄空心化现象，农村"三留守"群体持续扩大；农村利益主体日趋多元，农村居民服务需求更加多样，农村社会事业发展明显滞后，社会管理和公共服务能力难以适应；村民自治机制和法律制度仍需进一步完善等。加强农村社区建设，有利于推动户籍居民和非户籍居民和谐相处，有利于促进政府行政管理、公共服务与农村居民自我管理、自我服务更好地衔接互动，有利于增强农村社区自治和服务功能，为农民幸福安康、农业可持续发展、农村和谐稳定奠定坚实基础。

指导意见还指出：党中央历来重视农村基层社会管理和服务工作，对推进农村社区建设提出明确要求。农村社区建设要在党和政府的领导下，在行政村范围内，依靠全体居民，整合各类资源，强化社区自治和服务功能，促进农村社区经济、政治、文化、社会、生态全面协调可持续发展，不断提升农村居民生活质量和文明素养，努力构建新型乡村治理体制机制。近年来，各地区各有关部门认真贯彻中央决策部署，组织开展农村社区建设试点工作，取得了一定成效。实践证明，农村社区建设是社会主义新农村建设的重要内容，是推进新型城镇化的配套工程，是夯实党的执政基础、巩固基层政权的重要举措。各地区各有关部门要主动适应农村经济社会发展新要求、顺应农民群众过上更加美好生活的新期待，增强做好农村社区建设工作的责任感和紧迫感，深入推进试点工作。

2018 年中央农村工作会议指出：党的十八大以来，坚持把解决好"三农"问题作为全党工作重中之重，贯彻新发展理念，勇于推动"三农"工作理论创新、实践创新、制度创新，农业农村发展取得了历史性成就、发生了历史性变革，为党和国家事业全面开创新局面提供了有力支撑。农业供给侧结构性改革取得新进展，粮食生产能力跨上新台阶，新型农业经营主体发展壮大，农村新产业新业态蓬勃发展，农业现代化稳步推进。农村改革取得新突破，农村承包地"三权分置"取得重大进展，农村集体产权制度改革稳步推进，玉米、大豆、棉花等重要农产品收储制度改革取得实质性成效。城乡发展一体化迈出新步伐，农民收入增速连年快于城镇居民，城乡居民基本医疗和养老制度开始并轨，8000 多万农业转移人口成为城镇居民。农村公共服务和社会事业达到新水平，农村教育、文化、卫生等社会事业快速发展，农村水、电、路、气、房和信息化建设全面提速，农村人居环境整治全面展开。脱贫攻坚开创新局面，精准扶贫精准脱贫方略落地生效，6600多万贫困人口稳定脱贫，脱贫攻坚取得决定性进展。农村社会焕发新气象，农村党群干群关系更加融洽，社会保持和谐稳定，党在农村的执政基础得到进一步夯实。

综上所述，我国经济与社会发展为新农村建设提供了物质条件。新农村建设是我国经济建设中的深层次需求，是新形势下经济建设和发展的巨大推动力；是农村发展的需求，农民生活实现小康水平的目标也是我国建设社会主义新农村的巨大推动力；是我们"不忘初心、牢记使命"的具体表现。因此，建设社会主义新农村是我国经济与社会发展的巨大推动力。所以，建设社会主义新农村，推动和解决"三农"问题，是社会主义建设新时期的重要任务。

2. 农村新社区是推动经济建设的一个重要举措

我国自改革开放以来始终坚持以经济建设为中心，经济建设取得了巨大的成功。但伴随经济建设的发展，经济建设中的深层次矛盾日益突显出来，社会层次之间的不均衡现象日益突出，城乡之间的差距越来越大。通过农村新社区建设，一是坚持以经济建设为中心，发展集约化经济，把农村经济建设推向一个新高度，建立集约化、可持续发展的循环经济，实现产业兴旺的发展目标，通过经济建设改变农村面貌，建设新农村。二是通过规划引导农村建设城镇化、农业生产现代化、农民生活实现小康化，依此来解决"三农"问题，使农民富裕起来，是推动我国的经济与社会发展重要动力，富裕的农民要有足够的消费条件，新社区建设就是创造农民消费的基础条件之一。三是通过农业产业化的发展，改变农村经营方式，改变小农经济为集约化经济，生产更多农产品，以满足我国人口增长的需求，满足经济发展的需求，保障粮食安全，也是保障我国经济安全的重要基础。总之，经济发展、产业兴旺是农村发展的根本出路；以消费刺激生产是我国未来经济发展的必由之路；保障粮食安全对于我国来说是必须坚持的发展基础。同时，只有坚持以经济建设为中心，才能建设好新农村，实现农业农村的现代化，实现全面建成小康社会、建设社会主义强国和实现中华民族伟大复兴的目标。

3. 农村新社区是打破城乡二元结构的先决条件

建设社会主义新农村的主要目的就是消除城乡二元化结构，建设和谐的社会主义社会，全面建成小康社会目标。城乡二元化结构是构成我国现实社会生活中的突出矛盾之一，是社会发展中的不和谐因素之一，是经济社会发展不平衡的主要因素。城乡二元化结构影响和制约了我国社会主义事业的发展。因此，消除城乡二元化结构是新时代的基本任务之一。要对农村进行规划，以规划引导农村建设新社区，使得农民居住城镇化、农业生产现代化和农民生活小康化，缩小城乡人民的生活差距。在现阶段，要通过建设新社区，改善农村文化教育、医疗卫生、基础设施、公益建筑等方面的条件，使得农民"业有所为、学有所教、病有所医、老有所养"，使得城市人与农村人有基本相同的生活条件，或者比城市社区有更为突出的优势条件，达到共同实现小康的基本目标。形成城乡互动的基本条件，像西方发达国家那样让城里人愿意向农村发展。因此，农村新社区建设是引导和消除城乡二元化结构的先决条件，是建设和谐社会的重大任务。

4. 农村新社区是解决"三农"问题的关键措施

2018年中央农村工作会议指出：农业农村农民问题是关系国计民生的根本性问题。没有农业农村的现代化，就没有国家的现代化。农业强不强、农村美不美、农民富不富，决定着亿万农民的获得感和幸福感，决定着我国全面小康社会的成色和社会主义现代化的质量。如期实现第一个百年奋斗目标并向第二个百年奋斗目标迈进，最艰巨最繁重的任务在农村，最广泛最深厚的基础在农村，最大的潜力和后劲也在农村。实施乡村振兴战略，是解决人民日益增长的美好生活需要和不平衡不充分的发展之间矛盾的必然要求，是实现"两个一百年"奋斗目标的必然要求，是实现全体人民共同富裕的必然要求。说明了农村建设对于全国建设的重要性。

根据历史的经验，要解决农民的问题，首先要把农民组织起来，要根据社会经济发展的基础，合理地建立多种形式的合作组织，改变一家一户的经营模式，用产业把农户有机地组织到一起。其次要尊重农民的主人地位，充分了解农民的意愿，通过国家的政策和资助建设新社区，让农民得到实惠，调动农民的积极性，改变农村一家一户居住环境，使农民成为农村建设的主力军。三是通过农村新社区建设，让农民切实受益，有力地改善他们的生活和生产条件，调动农民的创新积极性，改变农村的生产状况。要实现这个目标，就必须编制农村新社区规划，统筹安排，统一规划。因此，解决"三农"问题，必须由农村新社区来作指导，农村新社区建设是解决"三农"问题的关键措施。

5. 建设农村新社区是解决国家安定与协调发展的措施

我国所处的新时代，是承前启后、继往开来、在新的历史条件下继续夺取中国特色社会主义伟大胜利的时代，是决胜全面建成小康社会、进而全面建设社会主义现代化强国的时代，是全国各族人民团结奋斗、不断创造美好生活、逐步实现全体人民共同富裕的时代，是全体中华儿女勠力同心、奋力实现中华民族伟大复兴中国梦的时代，是我国日益走近世界舞台中央、不断为人类作出更大贡献的时代。中国特色社会主义进入新时代，我国社会主要矛盾已经转化为人民日益增长的美好生活需要和不平衡不充分的发展之间的矛盾。实现中华民族伟大复兴是近代以来中华民族最伟大的梦想。

对于我国来说，农村人口占比较大，只有农民富裕了，才是共同富裕的前提。因此，解决农民、农村、农业的问题是解决城乡发展不平衡的问题，是解决广大农民向往美好生活发展的需求的基本问题。2018年中央农村工作会议指出：实施乡村振兴战略，是我们党"三农"工作一系列方针政策的继承和发展，是中国特色社会主义进入新时代做好"三农"工作的总抓手。必须立足国情农情，切实增强责任感使命感紧迫感，举全党全国全社会之力，以更大的决心、更明确的目标、更有力的举措推动农业全面升级、农村全面进步、农民全面发展，谱写新时代乡村全面振兴新篇章。

6. 农村新社区建设是实现经济转型的出路

我国面临着经济社会转型，对于农村经济社会来说，主要是由自给自足的小农经济向现代化集体经济转化，这是农村经济社会发展的必经之路。然而，过去几千年遗留下来的"散、乱、小"的小农经济社会以及"脏、乱、差"的农村环境是不能适应现代化经济发展需求的，而只有通过建设农村新社区，才能实现经济社会转型发展的需求。因此，为了适应未来发展的需求，建设农村新社区就是时代发展的必要。

7. 农村新社区建设是推进城乡公共服务均等化的迫切要求

城乡一体化是一个地区社会进步的集中表现，是城乡经济社会发展、空间布局、居民生活相互促进、逐步融合的过程。对我国来说，城乡一体化的具体表现，就是让农村人口能和城里人一样享受均等化的社会公共服务，能够用上现代化设施，享受拥有较高质量的公用设施，享用水冲厕所，实现集中的垃圾及污水处理等。如果农村仍以原始自然村落为基础，这一切将无从谈起。以教育为例，现在一个行政村的适龄儿童数量已经难以支撑一所小学，假如合并为 5000～8000 人的农村新社区，就可以形成一所较高质量的小学；再以卫生室为例，一个 1000 人左右的行政村，只能配备一名医生，很难为村民提供全天候的全科服务，假如合并形成社区，就可能建立拥有几位专科医生的小型社区医院。由此看来，实现公共服务均等化，客观上要求把城镇与乡村、城镇居民与农村居民作为一个整体，统筹谋划、综合考虑。在农村人口不可能全部进入城市的情况下，要实现城乡一体融合发展，客观上要求有一个能够承载城乡一体发展的有效载体，农村新社区就是这样的一个载体。

三、农村新社区建设的任务

1. 农村新社区的总任务

（1）完善在村党组织领导下、以村民自治为基础的农村社区治理机制。农村社区建设坚持村党组织领导、村民委员会牵头，以村民自治为根本途径和有效手段，发动农村居民参与，同时不改变村民自治机制，不增加农村基层管理层级。推进农村基层服务型党组织建设，增强乡镇、村党组织服务功能。以农村基层党组织建设带动农村自治组织、群众组织、经济社会服务组织建设，健全、完善农村基层党组织引领农村社区建设的领导机制和工作机制。依法确定乡镇政府与村民委员会的权责边界，促进基层政府与基层群众自治组织有效衔接、良性互动。认真贯彻实施《村民委员会组织法》，加强村民委员会和村务监督机构建设，完善农村社区建设重大问题的民主决策、民主监督制度。依托村民会议、村民代表会议等载体，广泛开展形式多样的农村社区协商，探索村民议事会、村民理事会等协商形式，探索村民小组协商和管理的有效方式，逐步实现基层协商经常化、规范化、制度化。

（2）促进流动人口有效参与农村社区服务管理。依法保障符合条件的非本村户籍居民参加村民委员会选举和享有农村社区基本公共服务的权利。吸纳非户籍居民参与农村社区公共事务和公益事业的协商，建立户籍居民和非户籍居民共同参与的农村社区协调议事机制。在保障农村集体经济组织成员合法权益的前提下，探索通过分担筹资筹劳、投资集体经济等方式，引导非户籍居民更广泛地参与民主决策。健全利益相关方参与决策机制，采取会议表决、代表议事、远程咨询等决策方式，维护外出务工居民在户籍所在地农村社区的权利。健全农村"三留守"人员关爱服务体系，重点发展学前教育和养老服务，培育青年志愿组织和妇女互助组织，建立农村社区"三留守"人员动态信息库，扩大呼叫终端、远程监控等信息技术应用，切实提高对农村留守儿童、留守妇女、留守老人的服务能力和服务水平。

（3）畅通多元主体参与农村社区建设渠道。建立县级以上机关党员、干部到农村社区挂职任职、驻点包户制度。建立和完善党代表、人大代表、政协委员联系农村居民、支持农村社区发展机制。鼓励驻村机关、团体、部队、企事业单位支持、参与农村社区建设。拓宽外出发展人员和退休回乡人员参与农村社区建设渠道。依法确定村民委员会和农村集体经济组织以及各类经营主体的关系，保障农村集体经济组织独立开展经济活动的自主权，增强村集体经济组织支持农村社区建设的能力。推动发展新型农村合作金融组织、新型农民合作经济组织和社会组织，通过购买服务、直接资助、以奖代补、公益创投等方式，支持社区社会组织参与社区公共事务和公益事业，支持专业化社会服务组织到农村社区开展服务。

（4）推进农村社区法治建设。加强农村社区司法行政工作室等法治机构建设，指导农村社区开展各项法治工作，探索整合农村社区层面法治力量，加强农村社区法律援助工作，推动法治工作网络、机制和人员向农村社区延伸，推进覆盖农村居民的公共法律服务体系建设。完善人民调解、行政调解、司法调解联动工作体系，建立调处化解农村矛盾纠纷综合机制，及时了解、掌握和回应不同利益主体的关切和诉求，有效预防和就地化解矛盾纠纷。建立健全农村社区公共安全体系，创新农村立体化社会治安防控体系，加强和创新农村社区平安建设，建立覆盖农村全部实有人口的动态管理机制，做好社区禁毒和特殊人群帮教工作。加强农村社区警务、警务辅助力量和群防群治队伍建设，对符合任职年限条件的农村警务室民警落实职级待遇。加强农村社区普法宣传教育，提高基层党员、干部法治思维和依法办事能力，引导农村居民依法反映诉求、解决矛盾纠纷。指导完善村民自治章程和村规民约，支持农村居民自我约束和自我管理，提高农村社区治理法治化水平。

（5）提升农村社区公共服务供给水平。健全农村社区服务设施和服务体系，整合利用村级组织活动场所、文化室、卫生室、计划生育服务室、农民体育健身工程等现有场地、设施和资源，推进农村基层综合性公共服务设施建设，提升农村基层公共服务信息化水平，逐步构建县（市、区）、乡（镇）、村三级联动互补的基本公共服务网络。积极推动基本公共服务项目向农村社区延伸，探索建立公共服务事项全程委托代理机制，促进城乡基本公共服务均等化。加强农村社区教育，鼓励各级各类学校教育资源向周边农村居民开放，用好县级职教中心、乡（镇）成人文化技术学校和农村社区教育教学点。改善农村社区医疗卫生条件，加大对乡（镇）、村卫生和计划生育服务机构设施改造、设备更新、人员培训等方面的支持力度。做好农村社区扶贫、社会救助、社会福利和优抚安置服务，推进农村社区养老、助残服务，组织引导农村居民积极参加城乡居民养老保险，全面实施城乡居民大病保险制度和"救急难"工作试点。

（6）推动农村社区公益性服务、市场化服务创新发展。广泛动员党政机关、企事业单位、各类社会组织和居民群众参加农村社区志愿服务，切实发挥党员先锋模范作用。完善农村社区志愿服务站点布局，搭建社区志愿者、服务对象和服务项目对接平台，开展丰富多彩的社区志愿互助活动。根据农村社区发展特点和居民需求，分类推进社会工作服务，发挥社会工作专业人才引领社区志愿者服务作用。鼓励企业和供销合作社完善农村社区商业网点和物流布局，引导经营性服务组织在农村社区开展连锁经营，采取购买服务等方式，支持社会力量在农村兴办养老助残、扶贫济困等各类社会事业。

（7）强化农村社区文化认同。以培育和践行社会主义核心价值观为根本，发展各具特色的农村社区文化，丰富农村居民文化生活，增强农村居民的归属感和认同感。深入开展和谐社区等精神文明创建活动，树立良好家风，弘扬公序良俗，创新和发展乡贤文化，形成健康向上、开放包容、创新进取的社会风尚。健全农村社区现代公共文化服务体系，整合宣传文化、党员教育、科学普及、体育健身等服务功能，形成综合性文化服务中心，开辟群众文体活动广场，增强农村文化惠民工程实效。引导城市文化机构、团体到农村社区拓展服务，支持农民兴办演出团体和其他文化团体。发现和培养乡土文化能人、民族民间文化传承人等各类文化人才，广泛开展具有浓郁乡土气息的农村社区文化体育活动，凝聚有利于农村社区发展的内在动力和创新活力。

（8）改善农村社区人居环境。强化农村居民节约意识、环保意识和生态意识，形成爱护环境、节约资源的生活习惯、生产方式和良好风气。发动农村居民和社会力量开展形式多样的农村社区公共空间、公共设施、公共绿化管护行动。完善农村社区基础设施，建立健全农村供电、给水排水、道路交通安全、消防安全、地名标志、通信网络等公用设施的建设、运行、管护和综合利用机制，提高对自然灾害、事故灾难、公共卫生事件、社会安全事件的预防和处置能力。分级建立污水、垃圾收集处理网络，健全日常管理维护，促进农村废弃物循环利用，重点解决污水乱排、垃圾乱扔、秸秆随意抛弃和焚烧等脏乱差问题。加快改水、改厨、改厕、改圈，改善农村社区卫生条件。积极推进"美丽乡村"和村镇生态文明建设，保持农村社区乡土特色和田园风光。

农村新社区规划是社区建设与管理的依据，党中央给出了明确的"要坚持农业农村优先发展，按照产业兴旺、生态宜居、乡风文明、治理有效、生活富裕的总要求，建立健全城乡融合发展体制机制和政策体系，加快推进农业农村现代化"的目标与任务；提出了"富强、民主、文明、和谐；自由、平等、公正、法治；爱国、敬业、诚信、友善"的社会主义核心价值观，明确要实现"两个一百年"、建设社会主义强国和实现中华民族伟大复兴的宏伟发展目标。其基本任务是：遵照当地国民经济与社会发展规划，依据社区的自然、经济、社会条件，协调社区人口、资源与环境关系，落实各项基本国策、各级政府和相关部门的规划，确定社区的性质与发展规模，合理安排各项建设用地，确定各项基础服务设施的规模，制定新社区建设与旧村改造规划，使社区的各项事业能科学地、有计划地进行。可以概括为村域"田、水、路、林、村"的综合治理；农村新社区建设的"水、信、路、电、房"以及涉及生活质量的"科、教、文、卫、保"15个字的发展方向。最主要的任务就是彻底改善农民的居住与生产生活环境，使他们也享受经济社会发展带来的成果。

党的十九大明确了我国建设成社会主义强国的发展目标和时序安排，对于未来划分为到2035年和2050年两个时段，这也为农村新社区规划划定了规划时限并作出了明确安排。

2. 农村新社区总体规划的任务

（1）农村新社区总体规划要贯彻落实县、乡（镇）城镇体系规划、区域经济发展规划、农村新社区规划、环境保护与生态建设规划、农村新社区景观规划和相关的专项规划。要结合本社区实际情况，协调一系列规划的落实情况，确定区域内各项规划的用地布局。

（2）制定农村新社区经济发展规划。依据当地的自然资源、劳动力资源与产业发展状况，确定农村新社区经济发展战略、方针与目标。确定经济产业结构调整的任务与目标，明确农村新社区发展方向，确定各业用地布局。

（3）制定农村新社区土地利用规划。依据县（市）、乡（镇）土地利用总体规划，结合当地土地资源的实际情况，根据土地资源的条件制定土地利用总体规划，确定各种用地规模和布局，保障各种建设事业的发展。

（4）制定农村新社区环境保护与生态建设规划。为改善人居环境和农业生态环境，确定环境保护与生态建设的方式，基础设施的格局，为可持续发展奠定基础。

（5）确定农村新社区范围内道路交通、电力通信、灌溉、给水排水工程等基础设施的标准与规划布局。

（6）确定农村新社区景观规划。农村新社区作为社会整体环境的重要组成部分，景观规划也是十分重要的内容，农村新社区景观规划包括农村新社区的自然环境、社会环境、经济环境和文化环境等内容。农村新社区景观规划的内容要求从整体上确定农村新社区建设的总体方向。

（7）划定基本农田保护区。确定基本农田保护的地块面积、四至、质量、用途、负责人，明确保护措施，以地块建立登记卡。

（8）建立历史名村的保护规划。我国农村是传统文化的载体，传统文化包括历代的古建筑、古老的文化、古树、古庙、宗祠等文化遗产，这些对于我们继承传统文化都是十分必要的。因此，新社区规划设计要根据历史名村的保护需求，做出必要的农村新社区保护规划。

3. 农村新社区建设规划的任务

农村新社区建设规划的任务主要是：

（1）确定农村新社区建设用地布局，确定新社区发展的用地规模，分析研究新社区发展的范围与发展方向。

（2）确定农村新社区生产聚集区、居住区、中心区的方位与规模。

（3）确定农村新社区内居住建筑、公共建筑、生产建筑、道路、绿化、给水排水、电力通信、集中供暖、供气的标准规模与具体安排。

（4）确定农村新社区环境保护、生态建设、能源、防灾等规划，垃圾转运站等建设。

（5）确定居民区的建筑形式、建筑密度及居民区用地。

（6）确定农村新社区内的道路交通规划、道路等级、标准。

（7）精神文明硬件的建设：如党员活动室、老年活动室、青少年活动室、文体活动场所与器材、文化室、图书室、文娱室、影剧院等的建设。

（8）学校、医院、敬老院等公益设施的规模布局，停车场、公交站、集贸市场、物资站。

（9）安排生产用地：如大型农机具存放场、粮食储存与晾晒场所、养殖用地等。

（10）精神文明的硬件建设与公益建设在村中心区安排，如农村红白喜事用地场所、祭祖宗祠场所、宗教用地等。

（11）安排外来人口居住公寓。我国国情表明，城市人口大部分来源于农村，这些人口逢年过节、清明祭祖等时间要回到老家来。安排居住公寓，使得还乡人员得以安置。

（12）考虑农村风俗习惯。农村是传统文化和传统习俗、宗族文化、民族文化的发源地与继承地，要注意宗族观念、历史人文人脉的继承与发扬，尽可能按照习俗安排。

（13）确定旧村建设用地的土地复垦规划。

第四节　农村新社区与城市社区的异同

农村社区和城市社区的本意是一样的，都是人们的居住区，但由于我国在近70年的建设中形成了城乡二元化结构，形成了城乡的明显差异，从而造成了城市可以称社区，而农村则不应该称作社区的错误观点，这是对社区概念的曲解和误解，这也说明长期形成的城乡二元化结构的理念何其深也。正是因为这种理念，对于农村建设新社区有着不同的看法和曲解。所以伴随我国经济社会的发展，要把这种意识理念转化过来，也是促进我国新农村以及新农村社区建设的必然要求。

农村新社区与城市社区虽然都是社区，但由于经济社会的分工不同、生产生活方式不同和文化与意识形态的不同，所以存在着异同点，这是编制农村社区规划时必须注意的事项。因为，目前编制农村新社区规划是件新鲜的事物，需要研究农村社区与城市社区的差异性，使规划师明确农村社区与城市社区有着明显的不同，避免在编制规划时完全按照城市社区规划的办法去完成农村新社区的规划编制，形成一些脱离实际的、不符合农村生产与生活的、不便实施的农村新社区规划。

一、农村新社区与城市社区的相同点

1. 经济社会最基础的空间区域

农村新社区与城市社区都是最基层的社会组织，是经济社会大系统的末端，是集经济社会空间中人流、物质流、能量流、信息流于一体的综合管理的基层管理机构。都在空间上占据一定的具体位置和区域，都需要一定的建筑物和构建物来满足社区居民的基本需求；新社区建设后，要逐步实现统一管理的格局，围绕社区管理要建设统一的管理机构，要部署管理中心的建设位置与必要的规模。

2. 社会最基层的管理组织

它们都需要社会最基层的管理机构，都居住着一定的人群，这些居民都需要有共同生活的基础设施与公益设施。因此，社区内要有一定的物质基础，即完善的公益设施和良好的基础设施，诸如基础设施中的道路、给水排水、电力、通信、供暖、供气等设施；公益设施中诸如社区管理中心、小学、幼儿园、卫生所（室）、青少年、老年活动室、图书室、科技室、商业服务设施、敬老院等场所。用来满足生活在这个社区的人们生产生活的物质需求和精神需求。

3. 人的共同文化意识

生活在社区的人群基本上都有一定的精神文化基础，构成他们生活的精神需求内容，有着相互依赖、相互联系的社会交往习惯，有着共同的理想目标、价值观念、信仰、归属感、风俗习惯，也就是传统的人文文脉，即共同的社会文化意识。

4. 社区共同的"邻里关系"

生活在社区的人们都有彼此相互交流的需求，也就是所谓的"邻里关系"的问题，而这种交流存在着的程度的大小与轻重。相比较，农村的"邻里关系"比城市社区的"邻里关系"要密切得多。农村宗族关系、亲戚关系、邻里关系比起城市要密切得多。同时，农村是我国传统文化的发源地和继承地，因此，要因地制宜，注意保留传统文化的用地、宗教用地，使得传统文化得以发扬和继承。

5. 所有的社区建设都需要规划设计

对于城市社区和农村社区来说，都需要建设和规划设计，都要在上位规划指导下进行建设。规划设计的居住环境要人性化，生活环境方便化，生态环境要趋向于自然化的发展方向。

二、农村新社区与城市社区的差异性

1. 生产生活方式的不同

农村的村民基本上是以农业生产为主，由农村长期自给自足的传统农业发展而来，农村新社区构成他们生活的居住空间，其生产与生活的方式与城市有着重大的不同点；城市社区的居民基本上是以工业、第三产业为主，城市居民来自五湖四海，基本上属于新移民的居住点，农村新社区则与城市社区有着较大的区别。农民从事农业生产，需要大型农机具的存放，收割粮食的晾晒、储存，这些都是农村新社区规划中要予以安排的内容。除了农村新社区不安排工业建设用地外，还要考虑农民的其他产业发展的用地。

2. 文化的基础不同

农村新社区基本上是以传统文化为主，沿袭几千年来的农耕文化，例如：农村的乡土文化、孝道文化、宗族文化、宗教文化、祭祀文化、邻里文化，这些特色文化在城市里就远远不同，城市受外来文化影响为主，与农村文化有着明显的不同。由于不同的文化历史渊源不同，文化的理念不同，就使得农村社区与城市社区有着深层次的差异，这是在编制农村新社区规划时必须注意的内容。农村新社区建设后，要考虑农村传统红白喜事的安排，红事在行政中心的大堂；白事在宗祠，宗祠按姓氏建大、小房间；村边建设纪念堂，按姓氏安排房间。农村传统人脉继续延伸的考虑，农村是传统文化和传统习俗、宗族文化的发源地与继承地，要注意民族文化、宗族信仰、历史人文人脉的继承与发扬，在建设新社区时，尽可能按照习俗安排。

3. 生产生活的需求不同

农民生活在社区中，不仅是居住的功能，也是生产的需求、交流的需求的空间，在这方面就与城市居民有着较大的区别。例如：许多地方的农村有利用宅院种植蔬菜、果品的习惯，不少地方的住宅中发展养殖牲畜、家禽，这些问题要因地制宜地去研究并予以安排。又如农村新社区中建设外来人口居住公寓，我国国情表明，城市人口大部分来源于农村，这些人口逢年过节、清明祭祖等时间要回到老家来。当农村新社区建设后，没有他们的住宅，因此，各社区要根据实际情况，酌情安排居住公寓，使得还乡人员得以安置。

4. 人与人之间的关系不同

农村是农民们长期居住、生产生活在一起的环境，甚至世世代代生活在一个社区中，彼此之间邻里关系、宗族关系、亲戚关系甚密，在生产生活上互相利用、互相关照、相互关系都十分复杂。因此，农村新社区的人与人的关系是规划设计中必须注重的内容。而城市生活中就没有农村新社区的这些人与人之间的关系。因此，生产生活文化背景的差异是社区规划设计中的重要环节。

5. 消费观念与消费方式的不同

城市人群属于上班族，基本收入主要来源于工资收入，基本上按月发放工资，相对是有保障的收入来源。城市人依靠工资过活，会出现"月光族"之类的消费方式。而农民的收入来源于土地的农业收入，现在的农民进城务工，工资收入也是一个来源，但基本的收入仍然着眼于农业上。这就造成农民的消费与城市人的消费观念不同。农民有了收入后，主要考虑的是修建房屋、安排儿女婚嫁等事宜，需要长期的积累，这与城市人明显的不同。

6. 居住环境的不同

按照我国的现状来看，城市与农村的居住环境有着较大的差异。城市的基础设施、公益设施均是由政府投资兴建的，给城市居民一个良好的生存环境，基本上是以人造环境为主，是现代化生活空间的表象。而农村却是以自然环境为主，是以原始生活状态为主要形态，农村基本上是由农民自主建设，所以形成了城乡居住景观的差异。一提起农村就给人一个"脏、乱、差"的印象，农村的路难走、水难喝、电不足、通信不方便等一系列问题构成了城乡之间居住环境的明显差距；另一方面，农村的精神文化需求的公益设施严重不足，使得农民的精神文化生活显得枯燥单一，这也是现代多数农村青年不满足农村生活的主要问题之一，这也正是我国经济社会发展中人们对于美好生活的追求与供应不足、发展不平衡的矛盾之一。

7. 规划的主体与理念的不同

城市社区的建设是在城市控制性详细规划指导下建设的居住区，要严格按照城市的控制性详细规划进行建设，城市的政府是社区建设与规划的主体，它是一种"自上而下"的规划设计理念，是具有法律效应的规划。而农村新社区则是农民是规划的主体，对于农村社区的规划设计是要按照农民的意愿进行规划设计，是一种"自下而上"的规划设计内容和步骤。因此，城市社区建设和新农村社区建设的规划理念是有着重大区别的。

总之，农村和城市一样，都是现代文明的载体，只不过由于它们的功能不同，所以它们应该表现出不同的特点。我国的发展模式应该是：城市和农村长期并存，城乡之间良性互动，城乡协调发展、共同繁荣，这是建设农村新社区的意义所在。

第二章　国内外农村新社区建设的实践经验

第一节　我国农村新社区的建设现状

自党的十六届五中全会掀起了建设社会主义新农村的新高潮以来，就出现了农村新社区建设的案例。自2006年党的十六届六中全会提出积极推进农村社区建设的要求之后，各地逐步根据地方实际情况进行积极探索。为了使农村新型社区的建设更有效地开展，截至2012年10月底，民政部最终确定了500多个"全国农村社区建设实验县（市、区）"，占全国2862个县级单位的17.4%。共有20400个村作为农村新型社区建设的试验村，占全国64万多个村的3.19%，为全国农村新型社区建设的普及提供了重要的实践经验。在省级层面上，山东省省委、省政府高度重视农村社区建设，2009年以来，先后出台了《关于推进农村社区建设的意见》《关于加强农村新型社区建设推进城镇化进程的意见》《关于将农村新型社区纳入城镇化管理标准的通知》《山东省农村新型社区和新农村发展规划（2014—2030）》等一系列政策文件，大力推进农村社区建设，取得了显著成效，走在了全国前列。山东省98%的县、82.5%的镇、59%的村开展了新型农村社区建设。山东省已建成农村社区服务中心1.3万个，服务功能覆盖1712万人，40个县（市、区）基本实现了农村社区全覆盖。浙江省在2009年的全省农村社区建设工作会议上制定出台了《关于推进农村社区建设的意见》，将农村社区建设由试点实验阶段转入全面推进阶段。浙江省计划在5年内（2010～2015年）建成大约1200个农村社区服务中心、15000个村级社区服务中心；2008年3月，吉林省下发了《关于开展农村社区建设试点工作的意见》，对全省的农村新型社区建设提出了新的要求，并作出了总体的规划。2008年开始，吉林省按照"试验典型、探索功能、由点到面、逐步铺开"的总体思路，完成了试点实验工作。2015年6月1日，中共中央办公厅、国务院办公厅印发了《关于深入推进农村社区建设试点工作的指导意见》，要求各地区各部门结合实际认真贯彻执行。近几年各地农村新社区建设有了快速发展。

由于我国地域广阔，民族众多，东西南北经济发展差距很大，民族特点、风俗习惯差异明显，生产生活方式有着重大差异，因此，各地的农村社区建设也有着较大差异。农村社区建设出现了多种模式和不同类型的实际案例，这是我国的基本国情所决定的。为了充分比较各自的特色和特征，以下内容就不同的类型和案例进行剖析。

一、根据社区建设发展主体所起作用程度来划分

我国农村新社区建设，从资金投入主体分析，基本上包括了政府、企业、社会团体和村民几个组成部分，依据他们所发挥作用的侧重程度，可将社区划分为：政府主导型社区、政府扶持型社区、企业参与型社区和自筹自建型社区。

1. 政府主导型社区

在县、乡财政基础较好或村级集体经济实力较强的地方，充分发挥政府的主导作用，开发建设新型农村社区。如焦作市温县在新型农村社区建设中，县、乡两级财政设立建设专项引导资金，县里每年不少于1000万元，各乡镇每年不少于30万元来帮扶社区建设。

2. 政府扶持型社区

在偏远或深山区、地质灾害威胁区、煤矿塌陷区等不宜居住的地方以及扶贫搬迁的农村新社区，借助相关政策或抓住重大项目建设的机遇，实施整体搬迁，就近进入新型农村社区。如洛阳市寇店镇杜寨村属于煤矿塌陷区，故建设杜寨小区，计划安置杜寨村搬迁居民 400 余户 1700 余人。

3. 企业参与型社区

鼓励动员有实力、有辐射带动能力的企业，如当地龙头企业、知名企业或房地产开发商，参与到新型农村社区的建设中，把解决社区经济发展、居民就业和企业用地需求、原材料供应等结合起来，互惠互利，实现新型农村社区和企业的融合发展。如许昌市长葛市古佛寺社区，将腾出的 46hm^2 土地交由河南众品食业股份有限公司统一使用，公司拿出补助资金用于居民房屋建设，还可增加就业机会，实现双赢。

4. 自筹自建型社区

此类社区主要是由村集体利用自有资金建设，或是组织村民出资建设，逐步予以推进。如河北省宁晋县小河庄社区，村集体经济发达，村党委会坚持十多年如一日，不断加大投入，自筹资金 6 亿多元建设农村新社区。已建成 5 个居住小区，可以满足全村所有住户入住小区，使得农民居住在生活设施齐全、配套完善的现代化小区中。

二、根据农村新社区的建置及其边界来划分

1. "一村一社区"

在现行村委会的基础上，一村只设立一个社区。该模式比较适合于规模较大的农村新社区，同时也切合农村现行行政管理体制，村民的认同感比较强，有利于实施村民自治，且没有增加管理层和管理成本。该模式由四川省宜宾市率先探索，目前全国已有 226 个县市区实行了"一村一社区"的建置，占实验县市区总数的 76.09%，是最普遍的一种模式。

2. "多村一社区"

在相邻的两个或两个以上的村中，选择中心村或较大的村为单位设立社区，形成的"农村社区—村委会—农户"模式。该模式的优势在于社区服务少了行政色彩、多了专业特色，在一定程度上可以减少资源浪费。但这势必要增加管理成本，且与村民自治的结合度不高。这一类型适合在邻近的农村新社区，在空间上连在一起，基本上形成了一个居住空间；或是周边都是较小的农村新社区，聚集在一起有利于农村新社区的基础设施和公益设施的联合建设，方便成为规模居住。在平原地区这种现象十分普遍，例如山东省诸城市就有这样的实例。

3. "一村多社区"

在一个村设立两个或两个以上的社区。在一些地方，由于行政村的辖区过大，故在一个行政村内设立多个社区，形成了"村委会—农村社区—农户"的模式。该模式能促进社区服务组织的发育和成长，充分体现村民的自我服务和管理。但是该模式中的社区实质上只是农村社区村委会下设的小区或服务站（点），故无法发挥社区的发展、建设、管理的功能。有不少地方实行该模式，例如湖北省远安县在洋坪镇双路村实行的"撤组建社"。

4. "集中建社区"

在新规划的农民集中居住的小区设立的"社区"，又主要分为两种：一是农（牧）民聚

居设社区。如天津、成都等地支持和鼓励农民"迁村腾地""集中居住";另一种是以甘肃阿克塞县为代表的在人口自然聚居形成的地区设立社区。该县将3个乡镇10个村整合成1个民族新村、牧农村中心社区,建立牧农村社区服务中心,下设3个牧农村社区服务站,由此形成全县设立"自然村—社区—中心三站"的社区模式。

三、根据地域特征的角度划分

1. 城郊型

城郊是指位于城市与农村交界地带的特殊区域。这一区域处于从农村地区到城市地区的过渡阶段,混合着三次产业,经济活动范围比一般农村广阔,与城市经济联系也比较紧密。既可便利享受城市的资源,又有农村的特征。这样的地区可以进行大规模的整体拆迁安置,重新规划社区建设。其典型代表是张家港市金港镇德丰社区,它位于张家港市的西郊,处于城郊结合部,是金港镇最大的拆迁安置小区,社区占地 $0.3km^2$,总建筑面积 35 万 m^2,绿化率达 42%,其社区设有 $3000m^2$ 的综合办公大楼,1.5 万 m^2 的中心休闲广场,320 个超大停车位。社区设有医疗卫生服务中心、计生服务中心、警务治安中心、健身服务中心、老年活动中心等,是个环境优美,生活便利的社区模式。

2. 集镇型

集镇是指由过去人民因为生活之便自发形成的市场,并且得到县、乡人民政府的确认。它的功能主要是提供一定地域人们的经济、文化、生活等的需求。集镇一般是当地的商业中心,没有行政含义也没有固定的人口标准。这种地域的形成是当地村民长期生活习惯使然,因此利用其地利之便,将村民聚集起来进行新农村社区建设,既不改变其本来的生活习惯,又可顺利进行社区规划。

其典型代表是河南省南街村集团。南街村是包括文化园区、工业园区、高新农业园区、村民住宅游览区、文化教育游览区、广场文化展示区、珍奇植物园区和革命传统教育区八大观光内容的大型红色旅游景区。南街村共建起了 22 幢现代化的社区居民楼,可容纳 800多户村民居住,村民家里的生活家电器具由村里统一配给。基本生活所需品如水、电、气、肉、面等都由村里统一发放。社区里建设有现代化的学校、幼儿园、广播电台和报社,同时为了丰富社区人民的文化生活还建立起了文化园、图书室、艺术队、锣鼓队、门球队等。随着集体力量的壮大,村民的福利待遇也越来越好,免费享受 20 多项福利措施,生活、住房、就医、上学各项均有保障。

3. 自然村落型

这是指按照地理位置以固有的自然村或行政村为单位展开社区建设。这种建设模式选择的条件是该地区仍以农业生产为主要生活来源,并且有良好的中心村落可作为发展中心,尽可能将分散周围的偏远自然村进行合并集中,更加合理有效地利用良好的土地资源,将村民集中于自然条件和经济条件较好的中心村落,这样交通便利、发展机会较多,可节约新农村社区建设的成本,并且使资源有效集中,有效提高农业生产力,可依托有利地域条件发展农业经济。在大力发展农业生产及相关农业经济的基础上进行新农村社区建设,将收到事半功倍的效果。

4. 移民搬迁型

这种建设模式多用于西部和偏远山区。西部农村有大部分农民住在山区,交通不便,很多地区属于自然保护区，被限定为禁开发区，农业经济发展受很多政策限制，当地农民经济收入低、生活困难，因此需要进行整体搬迁，转换居民生存环境，实现村民集中，使当地政府可集中财力、人力和物力重点解决当地居民亟需解决的问题。针对西部偏远地区和山区来说，饮水安全工程、水电网等设施配套、道路硬化、交通便利、居民点绿化、垃圾处理场建设、社区服务中心建设都是关系当地农民生活质量的关键，也是农村基础设施建设的重点。改善生存环境，依托当地经济特色发展农业园区建设，依托农业经济发展建设新农村社区，增强基础设施的实际利用率，提高农村居民的生活水准。例如，陕南地区避灾扶贫移民搬迁工程，为了让群众彻底离开灾害源，计划未来十年搬迁240万人。

5. 城中村型

所谓城中村指的是在经济迅速发展、城市化进程的推动下，游离在城市边缘，被划归为城区的村落。这些村落中的村民失去了土地，成为"市民"，但是其生活方式、行政管理体制仍保留农村的原貌。处在夹缝中的这些村落，人员混杂，基础设施不完善，卫生条件差。他们的主要收入来自于建房租屋，收取租金来维持生活，因此违规搭建也愈演愈烈，使得本地的生活环境越来越恶劣。城中村已经成为城市发展的一块顽疾，对其改造势在必行。我国城中村改造主要有两种办法：整体拆迁，重建社区统一安排；集体自行改造，在原有的基础上进行重新规划整理，但这里也存在集体资金不足，无法继续维持的情况。

四、根据产业发展特点划分

农村经济产业的发展是农村新社区能够顺利开展的基础，因此，在新村规划中注重家庭生产与集体生产相结合是农村新社区建设成功与否的重要保障，并且在新村规划中注重家庭生产与集体生产相结合能够解决农村新社区建设与农民原有家庭生产之间的矛盾。

1. 特色产业型

根据当地独特的地理位置或有历史沿革的产业特点发展产业经济，进而带动农村新社区的建设，一般以一个村或独立镇为单位进行社区规划。比如山东希森三和集团，以当地特色的畜牧产业为依托，通过土地置换带动当地农村经济，本着循环经济发展的原则进行产业经营，增加当地农民收入，通过废弃地整合置换出350亩老村宅基地，修建了联排别墅，村民迁入新居后，在老村宅基地上新建了现代化工业园区，包括养殖场、屠宰加工和饲料厂。既保障了畜牧养殖的产业发展，提供农民就业的机会，同时顺利完成了农村新社区的建设。

2. 生态旅游型

适应于原地修缮，突出当地的文化特色，打出旅游品牌。此产业特点下的农村新社区规划，应强调土地的有效利用，依托当地的旅游产业，建设有特色的旅游配套设施，引导当地村民增强服务意识，发展第三产业。作为旅游产业地区，其农村新社区的建设应该重视当地环境特点，依照原貌进行农村新社区规划，最大限度地保留民风民俗，保护遗留下来的文化遗产，将规划重点放在水上环境长效管理上，对河道进行治理、净化，将环境综合治理作为工作的突破口，目的是增强其旅游品牌的价值和产业发展的持续性。例如河北省井陉县于家村，以石村、石屋、石街、石门等自然景观和清代清官于谦的后代作为历史文化名村进行旅游规划设计，发展旅游业。

3. 农家乐型

农家乐多集中在北方，一般这种模式都要体现当地的民俗特色，依托当地的独特自然风景，使人们进入农村享受自然风光的同时品尝农家小吃。农家乐的产品及食物均由当地农民自行生产，业主利用当地的农产品进行加工。人们可以在品尝农家小吃的同时，观赏当地的民风民俗，并且亲自采摘果实，体验农家生活。比如，陕西西安的上王村，其地处秦岭北麓，南依秦岭秀丽山水，向东约 1km 有西北首家野生动物基地——秦岭野生动物园，北邻旅游环山路，不但依山傍水，风景优美，而且交通便利。该村社区房屋的建设风格以体现陕西民俗为原则，家家户户房屋整洁，整齐划一，发展本地经济产业的同时带动社区建设，两者相辅相成，农村新社区建设成效显著。

4. 工业带动型

以工业发展为主动力的地区，农村经济由农业收入为主转向以工业生产为主，村民的新农村社区建设多数以大城市的社区为范本，这类农村新社区的建设以完全城市化为最终目标。这种模式多出现在东部地区，本地的经济基础较好，人才储备能力强，其相配套的农村新社区规划标准比较高。比如，江苏省江阴市的华西村，发展工业企业，现已形成钢铁、纺织、旅游三大支柱产业，其村民住宅是清一色的多层别墅，每个家庭都拥有三间三层别墅楼，水电气俱全，内有客厅、卧室、餐厅、浴室、车库、庭院。宅区内环境优雅，绿草成茵。现在新的大华西村面积 $30km^2$，有 3 万多人口。

5. 农村合作组织带动型

以这种模式发展农村新社区建设的地区，是以集合原本分散的农村劳动力为前提，发挥"1 + 1>2"的效能。这类村民社区仍是以农业尤其是种植业为主要收入来源，因此农村新社区的建设与前面不同，仍需保留原农村社区的格局，以原自然村落为基准，进行村落整体规划，不搬迁，不大拆大建，以改善农村生活环境和村容村貌为重点，以保障农民的日常生活便利为目标。比如，陕西省白水县富卓村，本地以苹果为主导产业，通过当地合作社购买果苗、化肥使农民节省了不少成本，同时经过合作社技术人员的指导，保障了苹果的质量，果子成熟后，合作社的统一销售，保护了农民的利益，使农民的生产没有后顾之忧。该村的农村新社区建设以改善村民生活环境为重点，修缮了农村新社区内部道路，修建了污水渠，加强了垃圾治理，规划每户的厕所，坚定立足于现有基础进行房屋和设施改造的思路，在保障农业生产便利的前提下，既节约成本，又配合了当地的农村新社区建设。

第二节　我国农村新社区建设的成功案例

一、华西村"以工促农"模式

位于江阴的华西村，号称"天下第一村"，其发展建设的核心思路是 1969 年吴仁宝书记提出的"若要富，靠工副"。当年用 4 间破屋，办起一个维修农具的小五金工厂，年利润 5 万元。如今华西村成立了江苏华西实业总公司，已拥有 48 家企业，其中 10 家是中外合资企业，形成了铝型材、钢材、铜型材、带管、纺织、化工六大生产系列，43 个生产门类，1000 多个品种。华西村是全国农村走共同富裕道路的典型。2004 年，华西村人均工资收入12.26 万元，同年全国农民人均纯收入 2936 元、城镇居民人均可支配收入 9422 元。华西人的收入是全国农民平均收入的 41.76 倍、城镇居民平均收入的 13.01 倍。

这种以企业带动农村发展的模式在我国东部地区相对普遍。不管是苏南模式、珠三角模式还是温州模式，都可以概括为以第二产业发展带动农村发展的范式。其优点是能较快地提高村民的收入水平，但是也存在明显的不足。由于农村非农产业的就地迅速崛起，对城市工业与农村农业的发展均产生了巨大的冲击，深刻地改变了城乡空间的演变格局。这些地区的现代城乡问题不再是城乡发展水平的巨大差距、工农关系的强烈对抗，而是更多地体现在城乡空间利用方面的冲突，尤其是建设用地的无序蔓延，造成了乡村空间在质上受到城市的强烈渗透。一哄而起的乡村就地城市化伴生出很多严重后果，如乡村耕地锐减、环境污染、土地资源的粗放式利用等。由此引出该地区最大的城乡问题无疑是人地关系紧张、城乡空间交错剧烈，城乡各自优势特色丧失，即"城镇不像城镇，农村不像农村；城镇又像农村，农村又像城镇"。

二、小岗村"三次产业和谐发展"模式

安徽省凤阳县小溪河镇小岗村通过实施"三步走建设三型村"战略，实现三次产业的和谐发展。

第一步：发展现代农业，建设现代农业示范村。实施"凤还巢"和人才培育工程，充分发挥在外务工经商的"第二代小岗人"的技术、智慧、信息和资本优势，大力发展现代农业。出台优惠政策，吸引大中专高校毕业生到小岗村创业发展。开展土地流转工作，在龙头企业的带动下，引导农民发展高效农业。注重发展特色农业，推进项目建设，推广优质品种和高产栽培技术，逐步建成现代农业生产示范区。

第二步：发展红色旅游业，建设城乡统筹先行村。完成小岗村总体规划编制工作，推进小岗新区、石马新区建设，大力开发旅游业、着力打造红色旅游产业。将小岗村"大包干"纪念馆、档案馆、"当年小岗"这一类特殊的红色旅游资源，与凤阳县内的皇陵、皇城、韭山洞等景点以及村头文化广场、葡萄园、农家乐等乡村特色捆绑发展，与高校共同创办爱国主义教育基地和大学生社会实践基地，鼓励村民兴办农家乐，构建成融红色旅游、现代农业观光游、农家乐为一体的小岗村乡村风情景区。

第三步：着力办好工业园，建设文明和谐新农村。大力弘扬"大包干"首创精神，大胆创新农村金融、人才、乡村管理制度，开展小岗村土地综合利用改革试点工作。全面推进小岗村农民资金互助合作社发展壮大，发挥农民专业合作社作用。设立创业投资基金，创办小岗村大学生创业园、外来人员创业园等，对来小岗村创业的特别是大学生创业给予政策、奖金上的扶持，大力发展清洁、高效工业。

三、诸城"服务融合"模式

山东省诸城市是 7 个首批"全国农村社区建设实验全覆盖示范单位"之一。2007 年以来，按照"政府主导、多方参与、科学定位、贴近基层、服务农民"的农村社区化服务与建设，规划建设 208 个农村社区，打造"2 公里服务圈"，农村社区服务覆盖率达到 100%，初步形成了城乡一体化的公共服务体系。每个社区设立社区服务中心，提供医疗卫生、社区警务、文化体育、计划生育、超市等服务功能，引导农民向社区中心村集中居住。

龙都街道地处诸城市西部，206 国道穿境而过，距青岛、潍坊、日照、临沂商务圈 1h

车程，区位条件独特；近几年建起了一批在国内具有重要影响的服装、装备、能源等工业基地，培育了一批具有一定规模和较强竞争力的企业集团。

土墙社区位于龙都街道，属诸城市近郊，辖区内有不少工厂或公司，成为这些少地农民的主要收入源。土墙社区以 5 个行政村撤并而成，全社区 4200 人，1100 户，以发展工业经济、商住服务为主，土墙工业园已入驻企业 58 家，吸纳农村剩余劳动力 2000 多人，就地转移农村劳动力，有效解决了企业用工难的问题。

开展"一揽子"服务。各个社区服务中心一般设有"七站一中心"，即医疗卫生、社区环卫、文教体育、计划生育、社会保障、社区治保、志愿者 7 个服务站，一个社区服务中心。主要为农民群众搞好三大类服务：基本公共服务，将乡镇（街道）和市直有关部门的基本公共服务项目延伸到农村社区服务中心，满足农民群众在社会救助、医疗卫生、社区警务、文化体育等方面的公共服务需求；生产性服务，按照互利双赢的原则，组织引导有关单位和企业到社区服务中心设立便民超市、农资超市、便民食堂，代办代收有关证件费用等，既为农民提供了便利，又可获得一部分收入用于社区服务中心运转；通过提升社区公共服务水平，强化规划引领和政策激励，增强了社区的聚合力和吸引力，在充分尊重群众意愿的基础上，积极稳妥推进聚合区建设。目前，土墙社区已建成两层连体住宅楼 120 套，多层住宅楼 12 栋，安置居民 480 户。

四、嘉兴"两分两换"模式

嘉兴为浙江省统筹城乡综合配套改革的试点，根据浙江省委、省政府的要求，提出以"优化土地使用制度改革"为核心，推进包括充分就业、社会保障、村镇建设以及金融服务和公共服务的均等化等十个方面的城乡综合配套改革。

嘉兴在统筹城乡发展当中，为进一步提高农村居民生活质量，加快城市化进程，出台了鼓励农村宅基地置换市区公寓房和农村集体土地承包经营权置换基本生活保障的政策，即"两分两换"，具体内容为："两分"中的第一个"分"就是把承包地和宅基地分开；第二个"分"把承包地的流转与农民的住房搬迁也就是宅基地的置换分开，承包地、宅基地就可以分开处理，不致使得这两个概念混在一起，导致处理过程当中带来难度。

"两换"中的第一个"换"是以土地承包经营权来换股、换租、换保障。它可以入股、可以出租，也可以彻底放弃，转换成为一份社会保障。推进土地的集约经营，转换农民、农业的生产方式，从过去的小农生产方式转换为现在的规模农业，推进集约经营。第二个"换"就是以宅基地换钱，它可以置换成货币，到城市居住买房。换房可以通过政府建设住房和厂房的形式，农民用宅基地进行置换，到城市或者是规划点居住。还可以换个地方，就是到集中的地方居住。目的就是推进农民的集中居住，变散居为聚居，转换生活方式，从传统农村生活方式转换成市民、社区的生活方式。通过这样的"两分两换"试点，一方面是提高农业的组织化程度，提高农业的效益。另一方面把农民转换为市民，提高农村居民的生活水平。嘉兴的经验说明"两分两换"在政策的执行环节对责、权、利明确定位，保障各方利益透明公开，看得见，摸得着，农民容易选择。

五、成都"三集中"模式

2004 年 2 月，成都市委、市政府正式出台《关于统筹城乡经济社会发展、推进城乡一体化的意见》，正式实施统筹城乡发展的城乡一体化发展战略。2007 年 6 月，成都获准设立全国统筹城乡综合配套改革试验区，这是国家对成都近年来实行城乡一体化发展工作的充分肯定。2008 年，成都市开始开展农村产权制度改革试点工作。其改革的目标是：探索建立符合市场经济规律的产权归属明晰、权责明确、保护严格、流转顺畅的现代农村产权制度体系。"成都试验区"的设立具有重大意义，也是成都城乡一体化发展的新契机和新挑战。成都市在"成都模式"，即实现城乡一体化发展的新模式，有以下几点经验：

1. 城乡统筹发展

成都城乡一体化战略，从统筹城乡发展的角度出发，考虑城市与农村的统一发展建设，以城市的发展繁荣带动农村的发展。因此，根据城乡一体化的要求，成都以中心城区、县城和有条件的区域中心为重点，以产业发展为支撑，打破"城乡二元结构"、"城市规划"转为"城乡规划"，将城市和农村作为一个整体进行规划。

2. "三集中"的产业发展方式

成都在推进城乡一体化发展进程中，跳出了就农业论农业的思想，按照工业化、城镇化、农业现代化的要求，确立城乡统筹发展目标，推进"三个集中"发展战略。其主要内容是：（1）工业向园区集中，通过工业向集中发展来聚集经济要素，走向新型工业化。传统的乡镇企业不仅占用土地大，而且环境污染严重，分散经营不利于企业的合作发展。因此通过对工业集中发展、市场运作推动工业集中的方式，实现工业集约，提升产业竞争力，促进整体经济发展。（2）农民居住向城镇集中，加快城镇化进程。以农民向城镇集中来缩小城乡差距，实现城乡的协调发展。成都人多地少的现实形成了一家一户分散居住、分散劳作，农民居住向城镇集中是提升劳动生产率的前提。通过农民集中居住，对分散的土地资源进行整合，相关基础设施建设得以配套，才能实现土地向规模经营，才能有足够的土地资源进行工业园区的建设。农民居住分为三种：对于中心城区的农民，实行农村与城市接轨，土地资源转向非农产业，农民通过统一安置由分散变为城市标准进行集中居住。对于郊区城镇的农民，土地以出租方式转为非农产业，按照城市标准建设城镇化新型社区，引导农民向城镇新型社区居住。对于郊区农村的农民，因地制宜，推进农业产业规模利用土地资源，在改善农村居住条件的过程中引导农民向农村新型社区集中居住。（3）土地向规模经营集中，农业产业化道路以促进农业集约经营，实现农业的现代化。在成都人多地少的现实中，必须通过工业化、城镇化来推动农业现代化，实现工业集中发展，农民向城镇集中，土地向规模经营。解决了农民耕地规模小、效益差、抗自然风险能力差等问题。依照法律，采取自愿有偿等方式，以转包、租赁、入股等形式，使土地向规模经营。

六、南张楼村的"巴伐利亚试验"

在我国的农村建设实践中，相对具有社区发展理念的最早实践应该是山东青州南张楼村的"巴伐利亚试验"。

"巴伐利亚试验"源于对这一问题的回答：为了生活更好，农民是应该进入城市，还是应该留在土地上？17 年前，山东省青州市南张楼村在德国一家基金会的帮助下，开始进行"巴伐利亚试验"，也称"城乡等值化试验"。

在德国人的心目中，农村生活是宁静温和、安守乡土、自给自足的。他们从土地整理、水利和建筑入手，规划农村社区，合理进行功能分区。以改造农业为核心来规划农村生产与生活方式，将农业作为主业吸引农民留在农村，享受新的生活。所以德方的资金只是投给教育、土地整理以及基础设施建设，从未往工厂里投过一分钱。但是南张楼村的具体实践却是靠非农致富，他们通过利用国际试验这样一个无形资产与品牌争取到了很多发展非农产业和进城、出国的机会。村里大部分的小工厂都是村民出国打工挣了钱回村投资建设的。当前南张楼村的村貌很清晰，共 4 个功能区：村南边是已有 50 多家企业的工业区，村东是大田区，村北是文化教育区，村子中心地带则是生活区。全部柏油化的街巷把这个大村分割得井井有条；村民住房多为简朴、舒适的平房，街道上也有七八座新建的粉红色三层小楼；每户的大门上都有统一的门牌编号，路两边都有路灯，并设置了垃圾箱；休闲区有一个较精致的文化广场，每天晚上都有村民来跳舞。此外村子里还有自己的幼儿园、中小学校、文化中心以及民俗博物馆。

"白天进厂，下班种田，农闲进厂，农忙进田"，已经成了南张楼人主要的生活节奏，平均每个家庭都有一个劳动力在村里的工厂上班。村民们的收入不断增长，从 1989 年的人均 1950 元跃至 2005 年的 6000 元。巴伐利亚试验在南张楼村的实践部分地达到了最初目标，但也不可避免地与中国农村的现实发生了碰撞。南张楼村的建设虽然引入了较先进的社区发展理念，但是与当时我国工农剪刀差巨大的现实相左。如果在当前新的历史时期，借鉴其社区发展理念，也许会有不一样的效果。

综上所述，我国农村新社区的建设基本上在全国铺开，各地都有不少成功案例，并取得了成功的经验和广泛推广的价值。这就说明了建设农村新社区并非是心血来潮，而是在经济社会发展的实践中涌现出的必然发展趋势。

第三节　西方国家的农村社区建设

一、英国的乡村建设

第二次世界大战后，英国在城市化初期忽视了农业和农村发展，在城市化进程中出现了比较严重的城市过密、乡村衰退等问题，农村地区的人口不断向城市集中，导致乡村出现了人口减少、基础设施发展不足的情况。在这种背景下，英国政府开始重视乡村建设，对乡村地区进行大规模规划，以促进乡村地区繁荣。乡村建设的目的是要缩小城乡差别，实现城乡一体化，重点在于基础设施和公共服务设施的建设，以改善乡村人居环境。20 世纪 50 年代，英国政府在乡村开展了大规模的"发展规划"，提倡加强乡村地区的人口集中，建设中心村，提高乡村服务设施的利用率，发挥有限设施的规模经济作用。20 世纪 70 年代中期以后，乡村发展政策由"发展规划"转向为"结构规划"，各地根据实际情况，发展市镇或者中心村，或者在旧城镇的基础上发展工业中心、公共交通枢纽、就业中心，改变了过去千篇一律的中心村政策，使乡村发展呈现出一种多元化的格局。

二、德国的巴伐利亚试验

第二次世界大战结束以后，德国的农村问题在相当长的时间内比较突出，医院、学校、道路等基础设施严重缺乏，而薄弱的产业结构更是造成大量人口离开农村，农业的衰落使城乡经济社会的差距迅速拉大，同时进一步造成城市不堪重负，就业、环境等方面形势严峻。此时，著名的汉斯·塞德尔基金会所倡导的"等值化"理念开始发挥作用，它通过土地整理、农村新社区革新、改善农村设施等方式，以实现"在农村地区生活，生活质量并没有降低"的目的，使农村经济与城市经济得以平衡发展，明显地减少涌入大城市的农村人口。巴伐利亚是德国最大的州，农村面积占该州总面积的80%。这一计划在50年前在巴伐利亚开始实施后，成为德国农村发展的普遍模式，即不通过耕地变厂房、农村变城市的方式，使农村在生产、生活质量上而非形态上与城市逐渐消除差异，使农村生活达到与城市生活"类型不同，但质量相同"的目标，被称为"巴伐利亚经验"，并在1990年起成为欧盟农村政策的方向。在目前的巴伐利亚州，农村地区为近60%的人口提供居住、工作和生活空间。

三、法国的村镇建设

法国政府由于在城镇化建设的初期忽视农村的发展和规划，导致出现了城镇密集和乡村衰退的二元畸形发展，以致出现了某些地区人口严重不足、基础设施落后的状况。为了推进城乡之间规划建设，法国政府开始大规模的村镇规划建设，带动了乡村地区的崛起。20世纪50年代，法国政府开始实施大规模的村镇建设，建设中心社区以集中解决农村的就业、住房、人居环境、基础设施等问题。法国政府通过对中心村的投资改造，改善了农村的村容村貌和农民的生活水平，并在新型农村社区建设过程中实现了农村剩余劳动力的转移。但是在后期也出现了一些问题，比如政策落实不到位，或者是规划混乱的问题。为此，1970年法国开始了更加深入的变革，新型农村社区的规划开始由"发展规划"向"结构规划"转变，改变单一中心村建设模式，制定多样化政策，这样在限制中心村镇发展的同时，可以带动全社会的整体发展。

四、欧盟《2007～2013年农村发展政策》

2004年，欧盟通过了《2007～2013年农村发展政策》，其核心之一是如何分配欧盟农村发展公共资金和如何引导各国、各地和私人在农村地区的投资。欧盟采取一个专门基金、一个专门模式、一个专门网络的方式，把整个欧盟的农村发展控制在"欧盟农村共同政策"的框架内，从而实现农村的协调发展。一个专门基金是指欧洲农业农村基金。欧盟计划7年投入970亿欧元，与此相配套，欧盟各国还需拿出几乎相同数目的配套资金。欧洲农业农村发展基金对欧盟农村发展资金的投入、管理和审计实施统一管理，以规划区为单位按项目拨发。欧盟各国在促进农村发展过程中，根据各国农村状况，不是以城市为目标进行农村社区建设，而是建立真正的"农村社区"，包括建设可持续发展的绿色农村社区，建设继承历史建筑特征和保持乡村人文环境的农村社区，建设基础设施完善、卫生整洁的农村社区，建设社区居民认同的有归属感的农村社区。从农村可持续发展的角度看，欧盟农村社区建设符合实际且具有针对性。

五、美国的村镇建设

由于历史和资源等因素的不同，美国的农村建设和发展背景与其他国家明显不同。南北战争结束后，美国实施的一些不正确政策影响到美国农业和农村的发展。1900～1933年期间，美国采取了一系列的农业促进政策以鼓励农业发展，将农业政策的重点放在促进农业生产力的发展和提高农业生产率上，以完善农业服务体系为依托，为农业发展和农村建设提供全方位的支撑，不断完善农村基础设施，为农民生产生活的提高创造条件，促进农村城市化和农业劳动力的大规模迁移。20 世纪 70 年代，美国农村和农业人口转移基本结束，标志着美国已步入城市化高度发达的国家行列之中。通过对农村建设的政策性支持，美国的农村建设和发展取得显著成效，农民收入明显提高，农业生产的区域化、专业化和商品化达到了非常高的程度，在农村也建立了完善发达的基础设施网络，农村生活环境逐步吸引城市人口回流。

六、加拿大"农村协作伙伴计划"

1996 年以来，加拿大开始关注农村发展滞后问题，并采取一系列措施促进欠发达农村的发展。1998 年，加拿大启动了《农村协作伙伴计划》，这是一个跨部门支持农村发展新观点的计划，主要措施有：建立由农业部牵头、30 个政府部门参与的跨部门农业工作小组，定期召开会议交流信息、协调各部门工作，保障联邦各部门在农村合作伙伴计划中进行合作；建立农村对话机制，通过定期举行的农村会议、对话活动、在线讨论、民意调查等方式，使政府能够及时了解农村的民意和发展状况；建立"农村透镜"机制，政府各部门在做决策时都要站在农村村民的立场上，考虑决策可能产生的影响；直接资助农村发展项目，鼓励个人或组织到农村发展创业；建立和完善面向农村居民的信息服务体系，方便农村居民获得商业和其他服务信息；组织专家对农村社会经济发展形势进行调研，及时提出可行性应对举措，并对协作发展计划的实施情况进行评估和调整。通过上述举措，加拿大有针对性地推动农村社区服务、信贷、就业等 11 个领域优先发展，有效解决了本国农村地区发展滞后等问题。

第四节 日本、韩国的农村社区建设

一、日本的"造村运动"

在第二次世界大战之后，日本经济遭受沉重打击，将建设的重心放在致力于重建城市，把主要的资本集中在东京、大阪、神户等大都市上，使全国范围内出现的大城市及其周围人口过密，而在农村人口过疏的现象，使得农业生产力大幅下降，农村面临瓦解的危机，因而导致巨大的城乡差距。为了缓解"地域过疏"的问题，围绕如何增加农民收入、促进各地区均衡发展，实现可持续发展等多重因素影响，日本展开"造村运动"。其主要内容是因地制宜，依据各地区的自然条件和独特优势，培育各具特色的产业基地，振兴农特产品，为了乡村建设充分发掘本地年轻人的热情和积极性，培养出一大批既具有实践能力又能扎根于本地农业生产的年轻人，提倡村民学习当地的传统文化并运用到现代生活中，加强各地区的农业服务和保障体系建设，为农业生产创造融资平台，促进农产品的销售、流通。

1. "造村运动"的开展形式

在日本的"造村运动"中，最具知名度且影响力扩及全日本乃至亚洲各国的开展形式，就是由大分县前知事平松守彦于 1979 年开始提倡的"一村一品"运动。所谓"一村一品"运动，实质上是一种在政府引导和扶持下，以行政区和地方特色产品为基础形成的区域经济发展模式。它要求一个地方（县、乡、村）根据自身的条件和优势，发展一种或几种有特色的、在一定的销售半径内名列前茅的拳头产品，以振兴"1.5 次产业"。当然，"一村一品"并不限于农特产品，也包括特色旅游项目及文化资产项目，如文化设施或地方庆典活动等。

"一村一品"运动开展之后，大分县的农特产品无论在数量上还是在收益上都有显著增加。1980 年大分县有 4 项特产，而今全县共培育出有特色的产品 300 余种，总产值高达 10 多亿美元，其中产值达 100 万美元以上的就有 126 种，1000 万美元以上的有 15 种，玖珠町仅"吉四六"酱菜一项就达 5 亿日元（100 日元约合人民币 6.10 元），由于其产品很多是朴素但充满亲切感的手制产品，在对天然食品需求量猛增的今天，其产品格外受欢迎。如今，日本消费者提起大分县的 3 个名牌产品香菇、烧酒和丰后牛肉时，无不因其美味而大为称赞。这些多品种小批量的加工业有力地促进了当地劳动力的就业，使村民们不离乡土，走上了富裕之路。大分县的"一村一品"运动经过 20 多年的努力，农民收入大幅度提高，2002 年人均年收入达 2.7 万美元，高于美国的 2.4 万美元。

大分县面貌因"一村一品"运动发生了巨大变化，成为生活安定、环境优美、经济发达的地区。受他们的影响，日本国内的许多地区纷纷发起"一村一品"运动，同时，中国、韩国等东亚国家乃至欧美各国也深感兴趣，纷纷效法日本。美国路易斯安那州开展了"一州一品"运动；泰国在全国各地展开了"一村一品"的农村开发运动。"一村一品"运动不仅带来了农业的提升，也促进了旅游业的发展，"一村一品"运动的先进地区——全日本知名的汤布院町，人口不足 1 万人，每年却有 380 万的游客前来旅游，促进了当地经济的发展。

2. "造村运动"的主要做法

（1）以开发农特产品为目标，培育各具优势的产业基地

大分县地处日本九州岛东部，全县地形复杂，其中林地占全县面积的 70%，除了几处盆地外，几乎没有大的平原，这样的自然条件使大分县具有种类繁多但产量不大的农特产品，具有自己独特的比较优势。因此，"一村一品"的基本目标就是开发、振兴农特产品。他们在培育农特产品上抓了产地建设、培育名牌 2 大重点环节。如在产地建设上，强调因地制宜建立产业基地，如以朝地町、九重町等为代表的丰后牛产业基地；以大田村、国见町等为代表的香菇产业基地等。

（2）以突破 1.5 次产业为重点，增加产品的附加价值

所谓 1.5 次产业，是以农、林、牧、渔产品及其加工品为原料所进行的工业生产活动，通过这个生产活动增加农产品的附加价值。地方产业振兴的重点在 1.5 次产业，这是因为要把农产品生产的一次产业直接提高到加工业的二次产业是相对困难的，但是把农产品略作加工，提高一次产品的附加值还是可行的。

与第一产业相比，1.5 次产业具有如下优势：1）生产专业化：日本传统农业具有零星分散、规模狭小等特点，而 1.5 次产业可以根据市场需求，对农产品进行较大规模的专业化加工、集中储运和销售。2）高效增值性：1.5 次产业投资少、成本低、周期短、见效快，通过改变农产品的物理、化学性质，提高农产品价值，满足消费者对农产品的各种需求。3）直接满足最终消费需求：从社会总产品的再生产角度看，1.5 次产业直接提供人们消费的产品。另外，由于可以把剩余产品和次品如弯曲的黄瓜、有伤点的番茄就地加工，保

证了农产品价格稳定，也就消除了农民生产过剩的顾虑，有利于提高一次产品的质量。为了达成这个目标，大分县设立许多相关的研究指导中心，如农水产加工综合指导中心、菇类研究指导中心、海洋水产研究中心等，政府在栽种、采收和捕捞等方面给予技术指导和协助。

（3）以开发农产品市场为手段，促进产品的生产流通

在产品的生产和流通环节，农协发挥了重要作用。在农产品的生产领域，从农协中央会到基层农协，都制定农村事业发展计划，针对农业经营中的问题制定相应对策，指导农民实施。农业经营指导工作由农协的近2万名营农指导员担任。营农指导员必须是农业专门学校毕业，取得国家认定资格，然后由农协作为专门人员雇用。营农指导员指导的范围包括农业生产指导，农田基本建设，因地制宜实行适度规模经营，统一品种、栽培、饲养标准，引进生产资金和优良品种，进行技术交流和技术培训等。在农产品流通领域，农协系统的经济业务主要是购买业务和销售业务，农协系统通过组织农家开展联合销售和购买，形成批量买卖，从而在农产品销售市场、农产品生产资料市场争取有利价格，阻止中间商的不当利益。在大分县，为了促进种植、生产、销售的一体化，农协创办了吉四六酱菜厂，使农户农业生产更具有计划性，农户将自己生产的蔬菜卖给工厂作为生产原料，酱菜厂腌菜用过的酒糟和酱油渣滓又返回畜产农家，变成了牛饲料，促进了当地畜牧业发展。工厂也为当地妇女提供了就业机会。1978年吉四六酱菜厂销售量为1.6亿日元，1980年销售量就达到了3亿日元，并于当年创办了第二家分厂。

（4）以培养人才为动力，开设各类补习班

培养出具有国际水平的高素质人才，是使一个地区获得新生的关键。"造村运动"的最终目标是"造人"，要发掘生活在本地的年轻人的热情和积极性，培养出一大批既具有实践能力又能扎根于本地区的人才。为了培养人才，大分县政府无偿开办了很多补习班并派遣讲师讲授课程。课程内容包罗万象，如农村技术讲习班、商业讲习班、海洋养殖讲习班、妇女讲习班等，只要农民有需要，都可免费参加学习。县政府还利用假期组织中学生去外地参观学习，定期派大学生、家庭妇女去国外访问考察，开阔视野。

（5）以创设合理的融资制度为途径，提供农业低息贷款

为了振兴农村的产业，需要投入资金，因此，必须有完善的融资制度来配合，这项工作主要由农协来负责，日本农协信用系统以略高于普通银行利率的优惠利率吸引农民存款，并以优惠条件向农户发放贷款。因此，日本农协吸收了大量农村闲散资金，从本质上讲，农协所办的信用业务是以分散农户为单位，农户能以较低利率进行相互融资的制度。据统计，农协贷款余额中，对社员发放的农业和生活贷款占80%以上，另外，政府发放的政策性贷款和向农业部门投入的贷款资金和利息补贴资金，也通过各级农协的窗口发放给农户。

（6）以生活工艺运动为载体，促进农村文化建设

由于人口锐减、农业不振，农村的各项文化传统也因而衰退，于是村民们自行对社会生活进行检讨，重新省思其价值，并开展一系列文化活动。如1981年，三岛町发布《三岛町振兴计划》，提倡"生活工艺运动"，即由町民自己构想，自己描绘"明日的三岛町"。他们宣扬物品的创造并非为了赚取金钱，而是传承与创造文化的行为。所以他们积极地学习三岛町的传统文化，并且将其运用到现代生活中。如盛饭用的勺子，以木制来取代塑料，而篓子、盛笼、手提包等也改以具有生命性的天然素材如山葡萄藤等编织而成，以感受自

然的美与质感。每年春天举办生活工艺展，相互交流，并颁发奖状；五六月则在森林中举办"工人祭"，鼓励日本各地的工艺制作者前来展览与销售。三岛町1983年成立生活工艺研究所，同年开始发行《造村运动生活工艺讯息》，广送各地，并在东京举办"三岛町生活工艺品展"。1985年成立"木友会"，组织凝聚生活工艺者。1986年建设完成了三岛町生活工艺馆，作为生活工艺传承与推广的基地，老人们也在工艺制作与创作中重新找到自己生命的意义与生存的勇气。

二、韩国的"新村运动"

20世纪60年代，韩国工业和农业发展严重失调，城市居民和农民的年均收入悬殊，形成了典型的二元经济结构。农村劳动力老龄化严重，大量农业劳动力向城市无序流动，带来了诸多城市问题和社会难题，部分地区农业濒临崩溃的边缘。为摆脱困境，韩国政府在20世纪70年代开始推行农民自主、自助的乡村建设运动，也就是众所周知的"新村运动"。以政府支援、农民自主和项目开发为基本动力和纽带，带动农民自发地建设家乡，引导农村地区的综合开发，其目的是让农民摆脱贫困、增加收入，实现城乡均衡发展。韩国"新村运动"的主要做法是改善农村公路，到20世纪70年代后期，除个别极为偏僻的农村外，全国实现了村村通车；改善住房条件，使农村面貌发生巨大变化、焕然一新；在农村实施电气化、大力改善饮水条件；发展农协组织，带动农民增加收入。韩国通过"新村运动"使全国在物质和精神方面都取得了长足的进步，农民收入迅速增加，粮食基本实现了自给，并且通过实实在在的项目开发和精神启蒙培训，激发了农民建设家乡的积极性，使新农村建设运动演变成范围更广泛、内容更丰富的新社区建设运动。

1. "新村运动"的主要内容、形式

"新村运动"初期，政府把工作重点放在改善生活环境上，其理由是：(1)农民当时最为迫切的要求是改善自己的居住生活条件；(2)改善农民基本生活条件，更容易启发农民并得到广大农民的积极响应。"新村运动"就是在这种农村社会背景下发起，又通过一系列实实在在的项目开发和建设工程，增加了农民的收入、改变了农村的面貌，得到了广大农民的拥护和称赞。

（1）改善农村公路

当时的韩国农村，从地方公路到村级公路既狭窄又弯曲，没有桥梁，各种车辆和农机具无法通过，交通十分不便。"新村运动"初期，全国大部分农村都组织实施了修建桥梁、改善公路的工程。1971～1975年间，全国农村共新架设了65000多座桥梁，各村都修筑了宽3.5m、长2～4km的进村公路。到20世纪70年代后期，除了个别极为偏僻的农村外，实现了村村通车。村民们又自发修筑了许多政府还没有顾及的大小河堤。不少农民无偿让出了自己的土地，供村里修路。"新村运动"发起后，很多农村妇女积极参与，村里选出男女各1名担任新村指导员，妇女活动在"新村运动"中发挥了重要作用。

（2）改善住房条件

1971年，全国250多万农户中约有80%住在苦有稻草的茅草屋，但到1977年，全国所有的农民都住进了换成瓦片或铁片房顶的房屋，使农村面貌焕然一新。由于改善了农村周围的公路，水泥和钢筋等物资的运费也大大降低，很多农民从外地运来水泥和沙子，改善屋顶工程逐渐转变成以建新房为开端、建设新农村的事业，政府也积极给予贷款支援农

民改善居住条件和环境。

（3）农村电气化

20世纪60年代末，在韩国的农村只有20%的农户装上了电灯，其余的农户还在传统的煤油灯下生活。到1978年，全国98%的农户都装上了电灯，20世纪90年代全国已实现了电气化。"新村运动"初期，政府鼓励竞争，优先给积极参与的农村供电。随着"新村运动"的深入开展，农村电气化得到迅速发展，缩小了城乡之间的差距。在这期间，由政府补助一部分，农民借用低息贷款，加速实现了农村电气化。农民的生活发生了相应的变化，家电得到了普及，农民为了购买彩电、冰箱、洗衣机就要储蓄，这又促进了农村储蓄业的迅速发展。

（4）农民用上自来水

自古以来，韩国农民饮用井水，而传统的井水既不卫生又不方便，需要花费很多劳动力和时间。当时，能喝上自来水，对农民来说是梦寐以求的事情。"新村运动"开始时，村民们自觉地动员起来，把山上的水引到村里的蓄水池后用水管接到每家每户。因地势高，不宜引水的农村新社区，深挖井，再用水管接到每家厨房，用抽水泵取水。20世纪80年代，普及使用汲取地下水的井管挖掘机，农村的饮水条件进一步得到改善，农村环境卫生条件也得到明显改善。

（5）推广高产水稻品种

"新村运动"初期，政府开始推广"统一系"的水稻高产新品种，使韩国的水稻生产跨入划时代的发展阶段。1970～1977年，水稻的每公顷单产从3.5t增加到4.9t。农民们在水稻生产中，学到了共同合作的"集团栽培"方式，使得水稻高产品种在极短时间内推广到各地农户，提高了全国农民的水稻栽培水平。

（6）增加农民收入

在韩国，农户收入由种植业为主的农业收入和非农收入两部分组成。随着工业化和城市化逐步向农村地区扩散，农户收入中的非农收入所占比重逐步增大，非农收入所占比重从1994年的35%增加到2004年的50%。韩国农民收入的明显提高是从20世纪70年代开始的。1970年，农户年平均收入为25.6万韩元（当时可折合成824美元），按每户6口人算，人均收入137美元；1978年农户年平均收入为3893美元，人均649美元，即使考虑通货膨胀的因素，农户的实际收入也大大提高。韩国农民的收入急剧提高，得益于如下几个因素：1）自1973年以来，在全国范围内推广水稻新品种；2）自20世纪70年代中期，政府为保护"统一系"水稻新品种的价格，给予财政补贴；3）部分农户改种经济作物，调整优化农业结构；4）政府以"新村运动"的名义，大量投资，扶持农村经济持续发展。

（7）农协组织的迅速发展

20世纪70年代的"新村运动"，对于韩国农协，尤其是基层农协的发展做出了很大贡献。自古以来，韩国农民因贫困交加而没有多少储蓄的习惯，但自20世纪70年代以来，越来越多的农民开始到农协金融机构储蓄，而且储蓄额也不断增大。1971年每户农民的储蓄额只有4300韩元（时价12美元），而1978年增长到24.5万韩元（500多美元）。随着农民储蓄额的不断增加，由农协提供的农业生产资金也不断增多。20世纪60年代中期，由农协提供的生产资金中，70%来自政府的财政资金或金融资金，而到20世纪70年代中期，这一比重下降到25%。农协的信用资金主要来源于农民的储蓄，农协的金融组织在农村金融业中占据重要的位置。妇女组织在发展农村储蓄业中发挥了积极的作用，为"新村运动"注入了新的活力。

除了金融业外，在流通方面，农协也发挥了积极的作用。农民在种植水稻高产新品种的过程中，施用了大量的化肥和农药，农资、建材、家电等物资也都由农协来组织提供。随着农村经济的快速发展，农协的规模也迅速得到扩大。20 世纪 70 年代，全国基层农协数为 1500 个，大致与邑为单位的行政区域数相近，一个基层农协对 1000 多户农民开展业务。一个基层农协的工作人员从 1972 年的 6 名增加到 1980 年的 18 名；一个基层农协受理的资金从 1977 年的 4300 万韩元增加到 1980 年的 23.4 亿韩元（330 万美元），其中 180 万美元来自信用事业，100 万美元来自经济活动，50 万美元来自公共福利保险事业。由此可见，基层农协在当时社会经济活动中发挥了重要作用。

（8）兴建村民会馆

"新村运动"一般在冬季农闲期间开展，但在当时很难找到村民能集中讨论活动的场所。为在农忙期间节省劳动力，提高劳动效率，在村民会馆中办起了公共食堂。妇女会在村民会馆中还举办了公共交易场，降低了产品的流通费用，节省了村民的购物时间。村民会馆收集了包括农业生产统计资料和农业收入统计资料在内的各种统计资料。农民不是只通过书本，而是在各种实况展示和社会实践中亲身体会到了民主决策和管理的真谛，也学会了与各级政府同心协力，共同改变农村落后面貌，进而加快实现农村现代化的实践能力。

2. 实施方法

韩国政府认识到农村开发事业，需要广大农民提高认识，主动、积极、自发地开展各项建设工作，政府重点进行科学的引导和扶持，即使对村民有好处的事也要先征求村民的意见，决不强制推行。为调动农民的积极性，韩国政府重点推行以下三项措施：

一是以村为单位实施各类开发建设项目。每年 2～3 月，开展有计划的新村工作，由村总会研究决定具体项目内容、规模、实施范围、预期目标，村开发委员会研究制定具体实施操作计划，如资金分配、劳动力安排，工作日程等，还要记录每天或每周的工作进度，并依此制定相关的措施，如动员村民补充劳动力，向政府通报信息，求得人财物支援和对策分析等，以保障新村开发项目按时完成。

二是实施奖优罚劣的开发政策。"新村运动"中，政府在人、财、物的支援上，没有采取平均分配政策。刚开始，以村为单位，平均免费提供 300 袋水泥用于村里的公共事业，根据各村完成公共事业的成绩好坏，把全国 3.5 万个村划分成自立、自助、基础三级，成绩最好的划为自立村，最差的划为基础村，第二年政府的援助物资只分给自立村和自助村，平均增加到 500 袋水泥和 1t 钢筋。经过几年的建设，积极参与的农村发生了明显的变化，抱着消极旁观态度的村见邻近农村新社区都发生了很大的变化，又从政府的奖励先进和重点扶持、援助中受到刺激，奋起直追，到 1978 年，全国绝大分村都成为自立村或自助村。

三是实施村民监督制度。"新村运动"中有，政府投入了大量的财力和物资，如何保证这些财物有效地应用到农村建设中去是政府考虑得较多的问题，他们解决的方法也很简单，采取"一竿子到底"，所有的财物以村为单位申报领用，政府各部门不参与工程建设。政府每村只委派一个公务员具体负责统计工作，并接受村民监督，政府把能否及时、准确无误地将中央分配下达的支援物资送到村里作为考核公务员素质的重要标志，公务员的晋职升薪与每个公务员在新村工作中的政绩、水平有关。另外，各村的村民代表可参与郡、市政府的有关决策会议，可以约见市长、郡守，并当面提出问题、批评与建议。

第五节　国内外农村社区建设的经验与启示

通过上述对部分国家农村新社区建设过程和经验的分析和对比研究，不难发现，虽然每个国家的国情不同，对促进新农村建设所采取的措施也不尽相同，但是对于农村社区建设的力度都不小，这就给我国农村新社区建设提供了不少的经验和启示。因此，要结合我国的国情，借鉴和学习国外的一些做法。

一、"以农为本"是关键

从日本、韩国以及欧盟的农村建设过程可以发现，政府都将农民视为农村建设的主体，政府只是充当建设的配角，为新农村建设提供资金支持、技术服务、法律保障等。由此唤起了农民的自主意识和发展农业的积极性，农民的整体素质也不断提升。因此，就我国而言，坚持"以农为本"的理念是进行农村建设的关键。农民是农村的主要群体，如何最大限度地调动农民参与农业生产和家乡建设的积极性，对农民与政府之间的关系有一个清晰的认识和判断，是我国政府确保农村建设顺利进行的首要任务，我国历来就重视"以农为本"的发展理念，这是保障我国经济社会发展的根本。

在 2018 年中央一号文件中指出：农业农村农民问题是关系国计民生的根本性问题。没有农业农村的现代化，就没有国家的现代化。同时还指出：实施乡村振兴战略，是解决人民日益增长的美好生活需要和不平衡不充分的发展之间矛盾的必然要求，是实现"两个一百年"奋斗目标的必然要求，是实现全体人民共同富裕的必然要求。说明了我国政府历来坚持"以农为本"的基本理念。

二、"规划先行"促发展

尽管各国农村的发展状况不同，各个地区由于地理环境、经济发展水平、风俗习惯等也千差万别，但是政府在进行农村建设之前无有例外地都制定了一个长远的规划。农村建设规划就如同"指南针"，在清晰、科学、合理的规划指导下，农村改革的目标才能顺利实现。韩国开展的"新村运动"项目的成功，也得益于一批专家学者通过对农村情况进行精心考察研究后的规划设计。我国是一个农业大国，人口众多，耕地面积有限，但是目前农村青壮年劳动力选择外出务工，导致留守在农村务农的劳动力减少，耕地没有得到有效利用，有地无人种现象普遍。另一方面，伴随着我国城镇一体化建设进程的加速推进，农民改变居住、生活环境等条件的愿望更加强烈，同时更加渴望获得与城镇居民同样的医疗、就业、卫生等保障和待遇。这些都成为我国政府在进行新农村建设过程中需要解决的难题。根据我国不同地区、省份、民族等的差异，结合当地农民对理想生活的要求，合理规划部署农村新社区建设任务，并根据不同时期规划实施的情况进行调整，是我国新农村建设获得成功的必由之路。

三、法律法规是保障

无论国家、企业还是个人要开展一项活动，都必须在法律框架内进行。我国的新农村建设也不例外。从日本、韩国、欧盟的建设经验来看，新农村建设的过程也是不断完善相关法律法规的过程，政府将有利于新农村建设的措施，以法律法规的形式确立下来，这样保证了建设的合法性和延续性。日本针对农业、农村建设与发展的法律法规高达 160 余项，对于乡村建设是有力的保障。目前，尽管我国政府高度重视新农村建设，多年连续颁发的"中央一号"文件都将农业、农村发展振兴作为主题，但是我国关于新农村建设的法律法规还不健全，政府主要依靠行政命令和政策措施推动，在建设过程中遇到问题时，容易导致无章可循，缺少法律法规的保障和指引。因此，我国必须坚持在解决"三农"问题和构建和谐社会的统领下，逐步建立和完善与新农村建设相关的法律法规，使地方政府在进行新农村建设时有章可循，有法可依。

四、财政投入需及时

从上述几个国家的新农村建设发展历程可以发现，各国政府都认识到只有充沛的资金支撑，地方政府和农民才能够大胆地搞建设、谋发展。因此，在农村、农业发展出现问题时，国家的财政投入也开始向农村发展倾斜，以保障各项开发建设项目能顺利开展。从各国的发展经验来看，国家对于农村、农业发展的投入是必然的，是解决农业问题的前提。例如，韩国政府采取中央财政支持、地方财政投入和农村集资的方式，同时建立财政投入管理机制，以保证财政资金用到实处；巴西政府采取的财政措施主要是设立地方开发银行特别基金，确保农村开发建设项目的资金供应。我国要建设好新农村，就必须持续加大对农村、农业财政投入力度，扩大农村公共财政覆盖范围。坚持做到各项农村建设投入基金专款专用，不随意增减、挪用、克扣资金等，使农民敢于依靠政府、相信政府，并对未来农村美好生活充满信心。

五、基础设施、公共服务设施及社会保障体系均等化

发达国家的经验证明，虽然各国根据实际情况采取的方式有所不同，但是农村社区在经济发展的同时，都很注重农村基础设施的改善、建立和健全公共服务设施和各项社会保障体系。这是值得我国借鉴的，也是我国农村新社区建设的重点内容。从我国农村经济社会发展的实践可以看出，近些年国家对于这方面的投资逐年加大，而且取得了良好的效果，实践证明，我国具有解决这个问题的能力和实现这个目标的把握，建设农村新社区就是实施这个目标的具体行动。

六、技术培训要强化

发达国家高度重视提升农民的整体素质和科技水平，建立和完善了农业教育体系，成立农业研究机构和学校，并出台政策鼓励支持农业科技发展。如法国建立了完善的农业教育培训体系，以中等农业职业技术教育、农民成人教育及高等农业教育为主要形式，培养农业、牧业、渔业等各个领域、行业的人才，以职业教育为辅，每年定期为农民进行技术培训和继续再教育。制定行业准入制度，对从事农业经营的劳动者，设定资格标准，促使农民接受职业教育，在取得相应资格证书的情况下，再从事农业经营活动。农民只有拿到农业职业能力证书，才可以在农场和农业企业工作；拿到农业技师证书的农民则有资格独立经营农场；从事农业经营活动的农民必须获得绿色证书。因此，我国要通过各种途径，

开展技术下乡活动，激发农民对先进农业科学技术的兴趣，利用各类大专院校、培训机构，开展对于农民的职业教育和培训，提高农民的素质，让农民主动学习先进经验并将其有效运用到农业生产过程中，达到解决"三农"问题，实现农业现代化、农村现代化和培育新型农民的目标。

第三章　与社区建设规划的相关规划

农村新社区建设规划是最基层的规划，它有着诸多上位规划需要它来落实。因此，在编制农村新社区建设规划时，研究和参照诸多上位规划成了必须关注的内容。一是诸多规划对于农村新社区有着限制作用，决定了农村新社区规划内容的范畴；二是诸多规划的内容需要落实到社区域内的地块上，需要在编制社区规划时，把诸多规划内容一一落实好；三是编制农村新社区规划时要依据社区实际情况，体现"一村一品"的地方特色，编制出切实可行的可操作性实施规划。

第一节　社区规划的相关规划

一、相关规划的简介

社区作为最小的国土单元，它是目前已有的诸多存量规划的落脚点，上位多个规划内容都需要落在社区范围内，因此，社区规划成为诸多规划的落实处。对于上位规划的总体分析，涉及社区的规划的主要有以下几类规划：

1. 法定规划

（1）县（市）级、乡镇发展总体规划。它是《中华人民共和国城乡规划法》所规定必须完成的规划。它基本上对于农村新社区性质、职能、规模、层次做出明确地规定，决定了社区的性质、规模，明确了发展方向。

（2）县（市）镇村体系规划。它是《中华人民共和国城乡规划法》所规定必须完成的规划内容。它是县（市）发展总体规划的重要组成部分，确定农村新社区合并与否，确定农村新社区的层次和地位，确定社区发展方向和职能。它是社区建设规划最直接、主要依据的上位规划。

（3）县（市）、乡镇土地利用总体规划。它是《中华人民共和国土地管理法》所规定必须完成的规划。它确定了农村新社区建设用地空间范围、村域内基本农田保护范围、土地整治工程的安排。

（4）县（市）生态文明建设与环境保护规划。它是《中华人民共和国环境保护法》所规定必须完成的规划。该规划划定生态红线，确定了生态保护区和环境治理区域。

（5）《中华人民共和国农业法》第十五条规定：县级以上人民政府根据国民经济和社会发展的中长期规划、农业和农村经济发展的基本目标和农业资源区划，制定农业发展规划。

（6）《中华人民共和国农田水利法》与《农田水利条例》对于农田工程规划设计做了具体的规定。

2. 非法定规划

（1）涉及社区非法定规划主要有工业园区规划（经济开发区）、农业园区规划、交通规划、林业规划、旅游规划等专项规划内容。这些规划主要是在社区区域内落地，具体落实到地块。社区只能执行规划，不能改变和修订规划。

（2）最近编制的乡村振兴战略规划（2018—2022年）。《乡村振兴战略规划（2018—2022年）》是中央农村工作领导小组办公室提出的乡村振兴规划，是目前必须执行的规划。

（3）与之并行的村土地利用规划。2017年中央一号文件指出：加快编制村级土地利用规划。在控制农村建设用地总量、不占用永久基本农田前提下，加大盘活农村存量建设用地力度。2017年2月，国土资源部出台《关于有序开展村农村新社区规划编制的指导意见》（国土资规〔2017〕2号）为农村新社区规划编制明确了方向，制定了规则。

（4）其他相关规划。

二、各类规划的限制作用

以上相关规划对于社区建设规划都起到一定的制约因素，因此在编制农村新社区规划时，要充分研究这些规划是十分必要的。具体内容如下：

1. 县（市）级、乡镇发展总体规划

县（市）级、乡镇发展总体规划是由县（市）住房和城乡规划建设管理部门代政府组织编制的规划。它的主要组成部分是县（市）域内镇村体系规划。它确定了社区的空间布局，确定了农村新社区合并与否，确定合并社区的规模、层次、职能、发展方向。它对于社区建设有着重要指导作用，是直接的上位规划；乡镇发展总体规划要积极落实县（市）域内镇村体系规划，并且要按照"三区六线"明确社区建设宜建区、限建区、禁建区，划定区域内的建设红线、绿线、黄线、紫线、蓝线、棕线。对于社区建设划定区域和线条内规定内容不得更改。

从目前县（市）城乡发展总体规划的编制情况来看，关于社区人口规模分析，由于过度强调城镇化，对于农村人口规模安排缺乏认真的分析研究，只是简单地把农村人口强硬拉到城区来。使得一些社区在规划时，人口规模得不到合理安排。造成对于农村新社区人口、用地规模等多方面得不到应有的安排。

再者，就是城乡发展总体规划本身负责县（市）域内镇村体系规划，它是其中的一个重要组成部分。但编制城乡规划往往重点在县市城区规划上，对于镇村体系规划内容缺乏认真的研究，缺失深入细致地调查，镇村体系规划缺失了严肃性，实际中镇村体系规划不能满足社区合并的需求，造成镇村体系规划不能落实，这是一个基本的事实。

2. 县（市）、乡镇土地利用总体规划

县（市）、乡镇土地利用总体规划是由县（市）国土资源管理部门代县（市）人民政府编制的土地利用总体规划。它确定了农村新社区建设用地空间范围、村域内基本农田保护范围、土地整治工程的安排。土地利用管治措施明确了对于各类用地的具体管制办法，明确了各种用途限制因素。尤其是对于基本农田的保护措施是十分严格的，也是必须遵守落实的保护内容。地类的转换必须按照管制措施严格执行，也就是说我国国情决定了必须实行严格的土地管理制度。在实践中，已体会到土地管理的严肃性，是社区建设规划中必须研究的内容。

从我国目前县市级土地利用总体规划编制情况分析，基本上是沿袭20世纪90年代所形成的县乡规划同步完成的模式，这种模式在一定历史阶段是有积极意义的。这种模式在

一定程度上县市级国土部门代替乡镇级政府作出规划，但乡镇级政府缺失主体地位，造成规划的不认真、不易落实的具体问题。因此，在社区建设用地上造成诸多困难，使得社区产业发展得不到任何指标，建设项目难以落实。构成新时期供给侧改革和必须解决的具体矛盾。

从目前土地利用状况分析，农村新社区建设的最主要问题是缺少资金。建设资金从哪里来？其中最主要渠道是来之农村建设用地"增减挂钩"，这个政策出台多年了，但始终执行不力，要通过社区规划，实施农村建设用地复垦，实施"增减挂钩"政策，是社区建设资金来源的一条重要途径。

3. 县（市）生态文明建设与环境保护规划

（1）县（市）生态文明建设与环境保护规划是由县（市）环境保护主管部门代县（市）人民政府所编制的规划。环境保护规划的内容有：一是针对已被污染的环境，要采取相应的措施予以治理；二是对可能产生污染的生产活动进行预防。治理和预防一定要从源头抓起，对于有污染性的生产要进行必要的治理，如大气污染，通过对排放出的气体治理，降低和减少有毒气体的排放量；污水要通过治理后使有害物质降到最低限度，不会造成对人类有害的程度；固体污染物通过处理分流使用，变害为利。总之，通过治理变污染废物为可利用的资源，增加和节约资源，合理利用，变废为宝。要把环境治理和保护作为农村新社区规划的一项重要内容。

（2）生态建设：生态建设是对农村新社区生态保护的投入，生态保护是人类对赖以生存的自然环境和自然资源采取合理管理措施，使其免遭破坏，为人类生产和生活创造最适条件的活动。为满足环境保护的需要，必须对环境投入经济和技术的措施，以满足人类生活和生产对环境的要求。

（3）生态文明建设：生态文明建设就是把可持续发展提升到绿色发展高度，为后人"乘凉"而"种树"，不给后人留下遗憾而是留下更多的生态资产。生态文明建设是中国特色社会主义事业的重要内容，关系人民福祉，关乎民族未来，事关实现"两个一百年"奋斗目标和中华民族伟大复兴。党中央、国务院高度重视生态文明建设，先后出台了一系列重大决策部署，推动生态文明建设取得了重大进展和积极成效。

2015年9月11日出台的《生态文明体制改革总体方案》，着眼于理念方向，着力于基础性框架，明确提出构建自然资源资产产权制度、国土空间开发保护制度、空间规划体系、资源总量管理和全面节约制度、资源有偿使用和生态补偿制度、环境治理体系、环境治理和生态保护的市场体系、生态文明绩效评价考核和责任追究制度8个方面的制度体系，必将为加快推进我国生态文明建设打牢制度桩基，夯实体制基础。

关于生态文明建设的根本目的，十八大报告强调：努力建设美丽中国，实现中华民族永续发展。从源头上扭转生态环境恶化趋势，为人民创造良好生产生活环境，为全球生态安全作出贡献。更加自觉地珍爱自然，更加积极地保护生态，努力走向社会主义生态文明新时代。

（4）农业生态林建设规划：根据农业环境保护目标，对规划区域内的宜林宜草荒山、荒地、荒坡、荒滩面积进行普查统计，划出范围，利用一切可利用的地方进行绿化，提高植被覆盖率；对于水土流失、草场退化、土地沙化严重的地区，会同有关部门划出退耕还林、还耕还牧区域；对林业用地、各种防护林、道路、农田林网等采取相应的绿化措施；

制定并执行有关法规，提出相应的管理措施，以保护森林植被资源，提高绿化覆盖率。

4.《中华人民共和国农业法》

第十七条　各级人民政府应当采取措施，加强农业综合开发和农田水利、农业生态环境保护、乡村道路、农村能源和电网、农产品仓储和流通、渔港、草原围栏、动植物原种良种基地等农业和农村基础设施建设，改善农业生产条件，保护和提高农业综合生产能力。

5.《农田水利条例》

第六条　县级以上地方人民政府水行政主管部门负责编制本行政区域农田水利规划，征求本级人民政府有关部门意见后，报本级人民政府批准公布。

第七条　编制农田水利规划应当统筹考虑经济社会发展水平、水土资源供需平衡、农业生产需求、灌溉排水发展需求、环境保护等因素。

农田水利规划应当包括发展思路、总体任务、区域布局、保障措施等内容；县级农田水利规划还应当包括水源保障、工程布局、工程规模、生态环境影响、工程建设和运行维护、技术推广、资金筹措等内容。

第八条　县级以上人民政府应当组织开展农田水利调查。农田水利调查结果是编制农田水利规划的依据。

县级人民政府水行政主管部门编制农田水利规划，应当征求农村集体经济组织、农民用水合作组织、农民等方面的意见。

第九条　下级农田水利规划应当根据上级农田水利规划编制，并向上一级人民政府水行政主管部门备案。

经批准的农田水利规划是农田水利建设和管理的依据。农田水利规划确需修改的，应当按照原审批程序报送审批。

第十条　县级以上人民政府水行政主管部门和其他有关部门按照职责分工负责实施农田水利规划。

6. 其他规划的作用

其他规划主要有工业园区规划（经济开发区）、农业园区规划、交通规划、水利规划、林业规划、旅游规划等。这些规划在空间上需要占用一定空间，多数会涉及农村新社区空间。因此，在完成社区建设规划时一定调查清楚这些相关的规划，看是否占用本社区地域空间；若占用时，在本社区规划中要留好占用的空间，本社区不再进行规划占用。

第二节　镇村体系规划

一、镇村体系规划

镇村体系规划的主要目的是调整农村新社区空间布局，使之与生产力、生产关系相匹配，促进农村经济发展，乃至整个区域的发展。在我国已实施城乡一体化规划，建立了完善的城镇体系规划。因此，通过镇村体系规划，逐步形成我国城乡一体化的区域规划体系，一是满足国民经济社会发展的需求，二是弥补城镇体系单一模式规划的缺陷，建立和完善我国区域统一体系的规划，对经济与社会的发展和规划的执行都有着重大意义。

1. 镇村体系规划的任务

以区域为整体，以长远规划为目标，以环境资源保护利用为基础，统筹区域经济的发展，按分类指导的原则，制定农村新社区整体发展策略和空间布局调整方案。通过合理优化农村新社区发展布局，有效配置基础设施和公益设施，改善农村发展条件，加快农村社会经济的协调发展，促进城乡一体、协调发展的格局，建设美丽乡村。

充分利用政府职能，切实改善农民的生存条件，对生存环境恶劣的地区和生态敏感区的农村新社区要有计划地搬迁，对规划较小的农村新社区进行合并，通过搬迁、合并，实现农村新社区空间布局合理化，促进整个区域经济社会的协调发展，改善农村居住环境。

在维护公平竞争的前提下，协调区域开发、整治活动的空间布局和时序，限制不符合区域整体利益和长远利益的活动，保护环境，建立良好的生态环境，促进区域农村经济的协调发展，建设生态宜居的新社区。

2. 空间布局规划

（1）确定中心村

确定各乡镇重点发展的中心村，与县域内城镇共同作为吸纳迁并农村新社区的主要居民点。

（2）迁并新社区

依据迁并标准和实际情况，提出各乡镇农村新社区迁并的具体方案：

1）明确迁并农村新社区的数量、名称、迁并原因及去向；

2）确定迁并后各农村新社区人口规模、建设用地规模、整合节约土地规模；

3）编制全县及分乡镇迁并农村新社区情况一览表（见表3-1和表3-2）

分乡镇迁并农村新社区情况一览表　　　　　　　　　　　　　　表3-1

乡镇名称

迁并前新社区名称	迁并后新社区名称	人口规模（人）		建设用地规模（hm²）		整合节约土地规模	迁并原因	农村新社区数量（个）	
		迁并前	迁并后	迁并前	迁并后			迁并前	迁并后
合计									

县域迁并农村新社区情况汇总表　　　　　　　　　　　　　　表3-2

乡镇名称	新社区数量（个）		建设用地规模（hm²）		整合节约土地规模
	迁并前	迁并后	迁并前	迁并后	
总计					

（3）保留农村新社区

明确不涉及迁并的农村新社区名称、数量，编制保留农村新社区情况一览表（见表3-3）。

县域保留农村新社区情况一览表		表 3-3
乡镇名称	农村新社区名称	农村新社区数量（个）
总计		

（4）空间布局体系（见图3-1）

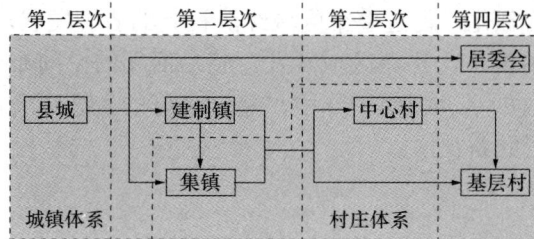

图 3-1　镇村体系结构示意图

二、镇村体系规划的内容

镇村体系规划主要是在县（市）、乡（镇）范围内，解决农村新社区合理布局的空间规划，需要确定农村新社区的结构层次和农村新社区的数量、性质、规模和具体位置，最终确定发展哪些农村新社区、合并哪些农村新社区。其具体内容主要包括以下几个方面的内容：

一是要系统研究区域内农村新社区现状之间的相互关系和存在的问题；评价规划期内的有利发展条件、潜力和限制因素；制定农村新社区的发展战略。二是确定农村新社区发展的层次，明确发展哪些农村新社区、控制哪些农村新社区、合并哪些农村新社区。三是预测新社区发展人口、产业融合发展以及产业结构调整、用地需求，确定农村新社区性质和职能分工、等级结构，合理配置区域内产业布局和农村新社区空间布局。四是确定规划期内建设的时序，明确分期分步安排的具体任务，确定近期建设内容，划定禁建区、限建区和适建区范围，从时间和空间上做出明确地安排。五是统筹安排区域内各项基础设施和公益建筑的具体部署，明确建设的规模和标准，为农村新社区规划奠定基础。也就是说镇村体系规划包括规划的现状概述、综合评定、农村新社区迁并标准、空间布局规划、区域性基础设施和公益服务设施协调布局、近期空间布局规划和规划实施措施等项内容。

1. 现状概述

（1）区位与历史沿革。包括大的地区类型、上位行政区划、地理经纬度、辖区下位行政单位、总人口、总面积、人口密度、历史沿革、建制演变、风土人情、地方传统等。

（2）区域自然条件。包括地质、地貌、水文、气象、土壤、生物及自然灾害，对一些突出限制因素条件要做比较详细描述，如行洪、蓄滞洪区、矿产采空区等对农村新社区建设带有强制性限制因素的问题必须搞清楚，要在基础图件上注明。

（3）社会经济条件。区域经济总量、产业融合发展与产业结构调整以及功能分区、社会商品销售、人均纯收入、社会产品总量及人均占有量、生活必需品的人均拥有量。基础设施建设状况，如电力、交通道路、供排水、通信、供热和垃圾处理等；水、土资源总量与分类及人均占有量，社会公共服务设施状况。

（4）农村新社区空间布局概况与特点。区域内农村新社区总数，空间分布密度与区划；各乡镇的新社区名称、数量及各村人口规模；劳动力转移和外出打工的状况。

2. 综合评价

（1）农村新社区分布特征。依据不同地域面积、农村新社区数量，分析农村新社区空间分布密度，研究空间分布规律和形成原因。

（2）人口规模结构与新社区用地评价。依据不同地域面积、新社区数量、人口规模，分析农村新社区人口规模结构和人口空间分布密度，研究分布规律和形成原因。按人口规模和用地规模计算各村人均用地面积，参照国家制定的人均用地标准进行农村新社区用地评价，并进行分类排队。

（3）生存环境分析。确定地处自然灾害安全隐患区、生态敏感区、基础设施严重匮乏以及地方病高发区等地区的农村新社区名单。

3. 新社区发展预测和迁并标准

在评价县域农村新社区空间布局的基础上，结合当地实际，经过预测分析，确定农村新社区的人口规模、产业结构和用地规模等内容，综合考虑下列因素来确定不同地域的农村新社区迁并标准。

（1）人口规模

农村新社区的人口规模大小因地而异，一般山区的农村新社区人口规模相对较小，而在平原地区农村新社区的人口规模偏大。大、小相对而言，要根据当地实际情况确定，社区建设要保持人口一定规模，形成聚集效应。

（2）安全隐患

存在自然灾害安全隐患的农村新社区，包括地处行洪区、蓄滞洪区、矿产采空区，泥石流、滑坡、塌陷、冲沟易发区等地区的农村新社区。

（3）环境问题

存在严重环境问题的农村新社区，包括供水、供电、通信、交通等基础设施严重匮乏且修建困难的农村新社区；位于水源地、自然生态保护区、风景名胜核心区等生态敏感区的农村新社区；地方病高发地区的农村新社区。

（4）其他方面

重点建设项目占地或压占矿产资源的农村新社区；位于城镇内部和近郊逐步与城镇相融合的农村新社区；地域空间上接近且逐渐融为一体的农村新社区等。

三、区域性基础设施和社会公共服务设施协调布局

1. 基础设施

提出农村新社区交通、供水、排水、供电、通信、供暖、燃气、污水处理、垃圾处理等基础设施的共建共享方案。

2. 公共服务设施

提出中心村、基层村的文化教育、医疗卫生、体育娱乐、社会福利、商业服务等公共服务设施的配置原则、内容、标准（见表3-4）以及共建共享方案。

村镇公共建筑项目配置参照表 表3-4

		项目	县城	中心镇	一般镇	中心村	基层村
行政管理	1	人民政府、派出所	√	√	√	—	—
	3	建设、土地管理机构	√	√	√	—	—
	4	农、林、水、电、交通管理机构	√	√	√	—	—
	5	工商、税务管理机构	√	√	√	—	—
	6	粮食管理机构	√	√	√	—	—
	7	交通监理站	√	√	—	—	—
	8	居委会、村委会	√	√	√	√	√
	9	疾病控制中心	√	√	○	—	—
教育机构	1	专科院校	√	○	—	—	—
	1	高级中学、职业中学	√	√	○	—	—
	1	初级中学	√	√	√	○	—
	1	小学	√	√	√	√	○
	1	幼儿园、托儿所	√	√	√	√	○
文体科技	1	文化站（室）、青少年之家	√	√	√	√	○
	1	影剧院	√	√	○	—	—
	1	灯光球场	√	√	√	√	○
	1	体育场	√	√	○	—	—
	1	科技站	√	√	○	—	—
医疗保健	2	中心医院	√	○	—	—	—
	2	中心卫生院	√	√	—	—	—
	2	卫生院（所、室）	○	○	√	○	—
	2	防疫站、保健站	√	√	√	—	—
	2	计划生育指导站	√	√	√	—	—
商业金融	2	百货商场（店）	√	√	√	√	○
	2	食品店	√	√	√	○	—
	2	生产日杂、建材店	√	√	√	○	—
	2	粮店	√	√	√	○	—
	2	煤店或液化气站	√	√	√	—	—
	3	药店	√	√	√	—	—
	3	书店	√	√	√	—	—
	3	银行、信用社、保险机构	√	√	√	○	—
	3	饭店、小吃店	√	√	√	○	○
	3	理发、浴室、洗染店	√	√	√	○	○
	3	照相馆	√	√	√	—	—
	3	综合修理、加工、收购店	√	√	√	○	—
	3	粮油、土特产市场	√	√	√	—	—
	3	蔬菜、副食市场	√	√	√	—	—
	3	百货市场	—	√	√	—	—
	4	燃料、建材、生产资料市场	—	√	○	—	—
	4	畜禽、水产市场	—	√	○	○	—

注：√为必设项目，○为可设项目，—为不设项目。

四、近期空间布局规划

（1）规划原则：坚持近远结合、分期实施、突出重点的原则。

（2）农村新社区列为近期新社区空间布局调整的重点。

（3）迁并方案：确定迁并农村新社区名称、数量，人口规模，建设用地及整合节约用地规模（见表 3-5），明确农村新社区迁并方向，做出年度计划。

（4）技术经济分析：综合分析近期农村新社区迁并的原因、建设条件和投资估算，论证农村新社区迁并的可行性。

县域近期迁并农村新社区情况一览表　　　　　　　　　　　　　　　　　　表 3-5

乡镇名称	迁并农村新社区名称	迁并去向	迁并人口规模（人）	建设用地规模（hm²）	整合节约用地规模（hm²）	投资估算（万元）	迁并原因

五、镇村体系规划的技术路线图

1. 技术路线图

镇村体系规划技术路线图如图 3-2 所示。

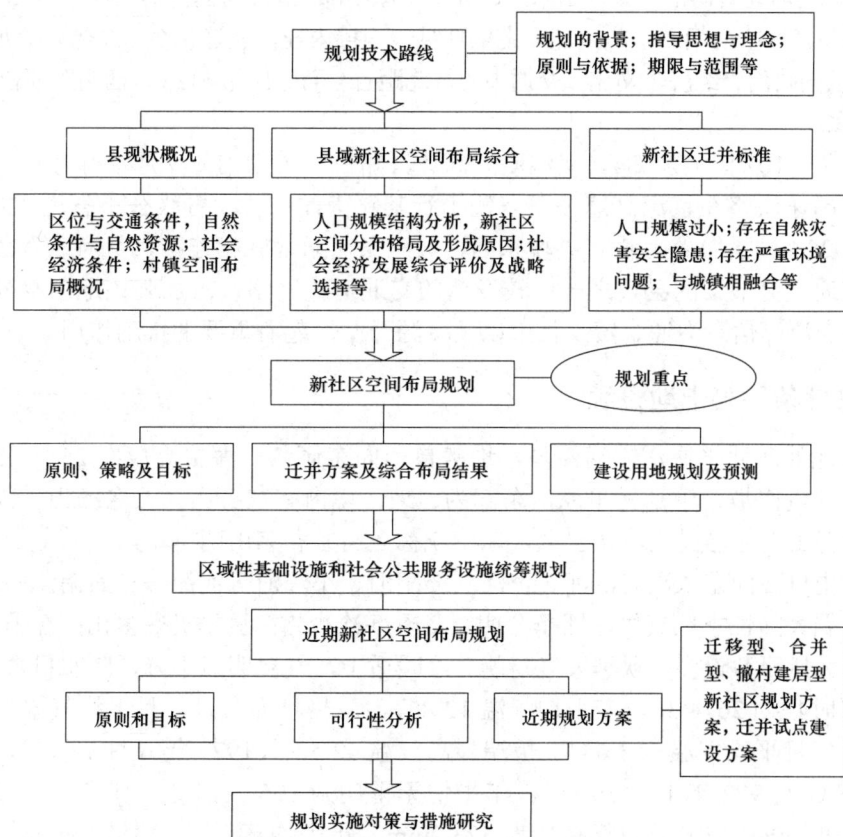

图 3-2　镇村体系规划技术路线图

2. 镇村体系规划的程序

第一步：规划技术路线 ⟶ 规划的背景、指导思想、理念、原则、依据、期限、范围。

第二步：农村新社区布局综合评价 ⟶ 区域自然、经济、社会条件分析；农村新社区人口、用地规模、结构分析；社会经济发展综合评价。

第三步：制定农村新社区迁并标准 ⟶ 人口规模小、灾害隐患、环境危害、合并到城镇规划区等。

第四步：农村新社区空间布局规划 ⟶ 原则、目标、建设用地预测、迁并方案。

第五步：县域基础、公建设施规划 ⟶ 全县基础设施规划、农村新社区公共建筑的规划。

第六步：近期农村新社区空间布局规划 ⟶ 原则、目标、可行性分析、近期规划。

第七步：规划实施对策与措施 ⟶ 法律、行政、经济、技术措施。

第三节　镇村体系规划实例
——以隆尧县镇村体系规划为例

一、区位与交通条件

1. 区位

隆尧县地处河北省南部，太行山东麓，冀南平原中部。地处东经 114°33′～115°02′，北纬 37°12′～37°33′之间。东临巨鹿，南依任县，西接内丘，北连柏乡、宁晋。县城位于县境中部，是全县的政治、经济、文化、交通中心，北距省会石家庄市 81km，西南距邢台市 55km。

2. 交通

京广铁路、107 国道及 G4（京港澳）高速公路三条国家南北交通动脉并行从县境西部通过，京广高速铁路在京深高速公路东侧平行其路南北布局；省级公路省道 327（南郝公路）、省道 328（隆昔公路）横贯县境东西，与三条交通动脉相连接，是河北省公路密度最大、综合交通优势最强的县市之一。较发达的交通运输网络，对加强该地区与外界的经济联系、物资交流、信息沟通、贸易往来以及资源开发，起着重要的推动作用。

二、自然条件与土地资源

隆尧县地处河北平原滏阳河流域，地势自西向东倾斜，海拔高度在 25～157m 之间。县境西部为丘陵岗坡，中部为平原，东部为洼地。境内有宣务山（又名尧山，因以尧山文化著称且"尧山"之名民间流传已久，以下统称尧山）和茅山两座小山。

隆尧境内自西向东依次有泜河、澧河、滏阳河、小漳河等河流，自西南流向东北。

隆尧县属大陆性季风气候，四季分明。冬季寒冷少雪；夏季炎热多雨；春季时暖时冷，空气干燥，大风日数最多；秋季天气晴朗，冷暖适中，气温明显下降，降水日数日趋减少。年平均日照时数为 2674.3h，年平均气温 12.8℃，最热月为 7 月，月平均气温 26.7℃，最冷月为 1 月，月平均气温－3.6℃，极端最高气温 42.5℃（1979 年 6 月 13 日），极端最低气温－24.8℃（1972 年 1 月 26 日）。年平均无霜期为 195 天，冬季冻土层一般厚 20cm，最大冻土深度 59cm。年平均降水量为 523.9mm，年平均蒸发量为 1872.9mm。全县以南风、偏南风为最多，偏东风、偏西风最少，年平均风速为 2.8m/s。

全县土地总面积 112 万亩，其中农业用地 85 万亩，非农业用地 15 万亩，未利用土地 12 万亩。2008 年全县耕地面积 81.3 万亩。

三、各乡镇农村新社区发展概况

按行政建制，隆尧县有 6 个镇、6 个乡，共计 12 个乡镇，共计 276 个行政村，而现状有一部分农村新社区已融为一体（包括镇区和乡政府驻地），原有的行政村落为 219 个（见表 3-6 和表 3-7）。

各乡镇政府驻地现状农村新社区情况一览表　　　　　　　　表 3-6

乡镇名称	农村新社区名称	数量（个）	农村新社区聚落（个）
莲子镇镇	莲子镇村	1	1
尹村镇	西尹村、东尹村	2	1
魏家庄镇	魏家庄村	1	1
山口镇	山口村	1	1
固城镇	固城村	1	1
双碑乡	双碑村、里南庄、里王街、里边街	4	1
牛家桥乡	牛家桥村	1	1
北楼乡	北楼村	1	1
千户营乡	千户营村、东王庄村	2	1
张庄乡	大张庄	1	1
东良乡	东良一、二、三、四村	4	1
合计		19	11

各乡镇现状融为一体农村新社区情况一览表　　　　　　　　表 3-7

乡镇名称	农村新社区名称	数量（个）	农村新社区聚落（个）
隆尧镇（11）	尧北里、尧东庄、尧南关	3	4
	西柏舍、东柏舍、南柏舍	3	
	陈村、白家庄	2	
	丘底一、二、三村	3	
莲子镇镇（4）	北阎庄、东阎庄	2	2
	贾庄、辛庄	2	
尹村镇（11）	后良、东良、前良、西良	4	3
	前杨、西杨、东杨、杨村、后杨	5	
	彭村、屯里	2	
魏家庄镇（7）	公子后、公子中、公子前	3	2
	肖庄西、肖庄东、肖庄前、肖庄后	4	

续表

乡镇名称	农村新社区名称	数量 （个）	农村新社区聚落 （个）
山口镇（11）	西齐、东齐	2	5
	东山南、北潘	2	
	后苏薛、中苏薛、前苏薛	3	
	后枣林庄、前枣林庄	2	
	西尚、东尚	2	
固城镇（4）	孟村、北寨子	2	2
	后岳、前岳	2	
双碑乡（6）	大崔庄、东崔庄、西崔庄	3	2
	西良后、西良中、西良前	3	
牛家桥乡（2）	林家庄、西清湾	2	1
北楼乡（9）	河北南汪后、河北南汪南	2	3
	重贤、尧张庄、景福、南汪店	4	
	南楼后、南楼前、南楼东	3	
千户营乡（4）	枣驼、连仲	2	2
	西毛尔寨、东毛尔寨	2	
张庄乡（9）	张家口、羊毛疙瘩	2	4
	殷家庄、马家庄	2	
	郝家庄、肖张庄	2	
	成家庄、西刘庄、白家庄	3	
东良乡（2）	尹村后村、尹村前村	2	1
合计		80	31

1. 城镇等级职能规划（见表3-8）

隆尧县域各乡镇职能类型定位和重点发展产业 表3-8

等级	乡镇	规划	
		职能类型	职能描述及重点发展产业
中心城	县城 （隆尧镇）	综合型	区域市域中部政治、经济、文化、现代服务业中心，以汽车配件机械制造业为主的现代化城市
	东方食品城 （莲子镇镇）	综合型	中国现代食品工业基地，以食品工业为主的多业态的产业集聚区，新都市工业园
中心镇	尹村镇	工贸型	阀门制造基地，以商贸物流及养殖业为特色的中心镇

等级	乡镇	规　　划	
		职能类型	职能描述及重点发展产业
一般镇和集镇	魏家庄镇	农工贸型	以五金制钉为特色产业和传统农业为主的一般镇
	山口镇	工贸型	以水泥建材为特色产业，以发展文化旅游及其服务业为主的一般镇
	固城镇	工贸型	以汽车配件和商贸服务业为主的县域北部的一般镇
	双碑乡（石膏工业区）	工贸型	以发展石膏建材工业为主的小城镇
	北楼乡	农贸型	以绿色种植业、养殖业为主的小城镇
	东良乡	农贸型	以高效农业、农副产品加工为主的小城镇
	牛家桥乡	农贸型	以高效农林种植和农副产品加工业为主的小城镇
	千户营乡	农贸型	以高效农业、养殖业为主的小城镇
	大张家庄乡	农工贸型	以服装加工为特色产业和农业种植为主的小城镇

2. 人口分布结构

隆尧县共有 12 个乡镇，其中农业人口 467904 人，非农业人口 32456 人。全县人口密度为 668 人 /km^2。其中人口密度较大的除县城所在地外，县域南部北楼乡人口密度为 1045 人 /km^2，除东部千户营乡人口密度 422 人 /km^2 以外，其他乡镇都在 500～700 人 /km^2 之间，其中西部乡镇人口密度较大；东部乡镇人口密度较小（见表 3-9 和表 3-10）。

隆尧县各乡镇人口密度一览表　　表 3-9

序号	城镇	总面积（km^2）	户籍总人口（人）	非农人口（人）	非农人口比例（%）	人口密度（人 /km^2）
1	隆尧镇	82.7	89264	20800	23.30	1079
2	莲子镇镇	81	41493	827	1.99	512
3	尹村镇	72.8	48927	3722	7.61	672
4	魏家庄镇	45.5	31722	498	1.57	697
5	山口镇	51.5	33890	515	1.52	658
6	固城镇	63.5	43989	1962	4.46	693
7	双碑乡	38	29393	162	0.55	774
8	牛家桥乡	48	24980	267	1.07	520
9	北楼乡	31	32397	1445	4.46	1045
10	千户营乡	86	36278	1044	2.88	422
11	大张家庄乡	69	34909	337	0.97	506
12	东良乡	80	53118	877	1.65	664
13	合计	749	500360	32456	6.49	668

隆尧县各乡镇人口密度比较表 表3-10

人口密度（人/km²）	城镇
>1000	隆尧镇、北楼乡
700～1000	双碑乡
600～700	魏家庄镇、东良乡、尹村镇、山口镇、固城镇
500～600	牛家桥乡、莲子镇镇、大张家庄乡
<500	千户营乡

3. 规模分布

从276个行政村的人口规模情况看，1000人以上人口的农村新社区数量占比较大，详见表3-11。

2009年各乡镇行政村人口规模情况表 表3-11

乡镇	人口规模（人）						行政村数量（个）
	100～300	300～500	500～800	800～1000	1000～2000	>2000	
隆尧镇			2	3	20	15	40
固城镇		1		3	3	11	18
尹村镇				1	10	12	23
莲子镇镇		1	3	3	10	6	23
魏家庄镇	1	2		4	15	3	25
山口镇			4	3	8	6	21
双碑乡	2		1	3	8	3	17
东良乡			2	2	6	10	26
北楼乡		1	1	2	10	6	20
牛家桥乡		2	2		7	4	15
千户营乡	1		2	3	7	8	21
张庄乡		2	3	7	10	5	27
合计	4	9	20	34	122	89	276
比重	1.4%	3.3%	7.2%	12.3%	44.2%	32.2%	100%

四、县域镇村布局体系

规划农村新社区按照"县城—中心镇——一般建制镇—新社区（中心村）"的四级模式发展。根据相向发展的原则，对县城、中心镇、一般镇（乡）和中心村进行统一规划，农村居民点分布逐渐趋向集中，规模逐渐扩大。通过分级设置，统筹兼顾，实现多层次发展、整体发展。

为实现资源利用效益的最大化和基础及公共服务设施的共建共享，规划在全县范围内以各乡镇为基础，以规模较大、经济实力较强、基础设施较为完备，能起到带动周围农村新社区建设和发展的农村新社区划定中心村，服务半径宜覆盖2～3km。

1. 镇村体系调整迁并方案

按照以上新社区搬迁合并的原则，276 个新社区经过搬迁合并后，有 23 个村纳入县城城区范围，23 个村并入镇区。新社区 118 个（其中搬迁至邻近新社区 6 个村）。最终形成 1 个县城城区，11 个城镇（乡）区，118 个居住聚落的格局（见表 3-12 ～表 3-16）。

隆尧县域镇村体系规划汇总表　　　　　　　　　　　表 3-12

序号	乡镇名称	新社区（个）							人口（人）	
		原有数	迁并数量			合并后数量			合并前	合并后
		总数	进城	入镇	迁入至邻近村	总数	中心村	其中：控制性农村新社区		
1	隆尧镇	46	11	0	2	9	9	4	26579	13500
2	固城镇	18	0	1	0	10	10	6	44968	21300
3	山口镇	21	0	4	0	7	7	9	44478	13600
4	尹村镇	23	0	0	0	12	12	10	55007	24000
5	魏家庄镇	25	0	4	0	8	8	12	33315	12200
6	莲子镇镇	23	0	9	1	8	8	4	23637	12100
7	双碑乡	17	0	0	1	6	6	10	30851	18000
8	东良乡	20	0	0	1	14	14	11	55944	28900
9	北楼乡	20	0	0	1	9	9	10	32699	17700
10	牛家桥乡	15	0	0	0	11	11	4	26075	21500
11	千户营乡	21	0	0	0	13	13	8	37625	19100
12	大张庄乡	27	0	0	0	11	11	16	35853	18300
13	合计	276	11	18	6	118	118	104	447031	220200

进入镇区新社区汇总表　　　　　　　　　　　表 3-13

乡镇名称	城镇区现状驻地农村新社区		规划转化农村新社区	
	农村新社区名称	数量（个）	农村新社区名称	数量（个）
固城镇	固城村	1	户曹	1
山口镇	山口村	1	东齐、西齐、茅山营、茅山庄	4
尹村镇	西尹村	1	—	—
魏家庄镇	魏家庄	1	郭贾、李贾、孟贾、王贯庄	4
东方食品城（莲子镇）	莲子村	1	北盐池、东范庄、西范庄、崔家楼、耿家庄、王家庄、贾庄、辛庄、莲东庄（纳入东方食品城）	9
合计		5		18

隆尧县合并城区新社区汇总表　　　　表 3-14

乡镇	新社区名称	户数（户）	人口（人）	新社区占地（公顷）	新社区数量
隆尧镇	韩解	806	2580	14.44	
	显化寺	534	1710	9.56	
	陈村	1323	4235	23.72	
	白家庄	885	2831	15.84	
	义丰	505	1617	9.04	
	丘底一	649	2077	11.64	11
	丘底二	292	934	5.24	
	丘底三	892	2855	16	
	北柏舍	186	594	3.32	
	沙湾	756	2418	13.56	
	尧家庄	408	1306	7.32	
合计					11

隆尧县各乡镇中心村汇总表　　　　表 3-15

乡镇名称	农村新社区名称	农村新社区数量（个）
隆尧镇	东柏舍、尧南关、郭园、尧家庄、永兴、东里、西张村、杜村、南潘	9
固城镇	前岳、火连庄、王桥村、孟村、西潘、东潘、乡观、小孟、东王村（一里庄新区）、北辛庄	10
山口镇	北潘村（泜水林园）、东尚（苏尚庄园）、水饭、后枣林庄（枣林庄园）、前苏村、东董、佃户营	7
尹村镇	杨村、良村、田村、大霍村、彭村、西侯村、东尹村、霍庄、南西董、王村、大宁铺、北小霍	12
魏家庄镇	东庄头、北牛村、肖东村、公子后、张汪村、南牛村、东未村、南丈村	8
莲子镇镇	白家寨、北闫庄、西闫庄、东店马、南吴町、任村、西哈口、北哈口	8
双碑乡	城角村、大崔庄、双碑村、西良中、北村、木花	6
东良乡	泽畔村、高村、东良村、小千言、大石口、大千言、西霍、南位、南寺庄、邢村、店头、尹村后、安中、唐庄	14
北楼乡	尚礼、南楼、南羊、南汪店、北楼、汪后、重贤、辛贾、范贾	9
牛家桥乡	东清湾、西清湾、梅庄、牛家桥、菅村、开河、南杨楼、旧城、王盘庄、北吴町、马头	11
千户营乡	千户营、赵家庄、唐庄、狮子疙瘩、苏家庄、徐麻营、国家庄、毛尔寨、苏庄、枣驼、杜家庄、舍落口、南鱼	13
张庄乡	大张庄、郝庄、宋庄、霸王营、黄家庄、檀家庄、范庄、杨家窑、王雄庄、大曹庄、马庄	11
合计		118

搬迁至邻近新社区农村新社区汇总表　表3-16

乡镇名称	农村新社区名称	迁入地	农村新社区数量（个）
隆尧镇	南小河、虎中	东里	2
莲子镇镇	西店子	南吴町	1
双碑乡	西小崔	大崔庄	1
东良乡	黄营	安中村	1
北楼乡	牛庄村	重贤村	1
合计			6

2. 综合布局

经过以上调整，全县 276 个行政村经过迁并形成 118 个居住区聚落，11 个城镇居住区。通过新社区搬迁、合并，可以节约建设用地 2832.92hm²。

（1）纳入进城范围的 23 个村，现状新社区建设用地 462.14hm²，总人口 30809 人，进入县城按人均 110m² 计算用地面积，能节约新社区建设用地 123.24hm²。

（2）纳入进镇区范围的 23 个村，现状新社区建设用地 137.48hm²，总人口 9165 人，并入镇的村按人均 120m² 计算规划用地面积，能节约新社区建设用地 27.50hm²。

（3）新社区合并、联建涉及 118 个村，现状新社区建设用地 8046.56hm²，总人口 447031 人，新社区合并后按人均 120m² 计算用地面积，能节约新社区建设用地 2682.19hm²。

3. 建设用地标准

根据《村镇规划标准》GB 50188—2007 的要求，人均建设用地标准指标级别和允许调整幅度确定，并符合表 3-17 的规定。

人均建设用地标准指标级别和允许调整幅度　表3-17

现状人均建设用地水平	人均建设用地指标级别	允许调整幅度（m²/人）
≤50.0	一、二	应增 5～20
50.1～60	一、二	可增 0～15
60.1～80	二、三	可增 0～10
80.1～100	二、三、四	可增、减 0～10
100.1～120	三、四	可减 0～15
120.1～150	四、五	可减 0～20
>150.0	五	应减至 150 以内

注：允许调整幅度是指规划人均建设用地指标对现状人均建设用地水平的增减。

第四章　我国农村新社区建设的状况

第一节　农村新社区建设发展史

我国农村聚落的形成与发展具有悠久的历史，在长期自给自足的小农经济发展模式中，形成了大大小小的不同形式、不同规模的农村新社区，实际上就是农民生存的社区。从历史上来看，几千年来农民的住所相对简陋，多是泥土房、草房、木屋等随地取材的房屋，自秦制砖、汉制瓦以来，形成砖木结构房屋，基本上形成一家一户的居住格局。新中国成立后，我国农村发生了巨大变化，农村建设有了新的变化，特别是改革开放以来，农村建房的速度大增，而且房屋质量也有很大提高，但从农村的实际情况来看，建房的质量仍然较低，使得建设周期变得越来越短，一般说来就是 20 ～ 30 年。其实这个周期就应该是未来农村新社区建设的周期。但伴随时代的发展，对于社区的理解从内涵上有些变化，对于原来已有的农村新社区称为"农村居民点"，而现在要建设的农村新社区则是由若干较小的农村居民点合并为规模较大的居民点，形成现代化的新型农民居住点。为了区别新居民点与原有的农村居民点的差别，称谓"农村新社区"。所谓农村新社区就是建设适应现代生产生活需要的现代化农村居住区，在农民的"衣、食、住、行"等物质需求满足后，更多的是安排新时期的农民的精神需求，这就要求建设的社区在基础设施和公益设施配套方面按照城市的标准进行规划设计。

关于农村社区的建设从历史上来看，新中国成立初期建设的国营农场，应该就是农村社区的模式。集体农庄式农业生产单位，农业工人从事农业生产，集体居住，集中生活，规模生产，农场居住区中，基础设施完善，公益设施配套齐全，以企业式管理，建设成为农业社区。

对于农村来说，也有农村社区式的建设实例，如华西村的建设也算是农村社区的模式。集体经济生产模式，农民以劳动者的身份参加劳动，生产资料、生产工具均以为集体所有和生产核算以队为基础。再如河北省晋州市周家庄乡，自 20 世纪 50 年代以来，坚持以乡为单位的经济核算单位，全乡统一规划、统一模式、统一建设农民住房，也取得了良好的经济社会效益。

无论是国营农场还是个别以集体经济核算的农村新社区，在全国农村生产单位中所占比例极低，不具有代表性。对于广大的农村来说，以家庭为单位生产核算占绝大部分，一家一户的生产核算单位制约了现代化农村发展。

但进入 21 世纪以来，我国经济社会有了突飞猛进的发展，农村建设提到议事日程。要建设和谐社会，就要打破原来的城乡二元结构，实现城乡统筹发展，农村建设究竟如何规划？成为新时期的一个课题，根据国内外农村建设的经验，结合我国农村的实际情况，在许多地方实行聚集居住是我国农村必然的发展方向。应时而生就把建设农村新社区摆位经济社会发展中的一项重要任务。

农村新社区建设是我国统筹城乡和新型城镇化背景下农村建设的一种重要方式，对于改善农村生活居住条件、提升农村公共服务水平和促进建设用地集约等具有重要的意义。

第二节　农村新社区建设的现状

2000～2010年，我国自然村由363万个锐减至271万个，10年间减少了90多万个，平均每天消失80～100个，其中包含大量传统村落。到2013年，全国共有建制镇2017个，乡12812个，乡镇共计32929个；行政村53.72万个，自然村265万个。从农村总体情况分析，农村新社基本上沿袭了传统的农村空间分布状况。一是分散，在人多地少的经济发达地区，农村新社区分布密度可达10～20个/km^2，斑斑点点地分布在祖国的版图中；二是规模小，许多地方的农村规模很小，一般不超过300人，少则几十人，甚至仅有几个人；三是布局乱，新社区建设没有规划，随意性建设，农村新社区形状非常不规则，布局很乱；四是农村新社区内各种基础设施、公益服务设施缺失量大，不能满足农民的生产和生活需求；五是原来的农村新社区是以小农经济为基础建设的，没法满足现代化农业生产和现代化生活需求；六是现在农民物质生活水平得以提高，能够满足精神需求的设施严重缺失，使得农村的生活环境不能适应现在生产和生活的需求；七是近些年乡镇企业发展围绕农村新社区建设，使得生产与生活混杂在一起，严重影响农民的生活和身心健康。

党的十八大以来，各级党委、政府十分重视农村新社区建设工作，也激起广大农民极大的积极性，由开始建设新农村发展到建设农村新社区仅几年的时间，新农村建设的内涵发生了巨大的变化。农村新社区建设的形势日益澎湃，给农村新社区建设提出许多问题，成为农村新社区发展中亟待解决的问题。为此，根据近几年笔者从事新农村、新社区规划编制的实践经历，编写这本书，目的就是对于农村新社区建设贡献一点力量。

从农村新社区建设历程来看，农村新社区建设与地方经济发展有着密切的关联。应该说农村社区发展最早的、比较全面的应该是上海市，最先提出"1966"的居民点的结构思维。即"1个特大中心城市、9个卫星城市、60个左右新市镇，600个左右中心村"城乡规划体系，也就是把众多农村集中到600个左右中心村的发展战略。其次，北京市、天津市、浙江省、江苏省、山东省等一些发达省市积极推广农村新社区建设，进而推广到全国各地。尽管农村新社区建设存在这样或那样的问题，但农村新社区建设的历史趋势已不可阻挡。伴随我国经济社会的转型，农民的居住聚集化、农业生产的产业化、农村的现代化已成为历史发展的必然趋势，也就说明农村新社区发展与建设的必然性。

但是我国农村发展极其不平衡，对于一些发展好的农村新社区超越了许多城市，而且这里的农民非常富裕，而偏远的落后地区的农民仍然过着落后的农耕生活，还没有脱贫，生活依然十分困难；我国农村景观气象万千；人口密度大的地方，超越了西方的小城市；人口稀疏的地方，十里百里没人烟，所以我国农村建设因差距太大，不可能采取一样的政策、一样的标准。因此，农村新社区建设一定要强调因地制宜，要从长计议。

第三节　农村新社区建设中存在的问题

编制农村新社区规划是为了管理和指导新农村的建设和发展。规划源于问题，准确分析和研究农村社区建设和发展中的问题，是编制新社区规划的基本出发点和落脚点。农村新社区建设与发展中存在的问题复杂多样，2018年中央一号文件指出：当前，我国发展不平衡不充分问题在乡村最为突出，主要表现在：农产品阶段性供过于求和供给不足并存，农业供给质量亟待提高；农民适应生产力发展和市场竞争的能力不足，新型职业农民队伍建设亟需加强；农村基础设施和民生领域欠账较多，农村环境和生态问题比较突出，乡村发展整体水平亟待提升；国家支农体系相对薄弱，农村金融改革任务繁重，城乡之间要素合理流动机制亟待健全；农村基层党建存在薄弱环节，乡村治理体系和治理能力亟待强化。从总体上和共性方面可以概括为以下 9 个方面的问题：

一、人口问题

1. 农村人口

人口问题是当今世界经济社会发展中突出的问题，也是我国社会主义建设事业中的重大问题，根据我国的国情，在人口问题上，一是我国 13.68 亿人口，近 6.5 亿人口的户口在农村，农村人口问题又是人口问题中的最主要的问题，即使我国的城镇化人口达到 70%，那么还有 4.5 亿人口生活在农村，仍然需要规划建设。二是由于我国人口众多，使得人均资源变得十分紧缺；经济收入总量很大，但人均收入远远落后。构成我国经济社会发展的巨大压力和存在的主要矛盾。三是当今经济社会的发展，农村人口大量向城镇转移，人口的流动构成我国经济社会发展中的重要课题。农村户籍人口在增加，但常住人口却在大幅度减少，农村基本上以老人和留守儿童为主，许多外出打工人员把孩子留在农村，形成一个社会问题，是新社区规划要研究的问题，也是农村新社区建设的基本原因之一。四是由于农村人口居住分散，农村新社区规模小，对于产业发展、生活消费、经济发展都不利，人口的规模化是农村经济规模化的前提与基础。五是人口流动使村民自治面临新的挑战。一定数量素质较高的村民的存在是村民自治的组织基础，但我国目前农村农民的大量外流，严重削弱了村民自治的组织基础。大量高素质农民的外流，一方面使农村新社区中可供民主选举的高素质的村委会成员候选人减少，由此直接导致村委会工作能力的下降；另一方面，留在村里的农民大多是老人、妇女和儿童，他们有很多对行使民主的程序和意义不太懂，从而容易导致民主的程序流于形式，民主决策也很容易异化为少数村干部决策。所以，人口的控制、人口的流动、人口的规模化是农村新社区必须要研究的课题，这是农村新社区规划的重点内容。

2. 劳动力转移的问题

劳动力是生产力中最活跃的因素，劳动力转移的问题是经济社会发展中的重要问题。由于我国农村农业机械化、农业现代化的发展，农村出现大量剩余劳动力，劳动力的转移构成我国社会发展中的突出问题。据近些年的统计分析，我国农村进城务工人数高达 2.74 亿之多，人口的流动正在成为我国经济社会中的主要问题之一。在这些人群中，相当一部人想改善居住环境，但在城市买不起住房，又不愿居住老房屋中，因此，建设新社区就成为他们的需求。劳动力转移是城乡统筹发展的重要因素和城乡一体化的关键问题，也是我国今后一个阶段经济社会发展的焦点问题。农村新社区的建设就是解决这些问题的主要出路。

二、土地利用

1. 人多地少、资源不足，土地资源存有浪费现象

我国人多地少，尤其是人多耕地少，人均耕地不足 1.4 亩，不到世界人均耕地的 40%，

土地资源的不足，是农村人口转移的根本原因。从我国农村新社区分布状况分析，在人口密集的中、东部地区，许多地方的农村新社区密度大、规模小，农村新社区占地多，尤其是占耕地多，造成土地资源的极大浪费。农村新社区分布的特点是小、散、乱，如有的地方农村新社区的密度达每平方千米 10 ～ 20 个之多，在南方农村中存有"一去二三里，沿途四五家，店铺六七座，遍地是人家"的写照。在江苏省常熟市共有农村居民点 10588 处，其中 10 户以下的占 18.7%；11 ～ 20 户的占 18.6%；21 ～ 50 户的占 41.6%，户均占地约 1 亩。黄淮海平原地区多数县（市）农村居民点用地平均为每户 1 亩以上。农村建设占地多，造成土地资源利用的浪费。还有在一些地区农村新社区规模小、布局分散，基础设施建设投资大、利用率低，也造成很大的浪费。农村新社区规划中通过整理农村建设用地可节约 1/3 ～ 1/2 的土地，是未来耕地后备资源的主要来源。

2. 村庄建设以外延为主、占耕地多，加剧了人地矛盾

农民生活主要是"衣、食、住、行"，居住对于农民来说，尤其重要，成为农村建设中的最主要问题。生态宜居是农民居住发展的方向。因此，农村建设用地问题，是农村发展中最为突出的问题之一，其表现主要是农村人均建设用地面积偏大，造成土地资源的很大浪费。据 2011 年的统计，我国农村建设用地达到 20.8 万 km^2，人均用地高达 $218m^2$（高出国家标准 55 ～ $150m^2$ 的上限 $68m^2$）。建设用地的规模和人均建设用地都在增加，是一个值得研究的问题。

3. "空心村"和"双栖"占地现象普遍，建设用地超标

我国农村许多农村新社区成为"空心村"的现象十分突出，其主要原因：一是农村中有些农民一家有两处或几处宅基，建新不弃旧，住新宅闲旧宅，使得村中空闲宅基多。如河北某个农村新社区全村 660 户，住宅 1230 处。二是农村新社区中"双栖"占地现象普遍，我国社会处在转型期，城镇化发展速度快，城市人口增长主要来源于农村。据近年不完全统计，我国有近 2.74 亿多农民转入城市务工经商。据部分大中城市人口的统计，暂居在城市的农业人口占城市人口的 15% ～ 25%，有的甚至更高。有不少进城人员携带家眷入城，其中部分在城中定居下来，这些人在城市、农村都有"家"，造成农村的家闲置。三是农民认为农户宅基地占用后归自己所有，增强了农民占用多套宅基地的欲望。四是城镇建设用地发展快，以占据城郊农村的土地为主，这些被征占土地的农民得不到应有的补偿，许多农民以土地作为生活的基本保障，农民失去土地带来社会的不安定因素，造成严重的社会问题，也必须引起高度重视。总之，近些年农村建设用地发展快，占耕地多，也是构成我国耕地锐减的主要原因之一。控制农村建设用地占用耕地是贯彻土地利用基本国策和保护耕地的重要措施。

农村新社区建设的一个重要意义，就在于通过新社区建设节约大量的农村建设用地，以满足我国经济社会建设中建设用地的需求，通过城乡一体化的统一规划、统一部署、统一建设，依靠"增减挂钩"政策来缓解建设用地与保护耕地的主要矛盾，这是我国经济社会坚持可持续发展的必经之路。2008 年国务院出台《城乡建设用地增减挂钩试点管理办法》，在政策上明确了"拆村并居"的政策依据，不少地方结合新农村建设，推进农村新社区建设，其中有成功的案例获得良好的经验。

三、乡镇企业

据有关统计，21 世纪初全国有 2017 万家乡镇企业，80% 以上分布在村中，12% 分布在集镇，农村新社区和集镇共计高达 92%；7% 分布在小城镇，只有 1% 分布在县城以上的城镇中（《中国乡镇企业及农产品加工业年鉴》）。多数民营企业规模小、占地多、效益差，造成资源的极大浪费。

由于众多民营企业规模小，同时又无治理污染能力，给农村造成严重污染。目前，我国乡镇企业废水 COD 和固体废物等主要污染物排放量已占全国工业污染物排放总量的 50% 以上。随着"农村工业化"步伐的加快，城市工业向农村转移，乡镇工业造成的环境污染逐年增加。根据 2000 年全国环境统计公报显示，我国乡镇工业废水排放量达 41.1 亿 t，化学需氧量排放总量 254.3 万 t，废气排放量 463.3 万 t，工业废弃物产生量 15008.8 万 t，工业固体废物排放量 2143.4 万 t。目前，乡镇工业化学需氧量、粉尘和固体废物排放量占全国工业污染物排放总量的比重均接近或超过 50%。这些都对农村生态环境造成巨大威胁。

随着城市化进程的加快，小城镇和乡村聚居点人口迅速增加，城市化倾向日趋明显。但与城市相对规范的规划、较完善的基础设施相比，小城镇和乡村聚居点在这些方面明显落后，绝大部分城镇的生活污水未经处理而直接排入河道，成为农村内河水污染的主要来源。据统计，全国农村生活污水日排放量为 2320.5 万 t，其中总氮日排放量约为 283.1t，总磷约为 56.6t。另外，大多数村镇没有无害化垃圾填埋场，生活垃圾被随意抛弃在河塘或低洼地，不仅影响城镇卫生，而且造成河流淤积，污染水体。此外，大量的秸秆被焚烧或抛弃于河湖沟渠或道路两侧，浪费了大量资源，污染大气和水体。这些已经成为环境保持的突出问题和影响人体健康的主要因素之一。总之，乡镇企业的发展对于农村建设用地、污染环境等问题带来了严重影响，也是形成今天环境污染的主要原因。而只有通过新社区建设，建立产业聚集区、统一规划、统一建设才能解决这一系列问题，才能改善农村居住环境。所以农村新社区建设是解决农村产业发展的根本出路。

四、基础设施

经过多年建设，特别是近几年的加大投入，我国农村环境有了较大发展，到 2013 年末，农村新社区内道路长度 228 万 km，其中硬化路 71 万 km，道路面积 641 亿 m²，其中硬化路 197 亿 m²。农村新社区内排水管道沟渠长度 50.7 万 km。全国 61.3% 的行政村有集中供水，9.1% 的行政村对生活污水进行了处理，54.8% 的行政村有生活垃圾收集点，36.2% 的行政村对生活垃圾进行处理。

1. 农村建设投资不足，造成农村发展滞后

新中国成立以来，部分地区集体经济基础薄弱，很少投资于农村新社区基础设施和公益建筑设施建设，农民的总体收入水平偏低，也无能力投入农村新社区基础设施和公益建筑，农村新社区的基础设施和公益建筑成为极其薄弱的环节。投入不足是限制农村基础设施建设的主要因素，造成了农村的脏、乱、差的印象，是农村发展滞后的主要原因。

农村中的生活生产中的"行"是未来新农村建设的重点工程。但由于对于农村的投入

不足，使得我国农村中许多农村社区道路不通，街道狭窄难行，多数农村社区仍然沿袭数千年、数百年的旧农村社区状态，街道不足 10m，胡同一般 1～3m，不能满足现代化农业机械的需求；多数农村社区缺乏排水设施，即使硬化的道路也是排水渠道，遇上雨雪天气，道路积水泥泞难行。旧村改造对于街道、胡同的调改难度很大，亟待改变现状，建设社区就是一条出路。全国 90% 的农村社区没有排水沟渠管网，80% 以上的建制镇和农村社区没有任何污水处理设施，污水无出处，生产、生活垃圾不能集中处理，随地乱倒，形成"垃圾靠风刮、污水靠蒸发"的局面。全国农村每年 1.2 亿 t 农村生活垃圾，95% 露天堆放；小城镇和农村社区的生活污染物直接排放到周边环境，每年 2600 多万吨的农村生活污水全部直排渗漏污染水源和地下水。家庭养殖业是农民增收的稳定来源，但"人畜混杂"造成影响农民身体健康的祸源；70% 的农村新社区没有公共厕所，60% 的农民还没有卫生厕所，柴草粪肥随便堆放，污染环境的现象到处可见。其他公益建筑方面，如行政管理、文化教育、商业服务、医疗卫生、休闲娱乐、邮电通信、科技文体设施不能满足需求，如多数农村社区缺少市场，农民买个菜也要到几里以外的有集市的农村社区，生活不方便；还有 2% 的农村社区尚未通电，多数农村社区夜晚没有路灯，6% 的农村社区还没有电话；由于基础设施严重缺欠，公益设施不足，造成农村社区脏、乱、差的现象。给农村社区发展与建设带来很多问题，构成社会主义新社区建设的重要任务。

2. 农业基础设施建设欠账多、造成农业发展缓慢

对农业发展的投入严重不足，农业发展缺乏后劲。一是农业基本建设投入不足，其占国家基本建设投入的比重，"六五"时期为 5.1%，"七五"时期为 3.3%，"八五"时期为 3%。由于基本建设投入不足，我国农业基础设施老化严重，全国约有 1/3 的水库带病运行，60% 的排灌工程急需维修，农业抵御自然灾害能力逐年下降，遭受灾害面积逐年扩大。二是农业科研经费严重不足。我国农业科研经费占农业生产总值的比重不到 0.1%，农业技术推广经费比重不到 0.2%，远远低于世界平均水平。由于利益的驱使，社会、企业和农户对农业的投入也不多。没有建立国家、企业、农民合作组织的财政、金融、税收、农产品价格补贴等体系和运行机制，农业投入不足已成为我国农业发展缓慢的主要因素。

五、生态环境

为了保证国民经济与社会的和谐发展，我国制定了环境保护的基本国策和生态建设规划。农村占据国土资源 99.92% 的空间，是国土资源的主体。但我国农村的生态环境存在问题较多。一是人口多、人均资源少，对资源的过度开发利用，造成自然资源的破坏，破坏了人与自然的和谐，危害了人类生存与发展。如对全国牧区的状况分析，全国牧区饲草料灌溉面积仅占可利用草原面积的 0.4%，与 20 世纪 80 年代初相比，天然草原载畜能力下降了 30%，而同时载畜量却增加了 46%。由于过度开发，使全国 33.8 亿亩可利用草原 90% 出现了不同程度的退化、沙化，对牧业发展带来严重威胁。二是人类带有掠夺性粗放的经营经济活动，使生态环境遭到严重破坏，造成大面积的水土流失、土地沙化、土地盐碱化，给土地利用带来严重影响。在我国耕地中，有盐碱地近 1 亿亩，由于灌溉不当以及技术粗放使局部区域的土地盐碱化有增无减，农村受害首当其冲。

农业资源短缺和生态环境脆弱，农业综合生产能力难以持续提高。我国人均自然资源少，加上在相当长时期内耕地缩减、淡水短缺、人口增加的趋势不可逆转，部分地区生态

环境还在继续恶化，我国农业发展的资源和环境约束日益趋紧，导致粮食安全和生态安全难以保证。

1. 环境、生态建设投入不足，影响农业生产和农民的收益

农村环境问题非常突出，生态环境治理任务艰巨。目前我国农村环境问题日趋严重，农村居民的生产、生活安全受到了很大威胁。这些问题突出地表现为：

（1）生态环境破坏严重。由于受自然和人为两方面因素的影响，农村当地局部生态平衡遭破坏，进而在整体区域范围内造成生态功能失调，生态调节作用减小，各类自然灾害频发。

（2）农业污染加剧。在农业生产过程中，由于不合理使用农药、化肥、地膜等化学品，造成严重的地面污染，不仅导致农作物减产、农产品品质下降，而且对土壤、水、生物、大气和人体健康造成严重危害。同时，规模化畜禽养殖业的废弃物对农村环境的污染也越来越严重，极大地影响农村居民的日常生活。

（3）居民生活污染严重。随着农村居民生活水平的提高和生活方式的转变，农村生活污染由分散走向集中，各种问题日渐严重。主要表现在：农村生活垃圾数量增多，而且几乎全部露天堆放，没有进行有效处理；生活污水任意排放，致使河流、湖泊污染严重；生活取暖排放的大气污染物没有经过处理就直接排放，对当地空气环境造成一定程度的污染。

（4）工业污染增多。我国农村工业污染主要来源于两个方面：一是乡镇企业污染。我国乡镇企业数量众多，而且大部分设备简陋、技术落后、能源消耗高、缺少防治污染的设施，致使由乡镇企业发展带来的污染问题十分突出，加重了农村环境的压力；二是城市向农村转嫁的污染。由于城市产业结构调整，一些耗能高、污染重、难以治理的企业迁移到农村，造成城市污染向农村转移；同时，城市"三废"直接转移到农村，由此给城市周边区域的环境带来严重污染。

2. 环境污染严重，影响农村环境和农民的健康

一是由于城市污染源的原因，形成对农村和农业生态环境的严重污染。这也是城乡发展中的另一个剪刀差，使近10%的耕地遭到污染，众多的水系受到严重污染。近年来大气污染已达到严重的程度，雾霾越来越严重，引起多方面的关注。我国1/3的国土已被酸雨污染，七大江河水系的48%和主要水系的2/5成为五类劣质水。二是农村在生产和生活中大量使用化肥、农药、薄膜等生产资料，化肥年使用量达4637万 t，我国每公顷土地的化肥使用量是世界平均水平的4倍以上，每年度农药使用量高达180万 t，导致农田土壤污染。三是乡镇企业污染物得不到治理，乡镇企业带来的污染占工业污染的50%。乡镇企业和生活污染物带来农业面源污染，成为农村区域环境恶化的新问题。再加上对农村的生态建设投入严重不足，缺乏规划治理，环境污染有加重的趋势。环境破坏和污染等因素限制了农村、农业的发展，造成对农民身体健康的严重影响。

3. 抗御自然灾害能力差，影响农业产出效益

由于农村、农田生态环境差，遇上各种自然灾害侵袭时，抵御能力差，造成农作物的减产，使农民收益减少，风险增大。我国地域辽阔，每年都发生各种不同的灾害，例如洪涝、干旱、台风、大风、冰雹、霜冻、干热风、病虫灾害、泥石流、地震等，这些自然灾害的受害者首先是农村和农民。如近些年的地震、洪水、泥石流灾害频频发生，造成巨大的损失。环境问题和农村、农业的生态建设问题是新社区规划中必须关注的一个重要问题。

环境问题构成农村居住环境的脏、乱、差，造成农村景观落后的局面，是城乡二元结构下的主要问题之一，亟待解决。要解决这些问题，依靠建设农村新社区是一条切实可行的道路。

六、规划管理

1. 农村新社区建设规划缺乏规划，造成脏、乱、差

由于缺乏统一规划，使得农村建设缺乏约束力，农村新社区建设以外延为主，农民利用自己的责任田乱占乱建，造成土地资源利用的极大浪费和耕地的减少，加大了土地的非农化趋势；许多地方的村镇建设沿公路发展，形成马路和带状村镇，居住区和工业园区、商服用地混杂，布局混乱，影响村镇建设的整体性；农村新社区建设水平参差不齐，建筑物布局混乱，从不顾及整体环境和美观；农村新社区中建筑参差不齐，高低不一，造成诸多邻里矛盾，影响社会安定；许多农村"丁"字街、半截街、死胡同比比皆是，基础设施建设、公益建筑严重不足，造成农村脏、乱、差的落后印象，严重制约和影响了新农村的建设和发展。

2. 建设管理不到位，形成诸多问题

农村建设用地管理应由国土、城建部门管理，而实际上管理均有不到位的现象。在社会现实中农村集体土地所有权与使用权也是二元化的结构，更是增加了管理的难度。由于规划管理不到位，形成一系列问题。一是受利益驱动，农民利用土地使用权擅自改变责任田的经营方式，变责任田为工厂、商店、居宅等其他非农建设用途，变集体财产为私有财产。二是农村土地归村民集体所有，土地的处置权应由村民代表处置，但一些村干部成为土地所有权的代言人，利用职权寻租，出卖集体土地纳为私利，使集体土地成为"唐僧肉"，类似这些违法违纪现象时有发生。这种因素也是造成农村建设用地浪费的原因之一。三是农民建房，由于缺乏统一规划，自己建自己的，没有整体观念，造成布局混乱，参差不齐，使得新农村建设出现"只见建新房不见新村；只见新村不见新貌"现象。四是农村新社区建设速度加快，但盲目建设严重。自改革开放以来，农民变得相对富裕了，不少农村建房周期加快，建了拆，拆了建，造成极大的浪费。据有关部门测算统计，仅此一项年耗资高达 350 亿元，同时也有一些农户因此造成返贫。五是对农村建设用地缺乏认真规划，县乡土地利用总体规划一般对农村建设用地指标安排得很少，缺乏认真地沟通与协调，使农村建设用地得不到合理安排。农民利用责任田建房、建厂，利用大的基础设施如沿公路建房、建厂，形成马路和带状村镇，造成村镇建设用地的混乱。

七、经营管理

从我国的历史发展来看，传统的农业生产方式经历了 4000 多年的历史，对于农民的居住空间影响很大，居住方式的改变是一项是颠覆性的变化。相比较农村居住空间是封闭型的，基本上保持着自给自足的自然经济形态。

自改革开放以来，我国农村推行联产承包责任制，农田包产到户，形成以农户为生产单位的生产经营体制。这种生产方式在改革初期对调动农民的生产积极性起到很大的作用，推动了农村的改革并取得了成功。从农业经营方式来看，基本上是一家一户的核算经营方

式，这也是农户建设用地需求较多、资源浪费的原因之一。据国家农村固定观察点办公室对分布在全国 29 个省（市、区）的 274 个农村新社区的调查，完全按人口平均分配土地的农村新社区占 74.3%；口粮田按人均分、责任田按劳动力均分的占 5.5%；口粮田按人均分、责任田按农业劳动力均分的占 11%；有 76.5% 的农村新社区在分配土地时又采取了按好、中、差分等级搭配分地，因此，造成地块过度分散。规模集约经营是节约农村建设用地的出路，过度分散的土地不利于规模生产，不利于机械化生产，不利于农业产业化发展，不利于农业产业结构的调整，造成农业后劲不足，制约了农业现代化的发展。过度分散的地块、一家一户的经营方式，也加大了农业生产成本，也是影响农民收入增加的一个因素。

农产品流通渠道不畅，农业资源优势难以转化为经济优势。目前我国许多农村地区个体贩运户规模小且不稳定，区域市场发育不全，大宗农副产品难以及时有效地销售出去，远远不能适应农产品的流通要求。

农业服务体系不健全，科技、信息等服务滞后。我国农业服务体系长期以来以推广和服务为主，目前，农业服务体系存在队伍膨胀、机制不活、负担太重、观念滞后、服务能力低、市场组织化程度低和经济效益低等问题，很难适应市场经济条件下农业发展的要求。

农业产业结构不合理，结构性矛盾突出。虽然目前我国农业产业结构调整已初见成效，但仍存在一些亟待解决的问题：农业生产品种结构单一，产品结构层次低；农产品加工业滞后，农产品增值困难；农业生产经营方式落后，难以形成规模经营；缺乏科学的区域布局等。

八、科教文化

改革开放以来，为了推动我国国民经济与社会的快速、稳定发展，我国提出了科教兴国战略，科技教育事业有了快速发展，并取得了辉煌的业绩。但科技教育的发展也存在着严重的不平衡。相比较，农村的教育设施配备低下，教育资源严重不足，农村文化教育发展落后，不利于贯彻执行"科教兴国"战略。首先，农村教育大多是以中小学为主的基础教育。由于教育资源与环境等因素的影响，农村教育质量不高，学校规模小，撤点并校现象严重，造成许多中小学生辍学，据 2011 年审计署对 27 个省 1185 个县审计，重点核实 1155 所学校，辍学人数由 2006 年的 3963 人上升至 2011 年的 8352 人，增加了近一倍。农村青少年的文盲和科盲人数增加。再者，受经济条件、基础设施等因素限制，农民很少有接受再教育的机会，农村缺少对农民的职业教育学校，造成农村文化教育发展相对落后。还有，农村的文化教育设施不足，许多农村没有图书室、科技室、影剧院、文体娱乐活动场所，缺乏文化教育的氛围，影响了农民素质的提高，进而影响了农村教育事业的发展，使农村教育进入恶性循环状态。

农村文化教育的状况与现代化生产的发展和现代生活的需求形成巨大反差，农村文化教育的落后制约了农村各项事业的建设和发展。这也是我国在社会经济发展中贯彻执行科教兴国战略时必须解决的问题。应提高居民整体文化素养。只有居民文化教育水平上去了，科技生产力才能上去，视野开阔，才能更好地发展，做到资源、环境、产能与社会的和谐发展。

九、社会管理

新中国成立以来，我国坚持"以农业为基础，以工业为主导"的发展方针，通过实行粮食的统购统销、户籍等制度把城乡分离开，城乡在财税、户籍、教育、医疗、就业、劳动保障、劳动保护、粮食供给等方面存在明显的差异，形成了明显的城乡二元化的社会结构形态，这种社会形态也逐渐形成了人们二元化的意识形态，二元化的意识形态成为我国社会发展中的固有的观念。以农养工、以农养城，优先发展工业化、城市化，在社会形态上加大了城乡的差别。党的十八届三中全会指出，城乡二元结构是制约城乡发展一体化的主要障碍。必须健全体制机制，形成以工促农、以城带乡、工农互惠、城乡一体的新型工农城乡关系，让广大农民平等参与现代化进程、共同分享现代化成果。而建设社会主义新农村的新社区，才能改变农民的生产、生活状况，使得城市人与农村人在生活方面缩小差距，促进实现城乡协调发展的目标，使城乡同步进入小康社会。

农村发展的体制性障碍依然存在，体制建设任重道远。我国"三农"发展过程中仍存在许多体制性障碍，影响农村经济社会发展的制约因素很多，城乡二元结构还未根本破除，各种要素在城乡之间合理配置的机制还未完全建立，农村综合改革和其他各项改革的任务仍然相当艰巨。以农村金融体制改革为例，尽管农村金融体制改革已近20年，但当前我国农村金融还普遍存在许多制度性、技术性、操作性问题，主要表现为：一是农村金融体系不完善。农村信用社没有发挥应有的支农作用；农业发展银行的业务范围又过窄，而且随着粮食购销体制改革的完成，贷款业务又进一步萎缩；商业银行出于自身经济效益考虑，将部分分支机构从县乡退出；农业的保险制度落后，农业商业保险规模小，险种单一。二是农村资金流失严重。农业银行及一些商业银行的分支机构，在农村吸储能力很强，对农户和农村中小企业的贷款却较少；城市信用社下乡揽储挖走部分资金，转向城市。三是缺乏农村特点的贷款担保制度。在现行信贷政策下，农户和农村中小企业自身不能提供有效的贷款抵押担保，难以得到需要的贷款。在这种情况下，政府势必需要进一步采取措施，通过深化农村金融改革、加强国家的政策扶持和完善农村金融风险规避机制等三方面加大金融支农的力度。

农村社会事业发展缓慢，城乡发展差距不断拉大。近几年来，党中央、国务院采取一系列政策措施，大力推进农村社会事业发展，使我国农村社会面貌得到了很大改观。但是，农村社会事业发展还面临许多困难和问题，难以满足广大农村居民日益增长的公共服务需要。农村教育基础依然薄弱，中小学师资队伍数量不足、办学条件差、留守学生多等问题十分普遍，普及和巩固义务教育任务相当繁重；农村公共卫生体系建设不健全，基层医疗卫生基础薄弱，农民看病难、看病贵的问题十分突出；农村公共文化资源十分短缺，不少地方文化活动场所和设施破旧残损、年久失修，没有文化活动场所、没有文化活动设施、没有文化活动内容的现象还普遍存在；农村社会福利严重滞后于社会和经济发展水平，存在社会福利机构匮乏、社会福利覆盖面狭窄、地区发展不平衡、各福利项目发展不平衡、缺乏统一的组织管理等诸多问题；农民生育观念与城市家庭有较大差距，不少家庭存在多生轻教的观念。农村社会事业发展滞后，致使农村居民公平享有经济社会发展成果的权利难以保证，极大地抑制了农民消费水平和发展能力的提高，已成为制约经济社会协调发展的重大障碍。

基层民主政治建设滞后，农民权益难以得到保障。改革开放以来，伴随社会经济的快速发展，我国农村基层民主政治建设也取得了巨大成就，各种民主形式和实现途径被创新性地探索出来，广大农村居民参与基层民主建设的积极性不断增强，自身的权益也得到了更有效的保障。但在新时期、新情况下，农村基层民主政治建设仍存在许多突出的问题，面临很多挑战，主要表现为：

（1）农村基层组织缺乏战斗力、凝聚力和创造性。目前我国一些农村党员干部思想观念陈旧、能力不足，基层组织软弱涣散，缺乏凝聚力、号召力、战斗力，思想僵化、志气退化、组织弱化"三化"倾向比较严重，致使党组织在农村的战斗堡垒作用得不到正常发挥。

（2）村民自治发展存在诸多问题，如村委会直选中的贿选问题，村委会与村党支部的"两张皮"的问题、村民自治中乡政村治异化的问题、村民自治中村规民约的违法问题等，这些问题的存在极大地阻碍了农村基层民主建设的推进，导致农民民主权利得不到保障。

（3）乡村宗族势力挑战村民自治。农村宗族势力的存在和发展在很大程度上与强制性的国家权力退出农村有关，是农村在适应现代政治的组织资源缺失状态下传统势力的恢复。宗族组织在一定程度上弥补了村落中集体组织的不足。合理利用宗族组织可以大大降低农村社会运行成本，对发展农村生产和村民自治有重要的作用。但是，宗族文化与民主政治毕竟是两种性质截然不同的文化，宗族势力对乡村民主政治的发展具有许多消极影响。宗族势力通过各种方式和手段入侵到农村基层政权，成为农村治理体制的组成部分，从而利用基层政权的力量牟取私利或扰乱农村经济发展和社会秩序。更重要的是，宗族势力很容易被黑恶势力所利用，从而形成以宗族为基础的、对社会具有严重危害的黑恶势力。因此，农村基层民主要发展，必须逐步清除宗族势力。

综上所述，我国农村新社区建设中存在的问题较多，有经济社会发展的问题、人口问题、土地利用问题、居住条件问题、资源开发利用问题、环境保护与生态建设问题、规划与管理的问题、经营方式与体制、社会形态体制和政治管理体制等诸方面的问题。这和当今世界上经济社会发展中存在的经济、人口、资源、环境、粮食等问题有着极大的一致性，说明了这些问题带有普遍性和长期性。其中有些问题是通过简单整治便可得到改善的；有些问题则是需要下大气力、加大经济和科技投入才可以解决的；还有一些是深层次的问题，要在长期规划与发展中逐渐解决。所以新农村建设中的问题要分类别、分层次、分时段，有计划、有重点、分步骤地去解决。这是人类社会发展中较为普遍的问题，也是目前社会主义初级阶段必须解决的问题。农村发展中的问题给农村新社区规划和建设与发展提出了具体的任务、目标、方法和步骤。

以上所述均是农村在历史上形成的问题，但从目前农村建设现状来看，同样也存在着诸多的问题。例如：一是在社会主义新农村建设中，对于新农村建设的含义不能够充分理解，仅把新农村建设停留在物质的建设上。这是个错误的观点，新农村建设既包括农村新社区的物质建设，更重要的是政治建设、经济建设、社会建设、文化建设、生态建设"五位一体"的建设内容。二是用城镇建设规划的思维来规划农村新社区，这也容易引起错误的决策，误导农村新社区的建设。农村新社区居住的人群、生产生活方式与城镇有着很大的不同，二者不可划等号。城市规划是"自上而下"的思维，而农村应该是"自下而上"

的规划理念。三是用计划经济的思维来组织农村新社区规划与建设，这也是十分有害的，要看到这是一个长期的建设任务。是在短时间内不可能完成的任务，要制定切实可行。长远发展的规划和部署建设任务。四是制定一些不切合农村实际情况的政策，盲目地、过于乐观地估计新农村建设的任务。使得一些政策仓促出台，而得不到应有的贯彻执行，反而有害于新农村的建设。五是社会主义新农村建设的受益主体是农民，对于农民的实际情况要充分调查研究，要了解农民想什么，农民需要什么，如何解决农民在建设新农村中的一些不正确的认识，如何宣传、教育、组织农民，这些都是要经过大量的工作才能实现的，要本着"以人为本"的理念，做到国家、集体、个人三者利益统筹兼顾的原则去建设。六是要正确分析现代农村中的农民。从全国的实际情况分析，生长在农村的青年人基本上不是真正意义上的农民，这就是进城务工人员的主体，多达 2.74 亿人之多。这个阶层流动于农村与城镇之间，他们的工作基本上以做工、经商为主，主要收入以工资为主，新农村建设中他们需要的是什么？七是建设社会主义新农村是一项长期的历史任务，需要国家、地方制定相应的法律、法规来控制，而现状都有缺失，这些都值得研究。八是建设社会主义新农村需要大量的资金，钱从何来？如何筹集？这是个根本性、实质性的问题，也必须有明确的规定。

第四节　农村新社区建设的趋势

一、农村新社区建设的必然趋势

农村新社区作为一个有机整体，有其自身发展的规律。农村新社区存在不断生长、壮大、消亡和更新的变化，农村新社区的变化趋势是农村新社区生命体延续的有机组成部分。我国现代经济社会的发展正向着实现小康社会和建设社会主义强国的目标迈进，社会正处在一个转型期，农村的发展也将由"温饱型"向"富裕型"转化。农村新社区的发展也处在重大的变革时期。农村新社区在急剧变革的态势中发展，主要有农村新社区的合并趋势、农村新社区建设城镇化的趋势、城乡互动的发展趋势和农村新社区实现现代化的趋势。

1. 农村新社区的合并即社区建设的趋势

我国众多农村是经千百年形成的，历史悠久。起初以自然生产单位构成农村社区，许多农村新社区功能比较单一。随着社会进步，人民生活日益提高，分散单一居住的环境已不能适应现代人的生活需要。因此，分散的自然村向相对集中的农村新社区合并成为必然趋势。据有关统计，1990 年，全国共有乡级单位 83182 个、镇 7956 个，乡镇个数共计91138 个之多，农村新社区 476 万个。到 2013 年，建制镇 20117 个，乡 12812 个，乡镇共计 32929 个；行政村 53.72 万个，自然村 265 万个。前后 20 余年的发展中，乡镇级单位和农村新社区个数都有较大幅度下降，2013 年乡镇数量仅是 1990 年 36.13%、农村新社区个数仅为 1990 年的 55.67%。呈明显的合并趋势，按照行政区划改革与发展的趋势，农村社区合并为农村是必然的趋势。农村新社区合并主要有以下几种态势：一是农村自然农村新社区在大量减少，例如在山区中，分散的自然村向生活居住条件好的农村新社区合并已成趋势。例如，在陕西南部山区政府有组织地安排山区农民向社区集中，计划在 2011 年至

2030 年组织 240 万山上农民向新社区集中，改善山上农民的生产生活环境。在平原区，一些规模小的农村新社区向相对规模大的中心村农村新社区迁并正在进行；还有一些农村新社区，在发展的过程中从空间上由两个或几个逐步形成一个农村新社区。例如河北省阜城县 33 万人口，分布在 610 个农村新社区之中，人口密度每平方公里 443 人。经过镇村体系规划和农村社区规划，集中到 78 个农村社区中来。二是城市的发展兼并了部分农村社区。我国多数城市的发展以外延为主，使城市郊区的农村社区并入城市，消失了很多农村社区，这也是城市发展的必然趋势。如石家庄市，城市发展历史不足 100 年，旧城区覆盖的农村新社区多达 45 个，新规划的城区又兼并了近 100 个农村社区。三是城镇化的发展，许多新扩建的小城镇是以农村为基础发展而来的，小城镇的增加，意味农村数量的减少，反映了城乡互动的基本趋势。四是在经济发达地区，把农村新社区合并作为一项发展战略任务，逐渐形成城乡经济社会一体化的发展新格局。如上海市提出"农民向集镇集中，农田向农场集中，工业向园区集中"的"三集中"战略。制定了由 1 个中心城，9 个新卫星城，60 个左右新市镇，600 个左右中心村组成的"1966"城乡规划体系，也就是把众多农村集中到 600 个左右的中心村的发展战略。五是随着社会主义市场经济体制的建立和不断完善，随着农村管理体制和行政区的改革，基层管理组织的功能相对弱化，乡镇级的行政单位大量减少，乡镇合并趋势明显。

由于我国地域广阔，不同地区的地形、人口密度和农业生产方式存在很大差别，对于建设农村新社区这种方式的适宜性，也有必要加以分析。通过拆并农村社区建设相对集中的新型农村社区，应该主要适用于农村人口流出比例较高、原有的村庄聚落体系已不能适应生产生活方式变化的地区。从我国农业生产条件和未来农村人口城镇化转移看，以东北平原、华北平原和长江中下游平原为主的平原地区的耕地大约占全国农地的一半，另外一半为丘陵和山地。平原地区适于机械化和规模化经营，如果达到日本户均 30 亩耕地（约 20000m²）的经营规模，则平原地区 9 亿多亩（约 66666.67km²）耕地最多只需要 3000 万专业农户即可。而这些平原地区，也是我国农村人口最为密集的地区，如华北平原许多地区人口密度达到 500～1000 人 /km²，人均耕地不超过 2 亩（约 1333.33m²），甚至只有几分地（1 分等于 66.7m²）。这些地区随着农业规模化经营，将是未来农村人口转移的主要区域，农村人口下降的比例可能超过 60%。事实上，这些地区也是现在"空心村"出现的主要区域。从农村新社区密度看，我国平原地区农村新社区居民点之间的距离远远小于欧美国家，甚至还小于同处亚洲的日本和韩国，反映出我国现状农村人口的密集程度。日本远郊农村居民点之间的距离在 2～5km，而我国华东平原普遍在 0.5～1.5km²。因此，对于河北、河南和山东等平原地区，随着农村人口大量外流，比较适宜于整治农村新社区，推进新型农村社区建设。

目前，我国开展的镇村体系空间布局调整规划和部分省市进行的农村新社区整治规划，其主要任务就是使那些规模小、设施差、存有安全隐患、生活条件不好的农村新社区向中心村合并；通过调整农村新社区的空间布局，使农村新社区建设和发展的布局更趋合理。乡村工业向产业聚集园区集中，坚持集约发展，节约用地。我国农村出现了"四减少三增加"的趋势，即农村人口在减少、农村新社区个数在减少、乡镇的个数在减少，分布在村镇中的乡镇企业个数也在减少；组合新建的农村新社区的数量在增加，小城镇的个数在增加，小城镇和有产业的农村新社区人口在增加。农村新社区合并是建设社会主义新农村的一项战略任务，是农村社区发展的必然趋势，也是城乡互动、统筹发展的必然趋势。

2. 社区设施建设城镇化的趋势

所谓农村建设城镇化趋势，实质就是农村与城市居民共同继承、创造和平等分享人类共有的物质文明和精神文明，也是按照共享发展理念指导新社区的建设。主要是指提高农村新社区的基础设施、公益建筑建设的标准，统筹城乡协调发展。农村和城镇显著的差别，就是农村的基础设施和公益建筑严重不足，给人形成了农村"脏、乱、差"的印象。因此，农村建设实现城镇化，是建设社会主义新农村的基本目标之一，也是解决"三农"问题、消除城乡二元化的重要举措。通过农村新社区城镇化的建设，改善村民的居住环境，缩小城乡基本生活条件的差距，从外部环境消除城乡差别，逐步解决城乡二元结构的社会形态，推动城乡一体化发展，达到城乡统筹发展的目标。而只有通过社区规划，统一规划道路、给水、排水、集中供热、电力、电信等基础设施和建设行政管理、学校、医院、敬老院、文体娱乐、商业设施、服务设施等公益建筑的配置，才能解决农村新社区建设的问题，才能实现建设农村新社区"生态宜居"的目标。由此看来，农村居住的城镇化是建设农村新社区的必然结果，也是农村新社区规划的重点内容之一。

农村城镇化的另一个标志，就是农村产业的发展与转型。传统的农村基本是以一产为主，而现代化的农村发展则是实现"产业融合"发展，逐步实现二产和三产发展为主，尤其是要加强三产的快速发展，安排农村剩余劳动力就业。这是消除城乡二元化的重要途径，也是实现城乡统筹发展的必由之路。农村新社区就是组织产业融合发展的最好的组织方式。

3. 城乡互动的发展趋势

所谓城乡互动发展，实质就是城乡一体化，是以城市为中心、小城镇为纽带、农村为基础，城乡互为依托、互利互惠，相互促进、统筹协调发展和共同繁荣富强。也就是城市要利用"聚集效应"和"扩散效应"的有机和谐发展。具体有以下四个方面的含义：一是我国提出"工业反哺农业，城市支持农村"的战略方针，为了贯彻这个战略方针，把统筹城乡共同发展列为社会主义建设中的重要任务，要付诸具体行动，未来社会发展的重点应向农村倾斜。走以工促农、以城带乡的发展道路。二是城乡一体化的发展。伴随城镇化的发展，有些村庄将被城市所兼并，有些村庄发展成为小城镇，改变了村庄的性质，总的趋势是农村新社区的数量在减少，同时加快了城市化的进程，表现出城市的"聚集效应"。逐渐建立城乡一体化发展的和谐道路。三是城乡工业化同步发展的道路。我国的乡镇企业占据了工业的半壁江山，但乡镇企业基本上是分布在农村新社区中的，乡镇企业必然要向小城镇集中，建设新时期的"特色小镇"，实现乡镇企业集中到小城镇的产业聚集园区，形成规模聚集效应，促进区域经济发展的新格局，同时也就改善了农村的生态环境，加快了城镇化的发展。四是城乡同步发展的道路。指通过建设社会主义新农村，改变农村居住环境、改善农民的生活条件，把农村建设成空气清新、环境优美、绿色生态、生态宜居的"田园风光"。通过建设与发展城乡共同应用的基础设施，为加强城乡交流创造条件，促使城市人口流向郊外的农村，工作在城市，居住回到新农村中去，减少城市的压力和大城市病，展现城市的"扩散效应"；同时也方便农民进城就业和务工，使农村剩余劳动力找到合适的出路，融入城市之中，让农民过上富裕的生活，缩小城乡居民的生活差距，形成城乡共同发展的新格局。加强城乡人员的互动,是实现城乡互动、城乡统筹和城乡一体化发展的必然趋势。

4. 社区的现代化趋势

社区现代化的趋势,是指农村建设与发展要实现现代化。农村建设和发展现代化的内容很广泛,主要包括农村新社区建设的城镇化、农业经济发展的产业化和培养现代化的新型农民。农业产业化要形成龙头和支柱产业,以产业发展推动农村新社区的经济发展,以经济发展推动农村新社区建设,达到城镇化建设的水平,为农民的生产生活创造丰富的物质基础。同时,还要有丰富多样的精神文明建设和民主管理的现代化文明建设。农村新社区的现代化是改变传统意义上的农民,要培养新型农民。社区的现代化建设,不仅要有城镇化建设的居住环境,还必须有现代化生产的农业和现代化意识的新型农民,这才是建设社会主义新农村的真谛。因此,农村现代化是未来社区发展的必然趋势。

总之,农村社区发展趋势表明,我国农村正在经历一场巨大的变革,面临前所未有的大好局面,几千年来形成的农村将变成现代化的新农村,农村建设和发展将步入一个新阶段,进入一个新时代。社会主义新农村的建设与发展将建立我国区域经济发展的新格局,形成城乡统筹发展的新局面。社会主义新农村建设不仅改变了农村的面貌,也是我国社会主义事业发展的新标志,其意义极为深远。社会主义新农村的建设与发展为农村新社区规划提出了新课题。

5. 重构山河,建设新社区的趋势

2018 年中央一号文件提出实施乡村振兴的重要战略政策,它是对我国改革开放 40 年以来"三农"政策的继承和总结,也是开创新时代"三农"工作新局面的纲领性文件。提出要走中国特色社会主义乡村振兴道路,指明了解决"三农"的发展道路,提出了新的任务与要求,阐明了建设现代化的农业、农村的重要性。

建设农村新社区实质就是重构山河,再造我国城乡格局的一场变革。首先面临我国的经济社会转型,农村社会要由自给自足的小农经济向现代化农业、现代化农村的经济社会转化。新农村的组织形式必须适应现代化经济的需求,因此,改变自给自足的农村组织形式是经济社会发展的需求。二是新时代的农民需要的是现代化的生产和生活,过去一家一户的生产核算单位,不能适应现代化生产的需求,出现了农村合作社新的组织形式,原来的农村社区居住方式也不适应现代化生活的需求。譬如农村的交通状况,狭窄的街道、胡同,不能通行大型的农业机械、农用汽车和家庭汽车等需求。三是"散、乱、小"的农村社区规模也对于农村社区基础设施和公益设施建设造成巨大浪费和不经济;四是城乡统筹发展,农村社区的现状也不利于统筹发展的基本原则,不利于集约化经济发展和可持续发展的原则;五是农村未来的经济发展,主要是调整农村的产业结构,过度分散的格局不利于发展工业和第三产业。

伴随产业的融合发展,新型的农业生产模式、新式的农业生产格局、新时代的生产关系都是未来农村出现的新气象。

二、农村产业转变的趋势

经济是基础,经济的变革是上层建筑乃至行政区划变革的根本原因。进入 21 世纪以来,我国的经济社会发生了巨大变化,伴随经济社会的转型,行政区划变革也势在必行。

农村新社区也就是在这种历史背景下的产物。伴随我国提出"一带一路"战略，经济全球化的发展大格局势不可挡，国际国内两个市场的发展使得我国产业也发生了巨大变化。经济社会的转型、信息化的发展、科学技术的进步，使得产业聚集化、现代化的发展，也带来居住的变化，聚集居住成为一种必然趋势；农村经济由过去的自给自足的小农经济转向社会化、产业化、规模化经济模式，生产环境、生产条件、设备机械化等变化都对农村生产与生活带来变革，居住形式变革也势在必行。

乡村振兴，产业兴旺是重点。必须坚持质量兴农、绿色兴农，以农业供给侧结构性改革为主线，加快构建现代农业产业体系、生产体系、经营体系，提高农业创新力、竞争力和全要素生产率，加快实现由农业大国向农业强国转变。

1. 农业产业化发展的趋势

农业是我国传统的产业，我国历史上以农业立国，造就了我国农耕历史文化。在长期自给自足的小农经济发展历史中形成了农村特有的居住方式。但经济社会发展至今日，落后的、自给自足的小农经济已走进历史博物馆，取而代之的则是现代化、产业化的农业生产，农业产业化发展的道路为农村变革奠定了基础，因而农村的居住方式的变革势在必行。这就是农村新社区建设与发展的基本原因。

农业是我国的经济基础，任何时期都不能放弃对农业的高度重视，但问题是如何选择农业发展的道路，如何提高粮食生产的综合能力，农业如何步入产业化的经营模式。农业产业化、现代化是未来农业的根本出路，现在农业发展的趋势已充分表明，农业产业转型、农业生产机械化、农业产品市场化、农业产业化和规模化，这一切的变化都对农业产业的发展提出了新的要求，亟需改变农业产业的生产方式和经营方式。夯实农业生产能力基础，深入实施藏粮于地、藏粮于技战略，严守耕地红线，确保国家粮食安全。全面落实永久基本农田特殊保护制度，加快划定和建设粮食生产功能区、重要农产品生产保护区，完善支持政策。大规模推进农村土地整治和高标准农田建设，稳步提升耕地质量，强化监督考核和地方政府责任。加强农田水利建设，提高抗旱防洪除涝能力。实施国家农业节水行动，加快灌区续建配套与现代化改造，推进小型农田水利设施达标提质，建设一批重大高效节水灌溉工程。加快建设国家农业科技创新体系，加强面向全行业的科技创新基地建设。深化农业科技成果转化和推广应用改革。加快发展现代农作物、畜禽、水产、林木种业，提升自主创新能力。高标准建设国家南繁育种基地。推进我国农机装备产业转型升级，加强科研机构、设备制造企业联合攻关，进一步提高大宗农作物机械国产化水平，加快研发经济作物、养殖业、丘陵山区农林机械，发展高端农机装备制造。优化农业从业者结构，加快建设知识型、技能型、创新型农业经营者队伍。大力发展数字农业，实施智慧农业林业水利工程，推进物联网试验示范和遥感技术应用。

2. 农村三产融合发展成为主要趋势

农业发展的趋势表明，产业融合是必然的结果。一二三产业融合，核心是充分开发农业的多种功能和多重价值，将农业流出到工商业和城市的就业岗位和附加价值内部化，将加工流通、休闲观光和消费环节的收益留在本地、留给农民。

2018年中央一号文件提出，乡村振兴，生活富裕是根本。如今，促进一二三产融合发展，支持和鼓励农民就业创业，正成为家庭经营收入和工资性收入的新增长点；中央对农民的补贴不降反增；2018年，全国农村承包地确权将基本完成，2021年，农村集体产权制度改革将基本完成，这些重大改革都会让农民拿到更多财产性收入。

构建农村一二三产业融合发展体系。大力开发农业多种功能，延长产业链、提升价值链、完善利益链，通过保底分红、股份合作、利润返还等多种形式，让农民合理分享全产业链增值收益。实施农产品加工业提升行动，鼓励企业兼并重组，淘汰落后产能，支持主产区农产品就地加工转化增值。重点解决农产品销售中的突出问题，加强农产品产后分级、包装、营销，建设现代化农产品冷链仓储物流体系，打造农产品销售公共服务平台，支持供销、邮政及各类企业把服务网点延伸到乡村，健全农产品产销稳定衔接机制，大力建设具有广泛性的促进农村电子商务发展的基础设施，鼓励支持各类市场主体创新发展基于互联网的新型农业产业模式，深入实施电子商务进农村综合示范，加快推进农村流通现代化。实施休闲农业和乡村旅游精品工程，建设一批设施完备、功能多样的休闲观光园区、森林人家、康养基地、乡村民宿、特色小镇。对利用闲置农房发展民宿、养老等项目，研究出台消防、特种行业经营等领域便利市场准入、加强事中事后监管的管理办法。发展乡村共享经济、创意农业、特色文化产业。

3. 实施质量兴农战略的发展趋势

制定和实施国家质量兴农战略规划，建立健全质量兴农评价体系、政策体系、工作体系和考核体系。深入推进农业绿色化、优质化、特色化、品牌化，调整优化农业生产力布局，推动农业由增产导向转向提质导向。推进特色农产品优势区创建，建设现代农业产业园、农业科技园。实施产业兴村强县行动，推行标准化生产，培育农产品品牌，保护地理标志农产品，打造一村一品、一县一业发展新格局。加快发展现代高效林业，实施兴林富民行动，推进森林生态标志产品建设工程。加强植物病虫害、动物疫病防控体系建设。优化养殖业空间布局，大力发展绿色生态健康养殖，做大做强民族奶业。统筹海洋渔业资源开发，科学布局近远海养殖和远洋渔业，建设现代化海洋牧场。建立产学研融合的农业科技创新联盟，加强农业绿色生态、提质增效技术研发应用。切实发挥农垦在质量兴农中的带动引领作用。实施食品安全战略，完善农产品质量和食品安全标准体系，加强农业投入品和农产品质量安全追溯体系建设，健全农产品质量和食品安全监管体制，重点提高基层监管能力。

4. 加快推进农业供给侧结构性改革发展的趋势

必须加快推进农业供给侧结构性改革，以促进农民增收为中心任务，坚持以绿色发展为统领，以融合发展为导向，以改革创新为动力，从生产端、供给侧入手，改造提升传统动能，培育壮大新动能，构建更加协调、更加高效、更可持续的新型农业产业体系、生产体系和经营体系。

伴随着经济发展和居民收入提高，当前农产品消费上出现了结构性转移，对农产品的多样化、精细化和标准化要求更高。要适应这种新变化，必须扩大绿色、优质、安全农产品的有效供给，大力发展以优质粮油、绿色蔬菜、精品园艺、经济林果、健康畜禽和特色水产为主导的六大产业体系，健全现代农业产业体系。总之，农村产业的转型是农村建设与发展的根本，农业现代化的实质就是以工业发展的道路和理念来发展农业。只有产业转化才会实现农村的转化，才是解决"三农"问题的出路。因此，在建设城乡一体化的进程中，重点是搞好农村产业的转型。这也是规划与建设农村新社区的重要任务。

认识到农业农村发展的短板，近年来要树立"大产业""大市场""大流通"理念，完善加工流通全产业链条，推动产业跨界融合、相互渗透，拓展产业链、提升价值链、提高附加值，打造农村一二三产业融合发展新格局。

第五节　农村新社区建设与规划的主要措施

一、国家层面要采取的措施与政策

农村新社区的建设对于我国来说是未来一个时期要完成的重大历史任务，可以说，农村新社区的建设是我国重构山河的千秋万代的大业，是建设和谐社会的主要措施之一。因此，对于农村新社区的建设要从国家层面上予以高度重视，也就是搞好"顶层设计"。

1. 要制定长期发展的战略规划

建设农村新社区是一个长期的任务，在短时间内是不可能完成的。所以，要充分认识这项工作的长期性和艰巨性，这次农村的变革比起新中国成立初期的土地改革、十一届三中全会后的家庭联产承包责任制要难得多。这是涉及农村几千年的旧的意识观念的彻底改变、农民的"衣、食、住、行"等生产生活环境的历史性变革。所以，要树立长期作战的战略指导思想。

党的十九报告指出：综合分析国际国内形势和我国发展条件，从 2020 年到 21 世纪中叶可以分两个阶段来安排。第一个阶段，从 2020 年到 2035 年，在全面建成小康社会的基础上，再奋斗十五年，基本实现社会主义现代化。人民生活更为宽裕，中等收入群体比例明显提高，城乡区域发展差距和居民生活水平差距显著缩小，基本公共服务均等化基本实现，全体人民共同富裕迈出坚实步伐；现代社会治理格局基本形成，社会充满活力又和谐有序；生态环境根本好转，美丽中国目标基本实现。第二个阶段，从 2035 年到本世纪中叶，在基本实现现代化的基础上，再奋斗十五年，把我国建成富强民主文明和谐美丽的社会主义现代化强国。到那时，我国物质文明、政治文明、精神文明、社会文明、生态文明将全面提升，实现国家治理体系和治理能力现代化，成为综合国力和国际影响力领先的国家，全体人民共同富裕基本实现，我国人民将享有更加幸福安康的生活，中华民族将以更加昂扬的姿态屹立于世界民族之林。"两个一百年"的奋斗目标不仅为我国的发展规划了蓝图，也为农村新社区建设指明了发展方向和时段安排。

2. 要建设相关的法律法规

建设农村新社区是新生事物，也是实现我国建设和谐社会目标的重要措施。因此，为保障农村新社区健康、稳定发展，必须建立一套完整的法律法规体系，从根本上提供保障。要从国家、省（自治区、直辖市）层面制定相应法律法规，明确建设农村新社区的法律条款、实施细则，用法律法规保障这项长期实施的建设任务。以农村新社区的管理为例，新社区的组织领导怎样安排？怎样工作？怎样管理？农村新社区的建设在某种程度上既不能按照《村民委员会组织法》进行规范，又不能按照《城市社区居民委员会组织法》进行规范，究竟如何管理？需要新的组织法来安排。这就需要农村新社区建设由新的法规作出回答。

3. 确定一个权威的管理部门

农村新社区建设涉及诸多职能部门、诸多方面，如农村的政治建设、社会建设、经济建设、文化建设、生态建设等内容。所以它不是任何一个职能部门所能包揽的，要确定一个超越政府诸多职能部门的机构来总管这项工作。要避免众多部门来管，结果形成都不管的格局。

4. 要正确处理好农村土地"三权分置"的制度问题

农村的变革就不可能不涉及土地制度的问题。首先我国过去在农村实行的是土地所有权与土地使用权分离的二元化结构。面临着农村建设新社区时，农民的宅基地如何处理？农民承包的责任田如何分配？在建设中搬迁后旧的农村社区如何处理？党的十九大报告提出，第二轮土地承包到期后再延长 30 年，提出"三权分置"的改革理念和思路，这些问题如何处理？涉及土地的一系列问题都应有个明确说法。所以要涉及我国土地制度的变革，也是农村新社区建设必须要研究的问题。

5. 建立一套适应农村新社区建设的运营体制

党的十九大报告指出，要坚持农业农村优先发展，按照产业兴旺、生态宜居、乡风文明、治理有效、生活富裕的总要求，建立健全城乡融合发展体制机制和政策体系，加快推进农业农村现代化。巩固和完善农村基本经营制度，深化农村土地制度改革，完善承包地"三权"分置制度。保持土地承包关系稳定并长久不变，第二轮土地承包到期后再延长三十年。深化农村集体产权制度改革，保障农民财产权益，壮大集体经济。确保国家粮食安全，把中国人的饭碗牢牢端在自己手中。构建现代农业产业体系、生产体系、经营体系，完善农业支持保护制度，发展多种形式适度规模经营，培育新型农业经营主体，健全农业社会化服务体系，实现小农户和现代农业发展有机衔接。促进农村一二三产业融合发展，支持和鼓励农民就业创业，拓宽增收渠道。加强农村基层基础工作，健全自治、法治、德治相结合的乡村治理体系。培养造就一支懂农业、爱农村、爱农民的'三农'工作队伍。建设农村新社区不同于经营城市，所以不能照搬经营城市的办法来经营农村新社区的思路与策略。农民是新社区的主人，要充分考虑他们的利益，在制定建设的方针政策时，要以农民的愿望为主，统筹兼顾，要做到国家、集体、个人三者利益充分考虑，各得其所的运营机制。从这个方面分析，建设农村新社区要比建设城市新区困难些。但也应看到农民的需求标准并不高，要在充分理解他们基础上，让他们成为建设的主力军。

6. 确定农村新社区建设资金的来源和渠道

农村新社区建设的最主要制约因素就是资金的问题。农村新社区建设主要受益者是农民，但我国大部分地区的农民并不富裕，完全依靠农民的资金来建设农村新社区就很难实现既定的目标。所以建设农村新社区的资金来源就要结合实际情况，坚持走多渠道筹措的道路。2018 年中央一号文件指出，提高金融服务水平。坚持农村金融改革发展的正确方向，健全适合农业农村特点的农村金融体系，推动农村金融机构回归本源，把更多金融资源配置到农村经济社会发展的重点领域和薄弱环节，更好满足乡村振兴多样化金融需求。要强化金融服务方式创新，防止脱实向虚倾向，严格管控风险，提高金融服务乡村振兴能力和水平。抓紧出台金融服务乡村振兴的指导意见。加大中国农业银行、中国邮政储蓄银行'三农'金融事业部对乡村振兴支持力度。明确国家开发银行、中国农业发展银行在乡村振兴中的职责定位，强化金融服务方式创新，加大对乡村振兴中长期信贷支持。推动农村信用社省联社改革，保持农村信用社县域法人地位和数量总体稳定，完善村镇银行准入条件，地方法人金融机构要服务好乡村振兴。普惠金融重点要放在乡村。推动出台非存款类放贷组织条例。改进农村金融差异化监管体系，强化地方政府金融风险防范处置责任。

笔者认为，对于资金的筹集应该是多方面的：一是国家富强了，国家要拿出一定的资金作为农村新社区建设基础设施、公益设施的基本资金；二是地方政府多方筹措部分资金帮助农村新社区配套新社区所需的公共产品；三是农民自筹一些资金用于居住建设。对于农民原来的宅基地、房屋也应视为个人财产，按照市场价格折价，计入农民投资的一部分；对于农村建设用地用于复垦的土地，按照国家已有的政策要置换为国家建设用地的要给予一定额度的补助，也可以计算作农民投资的一部分，这样就减轻了农民实际投资的额度。对于有条件的地方积极鼓励引用外资，如侨民多的地方，引入外资加快建设。实际上农村新社区建设是拉动我国内需的主要的市场因素，其原因，一是我国农村数量大、面积广、人口多，农村建设需求量大；二是我国农村大多地区较为贫穷落后，农村住房质量低下，重建、新建的任务量大；三是近些年党和国家实行支持"三农"的政策，农民得到实惠，变得富裕起来，农民改变与改善物质生活的条件具备了，农村亟待变革的形势十分迫切；四是国家贯彻建设和谐社会的发展目标，国家对于农村建设的力度加大。这些都给农村建设与发展带来了前所未有的有利形势。

二、从市场角度要建立效率机制

1. 坚持政府与市场两只手齐抓共管的发展机制

我国社会主义市场经济的发展给新农村建设注入了活力。实践证明在我国建设农村新社区的过程中，离开政府和市场是不可能实现目标的，二者缺一不可。因此，从建设新农村起始，就要坚持政府、市场齐抓共管的发展道路。

2. 要建立政府、开发商、农民共赢的发展格局

在农村新社区建设中，政府为了建设和谐社会、为了保民生工程的实施、为了实现城乡统筹发展，坚持走"城市支持农村、工业反哺农业"的道路；开发商利用农村新社区建设时机，将房地产市场转移到农村去，利用农村风险较小、利润较少的特点可以获得一定的回报，也是有利可取的；农民是建设农村新社区最大受益者，要充分利用国家建设社会主义新农村的契机，改善居住条件，改善居住环境，改变几千年来依靠自己建房居住的历史，也像城市人一样住上高标准的住宅。在建设农村新社区过程中存在着这样和那样的问题，但这是历史潮流，是经济社会发展的必然，是建设和谐社会、实现小康社会目标的必经之路，要在建设中克服种种困难，达到政府、开发商、农民共赢的局面。

3. 效率与公平兼顾，利益分成、避免暴利

党的十八届三中全会指出，经济体制改革是全面深化改革的重点，核心问题是处理好政府和市场的关系，使市场在资源配置中起决定性作用和更好发挥政府作用。在处理政府与市场作用于农村新社区建设的问题时，要坚持社会公平与效率并重的理念。政府作为建设农村新社区的主导，要制定法律法规、制定一系列的政策，目的是充分研究农村新社区建设的问题，及时调整前进中的道路与方向。要坚持"以人为本"，充分考虑农民的利益，充分发挥政府的指导作用，掌控在建设农村新社区中的利益分配，做到既满足农民建房的需求，又照顾到开发商合理的利益分成。这样做的目的就是既给开发商一定的利益，保证项目建设的效率，又保障农村新社区建设适应农民居住的需要。

市场在建设新社区的任务中扮演了重要的角色。我国在近些年城市建设中涌现出了大批的开发商，在目前城市开发建设出现转型时期，一些小规模的开发商面临着重新选择的

格局，农村新社区建设就给这些开发商提供了机遇。农村的开发并不可能像城市开发那样具有很大的利润，但农村新社区是一个很大的市场，也是开发商继续发展的一个出路。房地产开发商要本着为社会做贡献，同时自己也可以继续发展的理念，面对农村新社区巨大的市场寻找一条适合自己的发展道路。

4. 拉动内需，促进房地产业的发展

建设农村新社区是拉动内需的主要措施之一。我国56万多个行政村，即使有一半建设新社区，那也是一个巨大的建筑工程。农村新社区的建设需要大量的建材、装饰用品，这些对于多种产业发展、就业等方面都具有巨大的积极意义。这也是我国近期调整国内经济结构的重要措施，也为我国房地产业开辟更广阔的前景。农村经过新社区建设，腾出大量的农村建设用地进行复垦，也是我国耕地的重要后备资源。

三、基层政府要制定长期发展规划

县乡（镇）两级政府是实施农村新社区建设的主要领导者，两级政府要认真落实国家相关法律法规和政策。首先组织编制切实可行的规划，要坚持以规划为先导，明确未来发展与建设的方向；要明确两级政府的权、责、利，把这项长期的工作列为不同时期的责任与任务，实行行政责任制；要把县内农村新社区建设任务分配到年度，根据当地的实际条件进行排序，决定先后顺序，明确每年度的具体任务；政府不但是项目的组织者，也是完成任务的执行者，还是项目执行情况的监督者，要把一些具体业务推向市场、推向社会；对于完成好的地方政府国家要大力表彰，并赋予一定的物质奖励。

四、从农村新社区建设角度要积极争取快速发展

对于农村来说，农民是这项活动的受益主体，因此，要对农民进行广泛的推广和宣传教育，使他们认识到建设农村新社区是彻底改善居住、环境和生活条件的百年大计；鼓励农民加入农村新社区建设任务中来，对于积极的地方要奖励，对那些有条件而不积极的地方要进行处罚；对于农民原有的宅基地、建筑的房屋要进行评估，要根据当地、当时的物价进行折价充实到新社区中；积极鼓励农民入住新社区后对于旧宅基进行复垦，对于领先复垦者予以奖励；农村新社区建设后，积极引导对农村的农用土地进行综合整治，充分发挥土地的最大利用率和效率，同时也有利于农业产业化的发展；要根据农村生产与生活的需求、农民传统文化的需求，在新社区中安排大型农机具存放场，安排粮食晾晒场地和储存场所，安排农民办理红白喜事的场所，安排祭祖、祭祀以及宗教信仰所需要的场所，这些一般在城市建设规划中均是没有的；要充分合理地安排农业养殖用地，使农民保持多业发展的格局。

五、研究与制定农村新社区建设的技术规程

对于建设农村新社区来说，这应该是一件新鲜事物。尽管我国在城镇建设方面取得了巨大成就与技术成果，但农村社区建设在许多方面毕竟不同于城镇建设的内容与模式，这就是说建设农村新社区不可照搬城镇规划的技术规程。这就给建设农村新社区提出编制适合自己特点的技术规程的要求，需要相关部门与大专院校的技术人员进行研究。例如农村基础设施的规格、农村生产与生活所需要的公益设施的标准等，都应该有一套适合农村新

社区的技术规程。

六、培育一支农村新社区建设的技术队伍

农村新社区建设是一项长期的历史任务，不仅现状需要规划的队伍，更重要的是需要培育一支长期留守在农村，维护规划建设与管理实施的技术队伍。

2018 年中央一号文件指出：实施乡村振兴战略，必须破解人才瓶颈制约。要把人力资本开发放在首要位置，畅通智力、技术、管理下乡通道，造就更多乡土人才，聚天下人才而用之"。一是大力培育新型职业农民。全面建立职业农民制度，完善配套政策体系。实施新型职业农民培育工程。支持新型职业农民通过弹性学制参加中高等农业职业教育。创新培训机制，支持农民专业合作社、专业技术协会、龙头企业等主体承担培训。鼓励各地开展职业农民职称评定试点。二是加强农村专业人才队伍建设。建立县域专业人才统筹使用制度，提高农村专业人才服务保障能力。推动人才管理职能部门简政放权，保障和落实基层用人主体自主权。支持地方高等学校、职业院校综合利用教育培训资源，灵活设置专业（方向），创新人才培养模式，为乡村振兴培养专业化人才。扶持培养一批农业职业经理人、经纪人、乡村工匠、文化能人、非遗传承人等。三是发挥科技人才支撑作用。全面建立高等院校、科研院所等事业单位专业技术人员到乡村和企业挂职、兼职和离岗创新创业制度，保障其在职称评定、工资福利、社会保障等方面的权益。深入实施农业科研杰出人才计划和杰出青年农业科学家项目。探索公益性和经营性农技推广融合发展机制，允许农技人员通过提供增值服务合理取酬。全面实施农技推广服务特聘计划。四是鼓励社会各界投身乡村建设。建立有效激励机制，以乡情乡愁为纽带，吸引支持企业家、党政干部、专家学者、医生教师、规划师、建筑师、律师、技能人才等，通过下乡担任志愿者、投资兴业、包村包项目、行医办学这项工作具有重要的历史意义。规划是一时的任务，但规划管理、基础设施的维修、公益设施的管理都需要具有一定建筑技术的人才来实现，因此，从长计议，培养农村懂规划、会管理、能维修的技术人才是农村新社区建设的一项重要任务。五是创新乡村人才培育引进使用机制。建立自主培养与人才引进相结合，学历教育、技能培训、实践锻炼等多种方式并举的人力资源开发机制。建立城乡、区域、校地之间人才培养合作与交流机制。全面建立城市医生教师、科技文化人员等定期服务乡村机制。研究制定鼓励城市专业人才参与乡村振兴的政策。

第五章 农村新社区规划的基础研究

所谓农村新社区规划基础研究，是指在编制农村新社区规划时应有的规划理论与理念；应明确规划的目标、任务和内容；确定规划的原则、依据；规划应是"多规合一"的模式；规划应遵循的程序与方法。工作与完成成果的具体要求。这些都是编制农村新社区规划的基础。

第一节 农村新社区规划的理论

所谓农村新社区规划的理论，是指农村新社区规划的基本规律。农村新社区规划是一个系统工程。关于编制农村新社区规划的理论主要包括两部分，一是深入学习贯彻习近平新时代中国特色社会主义思想，用实际行动抓好农村新社区的建设；二是编制规划的系统控制理论，即规划过程的指导理论是系统平衡控制论。

社区规划技术理论为系统平衡控制论。所谓系统平衡控制理论，是指编制农村新社区规划的技术理论，主要说明编制农村新社区规划所应经历的步骤，即农村新社区规划的技术路线。

一、系统平衡控制论的含义

系统平衡控制论是指导农村新社区规划编制程序的理论，指明了编制农村新社区规划应坚持的方法步骤。整个规划的过程首先应建立理论支持系统，对于农村新社区进行综合研究；以此为基础建立规划的决策系统，编制多种规划方案，广泛征求村民意见，实现村民的意愿；然后再建立规划的执行系统与管理系统，形成完整的规划体系。把规划的编制与管理、规划的实施纳入规划的全过程。

所谓系统平衡控制论是指农村新社区规划是一个复杂的系统工程，在农村新社区这个大系统中包括自然、经济、社会三个子系统，子系统中又包括诸多的因素、因子，在规划过程中要应用系统分析原理对区域内的子系统进行严密的系统分析和研究。在这个系统中，在横向上要以规划的理论系统为基础，统筹各方面的利益，建立一个完整的决策系统，即农村新社区规划方案；以规划方案为基础，达到对农村新社区各项建设的控制与安排，为农村新社区的建设、发展和管理提供依据，即规划的执行系统；在纵向上要经过系统调查、系统分析、系统研究、系统平衡，达到系统控制的目标。系统平衡控制论的含义揭示了农村新社区规划的程序与方法，指明了农村新社区规划编制的步骤。

二、系统平衡控制论在农村新社区规划中的应用

1. 系统分析

农村新社区作为国土资源的最小组成单元，也包含在由自然、经济、社会三个子系统和诸多因素、因子组成的大系统中。系统所包含的子系统内的因素、因子是互相联系、互相作用和互相制约的，它们都不同程度地对农村新社区这个大系统起着一定的制约作用。因此，编制农村新社区规划时必须对诸多因素、因子进行分析研究，尤其是对农村新社区发展和建设起控制作用的因素、因子（即主导因素）更要重视。通过对它们的分析、研究找出农村新社区的优势、劣势及存在的问题，才能有针对性地提出农村新社区规划的明确目标。这样做出的规划才能是"一村一品"，以免出现脱离实际、千村一律的现象。因此，编制农村新社区规划最基础的工作就是要对自然、经济、社会条件进行全面调研和系统分析。系统分析包括农村新社区的发展条件分析与评价、现状分析与评价、农村新社区发展的预测、发展目标和发展战略的分析与研究等内容，经过系统综合最终达到系统控制的目标。这是编制农村新社区规划的基础工作。

2. 协调平衡

农村新社区规划的整体性和综合性决定了协调平衡的重要性。所谓农村新社区规划的协调平衡包括以下几个方面：一是农村新社区规划是最基层的实施性和综合性规划，要全面贯彻落实各项基本政策。二是落实各级政府与各有关部门的种种规划，可以说是"海纳百川，融为一体"，"上有千条线，全由一针穿"。在纵向上要与各种规划相衔接，横向上要使各项规划相协调，这就往往会出现矛盾。既要落实各种规划的内容，又要符合本村的实际，没有足够的协调平衡，全面落实这些规划难度是很大的，这体现出了农村新社区规划协调平衡任务的艰巨性。三是农村新社区规划内容必须落实到"地块"，国家、集体，个人三者的需求都必须得到合理安排，往往会形成利益的矛盾冲突，在局部服从整体，个人、集体服从国家前提下，合理做出安排，也需要进行大量的协调平衡。四是农村新社区建设规划与农民传统的意识观念也存在许多矛盾，个人利益与整体利益、短期利益与长远利益、未来发展理念与传统意识观念等诸多矛盾，均需协调平衡解决。第五，农村新社区规划的动态性说明了规划是由一种平衡状态被新的平衡状态所代替，规划就是要打破旧的平衡，建立一个新的平衡，这是规划综合平衡方法的具体体现。由此看来，协调平衡是农村新社区规划过程中非常重要的一环，其基本方法就是统筹兼顾、综合平衡。只有通过各方面认真地协调，才能做出符合实际的规划，也才能保证农村新社区规划的可操作性和权威性。

3. 控制管理

规划方案是通过对基础资料的系统分析研究和全面地综合协调平衡最终形成的，是在多方案评比中优选出来的。选定方案后，经村民审议和县、乡人民政府审批后形成最终的决策方案，便是决策系统。遵照规划方案来制定实施方案和具体的实施办法，作为农村新社区管理和建设的依据。规划的目的，就是要按人的意志控制农村新社区的建设和发展。农村新社区规划流程图如图5-1所示。

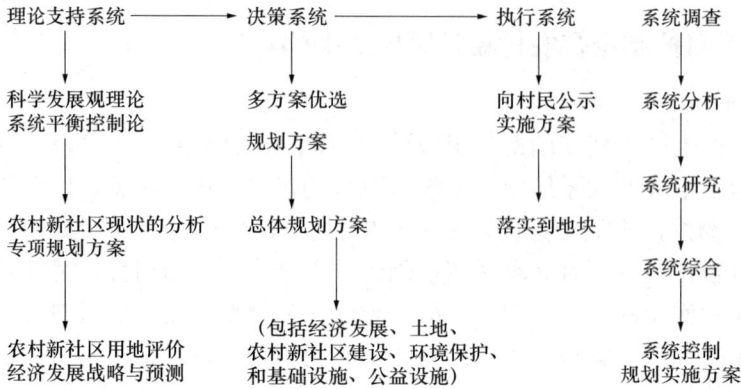

图 5-1　农村新社区程序路线图

第二节　农村新社区规划的理念

一、宏观性理念

1. 坚持党对一切工作的领导

坚持党对一切工作的领导。必须增强政治意识、大局意识、核心意识、看齐意识，自觉维护党中央权威和集中统一领导，自觉在思想上、政治上、行动上同党中央保持高度一致，完善坚持党的领导的体制机制，坚持稳中求进工作总基调，统筹推进"五位一体"总体布局，协调推进"四个全面"战略布局，提高党把方向、谋大局、定政策、促改革的能力和定力，确保党始终总揽全局、协调各方。

2. 坚持新发展理念

发展是解决我国一切问题的基础和关键，发展必须是科学发展，必须坚定不移贯彻创新、协调、绿色、开放、共享的发展理念。必须坚持和完善我国社会主义基本经济制度和分配制度，毫不动摇巩固和发展公有制经济，毫不动摇鼓励、支持、引导非公有制经济发展，使市场在资源配置中起决定性作用，更好发挥政府作用，推动新型工业化、信息化、城镇化、农业现代化同步发展，主动参与和推动经济全球化进程，发展更高层次的开放型经济，不断壮大我国经济实力和综合国力。

3. 坚持以人民为中心的理念

人民是历史的创造者，是决定党和国家前途命运的根本力量。必须坚持人民主体地位，坚持立党为公、执政为民，践行全心全意为人民服务的根本宗旨，把党的群众路线贯彻到治国理政全部活动之中，把人民对美好生活的向往作为奋斗目标，依靠人民创造历史伟业。让城乡人民共同进入小康社会。因此，在编制农村新社区规划过程中，必须坚持"以人民为中心"的理念。

4. 坚持社会主义核心价值体系的理念

文化自信是一个国家、一个民族发展中更基本、更深沉、更持久的力量。必须坚持马克思主义，牢固树立共产主义远大理想和中国特色社会主义共同理想，培育和践行社会主义核心价值观，不断增强意识形态领域主导权和话语权，推动中华优秀传统文化创造性转化、创新性发展，继承革命文化，发展社会主义先进文化，不忘本来、吸收外来、面向未来，更好构筑中国精神、中国价值、中国力量，为人民提供精神指引。到 2020 年，全国人民共同实现小康社会的标准，是社会主义初级阶段和建设社会主义新农村的基本目标。因此，编制农村新社区规划必须把农民共同富裕，达到小康生活水平的标准作为最基本的理念。

5. 坚持人与自然和谐共生的理念

建设生态文明是中华民族永续发展的千年大计。必须树立和践行绿水青山就是金山银山的理念，坚持节约资源和保护环境的基本国策，像对待生命一样对待生态环境，统筹山水林田湖草系统治理，实行最严格的生态环境保护制度，形成绿色发展方式和生活方式，坚定走生产发展、生活富裕、生态良好的文明发展道路，建设美丽中国，为人民创造良好生产生活环境，为全球生态安全作出贡献。

6. 坚持在发展中保障和改善民生的理念

增进民生福祉是发展的根本目的。必须多谋民生之利、多解民生之忧，在发展中补齐民生短板、促进社会公平正义，在幼有所育、学有所教、劳有所得、病有所医、老有所养、住有所居、弱有所扶上不断取得新进展，深入开展脱贫攻坚，保证全体人民在共建共享发展中有更多获得感，不断促进人的全面发展、全体人民共同富裕。建设平安中国，加强和创新社会治理，维护社会和谐稳定，确保国家长治久安、人民安居乐业。

二、技术理念

1. 问题的理念

规划始于问题。规划是一种手段、措施，而不是目的，因此在编制农村新社区规划时应着眼于问题，以解决问题的理念来编制规划，防止为规划而规划的虚无理念。农村新社区规划要解决的问题主要是"三农"问题和农村新社区建设中存在的问题，通过实现农业现代化、农村建设城镇化、农民生活小康化目标，消除城乡二元结构，实现共同富裕，建设和谐社会。解决社区建设中存在的诸多问题，如土地利用、资源开发、产业融合发展、规划管理、行政区划、管理体制等。因此，编制农村新社区规划时要坚持实事求是的理念，因地制宜拟定发展目标与任务，使之既有提高又切实可行。

2. 全新的理念

所谓全新的理念是指建设农村新社区要树立全新的意识观念，通过新社区规划建立城乡一体化的区域经济新格局；发展农业产业化，生产集约化，建设现代化的新农业；培育和完善社会主义新农村的新市场体系；加大技术投入，建设农村的生态环境，发展新能源，走可持续发展的道路；加强农村精神文明、政治文明、生态文明建设，树立新风尚，提高农民的整体素质，培养造就一代新型农民；促进农村新社区的基础设施和公益事业的发展，建设农村新面貌，开创农村新社区的新局面。

3. 合理用地的理念

村域规划和农村新社区建设规划的核心内容都是合理布局各项用地。用地问题是规划中一个突出的矛盾焦点，也是一个非常敏感的问题。一是新社区规划必须落实县（市）、乡（镇）土地利用总体规划，但又必须符合本村的实际情况，在编制新社区规划时要认真地进行协调，妥善处理各种用地矛盾，这是一项重要的基础工作。二是土地资源短缺，特别是耕地资源的严重不足是限制农村、农业发展的主要因素。在规划中贯彻"十分珍惜、合理利用土地和切实保护耕地"基本国策是首要任务。结合我国的实际情况分析，城镇建设用地不足，是制约城镇发展的主要因素之一，但广大的农村有着大量的农村建设用地是坚实后备资源，逐步实施城乡一体化规划，落实"增减挂钩"政策就可以解决这个棘手的问题。因此，编制新社区规划时必须坚持合理用地、节约用地、农村建设用地复垦和保护耕地的理念。

4. 集约发展的理念

新社区规划的重要内容包括农村新社区经济的发展规划、农村新社区的建设规划、土地利用规划、农村新社区环境与生态建设规划、政治精神文明建设等内容。关于经济发展、农村新社区建设、土地利用等方面都需要树立集约发展的理念，这是现代化生产与传统生产的分水岭，也是社会经济发展的必然趋势。新社区建设就是农村新社区产业和用地布局的集中化和集约化，也是新社区规划的重要指导原则。因此，编制新社区规划时必须坚持集约发展的理念。

5. 生态宜居环境的理念

新社区规划的核心目标之一是建立生态宜居的环境，以满足人的生产和生活需要。农村的环境给人的印象是脏、乱、差，其原因是农村基础设施、公益设施建设投入太少。只有加大对农村基础设施、公益设施建设的投入，才能早日实现农村空气新鲜、环境优美、基础设施完善的"田园风光"，是优于城市居住环境的一大优势。编制新社区规划时，要把建设农村"生态宜居"环境当作一项重要任务和目标予以落实。

第三节　农村新社区建设的原则与依据

一、农村新社区规划的原则

1. 基本原则

（1）坚持党管农村工作。毫不动摇地坚持和加强党对农村工作的领导，健全党管农村工作领导体制机制和党内法规，确保党在农村工作中始终总揽全局、协调各方，为乡村振兴提供坚强有力的政治保障。

（2）坚持农业农村优先发展。把实现乡村振兴作为全党的共同意志、共同行动，做到认识统一、步调一致，在干部配备上优先考虑，在要素配置上优先满足，在资金投入上优先保障，在公共服务上优先安排，加快补齐农业农村短板。

（3）坚持农民主体地位。充分尊重农民意愿，切实发挥农民在乡村振兴中的主体作用，调动亿万农民的积极性、主动性、创造性，把维护农民群众根本利益、促进农民共同富裕作为出发点和落脚点，促进农民持续增收，不断提升农民的获得感、幸福感、安全感。

（4）坚持乡村全面振兴。准确把握乡村振兴的科学内涵，挖掘乡村多种功能和价值，统筹谋划农村经济建设、政治建设、文化建设、社会建设、生态文明建设和党的建设，注重协同性、关联性，整体部署，协调推进。

（5）坚持城乡融合发展。坚决破除体制机制弊端，使市场在资源配置中起决定性作用，更好发挥政府作用，推动城乡要素自由流动、平等交换，推动新型工业化、信息化、城镇化、农业现代化同步发展，加快形成工农互促、城乡互补、全面融合、共同繁荣的新型工农城乡关系。

（6）坚持人与自然和谐共生。牢固树立和践行绿水青山就是金山银山的理念，落实节约优先、保护优先、自然恢复为主的方针，统筹山水林田湖草系统治理，严守生态保护红线，以绿色发展引领乡村振兴。

（7）坚持因地制宜、循序渐进。科学把握乡村的差异性和发展走势分化特征，做好顶层设计，注重规划先行、突出重点、分类施策、典型引路。既尽力而为，又量力而行，不搞层层加码，不搞一刀切，不搞形式主义，久久为功，扎实推进。

2. 技术性原则

（1）统筹兼顾，充分考虑国家、集体、个人三者利益的原则

农村新社区规划要落实各项基本国策和一系列的相关规划，这给新社区规划带来许多约束条件。规划中应充分考虑各方面的利益，在局部服从整体的原则下，力求最大可能地兼顾到各方的需求，使新社区规划与各项规划相衔接。统筹兼顾还要注意发展地方特色产业，因地制宜，扬长避短，走可持续发展的道路。

（2）保护与开发并重，坚持集约发展的原则

新社区规划中需保护的内容很多，如基本农田、生态环境、较为原始的古村落、古建筑以及文化古迹等。在农村新社区开发建设中，必须把需保护的内容划定范围，作为保护对象，不得随意开发。对资源与工业发展，坚持集约发展道路，规划建设中充分体现"节地、节能、节水、节材"的原则。

（3）远期规划与近期规划相结合，突出规划的可操作性原则

要着眼长远，立足现实，使远近规划相结合。远近规划均要突出规划的可操作性，使规划内容能满足各项建设的需求。尤其近期规划必须突出规划的实施性，要把近期需要规划建设的项目安排到位，并且做到总体规划、详细规划和规划设计一步到位。

（4）总体规划与专项规划相结合，突出布局规划的原则

新社区规划包括村域、社区建设两个层次规划。各层次都有总体规划和专项规划，对规划内容有目标规划和布局规划，但新社区规划应突出布局规划，用布局控制达到规划实施的目标。

（5）巩固和完善农村基本经营制度，注重人才培养的原则

保持土地承包关系稳定并长久不变，第二轮土地承包到期后再延长三十年。确保国家粮食安全，把中国人的饭碗牢牢端在自己手中。加强农村基层基础工作，培养造就一支懂农业、爱农村、爱农民的"三农"工作队伍。

二、农村新社区规划的依据

1. 法律法规依据

《中华人民共和国城乡规划法》《中华人民共和国土地管理法》《中华人民共和国环境保护法》《中华人民共和国农业法》《中华人民共和国森林法》《中华人民共和国草原法》《中华人民共和国水土保持法》《中华人民共和国水利法》《中华人民共和国村民自治法》等相关法律法规。

地方制定的相关规章制度。

2. 国家标准

《镇规划标准》GB 50188—2007）；《城市用地分类与规划建设用地标准》GB 50137—2011；《镇（乡）村给水工程规划规范》CJJ/T 246—2016；《建筑给水排水设计规范（2009年版）》GB 50015—2003；《生活饮用水卫生标准》GB 5749—2006 等相关标准。

3. 政策依据

《中共中央国务院关于实施乡村振兴战略的意见》《中国共产党第十六届中央委员会第五次全体会议公报》《中华人民共和国国民经济和社会发展第十三个五年规划纲要》《建设部关于村庄整治工作的指导意见》等。

地方政府关于农村新社区规划制定的相关文件。

4. 规划依据

省、市编制的关于城镇体系、土地、环境、水利、交通等的规划。县级土地利用总体规划，城镇体系与城镇规划，环境保护与生态建设规划；乡镇、城镇规划，土地利用规划等。

5. 农村新社区基础资料

地质地貌资料：包括工程地质、地质构造、地基承载力、滑坡、崩塌、塌陷等。地质地震等资料，考虑农村新社区的建设选址和避免地质灾害，地貌中地表形态、坡度、坡向、高程等。

水文资料：地表水与地下水的流量储量、水质、可利用状况、利用方式等。

气象资料：包括温度、降水、蒸发量、风向、风速、日照、无霜期、灾害性天气等。

生物资料：野生、人工种植饲养的动植物、种类、密度、主要灾害等。

历史资料：农村新社区的沿革，村址变迁，规划区的历史资料。

经济与社会资料：国民经济与社会发展一系列的指标与规划目标，土地资源现状，生态环境现状，企业现状。

人口资料：总人口，年龄构成，劳动力构成，常住人口，暂住人口，人口自然增长率，劳动力从业状况及劳动力转移情况等。

测量资料：农村新社区村域：1 ：5000 ～ 1 ：10000 的现状图；农村新社区建设：1 ：1000 ～ 1 ：2500 的大比例尺测量图，农村地籍图，工业园区用地图等。

其他社会经济资料：交通资料，村镇三产业用地资料，村建筑物现状，工程设施资料。

自然资源：矿产资源，水资源，燃料动力资源，生物资源。

环境资料：环境监测成果，厂矿企业污染物排放量与危害情况，垃圾种类与处理状况，污水排放，其他影响环境的因子因素，地方病等。

企业资料：企业种类、用地面积、用地数量、产品、产值、用水量用电量、运输以及污染状况。

6. 制定农村新社区法律与法规

建设农村新社区是一项长期、复杂而又艰巨的任务，是在一个历史时期内我国经济社会建设中的一项重要任务，因此，要依据针对性的法律法规进行。第一，不仅要有全国的法律法规，而且要有地方的规章制度予以保障，这就要求为了建设农村新社区要研制和制定诸多的法律法规作为建设新农村社区的依据。第二，各个地方要因地制宜地制定农村新社区的规划编制导则和技术标准，确保农村新社区顺利进行。第三，要把农村新社区的建设与管理形成符合当地的"乡规民约",形成大家共同遵守的准则。也就说农村新社区建设由农民说了算,社区的管理也由大家说了算。大家共同制定、共同遵守,形成农村新社区一套符合当地实际情况的准则。

第四节　新社区规划是"多规合一"的规划

一、农村新社区规划是"多规合一"的规划

党的十九大报告要求:实施乡村振兴战略。农业农村农民问题是关系国计民生的根本性问题,必须始终把解决好"三农"问题作为全党工作重中之重。要坚持农业农村优先发展,按照产业兴旺、生态宜居、乡风文明、治理有效、生活富裕的总要求,建立健全城乡融合发展体制机制和政策体系,加快推进农业农村现代化。十九大报告发展规划了宏伟蓝图,这就为新时期乡村"多规合一"规划编制提出了新方向、新任务。

党的十九大报告中指出:第一个阶段,从2020年到2035年,在全面建成小康社会的基础上,再奋斗15年,基本实现社会主义现代化。第二个阶段,从2035年到本世纪中叶,在基本实现现代化的基础上。再奋斗15年,把我国建成富强民主文明和谐美丽的社会主义现代化强国。到那时,我国物质文明、政治文明、精神文明、社会文明、生态文明将全面提升,实现国家治理体系和治理能力现代化,成为综合国力和国际影响力领先的国家,全体人民共同富裕基本实现,我国人民将享有更加幸福安康的生活,中华民族将以更加昂扬的姿态屹立于世界民族之林。这给未来的"多规合一"规划明确了规划期限和发展的目标。

编制农村新社区规划是新时代发展提出新的要求,是实施振兴乡村战略的具体措施。在新形势下,农村新社区规划必须选择"多规合一"的规划模式,这是乡村规划的内容所决定的。因为农村新社区是最小空间的国土单位,它是物流、人流、能量流、信息流集合落地的区域,涉及方方面面。上层各级、各类规划都要在此落实,所以它的规划内容包括村农村新社区规划、农村新社区建设规划、产业发展规划、乡村文化建设规划、生态环境建设规划等,说明它是最复杂的,也是综合性、实施性最强的规划,内容决定了其模式必然是"多规合一"的规划。

二、规划的要求

1. 规划的目标

研究农村新社区规划的现状,找出规划中存在的突出问题,明确农村新社区规划的具体任务以及需要解决的重大问题。要结合上位规划确定村域的规划定位,确定村域产业发展、生态保护、耕地和基本农田保护、农村新社区建设、基础设施和公共设施建设、环境整治等方面的要求和目标,明确规划内容和实施路径、分步制定实施计划。

2. 规划的任务

(1)"产业兴旺、生态宜居、乡风文明、治理有效、生活富裕",五大任务必须逐一落实;

(2)一是要落实在村庄划定生产、生活和生态的"三生红线";二是在建设内容上按照"三区同建"(农业产业园区、工业园区、农村新社区)要求统一规划;三是按照现代化农业发展的要求,实现"三产融合"建设,即一、二、三产统筹发展;

（3）落实上位土地利用规划的指标，要落实上位规划中基本农田保护的任务、土地整治的任务；

（4）落实上位多个规划中关于村庄建设、各项基础设施建设、公益设施建设的指标；

（5）要在新形势下，研究新业态发展趋势，在供给侧改革方面做出适当的调整，以适应农村经营体制、经营模式以及产业融合发展的需求。

3. 规划的模式

农村新社区规划是最详细的和实施性最为突出的规划，应是目标规划与布局规划并重，突出布局规划的模式；它是总体规划加控制性详细规划，突出控制性详细规划的模式。

4. 规划的主体

农村新社区规划编制由县（市）人民政府统一部署，县（市）人民政府会同有关部门统筹协调，乡（镇）人民政府具体组织编制，村民委员会全程参与。实质上农村新社区规划的主体应是村民代表大会。

三、规划内容

按照新时代、新形势发展的要求，农村新社区规划应是农村新社区建设规划、产业发展规划、村文化建设规划、农村新社区生态建设规划等规划"多规合一"的规划，属于小空间"多规合一"的规划。这种规划模式有许多值得研究的内容。

1. 规划的基础

为了满足村土地利用编制规划的需要，对所确定的规划区域进行测量，对于测量的要求如下：

比例尺：采用 1：2000 的比例尺、村庄建设内容要采用 1：1000 比例尺；坐标系：采用 2000 坐标系；标准高程：采用 85 黄海高程。

2. 规划的内容

编制小空间"多规合一"规划，要按照美丽乡村建设的要求，坚持以国土资源调查为底盘，在此基础上建立数据库。一是完成农村新社区规划的内容，确定各种地类的变化，构建农村新社区土地利用平衡表；二是划定村域的"三生红线"的区域，明确功能分区，明确产业发展方向，结合"工业园区、农业园区和农村新社区"三区共建的要求，参照农村新社区规划的"三区""六线"的要求制定管制措施；三是村域中各种基础设施用地安排，实现田、水、路、林、电综合治理，把这些建设与高标准基本农田建设有机结合在一起；四是对于农村新社区建设用地统筹安排，制定农村新社区建设用地平衡表，一般情况下，农村新社区建设用地的总量出现负数，为实现增减挂钩提供基础依据；五是确定各类经营性生产用地、基础设施、公益设施用地数量和定位，对于各类设施用地和建设的位置要落实到地块；六是生态建设区域和生态红线的划定，制定生态建设与保护措施，确定村内绿地的位置；七是确定农村新社区文化建设的具体安排，教育、文化站、科技室、活动广场等主要文化设施落实到地块；八是对于农村新社区中具有历史保护价值的古建筑、古树、古墓、文物以及非物质文化遗产要认真保护并制定保护措施；九是制定乡规民约与规划实施措施。

3. 规划的效果

乡村振兴战略的实施，预示着我国经济社会发展将发生系列转折：一是由发展城市转变为城乡融合发展，重点是发展乡村，解决"城乡二元化"结构的问题；二是由经济的"脱实向虚"转变为"脱虚向实"，重点是发展乡村实体经济，从根本上解决农村经济发展落后的问题；三是由单纯一、二、三产割裂发展转变为一、二、三产融合发展，重点打造乡村产业融合体，解决农村经营主体和经营模式的问题；四是由产业依赖转变为生产生态、生活生态、人文生态、环境生态并重，重点是打造产、镇、人、文、治兼备的乡村新生活载体。是前所未有的农村发展的新格局、新气象、新时代，结果实现"农业强、农民富、农村美"，实现农业现代化和富民强国的战略目标。

第五节 农村新社区规划的程序与方法

农村新社区建设规划的程序即规划编制的步骤，包括农村新社区建设规划编制的程序和规划的实施程序。方法则是常用的规划方法，主要是"自下而上"、村民参与以及规划内容"四定"的方法。

一、规划的程序

1. 准备阶段

（1）宣传部署：这个阶段的主要内容是乡镇人民政府发布文件，进行宣传动员，明确规划社区名单。召开社区村民代表大会进行动员部署。

（2）成立组织：以乡镇政府主要负责人和村两委班子为领导成立规划领导小组，相关部门的主要负责人参加，由规划局为主组成技术课题组。

（3）技术培训：对于乡（镇）和新社区主要负责人进行相关知识培训。

（4）制定方案：制定农村新社区建设规划的工作方案和技术方案。

（5）落实经费：依据国家和相关部门规定，地方财政筹措规划编制经费。

2. 调查研究阶段

（1）收集资料：对编制规划的农村新社区进行搜集资料，包括相关部门的上位规划资料；本社区的自然、社会、经济各方面的资料；农村新社区建设的资料；环境保护和生态建设的资料；政治、精神、生态文明建设的资料，列出调查表格，要求相关人员填报。

（2）地形测绘：对于社区建设用地要进行大比例尺 1：1000 和域内 1：2000 地形图的测绘和外业实地填图，形成社区建设与社区域内现状图。

（3）用地评价：对农村新社区建设现状和建设用地进行评价，明确农村新社区建设中存在的问题和农村新社区建设用地选址，明确农村新社区建设要解决的主要问题。

（4）产业规划：对于社区产业发展进行认真研究，明确产业发展方向、主导产业、产业融合、产业布局和产业发展规划。以产业兴旺推动社区建设。

（5）做好预测：对于农村新社区建设规划的主要内容进行预测，如人口的发展预测、建设用地的需求预测、农村新社区经济发展的预测等。

（6）发展目标：经过现状分析、评价和预测，确定农村新社区发展的有利条件和制约因素，拟定农村新社区建设与发展的主要指标。

（7）规划总则：制定农村新社区建设构想，明确农村新社区建设规划的指导思想、原则、任务和农村新社区建设的规划范围。

（8）初拟草案：通过资料的调查、分析研究、初步的协调，拟定初步的规划草案。

3. 综合平衡阶段

（1）多方案比较：根据农村新社区建设规划的初步方案，结合农村新社区建设的发展目标，拟定做出 3 ～ 5 个方案，让村民代表筛选和审定。

（2）方案公示、公开：把拟定的 3 ～ 5 个方案，向村民公示，并召开村民代表大会或村民大会对多个规划方案进行审定。

（3）组织方案评定：召开乡（镇）政府主要负责人和相关部门的协调会对多个规划方案进行评定。

（4）方案专家评审：召开上级主管部门和相关专家对规划方案进行评审。

（5）确定最佳方案：经过系统分析、系统研究，通过对规划草案进行反复修订，达到大家都能接受的规划方案。

4. 成果整饰与规划报批阶段

整理成果：经过筛选和审定形成一个方案为规划方案。进行规划方案成果的整饰，编制规划文本和绘制规划图件，形成一套完整系统的成果，准备报批。

5. 规划审批阶段

成果审批：在完成规划方案的成果后，要通过村民的审议，乡镇人民政府的批准，安排向县级人民政府报批。经县级人民政府批准后方可安排规划的实施。

6. 规划实施阶段

规划实施：拟定规划的实施方案，制定实施措施，成立实施领导小组，进行规划动态监测。达到系统控制的目标，并指导农村新社区建设和管理。

二、农村新社区建设规划的实施程序

（1）农村新社区建设规划批准后，村委会要制定规划实施方案，拟定规划的实施方法。

（2）实施方案中要制定实施的具体措施、办法，要成立规划实施领导小组，明确责任。

（3）建立农村新社区建设规划的动态监测机制，对规划实施中出现的问题及时解决，并对规划做出及时调整与修改。

（4）向村民公开、公示规划方案，使村民明白农村新社区规划的要求，并制定乡规民约，形成大家共同遵守的准则。

三、规划方法

农村新社区建设规划的方法是多种多样的。在编制规划的过程中，根据不同的内容和阶段可选择不同的方法，方法是解决问题的手段，具体选择哪种方法因内容而定。

1. "自下而上"的方法

农村新社区的规划是最小空间的国土规划，它是"多规合一"的规划，是集总体规划、专项规划、控制性详细规划于一体多层次规划。因此，编制农村新社区规划与常规的一般规划有着不同之处，在于这种规划的思维理念不是常规的"自上而下"的规划，而应是"自下而上"进行规划编制，要从基底做起，逐个地块的去落实，才能保障规划的实施性和科学性。这是农村新社区规划最突出的特点，也是特殊的思维方法。

2. 数据化处理的方法

目前，我国在国土系统中已建立了数据库，具备了社区规划内容数据化处理的基础。在完成农村新社区建设规划时，要充分应用已有的数据化处理的成果，把规划成果数据化，直接应用已有成果完成建设"数字社区"。这也是现代规划技术方法在农村新社区规划中的应用。

3. 外业调查法

所谓外业调查的方法，是指编制农村新社区建设规划时要进行外业实地调查。农村新社区建设规划的一个基本任务就是完成农村新社区建设所需要的大比例尺地图；外业调查的内容还包括实地填图法，其目的一是通过现场实地勘测，确定农村新社区发展的现势性；二是对村中用地现状图上缺失的内容实地填图，保持现状的真实性和科学性；三是通过现场调查，对于各种规划的内容予以落实，作为农村新社区建设规划的基础依据，增强规划的实施性。根据现场调查发现一些问题，还必须进行一定量的补测任务；另一种方法就是抽样调查法，目的是通过抽样调查核实一些统计资料，保证资料的真实性，为编制针对性强的规划奠定基础；再一种方法就是走访部分干部群众，了解农村新社区建设的基本特征、存在的问题以及未来发展的构想，为制定农村新社区建设规划提供必要的基础资料。

4. 公众参与法

公众参与法是众多规划常用的一种基本方法，因为规划是一项公共决策，公众参与是保障规划质量和实施的重要途径。对农村新社区建设规划也毫不例外，而且更要突出这种方法。农村新社区建设规划是涉及农民个人利益的规划，是实施性的规划，是先进的规划理念与传统的意识观念相结合的规划。因此，农村新社区建设规划不仅要有规划的科学性与合理性，还必须是让农民能接受的规划，才能确保规划的实施。因此，没有广大农民的参与，没有先进的规划思想与旧传统意识观念的协调，规划就会成为一纸空话。这也是农村新社区建设规划与其他规划相比较，难度较大的一个方面。因此，在编制规划过程中要耐心细致地做好工作，让大家把众多意见反映出来，进行耐心协调，把先进的理念让大家接受，这是搞好农村新社区建设规划的最基本方法。

公众参与的方法要贯穿于农村新社区规划的全过程，在各个阶段的具体做法是，规划的准备阶段要向广大村民广泛宣传农村新社区建设规划的意义和意图，并进行动员，要求村民积极参与；规划调研阶段要深入细致地调查了解村民对规划的意见和想法，在草案拟定过程中要听取村民代表的意见，了解村民对规划草案的要求，充分反映他们的意愿；在综合平衡、制定方案阶段要经过村民大会和村民代表对方案的审定；规划方案报批后，经乡人民政府和县人民政府批准的方案要向村民公开、公示，让大家清楚规划的内容，便于规划的实施；在规划实施阶段也要尊重村民的权利，对规划中出现的问题也必须注意协调解决，在维护规划的原则前提下做好思想工作。

5. 统筹兼顾的方法

所谓统筹兼顾方法是指编制农村新社区建设规划时统筹各个方面，使各种需求、利益达到尽可能兼顾。农村新社区建设规划内容十分广泛，要坚持局部服从整体、个人利益服从集体利益、集体利益服从国家利益的原则。仅有单一服从的原则还不够，应充分利用统筹兼顾的方法，广泛听取方方面面的意见，对各方面的利益统筹兼顾，各得其所，使各方面利益都得到合理安排。这是农村新社区建设规划难度最大的地方，也是规划编制工作量最大的方面。统筹兼顾的方法是协调解决众多矛盾的最基本方法。因此，农村新社区规划中统筹兼顾的方法是必不可少的方法。

统筹兼顾方法的具体做法是：在调查研究阶段的搜集资料过程中要与各部门进行必要的协调；在综合平衡阶段要召开相关部门的协调会、召开村民代表协调会。协调、平衡各种规划和各部门规划的内容和目标，协调、平衡各部门、各层次的利益与要求，以达到各方面协调与认可。对必要的内容和条款要用文字记载或签订证明。

6. 要做到"四定"的方法

所谓规划内容的"四定"，是对规划的地块做到定性、定量、定位、定序。农村新社区建设规划是最基层规划，是实施性规划。规划内容刚性很强，具体到每一地块都要做到"定性"，即确定其用途，并明确到地块；"定量"即确定地块用途的数量，精确到平方米以后两位小数；"定位"是指确定各用途的确切位置，划定用途边界；"定序"是指在规划期内，用途的安排时序，具体什么时间安排它的用途。"四定"的方法把农村新社区建设规划的标准提到一个很高的难度和精度，这与其他规划相比，显得是更为突出的一种方法。

7. 多方案评价、优选方案的比较方法

农村新社区条件千差万别，农村新社区发展空间与环境更是各有千秋，发展机遇难以估计，也就是说农村新社区发展的预测准确度难度较大。因此，农村新社区建设规划不可以做一套规划方案，应是多方案评价优选的方法，在多方案中优选2～3个方案以满足农村新社区发展需要。

这种方法的具体做法是，经村民审定规划草案后，拟定几种可能实现的规划方案；再经村民或相关部门的专家审定，筛选出符合本村的、可实施的2～3个可用规划方案；然后经过村民委员会审定上报一个规划方案待批，其余方案作为备选方案。

第六章 农村新社区域内建设规划

村域规划主要解决村域范围的产业发展规划、基础设施规划与设计、环境保护与生态建设规划、对外交通和产业发展空间布局问题。村域范围内对各种产业进行合理规划布局，形成"三产融合"；居住区、工业园区、农业园区"三区共建"的模式；遵照田、渠、井、路、林、电综合治理措施，安排农田基础设施建设；安排农业生态建设，重点划定"三生红线"。

党的十九大提出实施乡村振兴战略的目标任务是：到 2020 年，乡村振兴取得重要进展，制度框架和政策体系基本形成；到 2035 年，乡村振兴取得决定性进展，农业农村现代化基本实现；到 2050 年，乡村全面振兴，农业强、农村美、农民富全面实现。

第一节 农村新社区产业发展规划

一、产业发展规划

1. 产业发展规划的概念

所谓产业发展规划是指综合运用各种理论分析工具，从当地实际状况出发，充分考虑国际国内及区域经济发展态势，对当地产业发展的定位、产业体系、产业结构、产业链、空间布局、经济社会环境影响、实施方案等做出科学计划。

2. 产业发展规划的意义

产业发展规划是农村新社区规划的重要组成部分，对社区的经济发展和农村新社区建设都起到决定的作用。产业发展方向、目标；产业的结构调整；产业近远期的发展策略以及具体落实措施，要与生产力空间布局进行有效衔接。

在实施乡村振兴战略中，第一个振兴就是要产业振兴。乡村振兴，产业兴旺是重点，产业是发展的根基，产业兴旺，农民收入才能稳定增长。要推动乡村产业振兴，紧紧围绕发展现代农业，围绕农村一二三产业融合发展，构建乡村产业体系，实现产业兴旺，把产业发展落到促进农民增收上来，全力以赴消除农村贫困，推动乡村生活富裕。

乡村产业体系越健全，农民增收渠道就越通畅。要整体谋划农业产业体系，以农业供给侧结构性改革为主线，着眼推进产业链、价值链建设，推动一二三产业融合发展，实现一产强、二产优、三产活，推动农业生产全环节升级，加快形成从田间到餐桌的现代农业全产业链格局，形成一二三产业融合发展的现代农业产业体系。

3. 产业规划编制的原则

（1）坚持因地制宜，量力而行的原则。客观地分析社区发展的条件，明确产业发展等优势、劣势、机遇与挑战，预测社区产业融合发展前景，制定社区产业发展规划。

（2）坚持突出产业，全面发展的原则。确定社区发展的主导产业和辅助产业，推进"一社区一品"，坚持"三产融合"发展方向，做出多种可行性方案进行比较。

（3）坚持稳步推进，务实求效的原则。结合当地产业发展的基础，研究产业发展等方向与趋势，对一些社区中不适宜发展的产业，提出限制性布局措施。

（4）坚持尊重民意，发挥村民主体作用的原则。提出规划实施的多种参考方案供业主和村民共同讨论，包括明确资金投入的方向、重点、绩效和时序等，保障规划的实施。

4. 产业规划的方法

产业规划的基本方法：第一步要对规划的社区进行全面系统的深入调查研究，了解社区产业发展等条件，企业发展状况以及对其进行经济发展阶段和产业结构分析，经过条件分析研究，确定社区产业发展的优势、劣势、机遇与挑战。第二步，在对于产业调查研究的基础上，确定产业发展的战略、方针、目标，明确当前产业存在的问题，并结合国内外产业发展的状态预测产业未来发展方向。第三步，针对现状和发展条件，提出产业发展的总体战略，如结构升级、集群化、高技术化、区域协调分工等，并按一定标准确定优势（或主导）产业及其战略。第四步，根据现状产业分布和"发展连片、企业进园"等原则，确定"点、轴、带、圈、片、区"的总体布局，或提出优势产业布局意向、明确各区产业类型及规模，有些则将产业布局任务交给空间部分。

二、产业融合

产业融合是指不同产业或同一产业不同行业相互渗透、相互交叉，最终融合为一体，逐步形成新产业的动态发展过程。产业融合可分为产业渗透、产业交叉和产业重组三类。产业融合已经不仅仅是作为一种发展趋势来进行讨论，当前，产业融合已是产业发展的现实选择。

产业间的延伸融合。即通过产业间的互补和延伸，实现产业间的融合，往往发生在高科技产业的产业链自然延伸的部分，也发展在产业转型时期。通过融合赋予原有产业新的附加功能和更强的竞争力，形成融合型的产业新体系。这种融合更多地表现为服务业向第一产业和第二产业的延伸和渗透，如第三产业中相关的服务业正加速向第二产业的生产前期研究、生产中期设计和生产后期的信息反馈过程展开全方位的渗透，金融、法律、管理、培训、研发、设计、客户服务、技术创新、贮存、运输、批发、广告等服务在第二产业中的比重和作用日趋加大，相互之间融合成不分彼此的新型产业体系。如现代农业生产服务体系、工业中服务比例上升、工业旅游、农业旅游等。

我国目前实施的乡村振兴战略，重点就是实现农村中"三产融合"，改变原来农村中单一种植业的格局。这也是我国农村资源条件决定的，我国的基本国情就是人多资源少，单一产业难以养活更多的农民，通过组织农村产业的协调发展，把农业与工业、旅游等第三产业联合发展，有效地增加农民收益，改变几千年来自给自足的小农经济模式，是我国改变农村经济社会发展的重要途径。

三、产业布局

产业布局在静态上看是指形成产业的各部门、各要素、各链环在空间上的分布态势和地域上的组合。在动态上，产业布局则表现为各种资源、各生产要素甚至各产业和各企业为选择最佳区位而形成的在空间地域上的流动、转移或重新组合的配置与再配置过程。

对于社区建设来说，主要是指社区内各种产业空间布局。社区主要产业一般是第一产业，以种植业为主。但在20世纪90年代，我国农村普遍掀起大办乡镇企业的热潮，尽管在后来尽力扭转了这个局面，但农村中一些社区内形成了自己的工业园区，形成社区经济发展的主导产业。因此在一些社区规划时，工业用地也是一个值得研究的问题。近几年来，伴随乡村经济社会转型，农村产业发展正向着"三产融合"的格局发展，农村的新型经济经营模式不断出现，使得农村的产业格局发生了巨大变化。在新时期、新模式下，产业布局的规模化生产已成气候，对于社区产业布局的农业园区、工业园区和新社区"三区共建"、一、二、三产"三产融合"发展成为新形势下必须关注的问题。图 6-1 所示是定州市明月店镇赵家洼社区产业发展布局图。

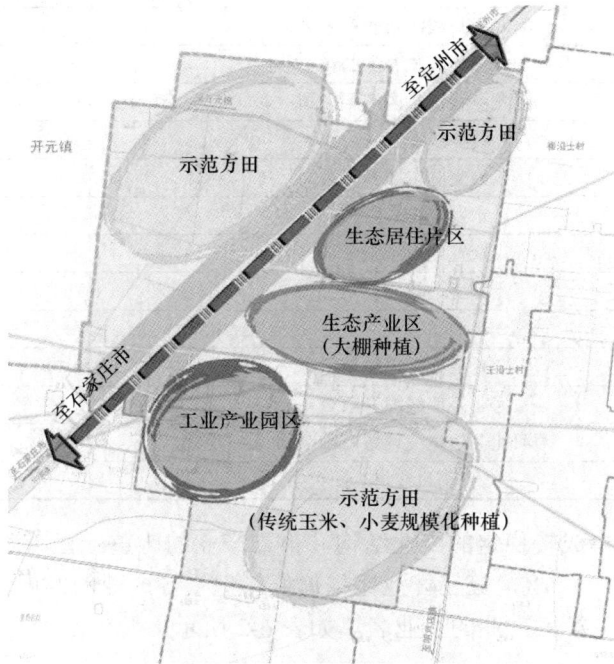

图 6-1　定州市明月店镇赵家洼村产业布局图

四、产业发展规划实例——以宁晋县小河庄产业规划为例

小河庄村地处河北平原的南部，位于宁晋县东部，隶属贾家口镇管辖。西距镇区 1.5km、宁晋县城 15km。西北距省会石家庄市 75km，西南距区域市邢台市 95km，东北距衡水市市区 60km，处在冀中南城市群经济区内。

村域北部属于宁晋县贾家口镇电线电缆工业园区（市级）建设范围内，东南部划入宁晋盐化工循环工业区（省级）；村东部属于河北宁晋县（省级）农业科技园区的组成部分。多项上位规划给小河庄的发展带来了发展机遇和限制因素。

1. 产业发展现状

2016 年全村拥有电线电缆企业 111 家，产值 5000 万元以上企业 32 家，年产值超亿元的规模企业 10 家，拥有河北省著名商标 13 个，河北省名牌产品 4 个，河北省优质产品 4 个。2016 年全村三次产业实现产值 40 亿元，纳税 3500 万元，人均收入 3.0 万元。其中农业产值 2.48 亿元、工业总产值 36.39 亿元、第三产业 1.13 亿元，三产结构比为 6.20∶90.98∶2.82。

纵观小河庄的发展，坚持了"发展线缆产业，工业反哺农业"的发展道路，实现了产业兴旺的目标。产业的发展为农村新社区发展与建设积累了大量的资金奠定了的重要的物质基础，产业的发展是建设新农村的基石。

从农村新社区经济发展的数据分析，全村企业名单如表 6-1 所示。

2016 年小河庄（企业）统计资料 表 6-1

序号	企业名称	年产值（万元）
1	超达电线电缆有限公司	35000
2	京缆电缆有限公司	30000
3	河北天马线缆集团有限公司	20000
4	三华线缆有限公司	18000
5	龙港线缆集团有限公司	13000
6	特盛线缆有限公司	13000
7	东力交联电缆有限公司	11000
8	永发电缆有限公司	10000
9	金发电缆有限公司	10000
10	鑫都盛达线缆有限公司	10000
…	……	…
108	宁晋县元昊电缆辅料厂	586
109	河北万伟线缆有限公司	581
110	河北磊达电缆设备有限公司	324
111	宁晋县明日线材有限公司	211

多年来产业发展形成较稳定的产业结构，第二产业的比重一直高达 90% 以上，其次为第一产业，占比为 5% ～ 6%，第三产业比重偏低。但主导产业的发展，带动了第一、第三产业也正在快速发展。第三产业的企业名单如表 6-2 所示。

小河庄第三产业企业名单（饭店、商场、旅店） 表 6-2

序号	企业	营业额（万元）
1	小河庄生态餐厅	250
2	小河庄大饭店	130
3	万兴源酒店	80
4	山西刀削面	45
5	一口香酒店	90
6	小河庄宾馆	50
7	便民超市（36524 超市）	210
8	阳光超市	44
9	星宇超市	110
10	宇甲超市	35
11	丑丑超市	90
12	灵芝超市	42
13	建轩超市	35
14	万福超市	90
15	瑞伍粮油	85

经过多年的建设，小河庄已建成特色小镇，坚持走"发展工业，工业反哺农业、带动各业"的发展道路，除了完成农村新社区建设外，还对现代化农业、休闲观光农业、农村新社区旅游业进行了大力投资，改善和促进了农业和第三产业的发展。产业带动了各项事业的发展，逐步形成良性循环机制。

2. 产业发展目标

（1）到2020年确保实现"第一个一百年"全面建成小康社会的奋斗目标，到2035年实现"第二个一百年"奋斗目标。

（2）到2020年，产业总产值实现翻一番，总产值达到80亿元，人均收入达到5万元。

（3）以电线电缆产业为主导产业，有力地推动第一、第三产业快速发展，逐步形成产业结构合理的局面。

（4）通过扩大经营范围、研发创新、企业技术改造、更新设备、培训技工，走产业量增质更增的发展道路，确保"中国电线电缆第一庄"的荣誉称号。

3. 条件分析（STOW）

（1）优势分析（Strengths）

1）区位交通优势明显

小河庄距宁晋县城15km。农村新社区北部地处宁晋县贾家口镇电线电缆工业园区（市级）内，东南部与省级盐化工园区为邻，东部农用地属于宁晋（省级）农业科技园区的组成部分。这些高层次规划促进了本村的各项建设与发展。青银高速公路和省道393的预留口距小河庄村只有5km，南距新308国道4km，北邻393省道仅2km，在建的省道易官公路从村西边穿越，交通便利，有利于产业发展。

2）电线电缆产业为农村新社区建设带来的优势

到2016年，全村建成的电线电缆企业多达111家，其中龙头企业10家，年生产产值达40亿元，财政收入达到3500万元。产值超亿元的企业10家；拥有河北省著名商标13个，河北省名牌产品4个，河北省优质产品4个。经过多年的建设，对于一些企业来说，已经完成了资本积累阶段，有了一定的资金基础。在企业中，有些企业进口国外先进设备，为产品上档次、生产名牌产品奠定了基础。产业发展是农村新社区建设的坚实基石。

3）思想解放带来的发展动力的优势

在规划编制过程中，经过交谈访问，发现大家对于发展中存在的路径思维有了明确的认识，普遍存在危机感。思想解放给经济发展带来的一种能量释放，是经济社会发展的前进动力。有了危机感就有了动力，就是建设成现代化强村的根本的动力。正是由于大家有了思想的解放，村里遇到企业发展用地、拆旧建新、拓宽街道与基础设施建设用地、土地使用权流转等一系列问题时，相对容易解决。这就是思想解放带来的巨大效益，思想解放才是农村新社区发展的最关键优势。

4）小河庄村两委班子理念超前的优势

小河庄村的发展实践证明村两委班子是一个务实、团结的战斗集体，在"敢为天下先"的理念指导下，持续带领全村不断发展，先后被住房和城乡建设部批准为全国为数不多的"宜居农村新社区"、河北省著名的"特色小镇"（全省仅30个）、河北省第一批100个"美丽乡村"之一，成为国家民委颁布的"中国电线电缆第一庄"，使本村获得了诸多荣誉和许多高等院校的合作。这是小河庄村持续、高效、快速发展的根本因素。

5）各级领导重视、支持的优势

近些年来，小河庄农村新社区建设与发展引起了各级党委、政府的重视，先后连续三任省委书记来到农村新社区指导工作，各级党委和政府都十分关注，给予巨大的帮助和支持。这是农村新社区建设与发展机遇和巨大的优势。

（2）发展的劣势分析（Weaknesses）

1）产业结构的单一性

从全村产业发展情况分析，产业结构显得偏向度太大，2016年三产结构比为6.20：90.98：2.82，说明了本村第二产业太强，第一产业偏弱，尤其第三产业更是严重不足，这种结构形态说明了经济发展的畸形。从长远发展角度，必须加大经济结构调整的力度，改善经济发展环境。伴随经济转型，要实施"优一、强二、兴三"的发展思路，走产业融合发展道路，促进经济结构向良性循环发展。

2）线缆产品的低端性

从目前企业生产的产品分析，多数较小的企业生产的产品仍然是传统的一般线缆，生产设备落后，工艺简单，产品档次低，在市场上难以立足，没有竞争力。生产方式仍以家庭作坊为主，低档次的产品造成部分企业难以生存，这是产业发展中必须关注的问题。要走聚集化的发展模式、股份制企业模式、小企业被大型企业兼并、禁止杂牌产品的蔓延。要通过加大研发力度，改善生产的各个环节，提高产品质量，创造品牌效应，适应经济转型发展的需要。

3）意识理念的滞后性

村企业业主的意识观念不适应现代化生产的需求，与现代化企业发展还存在一定差距，这就给企业发展带来一定的制约因素。普遍存在"宁当鸡头、不做凤尾"的观念，因此，意识观念的滞后性是产业与企业发展的重要制约因素之一。

4）产业发展的缓慢性

因为产业与企业是在乡村企业基础上发展起来的，不具备超前研究与开发的能力与条件。正是因为缺失研发，使得产业与企业发展得相对缓慢；由于缺失研究，对于电线电缆产业未来发展的趋势与方向不太明确；因为缺失研发，对于新产品的创新、产品质量的提高都有着很大的制约，使得产品处于中低端，难向中高端方向发展。产业生产中基本上停留在加工环节，产业链的上、下游产品很少，形成产业链的中间粗、两头细的发展格局，不能把产业做大、做强。

5）综合因素的制约性

所谓综合因素，是指资金、人才、技术等因素。对于产业与企业来说，人才是企业发展"大脑"、资金是企业发展的"血液"、技术是企业发展的"能量"，这是组成产业与企业机体的核心内容，缺失这些因素，产业与企业很难发展壮大。就产业现状分析，对于企业的管理人才、研发的科技人才、生产的技术人才以及生产中的技术工人都十分缺乏，尤其是高级技术人才奇缺。资金问题在什么时候都是产业与企业发展重要问题之一，小河庄也不例外。技术对于产业与企业发展来说，是关键因素，总结多年来的经验教训，企业发展缓慢的根本原因就是技术不过关。人才、资金、技术这些关键因素成为制约产业与企业发展重要因素。因此，要突破这些因素的制约，就必须走集约化、产业化的道路、生产转型、走"以质"发展道路是顺应国内外经济社会发展形势的必然结果。

（3）机遇分析（Opportunities）

1）国内外形势发展的机遇

目前，我国进入新常态，产业结构转型，我国工业发展正在向 2025 规划转化，向"以质"为发展方向转变。但世界性的经济复苏缓慢，全球经济结构重组的机遇，这给电线电缆产业发展带来前所未有的机遇；我国成为世界上第二大经济体，全国在进入"十三五规划"建设时段，我国将进入中高速和以质发展的新阶段，实施全面建设小康社会的战略，加大力度推进工业化、城镇化的建设，电线电缆需求量将会大增，市场前景十分看好；面临经济社会转型，我国坚持"一路一带"的发展战略，为我国制造业走出去构建新的平台，为电线电缆产业发展、创新产品提供了新思路和新的空间。

2）区域经济与社会发展带来的机遇

伴随能源利用的转型，新能源发展速度快、市场占有份额越来越大，河北省成为全国、乃至全世界新能源生产基地。新能源与光伏产业成为区域市邢台市、宁晋县的支柱产业，宁晋县建成全球单晶硅、太阳能电池最大生产基地；河北省建设了全国最大的风能发电基地。这些发展的契机都给电线电缆产业发展带来前所未有的机遇。

3）党的十九大指明了未来发展方向和道路

党的十九大提出："农业农村农民问题是关系国计民生的根本性问题，必须始终把解决好'三农'问题作为全党工作重中之重。要坚持农业农村优先发展，按照产业兴旺、生态宜居、乡风文明、治理有效、生活富裕的总要求，建立健全城乡融合发展体制机制和政策体系，加快推进农业农村现代化。"

4）农村土地确权带来土地流转的机遇

在过去的几十年中，土地问题始终是制约发展的一个瓶颈。现在国家明确农村土地承包延期 30 年，给了农民一个定心丸。通过确权发证，对于土地流转带来了极大的方便，是今后发展中一个重要的机遇。农用土地实行三权分置的政策，为农用土地进入市场开辟了新的途径，为多业发展带来新的机遇。

（4）挑战分析（Threats）

1）电线电缆行业的竞争

目前市场占有状况分析，宁晋县的电线电缆企业在市场上占有额度远不及南方几个生产基地。因此，从市场角度分析，本地面临的挑战十分严峻，不得小视。因此，要强化品牌产品的发展，要培育自己的自主品牌，赢得市场占有率，有效地发展电线电缆产业与企业。

2）经济与能源发展需要创新产品

伴随经济社会的转型、能源利用的转型，对于电线电缆的需求也正在发生变化。因此，为了适应两个转型发展的需求，对于产品的创新、开发必须提到议事日程，这是新形势的挑战。若不能跟上形势的发展，就会落伍、遭到淘汰，就没有立足之地。

3）产业与产品要向专业化方向发展

从我国电线电缆产业发展的现实出发，鑫辉铜业特种线材有限公司 2009 年度被河北省有关部门认定为"省级创新型试点企业"，该厂生产的高速客运合金绞丝获国家专利证书，产品占到全国市场份额的 40% 以上。这些发展的事实证明了产业的产品必须要创新、要研发、要有自主品牌，没有这些产业与企业就难以生存与发展。这是多数企业所面临的挑战。

4）由村发展到特色小镇的转变

按照目前的发展与规划设想，小河庄已经建成特色小镇，由村到小城镇跨越式发展给产业与企业、人的生活环境、人的意识观念都带来严重的挑战。为了适应这种跨越式的发展，对于产业与企业的发展都提出新的理念、新的目标、新的标准、新的生产生活环境。农村新社区发展硬件要有，软环境建设也必须跟上，这一切变化都要在生产、生活中注重学习、注重教育、注重宣传，要适应新的发展方式。

5）经济社会转型的挑战

伴随"一带一路"发展机遇，今后的产业的发展更注重发展方式的转变、更加注重经济结构的调整；经济发展的方向应是工业化与信息化"两化融合"、先进的制造业与现代的服务业"双轮驱动"、内需和外需"两需并重"的发展格局，经济结构的调整、产业化的组合和"以质"发展的道路给小河庄发展带来了新的挑战。伴随社会的转型，由经济发展转向经济社会协调发展，社会事业成为经济社会发展的重要内容，对于企业来说，一定认识到企业发展的社会责任，积极为社会事业作出应有的贡献。

4. 产业发展规划

（1）扩大产业经营范围。目前小河庄电线电缆产业以加工生产为主体。要改变现状，变加工为加工、销售、研发、服务一条龙的服务体系。因此，要在农村新社区北部（工业园区内）建设电线电缆物流城、在村域北部建设电缆城、在规模企业中建设研发中心、建设电子商务平台和售后服务平台，扩大业务范围。

（2）延伸产业链条。依据企业发展的能力，对主要规模企业进行技术改造，设备更新，生产更高质量、更新品种的线缆，适应在新时期电线电缆生产发展的需求。尤其是在"一带一路"发展战略中，要走出去，打入国际市场，使得线缆产业跟上时代发展的脚步。

（3）调整产业结构，发展 1＋2＋3 融合的第六产业。逐步改变电线电缆产业"一业独大"的发展格局，合理地调整产业结构。要依靠电线电缆产业带动第一产业向现代化农业发展。发展观光农业、休闲农业、绿色农业、特色农业，尽快使农业实现现代化，带动农业迈上新台阶。为了满足建设特色小镇的需求，加大力度发展第三产业，增加第三产业在经济结构所占比重，帮助更多的辅助劳动力转向第三产业。

（4）在村产业发展方向中，坚持以"质"发展为主的方针。积极落实"中国制造2025"规划，改变过去发展的模式，实现产业转型。在企业发展中实施"差异化"发展的方针，优胜劣汰，选择以优质产品为发展的道路，注重品牌化发展的方向，积极支持和扶植著名品牌产品。

（5）调整工业用地，向集约化用地方向发展，认真研究企业内部用地各项指标，充分挖掘潜力，提高土地利用率。利用这次土地规划的契机，合理安排工业用地，企业用地向工业园区集聚安排；对于企业内部用地要认真调查研究，严格按照控制性详细规划落实各项指标，充分利用土地资源，走集约用地的发展道路。

（6）走产业融合发展的道路，合理安排各业用地。依据本村产业发展的特点，参照相关上位规划的需求，合理安排各业用地，例如，在发展现代化农业中，对于休闲农业、观光农业和旅游用地要予以安排，确保旅游用地的需求。促进各业协调发展，以满足产业融合发展和生态建设用地的需求。

第二节　农村新社区基础设施建设规划现状

一、基础设施概念

基础设施是指农业生产的物质工程设施，是用于保证社区社会经济活动正常进行的公共服务系统。它是社会赖以生存发展的一般物质条件。基础设施主要包括田地、道路、水利工程、防护林、电力等。

2018 年中央一号文件指出：推动农村基础设施提挡升级。继续把基础设施建设重点放在农村，加快农村公路、供水、供气、环保、电网、物流、信息、广播电视等基础设施建设，推动城乡基础设施互联互通。以示范县为载体全面推进"四好农村路"建设，加快实施通村组硬化路建设。加大成品油消费税转移支付资金用于农村公路养护力度。推进节水供水重大水利工程，实施农村饮水安全巩固提升工程。加快新一轮农村电网改造升级，制定农村通动力电规划，推进农村可再生能源开发利用。加强农村防灾减灾救灾能力建设。抓紧研究提出深化农村公共基础设施管护体制改革指导意见。

第三次全国农业普查结果显示。2016 年末，全国通公路的村占全部村的比重为 99.3%，与 10 年前第二次全国农业普查相比，提高 3.8 个百分点。村内主要道路有路灯的村占全部村的比重为 61.9%，比 10 年前提高 40.1 个百分点。

水利是农业的命脉。近 10 年来，国家不断加大对农田水利建设的投资力度，农田水利设施不断完善，能正常使用的机电井、排灌站及能够使用的灌溉用水塘和水库数量不断增长。第三次全国农业普查结果显示，2016 年末，全国调查村中能够正常使用的机电井 659 万眼，较 10 年前增长 8.2%；排灌站 42 万个，较 10 年前增长 8.9%；能够使用的灌溉用水塘和水库 349 万个，较 10 年前增长 53.3%。

2016 年末，全国通电的村占全部村的比重为 99.7%，比 10 年前提高 1 个百分点。全国通电话的村占全部村的比重为 99.5%，比 10 年前提高 1.9 个百分点。全国安装有线电视的村占全部村的比重为 82.8%，比 10 年前提高 25.4 个百分点。全国完成或部分完成改厕的村占全部村的比重为 53.5%，比 10 年前提高 32.9 个百分点。全国超过五分之一的乡镇有高速公路出入口，全国接近九成的村通宽带互联网，全国超过四分之一的村有电子商务配送站点，全国超过九成的乡镇集中或部分集中供水。

二、规划的内容

1. 基础设施建设的意义

一个区域的基础设施完善程度，对本区域的一切生产和社会活动都有重大影响。一般设施的布局、规模、建设等级、生产方式都要受基础设施水平的制约。在现代社会中，经济越发展，对基础设施的要求越高；完善的基础设施对加速社会经济活动，促进其空间分布形态演变起着巨大的推动作用。

2. 服务的区域性

一方面，基础设施都有一定的服务区域，要按照农村新社区的大小确定范围；另一方面，基础设施主要为某区域服务才能在这个区域范围内视作基础设施。例如，一条在某农村新社区附近通过的高速公路，与农村新社区没有联系通道的情况下，不能视为农村新社区的基础设施。基础设施服务范围广大，深入到区域的各个角落，建立完善的基础设施往往需较长时间和巨额投资。

3. 农村基础设施存在的问题

（1）新中国成立以来，农村集体经济基础薄弱，很少投资于农村新社区基础设施和公益建筑设施建设，农民的总体收入水平偏低，也无能力投入农村新社区基础设施和公益建筑，农村新社区的基础设施和公益建筑成为极其薄弱的环节。投入不足是限制农村基础设施建设的主要因素，造成了农村的脏、乱、差的印象，是农村发展滞后和造成城乡二元化结构的主要原因。

（2）农村中的生活生产中的"行"是未来农村新社区建设的重点工程。一是农业基本建设投入不足，我国农业基础设施老化严重，全国约有 1/3 的水库带病运行，60% 的排灌工程急需维修，农业抵御自然灾害能力逐年下降，遭受灾害面积逐年扩大。二是农业科研经费严重不足。我国农业科研经费占农业生产总值的比重不到 0.1%，农业技术推广经费比重不到 0.2%，远远低于世界平均水平。没有建立国家、企业、农民合作组织的财政、金融、税收、农产品价格补贴等体系和运行机制，农业投入不足已成为我国农业发展缓慢的主要因素。总体上看，我国农村基础设施相关的政策、措施还不够完善，在建设资金、技术、运营、管理体制等各个方面均有较大的差距。

（3）农村中基础设施维护远远不能满足生产和生活的需求。农村社区基础设施建设投入不足，严重缺失是个问题，还有更重要的是对于已建设的基础设施不能够保证得到维护和维修，也是基础设施较差的重要因素。由于缺少资金和具体管理的组织和制度，对于已建设的基础设施不能及时维修和维护，也是未来农村新社区以及农村社区管理等的重要问题。

2014 年中央一号文件指出：加快编制新社区规划，推行以奖促治政策，以治理垃圾、污水为重点，改善新社区人居环境。实施村内道路硬化工程，加强村内道路、供排水等公用设施的运行管护，有条件的地方建立住户付费、村集体补贴、财政补助相结合的管护经费保障制度。

第三节 新社区域内道路规划设计

一、道路概述

村域交通是指田间路和生产路，实质都是满足农业生产需求的路网结构，要结合生产的实际需要合理布局。原来农村的田间道路多是随意布局，乱、杂、泥泞，不适合现代化农业发展的需求，通过规划设计，基本上要做到方田林网化，对于山区则是因地制宜安排。对平原地区，农田道路通过规划设计，建设方田林网化，可增加 4% ～ 8% 的耕地。

1. 道路交通基本构成

农村新社区村域道路是汽车、大型农机具等工具的运输载体，是联通各种交通的纽带，同时，也是给水、排水、供电等工程管线敷设的载体。因此，道路是农村新社区基础设施载体中的重要组成部分，主要是指农田中的道路，包括对外交通道路、田间路和生产路。

（1）对外交通。所谓对外交通是指社区与其他社区之间联通的道路，或是社区通往交通干线的连接线路。新社区的对外交通是农村与外界物资交流、能量交流、人员交往的主要渠道，是新社区经济社会活动的动脉，是关系农村新社区经济与社会发展的重要因素。一般来说，农村对外交通是指沟通新社区与等级公路、铁路车站、水运港口、码头的连线，或是村与村之间的连线、有线电话、网线。

（2）田间道路。田间交通是农民从事农业生产活动必要的基础设施，也属于农村新社区建设的重要组成部分。田间道路主要是为通行农用车辆、农业机械，为货物运输、作业机械向田间转移等生产操作过程服务。田间道路工程设计应该坚持节约土地、与田块配套、构成互通网络、有利于农业机械作业、坚持与方田林网、排水沟、输电线路相结合的原则。我国多数农村历史悠久，农田道路是在自然状态下形成的，而且多年保持不变，基本上以泥土路为主。田间交通是农业生产中的主干路，田间路一般路基占地宽为6m，路面宽为5m，路两旁各种植一行行道树，或是一条排灌农渠。

（3）生产路。生产路是农业生产中的次干路，一般规划占地4m宽，路面3m宽，留一行行道树的位置。特殊的产业地区要按照需求另行设计。譬如，在林业生产区，依据运输树苗的需求，就需要规划设计不小于10m宽的道路。

2. 农村新社区交通的特点

农村新社区交通是新社区道路建设的重要依据。在规划道路时，需要研究新时代农村新社区交通的特点，认识和掌握其中的规律，使得农村新社区道路系统设计有可靠的科学依据。农村新社区道路交通有下列几个方面特点：

（1）交通运输工具类型多、车速差异大。在农村，货物流动的方式除卡车外，还有农用车、拖拉机、畜力车、三轮车、板车、手推车及肩挑人背等。从居民出行方式看，有的骑摩托车、助力车、自行车，有的步行、有的自备私家车或乘坐公共汽车。这些车辆的大小、长度、宽度差别大，尤其是车速差别很大。不同类型、不同速度的车辆同时在道路上行驶，相互干扰大，是造成交通混杂的重要因素。

（2）道路设施差、技术标准低。由于历史的原因，农村道路多是自然形成的，或未按规划实施。由于建设资金有限，在道路的改扩建或新建中过分迁就现状，道路的平曲线、竖曲线、行车视距、交叉口形状及视距三角形、道路的横坡、纵坡、路面质量、道路排水等方面，很多不符合标准规范。人行道非常狭窄，或者人行道挪作他用，甚至根本没有人行道，导致人车混行。过境公路与新社区干道合二为一，有些过境公路穿越中心区，这样不但使过境车辆通行困难，而且加剧了新社区中心的交通混乱状况。

（3）交通流向和流量不平衡。随着商品经济和工业企业的发展及基础设施的相对完善，农村人口构成中"离土不离乡""进厂不进镇"的居民，在乡镇中心区中小学上学的学生，乡村居民的赶集、购物人流等，使得行人和车辆的流量在各个季节、一周、一天中均有较大变化。

（4）缺乏道路交通服务设施。目前，农村社区中普遍存在交通管理人员少、体制不健全，道路照明、交通标志、交通指挥信号灯等设施缺乏的问题。很多社区中心区没有专用机动车停车场，公共设施缺乏机动车和非机动车停车位，车辆任意停靠的现象比较普遍。道路沿线的违章建筑多，违章摆摊设点、占道经营多，"马路市场"十分常见，使道路的有效通行宽度减小。造成交通拥挤、不畅和混乱。

（5）农村车辆增长快。随着社会主义市场经济的发展，农村经济繁荣，车流、人流发展非常迅速，导致道路拥挤、交通混乱。这对农村新社区道路的规划发展提出了更高的要求。

二、道路系统规划

农村新社区道路系统是指社区范围内由不同功能、等级、区位的道路，以及不同形式的交叉口和停车场设施，以一定方式组成的有机整体。

1. 道路系统规划的基本原则

农村新社区道路系统规划一般应遵循以下原则：

（1）与所在地区的交通发展战略规划相衔接。

（2）与农村新社区的社会经济发展规划相一致。

（3）充分考虑当地自然、历史和文化特点。

（4）与农村新社区土地利用和其他基础设施建设要求相配合。

（5）既满足近期建设的要求，又考虑农村新社区发展的长远性。

2. 道路系统规划的基本要求

（1）满足、适应交通运输的要求

规划道路系统时，应使所有道路主次分明、分工明确，并有一定的机动性，以组成一个合理的交通运输系统。新社区道路系统必须满足居民出行的通过性和到达性两方面的要求。

通过性，即各主要用地之间的人流、货流能沿最短的路线通行。由于新社区人口规模不大，交通量也不大，但交通工具种类繁多，所以，道路系统规划必须保证各类交通运输车辆通行时不会造成道路拥堵，而对交通量的要求不高。

到达性，即新社区各组成部分用地之间的联系道路数量要充足且恰当，道路系统能保证行人、车辆到达目的地。要求道路系统尽可能简单、整齐、醒目，道路网密度合理。

道路网密度是衡量道路系统的技术经济指标，道路网密度是指道路总长度与新社区用地总面积的比值。

（2）适应地形、地质和水文条件

道路系统规划的布局，既要满足交通要求，又必须结合地形、地质水文条件。道路网尽可能平直，尽可能减少土石方工程量，为建筑布局、排水、路基稳定创造良好条件。

在地形起伏较大的用地上布置道路网，主干道走向宜与等高线接近平行布置，当主、次干道布置与地形有矛盾时，次干道和其他街道应服从主干道的平顺要求。

道路布局应尽可能绕过不良地质和不良水文条件地段，避免穿过地形破碎地段。确定道路标高时，应考虑水文地质对道路的影响，尤其是地下水的影响。

（3）满足环境和景观要求

道路网走向应满足通风、采光等要求，并符合当地居民生活习惯。北方地区道路网一般布置成接近东西向（或南北向）。我国北方冬季主要是西北风，街道应避免大风直接侵袭，故主干道应避开东南—西北方向，在路网为方格网时，道路布置成接近东西（或南北）向比较合适。北方建筑对日照要求较高，路网接近东西、南北布局有利于建筑布置并节省土地。南方道路应创造良好的通风条件，其走向应与主导风向接近。从交通安全考虑，应尽量避免早、晚阳光耀眼可能导致的交通事故。南方地区纬度高，一年四季太阳升落方位变化不大，道路布置成与南北子午线成30°～60°的夹角为宜。

乡村道路不仅要满足交通要求，对社区景观也有影响。街道的走向、建筑的进退、高低起伏、造型色彩、沿街绿化、照明和广告等因素有机结合，形成丰富多彩的新社区景观。干道的走向应指向制高点、风景点。临水的街道应结合岸线精心布置，既为交通线路，又作游览场所。

（4）满足各种工程管线布置

随着农村的发展，各类市政管线越来越多，一般多沿道路敷设，许多管线埋在地下。各种管线的位置、埋深、间距都有不同的要求。必须满足管线综合规范和各专业规范要求。排水管道一般为重力流，管道要求一定的坡度，道路纵坡设计要与排水设计密切配合。

3. 新社区道路系统的形式

目前常用的道路网基本形式一般有三种：方格网式、环形放射式、自由式。前三种为基本类型，混合式道路系统由几种基本类型组合而成。

（1）方格网式。方格网式路网又称棋盘式，即每隔一定的距离设置接近平行的干道，在干道之间再布置次要道路，将用地划分为大小合适的街坊。这类路网是农村中最为常见的道路网结构形式，一般适用于地形比较平坦的新社区。主要特点有：街坊布局整齐，有利于建筑布置和方向识别；交通组织简便，交通均匀分布，通行能力大；车辆可方便地通过平行干道绕道而行；对角线方向交通不便。

（2）放射。环形放射式道路系统由放射干道和环形干道组成，这种道路系统一般以中心区为核心，由核心引出放射道路，并在其外围地区布置一条或几条环形道路，由此构成整个道路系统。一般适用于规模不大的平原地区的村镇。主要特点有：有利于新社区中心区与各功能区之间的交通联系，新社区中心突出；环形干道担负各功能区之间的交通联系；非直线系数比方格网道路系统小；交通组织不如方格网灵活；街坊布局不规则，不利于建筑布置和方向识别。

（3）自由式。自由式道路网以结合自然地形为主，道路弯曲，具一定几何图形。我国许多山地丘陵新社区，地形起伏较大，为减小道路坡度，常常沿山路或河岸布置道路，形成自由式道路系统。主要特点有：能够充分利用地形，自由活泼；节省工程造价；非直线系数大；道路不规则。

三、道路断面规划设计

道路横断面是指垂直于道路中心线方向的剖面。道路横断面一般由车行道、人行道和道路绿化等组成。

1. 道路横断面形式

农村新社区道路横断面常用形式有两种：一块板、两块板。车行道不设分车带，机动车设在中间，两侧为非机动车道，为一块板横断面，一块板横断面适用于道路红线较窄，一般在30m以下，机动车辆较少，行车速度不快，且自行车与人流较多的新社区内部道路；利用中间分车带分隔对向车流，为一块板横断面将车行道一分为二，为两块板横断面，两块板横断面主要解决对向机动车相互之间的干扰，适用于双向交通比较均匀的过境道路或村镇交通性道路。

2. 道路宽度

道路横断面的规划宽度，即道路红线宽度，包括车行道、人行道、绿化带及安排各种管线所需宽度的总和。对于田间路一般按 4m 宽度设计，要配有绿化的林带；生产路一般按照 2.5m 规划设计。

（1）车行道宽度。道路上供各种车辆行驶的部分，统称为车行道。它包括机动车道和非机动车道。机动车道宽度的大小一般以"车道"为单位来确定。社区的机动车道的宽度一般为 4.5～5.0m。非机动车道是供自行车、三轮车、兽力车等车辆行驶的车道，非机动车道单向行驶宽度一般为 2～3m。

（2）人行道。人行道主要是为满足行人步行交通的需要，同时，还用来布置绿化、立灯杆或架空线杆、埋设地下工程管线，以及护栏、交通标志、宣传栏、清洁箱等设施。通常人行道多对称布置在车行道的两侧，一般高出车行道 8～20cm。在受地形、地物限制或有其他特殊情况时，两边可不等宽或仅在一边布置。

（3）道路绿带。道路绿带是指在道路红线范围内的带状绿地。带状树干中心至路缘石外侧距离不小于 0.75m。分车绿带的绿化一般要求形式简洁、树木整齐一致，使驾驶员容易辨别穿行道路的行人，可减少驾驶员的视觉疲劳。分车绿带上种植的乔木，其树干中心至机动车道路缘石外侧距离不宜小于 0.75m。分车绿带宽度小于 1.5m 时，应以种植灌木为主。路侧绿带设计要兼顾街景与沿街建筑的需要，应在整体上保持绿带的连续、完整、景观统一。

四、道路工程规划设计

1. 道路平面

（1）平曲线半径。新社区道路上的曲线一般采用圆曲线，因为新社区内一般车速很小，一般不设超高。当路线的转折角很小，设计车速也不大时，可用折线直接相连。道路的圆曲线半径应采用大于或等于表 6-3 规定的最小半径值。

圆曲线半径 表 6-3

设计行车速度（km/h）	100	80	60	50	40	30	20
不设超高最小半径（m）	1600	1000	600	400	300	150	70
设超高半径一般值（m）	650	400	300	200	150	85	40
设超高半径极限值（m）	400	250	150	100	70	40	20

注：1. 引自《城市道路设计规范（2016 年版）》CJJ37—2012 表 6.2.2。

2. "一般值"为正常情况下的采用值；"极限值"为条件受限时，可采用的值。

（2）行车视距。车辆行驶时，驾驶人员必须能看见道路上相当的距离，以便有充分的时间和距离采取适当的措施，这一保证交通安全的最短距离称为行车视距。行车视距一般分停车视距、会车视距、错车视距和超车视距等。

曲线段内侧的建筑物、构筑物、树木、路堑边坡或其他障碍物可能会遮挡司机的行车视距，影响行车安全。为保证行车视距要求，需要清除影响行车视线的障碍物。

停车视距应大于或等于表 6-4 的规定值，会车视距应为停车视距两倍。

停车视距 表 6-4

设计行车速度（km/h）	100	80	60	50	40	30	20
停车视距（m）	160	110	70	60	40	30	20

注：引自《城市道路设计规范（2016 年版）》CJJ 37—2012 表 6.2.7。

2. 道路纵断面

道路的纵断面是指沿着车行道中心线的竖向剖面。道路纵断面设计的内容包括各路段的纵坡和坡段长度、线路和桥涵的标高、选定满足行车技术要求的竖曲线等。

（1）道路纵坡。道路纵坡是指道路纵向的坡度。过大的纵坡会引起车速降低和行车不安全等现象，过小的纵坡在多雨地区易导致路面排水不畅。道路的最大纵坡：一般平原地区的纵坡不大于6%，丘陵地区与山区的纵坡不大于7%。特殊情况可达8%～9%；另外还要特别考虑我国农村非机动车的大量使用，新社区纵坡一般宜不大于3%。道路的最小纵坡应能适应路面上雨水的及时排泄，一般为0.3%～0.5%。机动车道最大纵坡应符合表6-5的规定。

最大纵坡　　　　　　　　　　　　　　　　　　　　　表6-5

设计行车速度（km/h）	100	80	60	50	40	30	20
最大纵坡一般值（%）	3	4	5	5.5	6	7	8
最大纵坡极限值（%）	4	5	6	6	7	8	8

注：引自《城市道路设计规范（2016年版）》CJJ 37—2012表6.3.1。

（2）坡长限制。

坡段最小长度应大于或等于表6-6的数值。

最小坡长　　　　　　　　　　　　　　　　　　　　　表6-6

计算行车速度（km/h）	100	80	60	50	40	30	20
坡段最小长度（m）	250	200	150	130	110	85	60

注：引自《城市道路设计规范（2016年版）》CJJ 37—2012表6.3.3。

当道路的纵坡设置得比较大时，应当对这样的坡长进行限制，否则容易诱发交通事故。当道路设计纵坡度大于表6-5所列推荐值时，纵坡最大坡长应符合表6-6的规定。道路连续上坡或下坡时，应在不大于表6-7规定的纵坡长度之间设置纵坡缓和段。缓和段的纵坡应不大于为3%，其长度应符合表6-6最小坡长的规定。

机动车道最大坡长　　　　　　　　　　　　　　　　　表6-7

计算行车速度（km/h）	100	80	60			50			40		
纵坡（%）	4	5	6	6.5	7	6	6.5	7	6.5	7	8
纵坡限制坡长（m）	700	600	400	350	300	350	300	250	300	250	200

注：引自《城市道路设计规范（2016年版）》CJJ 37—2012表6.3.4。

非机动车道纵坡宜小于2.5%；当大于或等于2.5%，纵坡最大坡长应符合表6-8规定。

非机动车道最大坡长　　　　　　　　　　　　　　　　表6-8

纵坡（%）	3.5	3	2.5
自行车（m）	150	200	300
三轮车（m）	—	100	150

注：引自《城市道路设计规范（2016年版）》CJJ 37—2012表6.3.5。

（3）竖曲线。为了防止车辆在纵坡转折处行驶时发生冲击颠簸，必须在道路纵坡转折点处设置平滑的竖曲线，将相邻两条不同纵坡的直线坡段衔接起来。竖曲线因纵断面上转坡点处是凸形或凹形的不同，分为凸形竖曲线与凹形竖曲线。

在纵断面凸形转折处易使驾驶人员的视线受阻。凹形竖曲线的设置主要是在一定的车速下保证有足够的视距。在凹形转折处，由于行车方向突然改变，不仅使乘客不舒适，而且由于离心力的作用，会引起车架下的弹簧超载。因此，凹形竖曲线的设置，主要是根据一定车速下保证车辆行驶平顺，不发生颠簸。竖曲线的选择应当综合考虑行车要求和地形状况。尽量使行车舒适。竖曲线的最小半径和最小长度见表6-9。

竖曲线最小半径和最小长度推荐值   表6-9

计算行车速度（km/h）		100	80	60	50	40	30	20
凸形竖曲线（m）	一般值	10000	4500	1800	1350	600	400	150
	极限值	6500	3000	1200	900	400	250	100
凹形竖曲线（m）	一般值	4500	2700	1500	1050	700	400	150
	极限值	3000	1800	1000	700	450	250	100
竖曲线长度（m）	一般值	210	170	120	100	90	60	50
	极限值	85	70	50	40	35	25	20

注：引自《城市道路设计规范（2016年版）》CJJ 37—2012 表6.3.6。

3. 道路交叉口设计

道路系统由各种不同方向的道路组成，道路相交形成许多交叉口。各种车辆在交叉口汇集、转向或穿行，互相干扰或冲突。道路交叉口可分为平面交叉口和立体交叉口，一般新社区内道路均为平面交叉口。

（1）平面交叉口的类型。平面交叉口是指各相交道路中心线在同一高程相交的道口。平面交叉口的形式取决于道路系统规划、交通量、交通性质和交通组织形式，以及交叉口用地及其周围建筑的情况。常见的平面交叉口形式有十字形、X形、T形、Y形、错位交叉、复合交叉、环形交叉等几种。

十字形交叉口：两条道路相交，互相垂直或近于垂直。十字形交叉口的形式简单，交通组织方便，街角建筑容易处理，适用范围广。

X形交叉口：一对角为锐角，另一对角为钝角，这种交叉口，不便于转弯，街角建筑也难以处理，一般应尽量避免这种形式的交叉口。

T形交叉口：也叫丁字路口，一条尽端道路与另一条道路互相垂直或近于垂直相交。T形交叉口的形式和交通组织较简单，街角建筑也容易处理。一般适用于主次道路的相交。

Y形交叉口：三条尽端道路相交于一点。如果两条道路以较小的锐角相交，则不利于交通组织，街口的建筑也难以处理。

在很短的距离内有两条尽端道路与同一条道路相交，组成错位交叉口。一般适用于主次道路与支路的相交。

（2）交叉口的视距。驾驶人员在进入交叉口前一段距离内，须能看清相交道路上车辆的行驶情况，以便能及时停车，避免发生碰撞。这一段距离应不小于车辆行驶时的停车视距。

（3）交叉口路缘石半径。车辆在行驶过程中转弯时的轨迹为曲线。一般交叉口转角处的缘石做成圆曲线，圆曲线的半径 R 称为缘石半径。一般情况下，新社区主干道的缘石半径干道为 10～15m，支路为 6～9m。在可能的条件下，应尽可能采用较大的缘石半径值。

第四节　农村新社区的水利工程规划设计

在社区水利工程建设中，要构建大中小微结合、骨干和田间衔接、长期发挥效益的农村水利基础设施网络，着力提高节水供水和防洪减灾能力。科学有序推进中小型水源工程和抗旱应急能力建设。巩固提升农村饮水安全保障水平，开展大中型灌区续建配套节水改造与现代化建设，有序新建一批节水型、生态型灌区，实施大中型灌排泵站更新改造。推进小型农田水利设施达标提质，实施水系联通和河塘清淤整治等工程建设。推进智慧水利建设。深化农村水利工程产权制度与管理体制改革，健全基层水利服务体系，促进工程长期良性运行。

一、水利工程设施

水利是农业的命脉，水利工程设施是我国农村的重要基础设施，所以要加强农田水利建设。加大大型排涝泵站技术改造力度，配套建设田间工程；大力推广节水技术；切实抓好以小型灌区节水改造、雨水集蓄利用为重点的小型农田水利工程建设和管理；继续搞好病险水库除险加固，加强中小河流治理。

农村水利设施是结合自然水系形成的用于农业生产的坑塘河道和灌溉沟渠系统，用于灌溉、排水、除涝和防治盐、渍灾害的工程设施。

农村地区的水利设施是农业生产的重要保障，也是生活和景观用水的重要来源，与农村新社区的防灾也有非常密切的关系。因此，对村域水系进行梳理，规划布局各项重要水利设施，是农村新社区村域规划的重要任务。

农村新社区水利设施也是更大区域内水利系统的组成部分，在进行农村新社区域水利设施规划前，应充分研究大区域水利工程系统现状和规划，充分利用现有水利设施，根据农村新社区发展的条件和需求，对大区域水利工程规划作适当深化、细化和局部调整。

农田水利工程建设与规划设计的标准要参照农田水利工程规范进行规划设计。

二、农田水利工程

1. 坑塘河道

坑塘河道多是自然形成的天然水体，与农村、农民的生产生活息息相关。因此坑塘河道应保障使用功能，满足农村新社区生产、生活及防灾需要。严禁采用填埋方式废弃、占用坑塘河道。坑塘使用功能包括旱涝调节、渔业养殖、农作物种植、消防水源、杂用水、水景观及污水净化等，河道使用功能包括排洪、取水和水景观等。

坑塘河道应具备补水和排水条件，满足水体利用要求；水体容量、水深、控制水位及水质标准应符合相关使用功能。坑塘河道存在使用功能受到限制，影响农村新社区公共安全、经济发展或环境卫生，或废弃坑塘土地闲置，重新使用具有明显的生态、环境或经济效益时，应根据当地条件进行整治，整治时应处理好与防洪、灌溉等相关设施的关系。

山区、丘陵地区的农村新社区宜充分利用现有的水库效能进行蓄水；平原河网、湖泊密集地区的农村新社区宜充分利用现有取水泵站能力，并适度增加旱涝调节坑塘，提高农村新社区旱季补水应变能力。雨量充沛、地下水位较高地区的农村新社区，应充分利用降雨、地下水进行坑塘河道的自然补水；自然补水不能满足水体容量要求时，可采用人工方式。

2. 灌溉渠道

灌溉是我国农村在生产、生活实践中利用水利工程的主要措施。灌溉渠宜优先选择涵闸控制的自流饮水方式，其次选择泵站抽升饮水方式。灌溉明渠的布置应根据饮水方位、地形条件选择在地势低洼、顺坡、线路较短的位置。灌溉渠构造结合自然地形可采用浆砌砖、块石护砌明渠或土明渠。平原地区宜采用土明渠，山区及丘陵地区宜采用块石、砖护砌明渠。在灌溉渠的规划中，应注意灌溉渠的标高一般高于田地，因此不能作为排水沟渠使用。

在农村村域中的渠道基本上是以斗渠、毛渠为主的渠道，渠道的规划要按照水利工程标准进行设计。其表面结构可以根据使用周期的长短，进行水泥面硬化或料石、砖块硬砌。

3. 地下管道和喷灌

伴随农业生产条件的改善，不少地方发展地下管道的灌溉和喷灌。这些灌溉方式要根据土地整理所确定的标准进行规划设计。

农村水利工程是农村重要的基础设施，要按照水利部门的若干标准进行建设。

三、灌排工程

1. 灌溉工程设计

（1）渠道工程设计

灌溉渠系由各级灌溉渠道及配套建筑物组成，按其使用寿命分为固定渠道和临时渠道两种。按控制面积大小和水量分配层次可以把灌溉渠道分为若干等级，一般为干、支、斗、农四级固定渠道。在地形复杂的大型灌区，固定渠道也可能多于四级，而在面积较小的灌区，固定渠道也可以少于四级。

（2）渠道防渗工程设计

1）渠道防渗的必要性。水资源紧缺问题已经是世界性的难题，我国的水资源紧缺状况也不容乐观，农业灌溉用水约占用水量的80%，农业节水具有重要的意义。例如，若项目区土壤多为中壤土，渠道渗漏损失较多。根据《水利水电工程动能设计规范》要求，为了提高渠系水利用系数，应在加强管理、搞好工程配套、调整土地的同时，对渠道采取衬砌防渗措施，以减少能源和水资源浪费。

2）防渗材料的选取。渠道防渗主要形式有土料防渗、砌石防渗、混凝土防渗、沥青材料防渗、塑料薄膜防渗。不同的防渗衬砌结构类型有不同的适用条件。例如，根据实际情况分别对浆砌块石和混凝土两种衬砌材料进行分析比较。经比较，如果浆砌块石衬砌当地无原材料，施工难度大并且价格偏高，则易采用混凝土现浇衬砌。

3）防渗衬砌工程结构设计。防渗渠道断面形式多种多样，常用的为梯形和U形，渠坡衬砌高度可按《灌溉排水渠道设计规范》确定。

4）伸缩缝的设计。若采用现场浇筑混凝土衬砌结构，防渗渠道应每隔5～8m设一道横向伸缩缝和纵向伸缩缝，伸缩缝宽度不宜小于 1.5cm。缝内应采用能适应结构变形、粘结力强、防渗性能良好的填料灌实，必要时可埋设塑料止水带或橡胶止水带。目前，伸缩缝广泛采用矩形缝和梯形缝。

（3）渠道纵横断面设计

为保证灌溉渠道有足够的输水能力和稳定的渠系，按照灌溉渠道具有足够的水位以控制整个灌溉面积和渠道轮灌制度，对渠道横断面和纵断面进行设计。

1）渠道横断面设计。渠道断面形式主要有梯形、矩形、多边形、抛物线形、弧形、U形及复式断面。其中，梯形断面应用比较广泛，其优点是施工简单，边坡稳定，便于应用各种防渗措施。

U形渠目前应用较广泛，适用于地区条件不太好或冻土地区的中小型渠道，一般采用混凝土衬砌断面，水力条件较好，占用土地少，随着新型施工机械的发展，应用前景比较好。

矩形断面适用于坚固岩石中开凿的石渠，如对于傍山渠道及渠宽受限制的城镇工矿区，可以采用石质矩形断面或钢筋混凝土矩形断面。土地开发整理中，为了减少渠道占地，采用矩形断面是一个重要的方法。

多边形断面一般应用于粉质砂土地区修建的渠道，渠床位于不同土质的大型渠道也多采用多边形断面。

在砂砾石地层修建渠道可采用弧形断面，具有水力条件好、渠底可抵抗较大的浮托力、能节省衬砌工程量等优点。复式断面适用于深挖方渠段。

在选择渠道横断面时，要综合考虑确定，主要应满足渠床稳定或冲淤平衡、足够的输水能力、各级渠道之间和渠道各分段之间及重要建筑物上下游水面平顺衔接、渗漏损失最小、施工管理和运行方便、工程造价较小等要求。

渠道采用挖填方渠道，支渠采用梯形断面结构，尽量符合实用经济断面要求，以减少工程量；斗渠采用 U 形断面结构。

2）渠道纵断面设计。为满足灌溉土地对渠道水位的要求，根据设计水深和渠底比降确定渠底高程和堤顶高程。根据从控制灌溉范围内距离渠首最远而最高的高程点，沿渠的水头损失由下而上推算各级渠道的水位设计线，再以渠道的设计水深及超高来确定渠底和堤顶的设计线。

2. 机井工程设计

设计的主要依据是水资源供需平衡分析结果，《土地整治项目规划设计规范》TD/T 1012—2016 机井设计部分和《灌溉与排水工程设计规范》GB 50288—2018 确定的设计标准。

（1）主要设计参数

设计井深：经物探证实该地区需在含水层取水。

井管结构：结合项目区实际情况和已有机井安装经验。

井孔直径：由于井管必须在井孔中顺利下入，因此，井孔直径必须要大于井管外径。

滤水结构：在开采的含水层处，滤水管采用材料。

封闭层：采用封闭材料。

（2）单井控制面积与井距计算

根据项目区水文地质条件、水资源状况、当地现有机井实测资料和项目区水利部门已有实测材料计算得出单井控制面积与井距。测算灌水定额的具体方法是：每次灌水前后（1～3天内）在典型地块取土测定土壤含水量的变化，计算出该次灌水的实际净灌水定额，综合分析各典型地块的一次灌水定额，得综合平均灌水定额。

（3）井管

井管包括井壁管（又称实管）、滤水管（又称花管）和沉淀管等几部分。

井壁管安装在隔水层处或不拟开采的含水层处，多用黏土球止水；滤水管安装在开采的含水层处，在井管与井孔的环状间隙中，填入经过筛选的砾石（人工填料），起滤水阻砂的作用；沉淀管位于管井的最下段，起沉淀流入井中泥沙的作用，一般深 4～8m。

井壁管和滤水管根据井深、水质、技术和经济条件等因素，可选用钢管、铸铁管、钢筋混凝土管、塑料管、混凝土管、无砂混凝土管等管材。

四、输配水工程设计

输配水工程以低压管道输水灌溉技术（简称"管灌"）为基础。这项技术具有省水、节能、节地、省工、省时、易管理、投资低等优点。以管代渠可使渠系水利用系数提高到95%以上，可使毛灌水定额减少30%。与土渠相比，由于渠系水利用系数的提高，使得直接从井中提取的水量大大减少，因此，可节约能耗25%以上。由于采用低压输水可减少渠道占地，提高土地利用率，一般在井灌区可减少占地2%左右。由于输水管道埋于地下，便于机耕及养护，耕作破坏和人为破坏大大减少，加之管道输水速度明显高于土渠，可显著提高灌水效率。但是一般情况下，低压管道输水灌溉技术在田间仍采用传统的沟畦灌，因而该项技术与喷、微灌技术相比，田间水的利用系数仍很低。

五、排水工程设计（田间）

排水系统一般包括排水区内的排水沟系、蓄水设施、排水区外的承泄区及排水枢纽三大部分。排水沟系和灌溉渠系相似，一般可分为干、支、斗、农四级固定沟道，但也可以根据实际情况来设置，即多于四级或少于四级。由于我国排水地区的情况各不相同，所以，规划排水系统时，必须从实际出发，由调查研究入手，搜集和分析有关资料，然后来制定规划原则，确定规划标准和主要措施，合理拟订方案。主要依据是《土地整治项目规划设计规范》TD/T 1012—2016 中农田排水工程设计部分。

1. 排水标准

农田排水标准可分为排涝标准、治渍排水标准和防治盐碱化排水标准，标准的确定要根据当地或临近类似地区排水试验资料或实践经验，按照项目区的作物种类、土壤特性、水文地质条件和气象条件等因素，并结合社会经济条件和农业发展水平，通过技术经济论证确定。

2. 排水方式

需根据实际情况确定，一般采用土质渠明沟排水。

第五节　电力工程规划设计

伴随我国电力事业发展，电力成为农村的主要能源和动力，电力的布局建设由国家或地方统一规划和部署，但村内用电分为生活用电、农业用电、工业用电。对电力部署要在村庄建设规划中做出统一布局，既要合理，又能互不干扰。电力线、变压器布局在原有状态下进行统一规划。电力工程规划包括确定用电指标；预测用电负荷水平；确定供电源的位置、主变容量、电压等级及供电范围；确定村庄的配电电压等级、层次及配网等接线方式；确定规模容量；确定高、低压线线路走向、线路敷设方式；配电设施和分类用电安排。

一、电网规划设计目标

1. 规划理念

电力规划设计要以地方电网发展规划为指导，以安全为基础，以市场为导向，以效益为中心，推动电网发展方式转变，建设规划科学、结构合理、技术先进、高效灵活、安全可靠、标准统一的坚强智能电网，满足经济社会发展、农村生产以及人民群众生活水平提高对电力的需求，提供充裕、可靠、优质的电力供应。

2. 技术路线

电力工程规划设计要采用问题与目标导向的技术路线，电力规划必须坚持电力工业与国民经济协调发展的原则，坚持电力建设与社区规划发展相适应，以市场需求为导向、以经济效益为中心、以科技进步为动力，依托大电网建设，提高供电可靠性，使电网容载比保持在标准范围内，不断提高电网装备技术水平和自动化水平，提高电能质量。

二、用电负荷计算

1. 分项预测法

社区用电量预测，应包括生活用电、乡镇企业用电和农业用电的负荷，可按照以下标准计算。

（1）生活用电负荷：1kW/户；（2）乡镇企业用电量：重工业每万元产值用电量为3000～4000kWh；轻工业每万元产值用电量为1200～1600kWh；（3）农业用电负荷：每亩15kW。

2. 人均指标预测法

采用人均生活用电指标预测法预测用电时，应结合村庄所处地理位置、经济社会发展水平、人口规模、生活水平、能源消费构成、生活习惯、节能措施等措施，按照表6-10～表6-17选择指标。

规划人均生活用电指标　单位：kWh（人·a）　　　　　　　　　　　　表6-10

村庄类型	经济发达地区			经济一般地区			经济欠发达地区		
	一	二	三	一	二	三	一	二	三
近期	560～630	510～580	430～510	440～520	420～480	340～420	360～440	310～360	230～310
远期	1960～2200	1790～2060	1510～1790	1650～1880	1530～1740	1250～1530	1400～1720	1230～1400	910～1230

农产品加工耗电量 表6-11

类别	用电项目	计算单位	单位耗电量（kWh）
粮食加工	磨小麦面	t	50～70
	磨玉米面	t	25～28
	垄稻谷	t	3～3.2
	碾糙米	t	8～9
	种子直接加工熟米	t	9～11
	磨薯粉	t	3
	薯类切片	t	0.15
	扬净	t	1
	烘干	t	4
饲料加工	风送截断	t	14.7
	青饲切割	t	1
	干草切割	t	4
	粉碎豆饼	t	7.36
	粉碎玉米心	t	10.3
	粉碎其他茎叶	t	18.4
农产品加工	榨豆油	t	350
	榨花生米	t	270
	榨菜籽油	t	250
	榨芝麻油	t	90
	榨棉籽油	t	400
	各种油料破碎	t	3～7
	花生脱壳	t	2.5
	棉籽脱绒	t	25～30
	精提花生油	t	7～10
	轧花	t	20～23
	弹花（皮棉）	t	50～70
	酿酒	t	10～70
	制糖	t	15

农业机械化用电 表6-12

类别	用电项目	计算单位	单位耗电量（kWh）	备注
移动作业	耕地	hm²	135～150	
	耙地	hm²	12～18	

续表

类别	用电项目	计算单位	单位耗电量（kWh）	备注
固定作业	水稻脱粒	t	7～8	
	麦类脱粒	t	8～10	
	玉米脱粒	t	1.75～2.50	
	扬净	t	0.3～1.0	风净
	谷物烘干	t	4	

电力提水灌溉用电　　　　　　　　　　表6-13

扬程（m）		3	5	10	15	20	30
每1千米保灌面积（km²）	5天灌一次	6.7	4	2	1.3	1	0.67
	10天灌一次	13.4	8	4	2.68	30	1.34
	15天灌一次	20	12	6	4	45	2
每亩每次耗电量（kWh）		11.25	18	2.4	54	72	112.5

乡镇工业单位产品耗电定额　　　　　　表6-14

名称	单位	耗电定额	年利用小时数（h）
面粉厂	kW/t	35～63	
酿造厂	kW/t	50～60	4000
水泥厂	kW/t	35～100	6000
橡胶鞋厂	kWh/千双	750	2000
食品加工厂	kW/t	15～20	
玻璃厂	kW/箱	44～50	5000
锯木厂	kW/m³	10～20	2000
制糖厂	kW/t	100～120	4000
棉纺织厂	kW/万纱锭	773～822	6000

工厂车间低压负荷需用系数参考值　　　　表6-15

车间类别	K_x	车间类别	K_x
铸钢车间（不包括电弧炉）	0.3～0.4	废钢铁处理车间	0.45
铸铁车间	0.35～0.4	电镀车间	0.4～0.62
锻压车间（不包括高压水泵）	0.2～0.3	中央实验室	0.4～0.6
热处理车间	0.4～0.6	充电站	0.6～0.7
焊接车间	0.25～0.3	煤气站	0.5～0.7
金工车间	0.2～0.3	氧气站	0.75～0.85
木工车间	0.28～0.35	冷冻站	0.7
工具车间	0.3	水泵站	0.5～0.65
修理车间	0.2～0.25	锅炉房	0.65～0.75
落锤车间	0.2	压缩空气站	0.7～0.85

工厂各组用电设备之间同时系数参考值   表 6-16

应用范围	同时系数 K_t	应用范围	同时系数 K_t
冷加工车间	0.7 ～ 0.8	确定配电站计算负荷小于 5000kW	0.9 ～ 1.0
热加工车间	0.7 ～ 0.9	确定配电站计算负荷为 5000 ～ 10000kW	0.85
动力站	0.8 ～ 1.0	确定配电站计算负荷超过 10000kW	0.80

生活用电定额表   表 6-17

项目	用电定额（W/m²）	项目	用电定额（W/m²）
医院	7 ～ 9	行政办公机构	6
影剧院	8	宿舍、敬老院	2 ～ 4
中、小学	6	6m 宽及以下道路路灯	3
饮食店、商店、照相等服务业	5	12m 宽道路路灯	5

3. 负荷密度法

采用负荷密度法进行用电量计算时，居住建筑、公共建筑、工业建筑三大类建设用地的规划单位建设用地负荷指标的选取，应根据其具体构成分类及负荷特征，经过对现状水平的分析、比较，按照表 6-18 选定。

规划单位建设用地负荷指标   表 6-18

建设用地分类	居住用地	公共设施用地	工业用地
单位建设用地负荷指标（kW/hm²）	80 ～ 280	300 ～ 550	200 ～ 500

4. 单位建筑面积用电负荷指标法

采用单位建筑面积用电负荷指标法进行用电负荷预测时，居住建筑、公共建筑、工业建筑的规划单位建筑面积负荷指标的选取，应根据三大类建筑的具体构成分类及用电设备配置、结合当地各类建筑单位建筑面积负荷的现状水平，按照表 6-19 经分析比较后选定。

单位建筑面积用电负荷指标法   表 6-19

建设用地分类	居住用地	公共建筑	工业建筑
单位建筑面积负荷指标（W/m²）	15 ～ 40W（每户 1 ～ 4kW）	30 ～ 80	20 ～ 80

三、电力与电源规划

村庄供电电源应选择区域电力系统进行供电，注重利用乡镇的变电所进行供电，村庄内部供电线路规划为高架线供应。线路走向应结合道路建设，合理组织线路，消除安全隐患。同时，变电站的选择应以县（市）的电力规划为依据，并且符合建站的建站条件，线路进出方便和接近负荷中心，不占或少占农田。

变压器的位置应设在负荷中心，尽量靠近负荷量最大的地方；选址应交通方便，但与道路应有一定的间隔，且不受积水淹没。配电变压器的供电半径以控制在 500m 内。

四、供电线路布置

供电线路布置应符合以下规定：

（1）便于检修，减少拆迁，少占农田，尽量沿公路、道路布置；

（2）为减少占地和投资，宜采用同杆并架的架设方式；

（3）线路走廊不应穿越村庄中心住宅、森林、危险品仓库等地段，避开不良地形、地质和洪水淹没地段；

（4）变电站出线宜将工业线路和农业线路分开设置；

（5）线路走向尽可能短捷、顺直，节约投资，减少电压损失。

（6）供电线路的选择，高压线走廊架在空旷无建筑物的地段上，低压线路要注意和道路、渠道相配置；线路要短捷、避开经过村庄建筑物、减少与交通干线、河流以及其他工程管线交叉。

五、供电变压器容量

供电变压器容量选择应根据生活用电、乡镇企业用电和农业用电的负荷确定。

（1）生活用电负荷的估算标准：无家用电器时为每户 100 ～ 200W；少量家用电器时为每户 400 ～ 1000W；较多家用电器时为每户 1000 ～ 1600W。

（2）乡镇企业用电负荷应根据工业性质及规模进行计算。

（3）农业用电负荷估算标准为每亩 10 ～ 15W。

第六节 农村新社区的其他工程规划与设计

一、社区景观规划

农村新社区景观规划的研究，在不同的学科和领域有不同的内涵界定，具体概念如下：

从地理学（Geography）的角度，农村新社区景观是具有特定景观行为、形态和内涵的景观类型，是聚落形态由分散的农舍到能够提供生产和生活服务功能的集镇所代表的地区，是土地利用粗放、人口密度较小、具有明显田园特征的地区。农村新社区景观表现为一种格局，是历史过程中不同文化时期人类对自然环境的干扰。它主要表现在以下几个方面：（1）从地域范围来看，农村新社区景观是泛指城市景观以外的，具有人类聚居及其相关行为的景观空间；（2）从景观构成上来看，农村新社区景观是由聚居景观、经济景观、文化景观和自然景观构成的景观环境综合体；（3）从景观特征上看，农村新社区景观是人文景观与自然景观的复合体，人类的干扰强度较低，景观的自然属性较强，自然环境在景观中占主体地位，景观具有深远性和宽广性；（4）景观规划区别于其他景观的关键，在于农村新社区以农业为主的生产景观和粗放的土地利用景观，以及农村新社区特有的田园文化和田园生活。

从景观生态学（Landscape Ecology）的角度，农村新社区景观是指农村新社区地域范围内不同土地单元镶嵌而成的复合镶嵌体，它既受自然环境条件的制约，又受人类经营活动和经营策略的影响。嵌块体的大小、形状在配置上具有较大的异质性，兼具经济价值、社会价值、生态价值和美学价值。景观生态学把农村新社区景观看作一个是由村落、林草、农田、水体、畜牧等组成的自然—经济—社会复合生态系统。认为农村新社区景观的一个主要特点是大小不一的居民住宅和农田混杂分布；既有居民点、商业中心，又有农田、果园和自然风光。

从环境资源学（Environmental Resource）的角度，农村新社区景观是可以开发利用的综合资源，具有效用、功能、美学、娱乐和生态五大价值属性的景观综合体。

从农村新社区旅游学（Rural Tourism）的角度，农村新社区景观是一个完整的空间结构体系，包括农村新社区聚落空间、经济空间、社会空间和文化空间，它们既相互联系、相互渗透，又相互区别，表现出不同的旅游价值。

1. 农村新社区景观规划及其内涵

（1）农村新社区景观规划

农村新社区景观的发展通常分为三个阶段，即原始农村新社区景观、传统农村新社区景观和现代农村新社区景观。从根本上讲，原始农村新社区、传统农村新社区是一个自给自足、自我维持的内稳定系统，人地矛盾尚不突出，农村新社区景观是人类与自然环境相互作用自然形成的，还谈不上规划。目前，我国正处于由传统农村新社区景观向现代农村新社区景观的转变过程中，人地矛盾突出，需要通过合理的规划进行有效的资源配置。

由于我国巨大的人口压力，长期以来人地矛盾突出，农村新社区景观中自然植被斑块所剩无几，生态环境恶化，农村新社区经济落后，景观面貌混乱……景观规划所要解决的首要问题是如何既要保证人口承载力又要维护生存环境，其次是如何有效利用农村新社区景观资源发展经济，再者是保护农村新社区景观的完整性和地方特色，营造良好的农村新社区人居环境。

因此，农村新社区景观规划是应用多学科的理论，对农村新社区各种景观要素整体规划与设计，保护农村新社区景观完整性和文化特色，营造良好的农村新社区人居环境，挖掘农村新社区景观的经济价值，保护农村新社区的生态环境，实现农村新社区生产、生活和生态三位一体的发展目标，即促进农村新社区的社会、经济和环境持续协调发展的一种综合规划。

（2）农村新社区景观规划的内涵

根据农村新社区景观规划的发展目标，农村新社区景观规划的核心包括以农业为主体的生产性景观规划、以聚居环境为核心的农村新社区聚落景观规划和以自然生态为目标的农村新社区生态景观规划。

2. 农村新社区乡村景观

农村新社区的景观不仅具有朴素的自然美，而且它和人们平凡的生活保持着最为直接和紧密的联系。根据乡村的功能要求、景观要求和经济条件，创造出优美的极具特色的乡村景观艺术形象，无疑是农村新社区建设中不可或缺的重要组成部分，也将为社区增添一道亮丽的色彩。乡村景观是具有特定景观行为、形态、内涵和过程的景观类型，是聚落形态由分散的农舍到提供生产和生活服务功能的集镇代表的地区，是土地利用以粗放型为特征、人口密度较小，具有明显田园特征的景观区域。根据多学科的综合观点，从空间分布和时间演进的角度看，乡村景观是一种格局，是历史过程中不同文化时期人类对于自然环境干扰的记录，一方面反映着现阶段人类对环境的干扰，另一方面其年代久远，也是人类景观中最具历史价值的遗产。景观包括农业为主的生产景观和粗放的土地利用景观以及特有的田园文化特征和田园生活方式。因此，乡村景观建设是一个长期的过程，需要分层次、分类型、分阶段逐步完善。

3. 农村新社区旅游景观

随着城市化快速发展，城市人口增多，以及交通拥挤、环境污染，城市人希望到郊区农村观光旅游，这为发展城郊观光休闲农业提供了市场需求。应抓住城市这个目标市场，积极发展现代都市型的农业旅游和休闲产业。用经营文化、经营社区的理念来发展农业旅游景点。因为开展农业旅游可以减少农产品中间流通环节，有高附加产值，并可带动农产品销售、餐饮住宿、休闲购物、观光度假及其他旅游活动（如垂钓、农家乐）的发展而产生乘数效应。应大力加强农业旅游与休闲产业设施的建设与发展，这是立足城郊资源优势，调整农业、农村产业结构的重要基础步骤之一。农业部门应重视发展农业旅游，并成立相应的管理机构，组织、规划、研究推动农业旅游的发展，为发展农村这一新型产业提供组织保证。要加强与旅游部门的合作，促进农业与旅游的结合。所以，农业部门和园区经营者应积极与旅游部门联系，开展旅游合作，建立农业旅游网络体系。

4. 农村新社区景观规划的原则

（1）按照规划先行的原则，统筹城乡发展。规划要尊重自然，尊重历史传统，根据经济、社会、文化、生态等各个方面的要求进行编制。

（2）规划的内容要体现因地制宜的原则，延续原有乡村特色，保护整体景观；体现景观生态、景观资源化和景观美学原则，突出重点、明确时序、适当超前。

（3）坚守乡村文化、民族文化精神，承认差异，宽容差异，倡导个性。要研究历史化、民族化、乡土化、个性化等问题，对海外而言要能体现中国特色，对国内而言要体现地方特色和民族特色，对本地而言要体现自我特色。

（4）积极发掘景观环境中的民族文化资源，从文化个性培育的视角，要求将民族文化传统中的优秀成分，转化成在当代具有全球意义的文化价值资源，进而对世界文化做出独特贡献。民族的才是世界的，一种文化只有与时代相适应，跟上时代前进的步伐，才能是一种有生命力的文化，一种根深叶茂的文化。

二、田园规划设计

1. 田园

田园是指土地的统一规划设计，要因地制宜地对于农业用地、建设用地以及待开发整理的土地进行统一安排。对于农业用地本着宜农则农、宜林则林、宜牧则牧的原则，合理安排各项用地。对于建设用地要按照建设的需求，划定宜建区、限建区和禁建区。对于划定的基本农田、生态建设用地、生产防护用地、水源保护地不允许搞非农业建设，属于禁建区。在有条件的地方要搞好农田基本建设，搞好农田规划设计，按照规划逐步地建设，最终实现农田最佳利用方式，做到土地的最大产出效益。

2. 农田防护与生态环境保护工程

高标准基本农田建设项目是为了加强农田建设，提高农田的耐涝、抗旱能力，加强农田抵抗风沙灾害的能力。通过基础设施配备工程，改善农田生态环境，对基本农田起到保护作用。

3. 基本农田建设目标

（1）在"缺什么，补什么"的总体原则下，通过项目建设，完善农田基本设施，整修项目区内道路，改进完善电力工程，加强农田排水灌溉工程，使得农田生产更加科学合理，从而降低生产成本增加收入，完成高标准基本农田建设任务。

（2）通过项目实施，优化土地利用布局，合理加强农田基础设施建设，田间基础设施占地率不高于 8%，基础设施使用年限不低于 15 年。

（3）建成后耕地质量达到较高等别。

（4）改善电力工程，通过电力改善使得电力满足生产需求。

（5）重点加强道路整修，将影响农业生产的现状土路进行硬化，对坑洼不平的已经被破坏的道路进行修整。

（6）通过项目实施，完善基础设施，改善区域农业生产条件，提高抗灾能力，提高耕地质量，提升粮食产量，增加农民收入，使土地资源得到可持续利用。

（7）通过项目实施，耕地集中连片，发挥规模效益，促进土地适度规模经营，打造优质作物种植板块，大力促进现代农业发展。在项目实施过程中，摸索建立健全制度体系，探索形成高标准建设、高标准管护、高标准利用高标准基本农田的长效机制的渠道，使得高标准基本农田建设和保护工作再上新台阶。

4. 基本农田规划设计任务

基本农田保护规划以区域自然条件和社会经济综合发展情况为背景，按照土地适宜性评价结果和土壤改良措施、水利设施完善等农业基础工程要求，在尽可能利用原有的排灌系统和道路等基础设施的前提下，完善项目区道路系统，以提高农业现代化经营条件、提高耕地质量，改善农民生产生活条件，提高农民收入，以促进农民脱贫致富和新农村建设为目标，将土地整理与社会主义新农村建设结合起来。具体目标为：完善农田基础设施，提高耕地质量和土地综合生产能力。通过田间道路等基础设施建设，改善当地的农业生产条件，降低农业生产成本，提高农作物产量。按照《高标准基本农田建设技术规范》NY/T 2049—2016 的要求，确定规划方案，对项目区进行道路综合配套，使项目区成为高产农田。最终通过规划的实施将项目区建设成为一个经济效益、生态效益、社会效益相统一，农、牧协调发展的高产高效农业区。

三、林业与林业工程

1. 林业与林业工程

这里所说的林业是指农村社区田地中的生态绿化建设，主要包括生产防护林、田间林带、农村新社区绿化的林地和果园。果园是农村主要农产品之一，在一些适宜发展果园的地方是重要的经济林，也是农村社区主要收入；生产防护林是一些区域为了防止自然灾害及人为的污染、满足育种的需求作出的生产的安排；林带是农田基本建设的需求。因此在社区规划设计中必需因地制宜地安排各类用地和适合当地发展的树种。

根据农业环境保护目标，对规划区域内的宜林宜草荒山、荒地、荒坡、荒滩面积进行普查统计，划出范围，利用一切可利用的地方进行绿化，提高植被覆盖率；对于水土流失、草场退化、土地沙化严重的地区，会同有关部门划出退耕还林、还耕还牧区域；对林业用地、各种防护林、道路、农田林网等采取相应的绿化措施；制定并执行相关法规，提出相应的管理措施，以保护森林植被资源，提高绿化覆盖率。

根据调查资料，划定基本农田、林地生产基地、基本牧场、渔业生产基地、果、茶、桑、药生产基地和蔬菜基地的范围，制定保护措施，严禁改作他用。

对其中一些重点保护的生产基地，划定保护级别、保护范围，制定污染控制标准和控制措施。

2. 林果—粮经立体生态模式及配套技术

这一模式在国际上统称为农林业或农林复合系统，主要利用作物和林果之间在时空上利用资源的差异和互补关系，在林果株行距中间开阔地带种植粮食、经济作物、蔬菜、药材乃至瓜类，形成不同类型的农林复合种植模式，也是立体种植的主要生产形式，一般能够获得较单一种植更高的综合效益。我国北方主要有河南兰考的桐粮间作、河北与山东平原地区的枣粮间作、北京十三陵地区的柿粮间作等典型模式。主要技术有立体种植、间作技术等。配套技术包括合理密植栽培技术、节水技术、平衡施肥技术、病虫害综合防治技术。

我国农田林网生态模式与配套技术也可以归结为农林复合这一类模式中。主要指为确保平原区种植业的稳定生产，减少农业气象灾害，改善农田生态环境条件，通过标准化统一规划设计，利用路、渠、沟、河进行网格化农田林网建设以及部分林带或片林建设，一般以速生杨树为主，辅以柳树、银杏等树种，并通过间伐保证合理密度和林木覆盖率，这样便逐步形成了与农田生态系统相配套的林网体系。主要技术包括树木栽培技术、网格布设技术。配套技术包括病虫害防治技术、间伐技术等。其中以黄淮海地区的农田林网最为典型，黄淮海平原地区灾害性天气较多，如台风、干热风、春旱、早霜等自然灾害直接危及农作物的产量，营造农田林网可以降低风速，减少土壤风蚀，增加林网地区的空气湿度，减少自然灾害发生的频率，改善农业生态环境，保障农业高产稳产。

3. 林果—畜禽复合生态模式及配套技术

主要在林地或果园内放养各种经济动物，放养动物以野生取食为主，辅以必要的人工饲养，生产较集约化养殖更为优质、安全的多种畜禽产品，接近有机食品。主要有林—鱼—鸭、胶林养牛（鸡）、山林养鸡、果园养鸡（兔）等典型模式。

主要技术包括林果种植和动物养殖以及种养搭配比例等。配套技术包括饲料配方技术、疫病防治技术、草生栽培技术和地力培肥技术等。以湖北的林—鱼—鸭模式、海南的胶林养鸡和养牛最为典型。

第七节　农村新社区防灾设施规划

农村新社区防灾工程规划包括消防工程规划、防洪工程规划、抗震工程规划、地质灾害防治工程规划、生命线系统防灾工程规划等内容。

对于农村新社区的防灾要坚持以防为主、防抗救相结合的方针，坚持常态减灾与非常态救灾相统一，全面提高抵御各类灾害综合防范能力。加强农村新社区自然灾害监测预报预警，解决农村新社区预警信息发布"最后一公里"问题。加强防灾减灾工程建设，推进实施自然灾害高风险区农村困难群众危房改造。全面深化森林、草原火灾防控治理。大力推进农村公共消防设施、消防力量和消防安全管理组织建设，改善农村消防安全条件。推进自然灾害救助物资储备体系建设。开展灾害救助应急预案编制和演练，完善应对灾害的政策支持体系和灾后重建工作机制。在农村新社区广泛开展防灾减灾宣传教育。

一、防洪工程规划设计

1. 防洪工程概述

我国众多农村新社区地处沿江沿河，为了充分利用自然水资源，我们的祖先多将农村新社区依水而建。水资源可以提供饮用水源、舟楫之利、灌溉排水之便；而我国大多地区属于季风气候区，降水的季节变率、年际变率均是变化区间较大的区域，往往形成洪涝灾害，在山地、丘陵地区还会产生山洪、泥石流等自然灾害。所以，防洪的抗灾任务是历代社会的突出问题，近年来，我国大江南北屡屡发生洪涝灾害，给人们的生产生活带来了巨大的损失，已充分说明了洪涝灾害的危害。因此，农村新社区建设规划中必须要考虑防洪工程的规划设计。

防洪工程包括防洪堤、截洪沟、防洪闸、排涝泵站等设施。防洪系统工程是采用综合措施来达到目的的，如避、拦、堵、截、导等各种方法，抗御洪水和潮汐的侵袭，排除涝灾，保护农村新社区的安全。

2. 防洪工程规划的原则与依据

（1）防洪工程规划的原则：应遵循全面规划、综合治理、统筹兼顾、因地制宜、因害设防、防治结合、以防为主的基本原则。

（2）防洪工程规划的依据：明确新社区防洪基本情况与问题，首先必须以所属乡镇的总体规划和所在江河流域防洪规划为依据；详细了解历史暴雨和洪水情况，设计洪水位和潮水位，明确本村所处不同水体位置的特点，制定防洪工程规划和防洪措施。

3. 防洪工程规划的标准与措施

（1）防洪工程规划的标准

1）参照《防洪标准》GB 50201—2014 的有关规定，综合当地的实际情况，如人口规模、经济社会发展的需要，受灾后造成的影响、经济损失、抢险难易程度以及投入的可能性，因地制宜合理选定。

2）防洪标准农村新社区防洪设计洪水位频率采用 2% ～ 5%，相应的洪水位重现期为 20 ～ 50 年。沿江河湖泊的农村新社区防洪标准，应不低于所处江河流域的防洪要求。邻近大型工矿企业、交通运输设施、文物古迹和风景区等防护对象的农村新社区，当不能分别进行防护时，应按就高不就低的原则，执行其中高的防洪标准。

3）防洪标准参照因素防洪标准要符合和服从当地江河流域规划的总要求，不能从单体规划设计；附近有大型工矿企业、交通运输设施、水利工程设施和文物古迹时，参照它们的防洪规划和有关规定执行；防洪堤坝设计防水位时，要考虑大风带来的浪高的因素；在有潮汛影响的地方，要充分考虑潮汛给最高水位带来的影响；对于山区，要研究当地的暴雨的影响，计算暴雨的强度，推算流量、流速、水位等因素，作为修筑堤坝的依据。

（2）防洪工程规划的措施

1）防洪工程是农村新社区规划的重要组成部分，也属于农村新社区基础设施建设的重要内容。防洪规划设计要和农村新社区的农田水利工程建设、水土保持以及植树造林综合安排。

2）防洪措施：农村新社区必须强调防洪意识，贯彻防洪全面规划、综合防治、防治结合、以防为主的方针，遵循工程措施与非工程措施相结合，河道治理与美化环境相结合的原则，立足防大洪，抗大涝，做到有备无患。

3）设立专门防洪机构，负责防洪设施维修、管理、监督、检查工作，根据防洪规划，修建围村埝、安全庄台、避水台等安全设施，其位置应避开分洪口、主流顶冲和深水区，其安全超高应符合表6-20和表6-21的要求。同时，禁止向河道、堤上倾倒垃圾，在河道管理范围内修建阻水设施，按照"谁设障，谁清理"的原则，彻底清查，对破坏堤防设施的单位和个人进行严厉处罚。

避洪安全设施的安全超高 表6-20

安全设施	安置人口（人）	安全超高（m）
围村埝、保庄圩	地位重要，防护面积大，人口≥10000的密集区	＞2.0
	≥10000	2.0～1.5
	1000～10000	1.5～1.0
	＜1000	1.0
安全庄台、避水台	≥1000	1.5～1.0
	＜1000	1.0～1.5

乡村防护区等级与防洪标准 表6-21

等级	防护区人口（万人）	防护区耕地面积（万亩）	防洪标准[重现期（年）]
I	≥150	≥300	≥200
II	150～50	300～100	200～100
III	50～20	100～30	100～50
IV	≥20	≥30	50～20

4）对河流进行疏浚河道、修筑堤防、清除河障，使其恢复行洪能力；完成大堤的整修、加固，以达到相应设防标准。加强防洪、排涝设施建设，城区排水实施雨污分流，完善雨水排放系统，整治、疏通、恢复原有官道沟排能力。

5）制定防洪调度运行方案，落实汛期各部门责任，保障防洪调度运行方案的实施，以避免或减少洪涝灾害所造成的损失。沿河农村新社区修建护河堤坝，有条件的可搬迁至安全区域，并借搬迁机会实现农村新社区生产、生活环境的治理。

6）位于江河湖泊边缘的农村新社区规划要求上游以蓄水分洪为主，中游以加固堤防为主，下游应增强河道的排泄能力为主；位于山洪区的农村新社区应依据山洪沟分段治理，山洪沟上游的集水坡地治理应以水土保持措施为主，中流沟应以小型拦蓄工程为主；沿海农村新社区还应做出风暴潮、海啸及海浪的防治对策。

4. 防洪工程规划设计

（1）沿江沿河农村新社区防洪工程规划设计

沿江沿河的农村新社区分布比较广泛，这些农村新社区的防洪规划设计应与区域防洪规划一起统一安排。要以城镇防洪工程为主，与江河的上游、下游、左岸、右岸统筹兼顾，根据河网的状况，可采取分片封闭或区域封闭的方式进行防洪，通过湖泊、水库的防洪闸、防洪堤等设施进行统一部署；农村新社区防洪要遵循泄蓄兼顾，以泄为主的原则，当沿江沿河农村新社区用地范围标高低于防洪标准时，要加固河岸、修筑防洪堤坝、设置防洪闸和排涝泵站等措施；防洪设施要与其他市政设施相协调，统一部署。

（2）山区社区防洪工程规划设计

一是与流域防洪规划相结合，农村新社区的防洪规划要与流域的防洪规划融为一体，把农村新社区的防洪规划与区域小流域治理结合在一起；二是工程措施与生物措施相结合，一般山区洪水灾害较严重的地方，水土流失比较严重，沟壑发育，所以治理防洪应是工程治理，如修筑谷坊、跌水、截洪沟、排洪沟和堤防等工程，生物措施则是植树造林、种草，控制水土流失，消除山洪危害；三是排洪渠道与截洪渠道相结合，农村新社区位于山前，往往是多个沟头的出山口，相对应的是坡度较大，所以，要采用截洪沟与排洪沟相结合的措施保障洪水的畅通。

（3）沿海农村新社区防洪工程规划设计

沿海农村新社区主要是防潮汛的工程设计。所以，各地因潮汐的潮型、潮差变化较大，工程设计的区别也大。一般要做到以下几点：一是准确测算最高潮位和风浪侵袭高度，特别是注意天文大潮和最大风力形成的潮汐，据此设计防洪堤坝；二是尽可能与天然海岸线相协调，天然海岸线一般稳定，是在长期抗侵蚀中形成的，具有一定的抗灾能力；三是要符合农村新社区规划，与农村新社区建设相协调，防洪堤坝与其他市政建筑一体化，增加农村新社区整体景观；四是因地制宜选择防潮工程结构形式和消浪设施，降低建筑成本，如海岸线平缓，修防潮堤时应优选用坡式堤护岸；而在坡陡、水深浪大时，应采用重力护岸；在防潮构筑物上设有防浪墙时，其迎风面宜做成反弧形，使风浪形成反射，降低堤顶高度。

关于农村新社区的防洪规划设计应和当地的江河整治规划、农田水利建设规划、水土保持规划以及植树造林规划设计结合在一起，统筹考虑，减少投入和降低成本。

二、抗震工程规划设计

1. 抗震规划设计概述

（1）地震概述

我国不少地区是地震高发区，也是世界上地震灾害最为严重的国家之一，据有关统计，我国地震死亡人数占全世界地震死亡人数的55%；20世纪中期，全球造成死亡人数达20万人以上的大地震均发生在我国，一次是1920年宁夏海原8.5级大地震，死亡23.4万人；另一次就是1976年7月28日唐山7.8级大地震，死亡24.4万人。新中国成立以来，由于地震造成的死亡人数占各种自然灾害死亡人数的54%，地震成为各种灾害死亡人数最多的灾害。2008年"5·12汶川大地震"所造成的巨大损失给人们留下深刻印象。所以，农村新社区建设规划时必须注重抗震规划。要根据区域地震规划和历史上地震发生的状况，对建筑要有抗震设计，对居住区设计地震滞留区，以减少地震带来的损失。

根据《中国地震动参数区划图》GB 18306—2015的数据，农村新社区应查明本区域所对应的基本烈度区。

要求农村新社区建设加强抗震措施，重要设施及生命线工程按提高一度设防。农村新社区内的公共绿地为震时主要避震场所，任何单位和个人都不得随意占用。道路的宽度要保证震时救灾的需要。建筑物结构设计必须满足要求，主要电力、通信、供水、交通等基础设施在基本烈度地震发生时，应保持正常运行。

（2）防震抗震的主要内容

农村新社区防震抗震的主要内容包括：一是农村新社区抵御地震灾害的能力较差，由于地震带有偶发性，平时防震抗震的意识观念较差，对于防震抗震的预防不到位，具体措施落实难度较大，所以这方面准备不足，平时要加大宣传教育力度；二是防震抗震减灾规划应建立建设用地评估、明确工程抗震，采取相应的建筑措施，满足建筑物适应一定级别的地震；三是制定地震应急预案，做到发生地震时有所应对。

2. 抗震规划设计的标准

（1）抗震标准

1）抗震设防要求　所谓抗震设防的要求是指农村新社区建设时对于地震灾害的一种预防措施，它包括两层含义：一是对于多地震地区，在建设规划设计时要有抗震的规划设计，按规划设计进行施工；二是对于已建成的建筑物进行加固，增加抗震性能。

新建、扩建、改建的建设工程的抗震设计一般要遵照《中国地震动参数区划图》GB 18306—2015 的规定进行设计。对于生命线及重大工程必须进行地震安全评估。

2）抗震通用规范标准　地震通用标准包括生命线工程抗震设计、抗震鉴定标准。抗震设计标准适用于新建、扩建工程；抗震鉴定标准适用于现有的建筑物的抗震鉴定与加固设计。

3）抗震规划标准　国家发布的抗震规划标准及相关规定主要有：《城市抗震防灾规划标准》GB 50413—2007、《中国地震动参数区划图》GB 18306—2015、《城市抗震防灾规划管理规定》等。

4）建筑抗震标准　国家发布的建筑抗震标准主要有：《建筑工程抗震设防分类标准》GB 50223—2008、《建筑抗震设计规范》GB 50011—2010、《建筑结构可靠度设计统一标准》GB 50068—2001、《构筑物抗震设计规范》GB 50191—2012、《建筑抗震鉴定标准》GB 50023—2009《构筑物抗震鉴定标准》GB 50117—2014 等。

5）生命线工程抗震标准　国家及有关部门发布的生命线工程抗震标准主要有：《铁路工程抗震设计规范（2009 年版）》GB 50111—2006、《水电工程水工建筑物抗震设计规范》NB 35047—2015、《电力设施抗震设计规范》GB 50260—2013、《室外给水排水和煤气热力工程抗震设计规范》JT 32—78 等。

（2）抗震专用标准

工程抗震的专用标准是根据工程的特点，在通用标准的基础上所做出的具体化规定或补充措施规定。主要有：《冶金工业设备抗震鉴定标准》YB/T 9260—1998 等。

3. 抗震常规措施

（1）农村新社区建筑物抗震防灾措施

1）全面规划，科学建设；避免地震时发生次生灾害，譬如火灾、爆炸等现象发生；

2）尽量选择对抗震的有利地基和场地；

3）针对不同的地基和场地，选择技术先进、经济合理的抗震方案，尽量做到最少损失；

4）建筑物平面造型的长度与宽度比例合适；

5）建筑物平面刚度要均匀；

6）对于建筑物应力集中的地方，构造上要适当加强；

7）加强各部位连接，并使结构和连接部位要有较好的延性；

8）减少房屋一些不必要的装饰物品，减轻地震时宜塌落的东西，减少危害性；

9）减轻建筑物的本身重量，降低建筑物的重心，适当增大楼间距；

10）混凝土强度等级不低于 C20，砂浆号不低于 M5，墙体砖号不低于 MU7.5。

（2）农村新社区线路系统抗震防灾措施

农村新社区的生命线包括交通线路、通信线路、供电线路、给水排水线路、燃气和供暖管线，以及农村新社区中的消防站、医疗机构，防灾措施主要是必须按照相应的标准规范进行建设和规划，以保障震后能正常工作。

4. 抗震工程的规划设计

（1）农村新社区规划中避震减灾措施

农村新社区建设中要注意避震减灾的最为有效的、经济的抗震方案，包括农村新社区建设时的选址要尽量避开地震断裂带、溶洞区、液化土区、滑坡等地质灾害有问题的地方；农村新社区建设时要考虑建筑物之间的间距，可满足地震时人口的疏散；农村新社区建设规划时，要考虑消防通道，一定预留消防车的宽度；同时农村新社区建设要预留一定绿地、广场、停车场作为地震时的人口疏散地。

（2）抗震设施

1）疏散场地　农村新社区内的学校广场、村中心广场、绿地、停车场等场地都可以作为临时疏散场地。因此，在村中间合理布局一定活动空间不仅是为了平时的活动应用，遇到地震时也是救护大家的好处所。疏散场地的规划设计一般要求是：每一疏散场地不小于 4000m²，人均疏散场地面积不宜小于 3m²，疏散人群距离疏散场地不宜超过 500m，主要疏散场地应有临时供电、供水和必要的卫生设施。

2）疏散道路　农村新社区内的各种道路除了与外界沟通外，应还有在地震时疏散人员的功能，防止地震时房屋倒塌，堵塞交通。

3）建筑抗震设防分类和设防标准：

甲类建筑　这类建筑应高于本地抗震级别，遇到一般地震时应是不会受到破坏，确保人身安全。一般设计抗震设防裂度为 6～8 度时不会遭到破坏，那么设计就应大于 9 度，或比 9 度更高。

乙类建筑　建筑物应符合当地设防地震烈度的标准，如本地设防的标准为 6～8 度，当地震发生到该裂度时，基本上不遭受破坏。

丙类建筑　建筑物的设防标准和抗震措施均可以符合本地地震时的要求。

丁类建筑　这类建筑属于辅助建筑，不能满足地震时设防的标准，宜遭到破坏。

总之，地震灾害给人类带来的损失和破坏是严重的，很大程度上不能预测和估算，因此，要在农村新社区规划设计时加倍关切地震灾害带来的损失。

三、消防工程规划设计

1. 消防规划设计概述

1）消防设施的含义　农村新社区的消防设施是指建有消防站、消防给水管网、消防栓、消防通道、消防通信、消防装备等公共设施。消防的主要功能是用于日常的防范火灾，及时发现和扑灭各类火灾，避免或减少火灾的损失。

2）消防设施存在的问题　农村新社区没有消防设施及消防队伍，居民消防意识淡薄；大部分房屋为砖木结构，冬季干燥山体植被绿化较少，冬春防火是重中之重，一旦发生火灾不容易控制。根据《建筑设计防火规范》的规定，规划农村新社区应从以下几个方面进行设防：结合村委会设立消防指挥中心，成立消防小组，准备足够的消防工具；合理安排可靠的防火水源；建筑群沿街长度大于150m时，必须留有不小于3.5m的消防通道；规划考虑利用绿地、广场等作为防灾的避难、疏散用地；加强防火知识宣传，提高村民觉悟。

2. 消防规划设计的标准

（1）消防设施建设依据

关于消防国家制定了一系列标准和法律法规，主要有以下几个方面：

1）《中华人民共和国消防法》（2008年10月28日修订，2009年5月1日施行）；

2）《建筑设计防火规范》GB 50016—2014；

3）《农村 防火规范》GB 50039—2010；

4）《城市消防规划建设管理规定》（1989年9月1日颁布，1990年1月1日施行）。

（2）消防标准

农村新社区一般没有消防规划，在编制农村新社区建设规划时，要把消防规划列入建设规划基础设施中，如规划消防通道，在给水网络中结合道路规划，设计消防用水网点，在居住区内规划消防栓，家户预备小型灭火器等措施。

3. 消防规划设计

（1）消防常规措施

1）坚持以预防为主、防消结合的原则，加强宣传教育，提高防火意识，增强社会消防法制观念；

2）从保障农村新社区安全出发，合理布局易燃易爆工业企业、仓库、堆场的位置；

3）合理布局农村新社区消防站、给水管网、消防栓等消防器材；

4）正确规划设计消防通道，安排消防车的进退道路；

5）保证消防预报系统、指挥系统通信畅通；

6）农村新社区打谷场要设计在村外，打谷场之间和其他建筑物之间距离不小于25m，打谷场一般要远离高压线，并应靠近水源地；

7）林区的农村新社区和独立设置建筑物与林区边缘间的消防安全距离不得小于300m。

（2）消防工程规划设计

1）消防安全布局规划　消防的布局规划设计是从建设规划设计时注意的要求。一是对于易燃易爆企业、仓库、谷场、堆场要单独设计，隔离开来；散发可燃气体、可燃蒸汽、可燃粉尘的场所要按排在下风向，并保持一定防火距离；对于农村新社区中液化石油气供应站、汽车加油站、天然气调压站都要设计在安全范围内，并采有安全措施；建筑物设计要有耐火性能，一般设计建造一、二级耐火等级建筑，控制三级建筑，严格限制四级建筑；对于原农村新社区中已建成的耐火等级低、相互毗邻的建筑物应进行合理的改造。

2）消防给水规划设计　农村新社区建设要规划设计消防给水设计。水源可根据当地情况而定，一是用地表水源，要设计通往水源地的通道；二是用地下水，往往是和饮用水源供水系统为一个管道，管道设计要留有消防用水的供应量，并应设计一定的消防栓。各种消防用水量详见《建筑设计防火规范》GB 50016—2014。

3）消防站的规划设计　结合本村的人口、工业、商业、建筑以及道路、水源、地形等情况而定。一般农村新社区不会设置消防站，要和小区域规划协调安排。

4）消防通道的规划设计　消防通道是农村新社区建设必须考虑的因素，旧社区因道路狭窄，交通不便，影响火灾的救助行动，从而造成严重损失，所以，新社区建设一定要把消防通道规划设计到农村新社区规划中。消防通道规划设计之间距离不宜超过160m，路面宽度不低于4m，通道上空高度净高不低于4m。

四、地质灾害防治工程规划设计

1. 地质灾害防治工程规划概述

（1）地质灾害的概念

地质灾害包括自然因素或者人为活动引发的危害人民生命财产和财产安全的山体滑坡、崩塌、泥石流、地面塌陷、地裂缝、地面沉降等与地质作用有关的灾害。

地质灾害的防治工作应坚持以预防为主、避让与治理相结合的原则。

（2）地质灾害防治规划的内容

地质灾害防治规划设计应包括以下几点：

1）地质灾害现状以及发展趋势预测；

2）地质灾害的防治原则与目标；

3）地质灾害易发区、重点防治区；

4）地质灾害的防治项目；

5）地质灾害的防治措施。

2. 地质灾害防治工程规划设计

（1）地质灾害防治的意义与作用

1）地质灾害防治的意义　地质灾害的破坏作用是多方面的，首先是会造成严重的人员伤亡，其次是造成工程设施的毁坏，还会造成资源环境的破坏。就其危害分析，不仅是灾害本身所造成的损失，还会产生一系列的严重后果。因此，有效、积极地预防地质灾害不但对保护人民的生命财产安全具有重要的现实意义，而且对于促进区域经济社会可持续发展也具有深远的意义。

2）作用　地质灾害防治规划是人们主动预防灾害造成不必要损失的先觉性的设防，这是防止自然灾害的主动措施，因此，在农村新社区建设中必须把防止地质灾害放在重要位置安排。

（2）地质灾害防治的措施

1）对于农村新社区边缘区内的滑坡、崩塌、泥石流地区，应划为禁止建设区，尽量不改变地形、地貌和自然排水系统，不得布置建筑物和工程设施。倘若需要在山体或斜坡地带布置建筑物，应充分利用自然排水系统，妥善处理建筑物、工程设施及其场地的排水，并做好隐患地段地质灾害的防治，应根据气象、水文和地质等条件，对山体或斜坡的稳定性进行评价，并做出用地说明。

2）在斜坡地带进行建设时，应避开可能产生滑坡、崩塌、泥石流地段，并充分利用自然排水系统，妥善处理建筑物、工程措施以及场地的排水，并做好隐患地滑坡、崩塌、泥石流地区防治。

3）对于位于建设规划区内的滑坡、崩塌、泥石流地段，应避免改变其地形、地貌和自然排水系统，不得布置建筑物和工程设施。

4）对于不同区域的地质灾害，要坚持合理利用土地资源、水资源、矿产资源、生物资源，避免过度开发。要采取积极的防护措施，如植树造林、治山治水、涵养水源、防止水土流失，要在开发中注意保护，在保护中合理开发。

（3）不同类型地质灾害防治的措施

1）滑坡灾害　对于滑坡地质灾害要从两个方面进行防治：一是采取工程措施进行加固工程，利用支挡办法防护受灾体，再运用消坡减重、坡脚加填；修建排水沟；开挖渗井、设置排水渗管、实施排水钻孔；修建防滑桩、抗滑墙；实施锚固的办法等，来加固滑坡体。二是避灾的办法，农村新社区建设要避开滑坡地段，已建成的农村新社区必要时可以搬迁。监测预报的方法是注意地面观测、形变测量、短基线测量；降水量测量、水文与地下水动态监测等。

2）崩塌灾害　崩塌灾害的防治办法：一是积极避灾，农村新社区建设选址避开这些地方，已建成的农村新社区要逐渐搬离危害区；二是采取防治措施拦截、遮挡，如清除危岩、部分消坡、排水防渗、加固工程以满足抗灾需求。监测预报的方法是注意地面观测、形变测量、地倾斜测量；雨量测量、地下水动态监测等。

3）泥石流灾害　积极的方法是建设时避开灾害区，已建成农村新社区要逐渐搬迁；采用工程措施进行防治，如植树造林、保护水土；拦挡工程、疏导工程、停淤工程、沟道整治工程等措施。监测预报的办法是遥感监测、雨量监测、水文动态监测。

4）地面塌陷　地面塌陷的灾害主要是人为引起的，所以在建设农村新社区时注意到地下采矿的情况，不要在这些地方搞建设，已建成的农村新社区要搬迁；防治措施是在采矿区进行必要的回填，留置安全矿柱，村周边设置排水渠等。监测预报的办法是地下水监测、水文动态监测。

5）膨胀土胀缩灾害　这种灾害首先在选址时不要选在这些地方，对于已建成的农村新社区要进行建筑物形变监测，预防造成危害。防御措施是修建排水设施，防止地表水大量渗入；合理开采地下水，避免地下水大幅度升降，保持土层相对稳定的湿度。

6）地面下沉灾害　防避的办法是在严重时，搬迁农村新社区；防治与削弱灾害强度的办法是采用灌浆改变地基结构和托换技术。其预测的办法是进行水准测量、地下水监测、水文动态监测等方法。

这些地质灾害均是在较大范围内存在，因此，地质灾害的预防与治理要重点从整个区域内进行考虑，对于个别农村新社区的特殊情况则是因地而异，根据农村新社区建设的不同阶段进行合理的安排。

第七章　农村新社区建设规划与设计

第一节　农村社区建设规划综述

一、农村新社区建设规划的概念与分类

1. 农村新社区建设规划的概念

农村新社区是经过统一规划、统一建设、具备完善的基础设施和公共服务设施的村民居住区。对于多个农村新社区合建形成的社区，新社区要选择在人口集中、规模较大、经济实力较强、设施较为完备，有一定服务半径，能起到带动周围边建设和发展的居住区。

农村新社区建设规划与新社区村域规划均属于新社区规划，前者侧重于多村村民居住位置的规划，后者侧重于多村综合区域规划。由于农村新社区类型较多，例如镇区内城中村整体改造型社区、多村农村新社区合并型社区、迁移新建型社区等，应该按照因地制宜，分类施策，对于新社区的各类规划参照《镇规划标准》酌情调整，可适当提高规划编制标准。

农村新社区在建设方面缺失严格的标准，基础设施、公益设施建设要参照村镇建设标准安排。但由于农村社区规模小、设施配备相对较低，公益设施尽可能"一职多用"的原则进行规划设计。

2. 农村新社区建设规划的分类

按照县域镇村体系规划划分情况，依次确定为：集镇、中心村和基层村，按照此层级体系进而确定用地空间布局和人口规模结构，合理布置区域基础设施和公共服务设施。

集镇：一般认为是区域规模较大，具有一定经济规模的集镇。人口规模为 0.5 万～ 2 万人。

中心村：一般是乡镇区域范围内从事农业、工业和第三产业比较发达的居民点，至少是 1 个行政村管理机构所在地，拥有服务本农村新社区和相邻农村新社区的基础设施或服务设施，人口规模为 0.3 万～ 1 万人。

基层村：一般是最基本、最基层的居民点，村民主要从事农业和家庭副业，人口规模多则 3000 ～ 5000 人，少则 1000 ～ 3000 人，甚至更少。

县域镇村体系规划中对各乡镇域内农村新社区空间布局提出具体合并方案，从而确定中心村、保留农村新社区、迁并农村新社区的数量、名单和布局，而这些与农村新社区建设规划密切相关。

二、农村新社区建设规划的内容

农村新社区建设规划的内容主要是从区域角度综合评价社区的发展条件，首先确定社区性质（确定某些特色产业、富民产业、产业方向、产业辐射周边情况），发展目标（经济建设、社会建设、生态环境），规模（人口规模、建设用地规模、环境容量规模）。其次，确定社区建设用地总体形态、发展方向、各项建设用地的合理布局，协调居民点建设用地、

工矿企业等建设用地的比例结构,合理配置各项基础设施和公共服务设施。最后,确定社区近期建设规划和实施政策,明确近期建设用地范围、分期建设计划、建设用地的详细布局、列举主要配套项目、筹措资金来源,根据需求对建设项目要求达到修建性详细规划或工程设计的深度。总之,通过编制新社区建设规划,实施规划,使社区成为用地布局合理、设施配套、功能齐全、环境优美、居住舒适的居民点。

1. 规划编制的具体内容

依托一村或多村建设发展的新社区建设规划编制的具体内容主要有以下方面:

(1)确定规划编制期限,一般为 15～20 年,确定好时间界限,便于进行人口数量、用地面积的确定。

(2)预测社区人口发展规模、社区用地规模、规划建设用地界线。确立社区的性质和发展方向,选立各项用地技术指标。

(3)在对用地的适宜性做出全面综合的评价基础上,确定社区总平面布局,合理划分用地功能分区,综合安排居住、工业、仓储、对外交通、绿地、主要基础设施和公共服务设施等建设用地的空间布局,提出土地利用要求。建设用地分类参照《城市用地分类与规划建设用地标准》进行,以中类为主,小类为辅。

(4)确定社区内道路系统网布局、道路红线宽度、断面形式,控制点坐标、标高,做出竖向规划设计。

(5)对社区内的供水、排水、供电、通信、供热、燃气等基础设施及其工程管线进行具体安排,确定地下管线、架空线路的走向与布置;确定污水和垃圾处理方式;建立消防、环卫等综合防灾减灾系统,综合协调设施布局;划定基础设施用地的控制范围(黄线)。

(6)确定社区中心的位置和布置项目,安排公共项目建设。提出学校、卫生院、文化站、体育健身场所、市场、超市等主要公共服务设施的空间布局。

(7)确定社区绿地系统发展目标与布局,划定镇区各类绿地的保护范围(绿线);划定河湖水面的保护范围(蓝线)。确定社区生态环境保护与建设目标、污染治理措施。

(8)对于有不同级别历史文物建筑的社区,确定历史文化保护的内容、要求,划定历史建筑保护范围(紫线),确定地方特色风貌保护区域及保护措施。

(9)明确近期规划,安排近期投资建设项目,确定人口分布、社区布局方案、建设时序、投资估算;提出住房政策、建设标准和建设模式;确定农村新社区改造的原则和方法,提出土地整理的标准和要求,用地调整的原则,方针和步骤。

(10)提出实施规划的措施和建议,明确规划强制性内容。一般地,规划强制性内容包括:整个村域(多村村域)的禁建区、限建区、适建区的控制范围;规划建设用地范围;道路红线、黄线、蓝线、绿线、紫线的控制范围;主要公共服务设施、综合防灾设施的布局;主要地块的用地性质、建筑密度、建筑高度、容积率、绿地率等控制指标等。

2. 规划编制成果

农村新社区建设规划编制成果一般包括文本、图纸和附件。文本应当规范、准确、含义清晰。图纸内容应与文本一致。附件包括规划说明书、基础资料汇编以及专题研究报告、专家论证意见等。由于各个社区的差异性,社区的规划文件和图纸所要反映的内容也各不相同。

社区建设规划在依托村域现状图、村域用地评价图、村域规划图、村域产业发展图、村域空间管制规划图等图纸，还应包括大比例尺范围内的规划建设用地图纸。

（1）社区现状用地图

根据规模大小，图纸比例可在1：1000～1：5000之间选择。图纸标明风玫瑰、地名、主要街道名称，自然地形地貌，现状各类用地的范围，居住建筑质量，各级道路，对外交通、市政公用设施的位置，文物古迹、风景名胜、历史建筑的地段范围等内容。

（2）社区用地评价图

根据区域的地形、工程地质、水文资料、地下水资源等情况，对土地的使用价值进行综合分析的图纸，根据地质承载力、坡向、坡度，可以分情况、分图纸进行GIS分析，明确适宜建设区域，保证建设活动的科学性。

（3）社区规划总平面图

标明规划建设用地范围内的各项规划内容，合理划分用地功能分区，标明生活居住区的用地界线，行政、科教、文卫等机构的用地界线，车站、码头等对外交通设施、停车场、各级道路用地的界线，变电站、高压走廊、水厂、污水处理厂、垃圾填埋场等设施的用地界线，公共绿地及其他绿化用地界线，大规模的工业仓储用地界限，一般应独立地段单独设置，四周做好防护。其他用地界线，如规划范围内的河湖水系用地、保留的农田、山林等用地，做出合理安排布局，提出土地利用要求。同时，也可以绘制功能结构分析图、道路系统规划图、绿地系统规划图，从而更清楚地表达规划的意图。

（4）道路竖向设计图

标明主次干道交叉点的坐标、标高、转弯半径、道路坡向；标明主次干道的道路横断面与主要管线垂直方向的关系。

（5）工程管线规划图

工程管线规划图分给排水工程规划图、电力电信规划图、供热燃气规划图。标明给水来源、管网、管径；标明污水管网排水体制、管网、管径、排水去向、处理设施；标明电力、电信线路管网平面位置，组织线路；标明供热、燃气管网布置形式、来源、压力等级、管径等内容。

（6）近期建设地块现状图

根据规模大小可在1：500～1：2000之间选择，标明近期建设地段在镇区的位置以及和周围地段的关系，标明自然地形地貌、道路、绿化、工程管线及各类用地和建筑的范围、性质、层数、质量以及人口分布现状等内容。

（7）近期建设规划总平面图

图纸比例同近期建设现状图，标明规划地块的界线、标注主要控制指标，规划建筑、绿地、道路、广场、停车场等位置范围和平面布局。

（8）近期建设效果图

可以分图纸表达，包括重点地段规划设计示意图、多层住宅户型图（平面、立面及透视图）、公共建筑设计图（平面图、立面图及透视图）。

（9）社区土地整理规划图

社区建设规划多数在一村或多村建设用地的基础上发展起来，因此，应统筹规划建设用地的增减状况，拆迁建设用地面积，规划建设用地面积，整合节约建设用地规模情况，提出建设用地使用强度管制分区、建筑密度、建筑高度、容积率、人口容量等相应的控制指标，节约建设用地，落实土地增减挂钩政策，为土地复垦等"多规合一"工作做好基础资料。

三、主要用地布局规划

社区建设规划总平面图内容主要是服务村民生活用途（工业生产类用地独立地段单独设置），因此，社区建设规划主要用地布局集中在居住用地、公共建筑用地（行政办公用地、教育用地、文体科技用地、医疗保健用地、商业金融用地）、道路广场用地、绿地等四类用地中，用地布局严格按照标准规范执行。

1. 居住建筑用地

居住建筑用地要准确分析用地条件，科学确定居住用地布置方向。处理好对外交通与居住建设用地的关系，合理布局，划分不同分区，形成多层区、高层区。

组团以高低错落交叉排列，既要丰富空间，又要满足通风和日照要求。住宅单体设计注重形体的丰富和变化，以求创造美观实用的新型住宅。布置建筑面积应满足人口预测需要，明确容纳人口数、户数。

住宅组团布局结合地形灵活布置，住宅设计遵循适用、经济、安全、美观、节能的原则，符合农村生活特点，尽量利用地方建筑材料。建筑上主要采用南北朝向，尽量采用联排建设形式，节约土地资源。住宅面积应照顾一代居、两代居、三代居的住户要求，进行多居室设计，供群众选用。为适应老龄化社会的到来，在社区中心部位、环境良好地段建设适合老年人居住的老年公寓。

2. 公共建筑用地

公共建筑尽量相对集中布置，形成社区公共活动中心，改善居住环境和社区面貌，增加社区向心力，同时便于社区开展各种小型的文化娱乐活动。在公共活动场所增设垃圾收集点、公厕，提高整个社区的居住环境。

3. 道路广场用地

道路布置上，注意与对外交通道路的衔接、安全问题；社区内道路采用三级路网（主干路、次干路、宅前路）或四级路网（主干路、次干路、支路、宅前路），保证每栋住宅楼都有硬化道路出入。道路断面形式统一采用一块板。所有道路纵向坡度应根据地形条件按0.2% ～ 4% 控制。相交道路的转弯半径可按 2 ～ 5m 控制。

社区内规划布置 2 ～ 3 处广场，为村民提供休闲娱乐的场地，突出强化村民中心的地位，提升社区的景观形象。为满足居民不断提高的生活需求，考虑到汽车的逐步普及，规划房前屋后的闲散用地作为临时性停车场所使用，体育活动场地兼有停车职能。同时鼓励有小汽车或农用车的住户结合车库进行住宅建设。

4. 绿地用地规划

社区绿地包括公共绿地、组团绿地、道路绿地、宅间绿地，形成点、线、面相结合的绿地系统。社区内公共绿地主要是小游园，组团绿地主要集中在各组团的公共中心，绿地内设施亭子、游廊、花架、体育健身器材等设施。道路绿地以乔木种植、灌木搭配为主。宅间绿地均匀分布在建筑物前后，设置简单的座椅和小亭子，利于改善社区景观环境、生态环境及生活环境。

四、用地布局规划控制

为保证各项用地布局科学性、建设强度合理性，规划方案要符合标准规范指标，总结计算用地平衡统计表、经济技术指标表（见表 7-1 和表 7-2）。

社区用地平衡统计表　　　　　　　　　　　　　表 7-1

用地名称	面积（hm²）	比例（%）	人均面积（m²/人）
居住用地			
公共建筑用地			
道路广场用地			
绿地			
其他用地（水域）			
合计		100	

经济技术指标表　　　　　　　　　　　　　表 7-2

名称	单位	数值
总用地面积	hm²	
总建筑面积	万 m²	
居住建筑面积	万 m²	
公共建筑面积	万 m²	
商业建筑面积	万 m²	
建筑密度	%	
容积率		
绿地率	%	
总户数	户（套）	
可容纳人数	人	
户均人口		

第二节　农村新社区基础设施规划

一、基础设施概述

基础设施是指为社会生产和居民生活提供公共服务的物质工程设施，是用于保证国家或地区社会经济活动正常进行的公共服务系统，它是社会赖以生存发展的物质条件。

农村新社区的基础设施与城镇类似，只是规模和形式有所区别，包括交通、水、能源、信息、环境、防灾六大系统，农村新社区的基础设施分类构成见图 7-1。

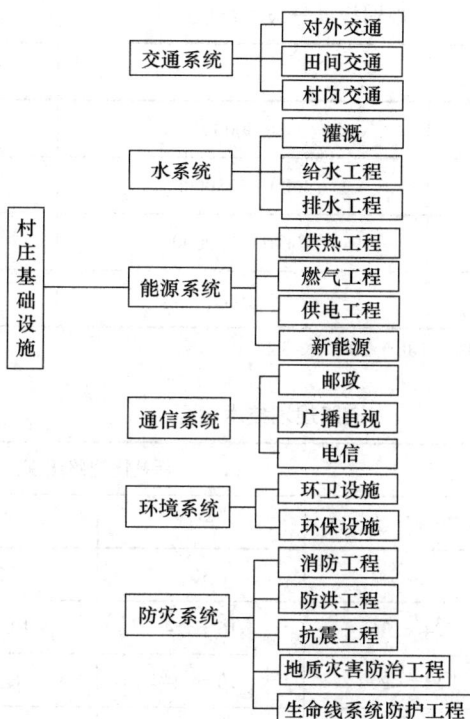

图 7-1　新社区基础设施分类构成图

二、农村新社区的道路交通规划

1. 道路交通规划分类

农村新社区道路交通规划可分为对外交通、田间交通和村内交通三部分。

（1）对外交通规划。农村新社区的对外交通是农村与外界物资交流、能量交流、人员交往的主要渠道，是农村新社区经济社会活动的动脉，它是关系农村新社区经济与社会发展的重要因素。一般来说，农村对外交通是指沟通新社区与等级公路、铁路车站、水运港口、码头的连线。

（2）田间交通规划。田间交通是农民从事农业生产活动必要的基础设施，也属于农村新社区建设的重要组成部分。我国多数农村历史悠久，农田道路是在自然状态下形成的，而且多年保持不变，基本上以泥土路为主。

（3）村内交通规划。村内交通是农村新社区内部的交通，是村民日常出行的基本设施，对农村新社区的规划布局具有重要的影响，包括农村新社区内道路、广场、停车场等设施。

此处，只对村内交通进行分析研究。

2. 农村新社区道路规划

农村新社区道路是新社区各组成部分的联系网络，按农村新社区道路在道路系统中的地位，可分为主干道、次干道、支路等。

参照《镇规划标准》，新社区规划规模应按人口数量分为特大、大、中、小型四级，见表 7-3。所以，新社区道路宜采用镇区标准，分为主干路、干路、支路、巷路四级，道路建设指标参照表 7-4。

规划规模分级（单位：人）　　　　　　　　　　　　表 7-3

规划人口规模分级	镇区	新社区
特大型	＞ 50000	＞ 5000
大型	30001 ～ 50000	3000 ～ 5000
中型	10001 ～ 30000	1000 ～ 3000
小型	≤ 10000	≤ 1000

注：引自《镇规划标准》GB 50188—2007 表 3.1.3。

道路规划技术指标　　　　　　　　　　　　表 7-4

规划技术指标	新社区道路级别			
	主干道	干道	支路	巷路
计算行车速度（km/h）	40	30	20	—
道路红线宽度（m）	24 ～ 36	16 ～ 24	10 ～ 14	—
车行道宽度（m）	14 ～ 24	10 ～ 24	6 ～ 7	5.0
每侧人行道宽度（m）	4 ～ 6	3 ～ 5	0 ～ 3	0
道路间距（m）	≥ 500	250 ～ 500	120 ～ 300	60 ～ 150

注：引自《镇规划标准》GB 50188—2007 表 9.2.3。

道路规划设计的内容参照本书第六章第二节（此处不再重复）。

第三节　给水排水工程规划设计

一、社区用水量预测

社区居民点用水基本上可分为生产和生活用水。居民生活用水量预测按表 7-5 进行算。

村庄居住建筑用水量指标　　　　　　　　　　表 7-5

供水方式	最高日用水量 [L/（人·日）]	平均日用水量 [L/（人·日）]	时变化系数
供水到户	40 ～ 90	20 ～ 70	3.0 ～ 1.8
供水到户、设水厕	85 ～ 130	55 ～ 100	2.5 ～ 1.5
户内设水厕、淋浴、洗衣设备	130 ～ 90	90 ～ 160	2.0 ～ 1.4

1. 给水

供水水源有地表水和地下水水源，要遵照国家制定的饮用水标准对水源地进行选用，对水资源奇缺的地区和水源饮用水不符合标准的，应把饮用水源当作一个硬件建设对待，一定解决农村饮水问题。用水标准见表 7-6～表 7-9。

生活饮用水标准表　　　　　　　　　　　　　　　　表 7-6

分区	居民生活用水定额 [L/（人·d）]					
	城镇		乡镇		中心村	
	最高日用水	平均日用水	最高日用水	平均日用水	最高日用水	平均日用水
一	180～270	140～210	160～250	120～190	140～230	100～170
二	140～200	110～160	120～180	90～140	100～160	70～120
三	140～180	110～150	120～160	90～130	100～140	70～110

工业用水量表　　　　　　　　　　　　　　　　表 7-7

序号	工业名称	单位	用水标准（m³）	备注
1	食品植物油加工	1t	6～30	有进出设备者耗水量大
2	酿酒	1t	20～50	白酒耗水量可达 80m³/t
3	酱油	1t	8～20	
4	制茶	50kg	0.1～0.3	
5	豆制品加工	1t	5～15	
6	果脯加工	1t	30～35	
7	啤酒加工	1t	20～25	
8	饴糖加工	1t	20	
9	制糖（甜菜加工）	1t	12～15	
10	屠宰	每头	1～2	包括饲养栏等用水
11	制革：猪皮 　　　牛皮	每张 每张	0.15～0.3 1～2	
12	塑料制品	1t	100～220	
13	肥皂制品	1 万条	80～90	
14	造纸	1t	500～800	
15	水泥	1t	1.5～3	
16	制砖	1 千块	0.8～1	
17	丝绸印染	1 万 m	180～220	
18	缫丝	1t	900～1200	
19	棉布印染	1 万 m	200～300	
20	肠衣加工	1 万根	80～120	

专业户饲养家禽畜用水量 表 7-8

序号	用水项目		用水量标准 [L/（头·d）]
1	牛	牛奶（人工挤奶）	90
		成牛或肥牛	30 ～ 60
2	马		60 ～ 80
3	猪	母猪	60 ～ 80
		肥猪	30 ～ 60
4	羊		8 ～ 10
5	鸡		0.5
6	鸭		1

农业机械用水量 表 7-9

序号	用水项目	单位	用水量（L/ 单位）
1	柴油机	每 0.735kWh	30 ～ 35
2	汽车	每台每昼夜	100 ～ 120
3	拖拉机或联合收割机	每台每昼夜	100 ～ 120
4	拖拉机拆修保养	每台每次	1500
5	农机小修厂	每台机床	35

2. 社区给水水源选择

给水水源分为地下水和地表水两大类。取水点位置应与输配水管网统筹协调布置。

社区生活饮用水源一般应首先考虑采用地下水。水源的选择应符合以下要求：

（1）水量充足可靠，水源水质符合要求。选择地下水作为水源时，水量充沛可靠，水量保证率要求在95% 以上，不但要满足规划水量要求，且应留有余地。应有确切可靠的水文地质资料，且不得超量开采。

选择地表水作为水源时，水量充沛可靠，不被泥沙淤积和堵塞，应保证枯水期的供水需求，其保证率不得低于90%。在有沙洲的河段，应离开沙洲有足够距离（500m 外），沙洲有向取水点移动趋势时，还应加大距离。

（2）水源卫生条件好，便于卫生防护。应在水质良好地段，符合饮用水标准。在村庄上游，防止污染，防止潮汐影响。

水源的卫生防护按现行的《生活饮用水卫生标准》GB 5749 的规定执行。水源地一级保护区应符合现行国家标准《地面水环境质量标准》GB 3838 中规定的 II 类标准。

（3）取水、净水、输配水设施安全经济，具备施工条件。地下水作为水源时，应尽可能靠近主要用水区，应考虑取水、输水、净化设施的施工、运转、维护管理方便、安全、经济，不占或少占农用地。同时，应注意综合利用开发水资源，同时需考虑农业、水利的需求。

选择湖泊或水库作为水源时，应选在藻类含量较低、足够水深和水域较开阔的位置，并符合现行行业标准《含藻水给水处理设计规范》CJJ 32 的规定。

3. 社区给水水源的保护

（1）地面取水点周围半径 100m 的水域内严禁捕捞、停靠船只、游泳和从事有可能污染水源的任何活动。

（2）取水点上游 1000m，下游 100m 的水域不得排入工业废水和生活污水；其沿岸防护范围不得堆放废渣，不得设置有害化学物品仓库或设立装卸垃圾、粪便、有毒物质的码头。

（3）供生活饮用水的水库和湖泊，应将其取水点周围部分水域或整个水域及其沿岸划为卫生防护带。

（4）以河流为给水水源的集中给水，必须把其取水点上游 1000m 以外一定范围的河段划为水源保护区，严格控制污染物排放量。

（5）以地下水为水源、采取分散式取水时，水井周围 30m 范围内不得设置渗水厕所、粪坑、垃圾堆、废渣等污染源；在井群影响半径范围内，不得使用工业废水和生活污水进行农业灌溉和使用剧毒农药。

4. 给水管网布置

（1）给水布置的形式：给水管网系统应根据现状条件，相应选择树枝状、环状或混合式的布置形式。

（2）给水布置的原则：

1）给水干管布置的方向应与供水的主要流向一致，并以最短距离向用水大户送水。

2）管网应分布在整个给水区，且能在水量和水压方面满足用户要求。中心区的配水管宜呈环状布置；周边地区近期布置成树枝状，远期应留有连接环状管网的可能性。

3）保证给水的安全可靠。当个别管线发生故障时，断水的范围应减少到最小程度。

4）给水工程设施不应设置在容易发生滑坡、泥石流、塌陷、地震等不良地质地区及洪水淹没和内涝低洼地区。

社区尽量依据现状给水点，利用循环泵，实现集中供水。给水管网形式设为支环结合结构，同时，注意在主要大街设置一定数量的消火栓。水源采用地下水，并做好水源保护措施，增加饮用水净化设施，改善用水质量。

二、排水工程规划设计

社区排水主要涉及雨水和污水两方面。总体来说，社区结合竖向规划设计，雨水通过边沟收集完成，排放到社区周边的坑塘和农田中；同时各户进行房屋建设时，应注意建设集水设施，收集雨水用于庭院绿化的灌溉。社区内的生活污水处理，规划要求各户分别建设沼气池，对生活污水加以收集利用，既为农户供气，又实现了污水处理。

1. 社区排水量预测

排水量预测主要包括污水量和雨水量两大项。污水量主要包括生活污水量和生产污水量。社区居民点的生活污水量可以按照当地用水量的 60% ～ 80% 进行估算。社区生产污水量可以按照产品种类、生产工艺特点和用水量进行估算，或者直接按照生产用水量的 70% ～ 90% 估算。

雨水量（Q）可用降雨强度（q）、径流系数（ψ）和汇水面积（F）等 3 个因素的乘积估算。综合径流系数可参考表 7-10。

综合径流系数 表 7-10

地区类型	不透水覆盖面积所占比例	综合径流系数 ψ
建筑稠密的中心区	>70%	0.6 ～ 0.8
建筑较密的居住区	50% ～ 70%	0.5 ～ 0.7
建筑较稀的居住区	30% ～ 50%	0.4 ～ 0.6
建筑很稀的居住区	< 30%	0.3 ～ 0.5

2. 社区排水体制选择

排水体制可分为雨污分流制和合流制。发达地区的新建小区倡导选用雨污分流制；经济发展一般或条件欠缺的地区可选择合流制，即在同一管渠收纳生活污水、工业废水和雨水，但在污水排入水体系统之前，应采用化粪池、生活污水净化、沼气池等方法进行预处理。在远期农村新社区发展过程中，可以逐步实现完全分流制。

3. 排水管渠布置

雨水、污水均应考虑通过重力自流排水。雨水应充分利用地面径流和沟渠排除，污水通过管道或沟渠排放。

（1）排水管渠管径：排水管渠最大允许充满度可以按照表 7-11 进行设计。

排水管渠最大允许充满度 表 7-11

管径或渠高（mm）	最大设计充满度（h/D）
200 ～ 300	0.60
350 ～ 450	0.70
500 ～ 900	0.75
> 1000	0.80

（2）排水管渠设计流速：污水管道最小设计流速：当管径 ≤ 500mm 时为 0.7m/s，当管径 > 500mm 时为 0.8m/s，明渠为 0.4m/s。污水管道最大设计流速：当采用金属管道时，最大允许流速为 10m/s，非金属为 5m/s；明渠最大允许流速可按表 7-12 计算。

明渠最大允许流速 表 7-12

明渠构造	最大允许流速（m/s）	明渠构造	最大允许流速（m/s）
粗砂及贫砂质黏土	0.8	干砌石块	2.0
砂质黏土	1.0	浆砌石块	4.0
黏土	1.2	浆砌砖	3.0
石灰岩或中砂岩	4.0	混凝土	4.0

注：1. 本表仅适用于水深为 0.4 ～ 1.0m 的明渠。

2. 当水深小于 0.4m 或超过 1.0m 时，表中流速应乘以下列系数：$h < 0.4m$ 时为 0.85；$h \geq 1.0m$ 时为 1.25；$h \geq 2.0m$ 时为 1.40。

（3）排水管渠的最小尺寸：建筑物出户管直径为 125mm，街坊内和单位大院为 150mm，街道下为 200mm。排水管渠最小底宽不得小于 0.3m。

4. 排水管渠布置的原则

（1）应布置在排水区域内地势较低，便于雨、污水汇集地带。

（2）宜沿规划道路敷设，并与道路中心线平行。

（3）穿越河流、铁路、公路、地下建筑物或其他障碍物时，应选择经济合理路线。

（4）排水管渠的布置要顺直，水流不要绕弯。

5. 排水出口处

（1）在条件允许时，社区的所有排放污水可以通过管道传输到乡（镇）的污水处理厂，进行集中处理后再排放；若污水没有污染，可以直接排入江、河、湖、海和水库等受纳水体；或者排入荒废地、劣质地、湿地、坑塘、洼地及需农业灌溉用水的农田。

（2）污水受纳水体应满足其水域功能类别的环境保护要求，且有足够的环境容量；雨水受纳水体应有足够的排泄能力或容量。雨、污水受纳土地应有足够的环境容量，且符合环境保护和农业生产的要求。

第四节　电信工程规划设计

我国的电信事业发展迅速，电信事业是农村与外界交流的重要基础设施，农村新社区应在区域电信事业的统一规划下，合理安排有线通信和无线通信的设施。使通信成为推动社区经济发展的有力工具。有线通信包括固话通信、光缆干线、有线广播、网络建设等内容，要根据新社区大小及需求量做出合理安排，要坚持"留有余地"的思路，预留必要的接头和位置。一些线状线路逐渐向地下管线方向发展，广播线路要和道路规划相协调。

对于农村新社区的电信发展，要充分发挥电信普遍服务功能，加快农村地区宽带网络和第四代移动通信网络覆盖步伐。实施新一代信息基础设施建设工程。实施数字乡村战略，加快物联网、地理信息、智能设备等现代信息技术与农村生产生活的深度融合，提高农业农村大数据创新应用，推广远程教育、远程医疗、金融服务进村等信息服务，建立空间化、智能化的新型农村统计信息系统。在乡村信息化基础设施建设过程中，同步规划、同步建设、同步实施网络安全工作。

一、电信工程规划内容

确定固定电话主线需求量及移动电话用户数量；结合周边交换中心的位置及主干光缆的位置及走向，确定村庄光缆接入点的位置及交换设备容量；预留邮政服务网点的位置；电信设施的布点结合公共设施的规划设计预留具体位置，相对集中建设；确定镇—村主干通信线路的敷设方式、具体走向、位置；确定村庄内通信管道的走向、管位、管材等。

电信规划用户预测在总体规划阶段以宏观预测为主，采用时间序列法、相关分析法、增长率法、分类普及率法等方法进行预测。在详细规划阶段以微观预测为主，宜采用分类建筑面积用户指标、分类单位用户指标预测。

二、通信线路布置

（1）线路力求"近、直、平"，选择安全地带，应避开易受洪水淹没、河岸塌陷、土坡塌方、流沙等地区，不应敷设在预留用地或穿过建筑物，尽量不占用良田耕地。

（2）应便于线路及设施的铺设、检修，尽量减少与其他管线等障碍物的交叉跨越。

（3）宜敷设在电力线走向的道路的另一侧，尽可能布置在人行道上。

（4）通信管道的中心应平行于道路中心线或建筑红线，应尽量短直。

（5）避免和电力线、广播线、铁路线和公路干线相近布局，防止其他线路干扰；沿铁路、公路干线部署时，距离一般要大于 20m；与广播线交叉时，最好采用十字交越，交越时不应小于 45°，两导线垂直距离不应小于 0.6m；和长途电话线平行时，间隔应大于 8m，交叉时电话线在下方通过，交叉角大于 30°。

（6）一般线路架设在道路的西侧和北侧，见表 7-13。

电信线路的主要间隔距离标准 表 7-13

项目	间隔距离说明		最小间隔距离（m）
1	线路离地面最小距离	一般地区	3
		在高产作物地区	3.5
2	线路经过树林时，导线与树距离	在城市，水平距离	1.25
		在城市，垂直距离	1.50
		在郊外	2.0
3	导线跨越房屋时		1.5
4	跨越公路、乡镇大路、市区马路，导线与路面的距离		5.5
	跨越镇区胡同（里弄）土路		5
5	跨越铁路，导线与轨面距离		7.5
6	两个电信线路交越，上面与下面导线最小距离		0.6
7	电信线路穿越电力线时应在电力线下方通过，两线间最小距离		
	架空电力线额定电压	1～10kV	2（4）
		20～110kV	3（5）
		154～220kV	4（6）
8	电杆位于铁路旁时与轨道间隔		13h（h 为电杆杆高）

第五节　燃气工程规划设计

农村新社区燃气工程规划设计的内容应包括：燃气气源、燃气种类、燃气供应方式和用气规模、燃气设施布局和建设时序、燃气设施保护范围、燃气供应保障措施和安全保障措施等内容。

一、规划原则

（1）农村燃气工程建设方案应按照统筹规划、因地制宜的原则，根据所在地地质条件、能源现状、供暖方式和经济水平等实际情况，选取技术经济合理、安全可靠的方案。

（2）农村燃气工程设计、施工及验收应符合城镇燃气现行有关标准、规范的规定。

（3）农村中土坯房、木板房、墙壁或屋顶为易燃材料以及不符合现行国家标准《农村防火规范》GB 50039 规定的农村建筑不应使用燃气。

（4）农村燃气工程的燃气管网、调压计量装置等燃气设施应设置清晰醒目的标志，标志的类型、材料、颜色和尺寸等应符合现行行业标准《城镇燃气标志标准》CJJ/T 153 的有关规定。

（5）农村燃气用户燃气燃烧器具应与气源相匹配，同一户内不应使用两种及以上的燃气。

二、燃气总用气量预测

1. 分项相加法

$$Q = Q_1 + Q_2 + Q_3 + Q_4$$

式中　Q_1——居民生活用气量；

Q_2——公共建筑用气量；

Q_3——工业企业用气量；

Q_4——未预见用气量，可以按照相关区域划分标准指标进行计算；工业企业用气量可按居民生活用气量的 2/3 计算，亦可根据实际情况进行确定；未预见用气量按总用气量的 5% 计算。

2. 比例估算法

通过预测未来居民生活与公共建筑用气在总用气量中所占比例得出村庄总的用气负荷。

$$Q = Q_s/p$$

式中　Q——总用气量；

Q_s——居民生活与公共建筑用气量；

p——居民生活与公建用气量占总用气量的比例。

三、燃气输配管网布置

1. 管网布置的原则

（1）干管靠近大用户，主干线逐步连成环状。

（2）尽量避开主要交通干线，禁止在建筑物下、堆场、高压电力线走廊、电缆沟道、易燃易爆和腐蚀性液体堆场下及其他管道平行重复敷设。

（3）沿街道设管道时，可单侧设置，也可双侧布置。

（4）管道尽量少穿公路、铁路、沟道和其他大型构筑物，并应有一定的防护措施。

2. 埋地管道

（1）埋地燃气管道应沿水泥、沥青或沙石等路况较好的道路敷设，避开机井、地窖和化粪池等处，不应在堆积易燃、易爆材料、牲畜棚和具有腐蚀性液体的场地下穿越。

（2）埋地燃气管道不宜与雨水、污水、热力、电缆等其他管道同沟敷设。当需要同沟敷设时，必须采取防护措施。

（3）埋地燃气管道埋设的最小覆土厚度（管顶至路面）应符合下列规定：

1）埋设在硬质车道下面时，不得小于 0.9m；

2）埋设在机动车不可能到达处（含人行道）下面时，不得小于 0.6m；

3）埋设在水田下时，不得小于 0.8m；

4）埋设在土路时，应增加埋深或采取防压断、防损坏等保护措施。

注：当不能满足上述规定时，应采取有效的安全防护措施。

（4）埋地燃气管道穿过排水管（沟）、热力管沟、隧道及其他各种用途沟槽时应将燃气管道敷设于套管内。

（5）埋地燃气管道与电信、电缆管道等重要地下管线交叉时，应按照国家相关标准规范要求选择合适的穿越方式和保护措施，国家相关标准规范未明确的，应与有关单位商定，参照相关标准规范要求确定穿越方式和保护措施。

（6）埋地管道应沿管道敷设方向设置警示带，警示带应平敷在距管道管顶 0.3 ～ 0.6m 处。埋地聚乙烯燃气管道应设置示踪装置及保护板，保护板上应有警示语，当保护板兼有示踪功能时，可不设置示踪装置及警示带。

3. 架空管道

（1）架空管道宜沿村内非燃烧建筑外墙或实体围墙敷设，敷设位置不得影响车辆和行人通行安全；敷设管道的墙体应有足够的支撑力。

（2）架空管道应选用钢管，敷设在不燃材料制作的独立支架上，支架应具有足够的强度、刚度和稳定性，满足管道安装与使用要求，不得将燃气管道直接焊接在支架上。

（3）架空燃气管道沿建筑外墙敷设时，中压管道可沿建筑耐火等级不低于二级的建筑的外墙敷设；低压管道可沿建筑耐火等级三级的建筑的外墙敷设。

（4）沿建筑物外墙敷设的中压燃气管道与住宅或公共建筑物中不应敷设燃气管道的房间门窗洞口净距不应小于 0.5m，低压燃气管道与住宅或公共建筑物中不应敷设燃气管道的房间门窗洞口净距不应小于 0.3m，并不得影响建筑物门窗开启。

（5）架空燃气管道跨越道路时，与道路、其他管线的垂直净距应符合相关规范要求，并应设置有明显限高的标识和识别标识，有条件的应设置限高门架。

（6）架空管道与农村建筑沿墙明装敷设的绝缘低压电力线（220V）平行和交叉最小净距不得小于 25cm，并应根据安全需要，在燃气管道上加装具有绝缘功能的保护装置。

（7）架空管道在易遭破坏处应采取防破坏的措施。

（8）架空燃气管道应采取防雷防静电接地措施，高于屋面或跨墙顶的燃气管道，其管道壁厚不得小于 4mm。防雷、防静电接地设施设置应符合现行国家有关标准、规范的规定。

四、节能与新能源的利用

社区建设过程中，由于缺乏必要的技术设备和手段，在建设过程中资源的浪费较为严重；同时新能源的利用也落后许多，在今后的节能和新能源利用过程要采取一定措施。

1. 加强新技术、新材料的应用

加强信息技术的应用和推广，逐步引导村民使用新材料，如省柴节煤炉灶（沼气池、太阳能灶）、节能灶等设施，将节能工作放在住宅建设的首位。

2. 新能源的使用

新能源的应用主要表现在沼气、太阳能的应用。沼气是一种在农村便于推广和应用的能源，各种技术依然层出不穷。规划有条件的村庄逐步普及沼气池建设，实现一家一户式；规划在推广太阳能热水器的前提下，建设太阳能路灯，公园绿地或广场内的照明实现太阳能供电，安装节能灯等。

五、燃气设施配备

1. 阀门

（1）与燃气燃烧器具连接前，用户管道应设置手动快速切断阀，具备条件的宜设置具有过流、超压、欠压切断功能的装置。

（2）居民用户户外燃气表后入户管阀门高度距室内地坪宜为 1.30～1.40m，不可低于 0.80m。

2. 软管

（1）用户管道与燃气燃烧器具连接应采用专用燃气软管，软管的使用年限不应低于燃气燃烧器具的判废年限，自身应具有防鼠咬功能。

（2）软管不应穿越墙体、门窗、顶棚和地面，长度不应大于 2.0m，且不应有接头。

3. 壁挂式供暖炉

（1）供暖炉应安装在通风良好的房间内，并应符合下列规定：

1）应有符合其使用要求的水源和水压；

2）供暖炉与灶具的水平净距不得小于 30cm；

3）供暖炉上部不应有明敷的电线、电器设备及易燃物；

4）安装壁挂式供暖炉的墙面应为不燃材料，严禁使用易燃材料；当地面和墙面为可燃或难燃材料时，应设防火隔热板；

5）供暖炉给排水管应明装，吸气、排气口应直接与室外相通。

（2）禁止在室内使用直排式供暖炉。

（3）燃气供暖炉穿外墙的烟道终端排气口与门窗洞口最小净距应符合表 7-14 及城镇燃气现行有关标准、规范的规定。

烟道终端排气口距门窗洞口最小净距（m）　　　　　　　　表 7-14

门窗洞口位置	密闭式燃具		半密闭式燃具	
	自然排烟	强制排烟	自然排烟	强制排烟
非居住房间	0.6	0.3	不允许	0.3
居住房间	1.5	1.2	不允许	1.2
下部机械进风口	1.2	0.9	不允许	0.9

4. 调压设施

（1）调压箱（柜）位置尽量远离柴垛、煤堆、电表箱及变压器，与其他建筑物、构筑物、道路等的水平净距应符合表 7-15 及城镇燃气相关标准、规范的要求。

调压箱（柜）与其他建筑物、构筑物水平净距（m）　　　表 7-15

设置形式	调压装置入口燃气压力级制	建筑物外墙面	铁路（中心线）	城镇道路	公共电力变配电柜
地上单独建筑	中压（A）	6.0	10.0	2.0	4.0
	中压（B）	6.0	10.0	2.0	4.0
调压柜	中压（A）	4.0	8.0	1.0	4.0
	中压（B）	4.0	8.0	1.0	4.0
地下单独建筑	中压（A）	3.0	6.0	—	3.0
	中压（B）	3.0	6.0	—	3.0
地下调压箱	中压（A）	3.0	6.0	—	3.0
	中压（B）	3.0	6.0	—	3.0

（2）调压箱（柜）应露天设置，箱（柜）体上应有通气孔。调压柜应单独设置在牢固基础上，柜底距地坪高度宜为 0.3m，调压柜安全放散管管口距地面高度不应小于 4.0m，调压柜周边应设置防护栏和灭火器。

（3）调压箱不应安装在建筑物的窗下、阳台下及室内通风机进风口的墙体外侧；安装调压箱的墙体应为耐火等级不低于二级的实体墙；调压箱安装墙面应尽量选在路面较宽的巷道内；设置在空旷地带的调压箱应安装在独立支架上，支架应具有足够的强度、刚度和稳定性，满足调压箱的安装与使用要求，并应增设防撞设施。

（4）调压箱（柜）内外燃气金属管道为绝缘连接时，调压器及其附属设备必须接地，接地电阻应小于 100Ω。

5. 商业用户、工业用户用气设备

（1）商业用气设备应安装在通风良好的专用房间内；商业用气设备不应安装在易燃易爆物品的堆放处，不应设置在兼作卧室的警卫室、值班室等处。

（2）设置在地下室、半地下室或地上密闭房间内的商业用气设备，燃气引入管应设手动快速切断阀和紧急自动切断阀；停电时紧急自动切断阀必须处于关闭状态。用气房间应设置燃气浓度检测报警器，并由管理室集中监视和控制。

（3）工业企业生产用气设备燃烧装置的安全设施应符合下列要求：

1）燃气管道上应安装低压和超压报警以及紧急自动切断阀；

2）烟道和封闭式炉膛，均应设置泄爆装置，泄爆装置的泄压口应设在安全处；

3）鼓风机和空气管道应设静电接地装置，接地电阻不应大于 100Ω；

4）用气设备的燃气总阀门与燃烧器阀门之间，应设置放散管。

（4）居民燃气燃烧器具

1）燃气燃烧器具应具有自动熄火保护装置且不应设置在卧室内。安装通气后，不应随意改变用气场所功能，禁止在室内使用直排式热水器。

2）放置燃气设施或燃气燃烧器具的接触面应采用不燃烧材料，当采用难燃材料时，应加防火隔热板。

3）燃气燃烧器具与电气设备、相邻管道之间的最小水平净距应符合表 7-16 及城镇燃气现行有关标准、规范的规定。

燃气燃烧器具与电气设备、相邻管道之间的最小水平净距（cm）　　　表 7-16

名称	与燃气灶具的水平净距	与燃气热水器的水平净距
明装的绝缘电线或电缆	30	30
暗装或管内绝缘电线	20	20
电插座、电源开关	30	15
电压小于 1000V 的裸露电线	100	100
配电盘、配电箱或电表	100	100

第六节　农村新社区的供热工程规划

一、供热规划设计概述

1. 规划理念

坚持为人民服务的宗旨，树立"创新、协调、绿色、开放、共享"的发展理念，把实施农村供暖工程作为提升农民生活水平、开展美丽乡村建设、全面建成小康社会的重点工作，不断提高农村社区供暖覆盖率和供暖水平，改善农村人居环境，加快城乡一体化进程。

2. 规划目标

（1）切实提高农村新社区供暖覆盖率。在农村新社区实现幼儿园、中小学、卫生室、养老院、便民服务中心等公共场所冬季供暖全覆盖。

（2）全面提升农村供暖污染治理水平。调整优化农村供热能源结构，推广使用绿色清洁能源，鼓励通过清洁燃煤替代、"煤改电""煤改气"等方式，减少煤炭散烧直排和煤炭扬尘污染。实现适应新农村经济社会发展要求的清洁、低碳、安全、高效的新型能源消费方式。

（3）完善农村供暖体制机制。建立健全农村供暖的技术支持政策、质量标准体系和监督管理体系。

二、集中供热的内容

农村新社区供暖要根据人口数量、产业布局、镇村体系布局、基础设施和服务设施布局、资源能源承载能力等因素，结合热电联产发展、天然气利用以及太阳能、空气能、风能、地热能、生物质能等可再生能源开发利用，合理确定农村供暖用能结构、供暖模式、热源位置、规模和负荷等内容，明确农村新型社区和普通农村供暖建设规模和时序，提出推进农村供暖发展的政策措施，确保供暖工作有规可循。

三、热负荷预测

1. 热负荷的类型

农村新社区集中供热系统的热用户有供暖、通风、空气调节、热水供应和生产工艺等。

按热负荷的性质，可分为民用热负荷和工业热负荷。

（1）民用热负荷。民用热负荷包括供暖、通风、空气调节和热水供应。在新社区规划中民用热负荷主要为供暖热负荷，特别是冬季的供暖热负荷。

（2）工业热负荷。工业热负荷包括生产过程中用于加热、烘干、蒸煮、清洗、溶化等工艺过程的用热，或作为动力用于驱动机械设备（如气锤、气泵等）。工业热用户常采用蒸气为热媒，热媒的参数较高。

2. 热负荷的预测与计算

（1）生活热负荷

1）供暖热负荷。通常采用面积热指标法来确定热负荷：

$$Q_h = q_h A \cdot 10^{-3} \qquad (7-1)$$

式中　Q_h——供暖热负荷，kW；

　　　q_h——供暖热指标，W/m²，可按表 7-17 选用；

　　　A——供暖建筑物的建筑面积，m²。

供暖热指标推荐值 q_h（单位：W/m²） 表 7-17

建筑物类型	住宅	居住区综合	学校办公	医院托幼	旅馆	商店	食堂餐厅
未采取节能措施	58～64	60～67	60～80	65～80	60～70	65～80	115～140
采取节能措施	40～45	45～55	50～70	55～70	50～60	55～70	100～130

注：1. 引自《城镇供热管网设计规范》CJJ 34—2010 表 3.1.2-1。

　　2. 表中数值适用于我国东北、华北、西北地区；热指标中包括约 5% 的管网损失在内。

2）通风热负荷。为了保证室内空气有一定的清洁度和新鲜度，要求对生产厂房和大型公共建筑进行通风。在冬季供暖期中，为加热从机械通风系统进入建筑物的室外空气的耗热量，称为通风热负荷，按下式计算：

$$Q_v = K_v Q_h \qquad (7-2)$$

式中　Q_v——通风设计热负荷；

　　　Q_h——供暖设计热负荷；

　　　K_v——建筑物通风热负荷系数，可取 0.3～0.5。

3）空调热负荷。空调热负荷分为空调冬季热负荷和空调夏季热负荷。空调冬季热负荷按下式计算：

$$Q_a = q_a A \cdot 10^{-3} \qquad (7-3)$$

式中　Q_a——空调冬季设计热负荷 kW；

　　　q_a——空调热指标，W/m²，可按表 7-18 选用；

　　　A——供暖建筑物的建筑面积，m²。

空调夏季热负荷按下式计算：

$$Q_c = q_c A \cdot 10^{-3} / COP \qquad (7-4)$$

式中　Q_c——空调夏季设计热负荷，kW；

　　　q_c——空调冷指标，W/m²，可按表 7-18 选用；

　　　A——供暖建筑物的建筑面积，m²；

COP——吸收式制冷机的制冷系数，可取 0.7 ～ 1.2。

空调热指标 q_a、冷指标 q_c 推荐值（单位：W/m²）　　　　　表 7-18

建筑物类型	办公	医院	旅馆、宾馆	商店、展览馆	影剧院	体育馆
热指标	80 ～ 100	90 ～ 120	90 ～ 120	100 ～ 120	115 ～ 140	130 ～ 190
冷指标	80 ～ 110	70 ～ 100	80 ～ 110	125 ～ 180	150 ～ 200	140 ～ 200

注：1. 引自《城镇供热管网设计规范》CJJ 34—2010 表 3.1.2-2。

2. 表中数值适用于我国东北、华北、西北地区。

4）寒冷地区热指标取较小值，冷指标取较大值；严寒地区热指标取较大值，冷指标取较小值。吸收式制冷机的制冷系数应根据制冷机的性能、热源参数、冷却水温度、冷水温度等条件确定。一般双效溴化锂吸收式制冷机组 COP 可达 1.0 ～ 1.2。单效溴化锂吸收式制冷机组 COP 可达 0.7 ～ 0.8。

5）生活热水热负荷。热水供应热负荷为日常生活中用于洗脸、洗澡、洗衣服及洗刷器皿所消耗的热量。目前，我国住宅实行集中热水供应的情况还很少，热水供应的对象主要是浴池、食堂餐厅、医院、旅馆和企事业单位。热水用量与工作制度、生产性质有关。

生活热水平均热负荷按下式计算：

$$Q_w = q_w A \cdot 10^{-3}$$　　　　　　　（7-5）

式中　Q_w——生活热水平均热负荷，kW；

q_w——生活热水热指标，W/m²，应根据建筑物类型，采用实际统计资料，住宅可按表 7-19 取用；

A——总建筑面积，m²。

住宅供暖期生活热水日平均热指标推荐值 q_a（单位：W/m²）　　　　　表 7-19

用水设备情况	热指标
住宅无生活热水设备，只对公共建筑供热水时	2 ～ 3
全部住宅有淋浴设备，并供给生活热水时	5 ～ 15

注：1. 引自《城镇供热管网设计规范》CJJ 34—2010 表 3.1.2-3。

2. 冷水温度较高时采用较小值，冷水温度较低时采用较大值；热指标中已包括约 10% 的管网热损失在内。

（2）工业热负荷

工业热负荷包括生产工艺热负荷、生活热负荷和工业建筑的供暖、通风、空调热负荷。生产工艺热负荷的最大、最小、平均热负荷和凝结水回收率应采用生产工艺系统的实际数据，并应收集生产工艺系统不同季节的典型日（周）负荷曲线图。

当无工业建筑供暖、通风、空调、生活及生产工艺热负荷的设计资料时，对现有企业应采用生产建筑和生产工艺的实际耗热数据，并考虑今后可能发生的变化；对规划建设的工业企业，可按不同行业项目估算指标中典型生产规模进行估算，也可按同类型、同地区企业的设计资料或实际耗热定额计算。计算热力网最大生产工艺热负荷时，应取用各工业企业最大热负荷之和乘以同时系数之值，同时系数可取 0.6 ～ 0.9。

四、热源规划

将天然或人造的能源形态转化为符合供热要求的热能的装置，称为热源。集中供热的热源主要有以燃煤为主的热电厂、锅炉房，还可以利用工业余热、地热、太阳能等其他热源。

1. 集中锅炉房

集中锅炉房与热电厂相比，投资规模相对较小，建设周期短。锅炉根据其生产的热介质不同分为热水锅炉和蒸汽锅炉。

蒸汽锅炉通过加热水产生高温高压蒸气，向热用户进行供热。蒸汽锅炉通过调压装置，可向各类热用户提供参数不同的蒸汽，也可通过换热装置向各类热用户提供热水。

热水锅炉不生产蒸汽，只提高进入锅炉水的温度。热水锅炉通过调压装置，向热用户提供一定压力的热水。

（1）锅炉房的选址

新社区锅炉房选址要考虑的问题：1）要靠近热负荷较集中的地区；2）便于管网布置；3）便于燃料储运和灰渣排出；4）有利于环境保护，宜位于供暖季节盛行风的下风侧；5）位于地质条件较好的地区；6）留有扩建余地。

（2）锅炉房的平面布置与用地

社区建设小型锅炉房。小型锅炉房的主机房与辅助用房可结合在一座建筑物内。不同规模热水锅炉房和蒸汽锅炉房的用地面积可参考表 7-20、表 7-21 进行计算。

热水锅炉房用地面积参考表 表 7-20

锅炉房总容量（MW）	用地面积（hm²）	锅炉房总容量（MW）	用地面积（hm²）
5.8 ～ 11.6	0.3 ～ 0.5	58 ～ 116	1.6 ～ 2.5
11.6 ～ 35	0.6 ～ 1.0	116 ～ 232	2.6 ～ 3.5
35 ～ 58	1.1 ～ 1.5	232 ～ 350	4 ～ 5

蒸汽锅炉房的用地面积参考表 表 7-21

锅炉房额定蒸汽出力（t/h）	锅炉房内是否有气水换热站	用地面积（hm²）
10 ～ 20	无	0.25 ～ 0.45
	有	0.3 ～ 0.5
20 ～ 60	无	0.5 ～ 0.8
	有	0.6 ～ 1.0
60 ～ 100	无	0.8 ～ 1.2
	有	0.9 ～ 1.4

2. 热电厂

热电厂建设投资大，建设时间长。一般情况下，新社区很少采用热电厂供热，但有条件时也可采用，例如靠近城镇的社区。

五、供热管网规划

1. 供热介质

根据输送介质的不同，供热管网可分为蒸汽管网和热水管网两种。蒸汽管网的热介质为蒸汽；热水管网中的热介质是热水，热水管网又分为常压热水和高温高压热水，前者最高温度小于100℃（一般小于95℃），后者大于100℃。蒸汽和高温高压热水温度高，不宜直接用于室内供暖，还要经过热力站转换成热水再用于室内供暖。

新社区有较大的工业负荷时，可采用蒸汽热力网，住宅内设换热站；没有工业负荷，规模不大时应采用热水热力网；没有工业负荷，规模较大时可采用高温高压热水网，各独立小区设换热站。

2. 布置形式

供热管网布置的基本形式有枝状和环状两种。枝状管网呈树枝状布置，管网比较简单、造价较低、运行方便，缺点是可靠性低。环状管网的主干管互相连通，呈环状，主要优点是具有备用供热的可能性，缺点是造价高、投资大。农村新社区一般采用枝状供热管网形式。

3. 敷设方式

供热管网的敷设方式有架空敷设和地下敷设两类。

（1）架空敷设。架空敷设是将供热管道敷设在地面上的独立支架或带纵梁的桁架及建筑物的墙壁上。架空敷设不受地下水位的影响，检修方便，施工土方工程量小，是一种比较经济的敷设方式。缺点是占地多，管道热损失大，影响村容。

（2）地下敷设。地下敷设分为有沟敷设和无沟敷设两类。有沟敷设又分为通行地沟、半通行地沟和不通行地沟三种。地沟的主要作用是保护管道不受外力和水的侵袭，保护管道的保温结构，并使管道能自由地热胀冷缩。无沟敷设又称直埋敷设，是将供热管道直接埋设在地下，而不需建造任何形式的建筑结构。由于保温结构与土壤直接接触，它同时起到了保温和承重两方面的作用，因此是最经济的一种敷设方式。

第七节　管线综合与竖向规划设计

由于我国农村的自然条件、经济社会发展条件不同，对于农村新社区各类管道敷设管线种类有所不同，不同管线综合一起应注意一定的条件。例如给水管线可采用地下管道敷设，电力、电信管线可采用架空与直埋结合敷设，排水管线可采用暗沟形式敷设。管道敷设时，要因地而异，充分考虑当地的特点，参照技术参数做出具体修订。

一、管道布局的要求

1. 管道布局的原则

各种管线应尽量布置在人行道下，管线位置发生冲突时，应按下列原则处理：

（1）压力管让重力自流管；

（2）可弯曲管线让不易弯曲管线；

（3）分支管线让主干管线；

（4）临时管线让永久管线。

2. 管道之间距离要求

应根据各类管线的不同物性和设计要求综合布置各类管线，管线相互间水平距离与垂直净距应符合技术规定。应考虑不影响建筑物安全和防止管线受腐蚀、沉陷、震动及重压，各种管线与构筑物或建筑物之间的最小水平距离应符合规定如表 7-22 ~ 表 7-25 所示。

各种地下管线之间最小水平净距（m） 表 7-22

管线名称		给水管①	排水管①	燃气管③			电力电缆	电信电缆	电信管道
排水管		1.5	1.5	—	—	—	—	—	—
燃气管	低压	1	1	—	—	—	—	—	—
	中压	1.5	1.5	—	—	—	—	—	—
	高压	2	2	—	—	—	—	—	—
电力电缆		1	1	1	1	1	②	—	—
电信电缆		1	1	1	1	2	0.5	—	—
电信管道		1	1	1	1	2	1.2	0.2	—

① 表中给水管与排水管之间的净距适用于管径小于或等于 2000mm，当管径大于 2000mm 时，应大于或等于 3.0m。

② 大于或等于 10kV 的电力电缆与其他任何电力电缆之间应大于或等于 0.25m。如加套管，净距可减至 0.1m，小于 10kV 电力电缆之间应大于或等于 0.1m。

③ 低压燃气管的压力为小于或等于 0.005MPa，中压为 0.005 ~ 0.3MPa，高压为 0.3 ~ 0.8MPa。

各种地下管线之间最小垂直净距（m） 表 7-23

管线名称	给水管	排水管	燃气管	电力电缆	电信电缆	电信管道
给水管	0.15	—	—	—	—	—
排水管	0.4	0.15	—	—	—	—
燃气管	0.1	0.15	0.1	—	—	—
电力电缆	0.2	0.5	0.2	0.5	—	—
电信电缆	0.2	0.5	0.2	0.2	0.1	—
电信管道	0.1	0.15	0.1	0.15	0.15	0.1
明沟沟底	0.5	0.5	0.5	0.5	0.5	0.1
涵洞基底	0.15	0.15	0.15	0.5	1	0.25
铁路轨底	1	1.2	1	1	1	1

各种管线与建（构）筑物之间最小水平间距（m）　　表 7-24

管线名称		建筑物基础	地上柱杆（中心）	铁路（中心）	道路侧石边缘	公路边缘	围墙或篱笆
给水管		3	1	1	1①	1	1.5②
排水管		3③	1.5	5	1.5	1	1.5
燃气管	低压	2	1	3.75	1.5	1	1.5
	中压	3	1	3.75	1.5	1	1.5
	高压	4	1	5	2	1	0.5
电力电缆		0.6	0.5	3.75	1.5	1	0.5
电信电缆		0.6	0.5	3.75	1.5	1	0.5
电信管道		1.5	1	3.75	1.5	1	1.2

① 表中给水管与城市道路侧石边缘的水平间距 1.0m 适用于管径小于或等于 2000mm，当管径大于 2000mm 时应大于或等于 1.5m。

② 表中给水管与围墙或篱笆的水平间距 1.5m 适用于管径小于或等于 2000mm，当管径大于 2000mm 时应大于或等于 2.5m。

③ 排水管与建筑物基础的水平间距，当埋深浅于建筑物基础时应大于或等于 2.5m

注：1. 水平顺序由近及远分别为：电力管线或电信管线、给水管、雨水管、污水管。

2. 电力电缆与电信管缆应远离，并按照电力电缆在道路东侧或南侧，电信管缆在道路的西侧或北侧的原则布置。

3. 当管线之间发生矛盾时，应按下列原则处理：（1）小管线避让大管线；（2）压力管避让重力自流管线；（3）可弯曲管线避让不可弯曲管线。

管线与绿化树种间最小水平间距（m）　　表 7-25

管线名称	距离标准	
	乔木	灌木或绿篱
给水管、闸井	1.5	不限
污水管、雨水管、探井	1	不限
燃气管、探井	1.5	1.5
电力电缆、电信电缆、电信管道	1.5	1
地上柱杆（中心）	2	不限
消防栓	2	1.2
道路侧石边缘	1	0.5

注：乔木与地下管线的距离指乔木基部的中心与管线外缘的净距。

二、农村新社区的用地竖向规划

1. 竖向规划的要求

农村新社区用地竖向规划是指为满足道路交通、地面排水、建筑布置和景观等方面的综合要求，对自然地形进行利用、改造、确定坡度、控制高程和平衡土石方等方面进行的规划设计。

农村新社区用地竖向规划的主要任务是利用和改造用地的自然地形，选择合理的设计标高，使之满足新社区生产和生活的使用要求。新社区用地竖向规划应达到以下要求：适应新社区建设的需要，协调解决好道路交通运输、地面排水、防洪排涝等方面的要求；因地制宜，为美化新社区景观环境创造必要的条件；同时应达到土方工程量少、投资省、建设速度快、综合效益佳的效果；并尽可能减少对原始自然环境的损坏；保护生态环境，增强景观效果。

2. 竖向规划的内容

用地竖向规划是配合新社区建设用地的选择与用地布局方案，进行用地的地形、地貌、地质分析，充分利用与恰当改造地形，确定主要控制点的规划标高。具体内容主要包括：（1）分析规划用地的地形、坡度，评价建设用地条件，确定新社区建设的发展方向和规划建设用地；（2）分析规划用地的分水线、汇水线、地面坡向，确定防洪排涝及排水方式；（3）确定防洪（潮、浪）堤顶及堤内地面最低控制标高；（4）确定无洪水危害内江河湖海岸最低的控制标高；（5）根据排洪、通航的需要，确定大桥、港口、码头等点的控制标高；（6）确定新社区主干道与公路、铁路交叉口点的控制标高；（7）分析新社区雨水主干管进入江、河的可行性，确定道路及控制标高；（8）选择新社区主要景观控制点，确定主要观景点的控制标高。

3. 竖向规划的用地

在农村新社区用地分析评定时，要注意竖向规划的要求，尽量做到利用地形，地尽其用。要研究工程地质及水文地质情况，如地下水位的高低、河湖水位、洪水位及受淹地区。对那些防洪要求高的用地和建筑物不应选低地，以免提高设计标高而使填方过多、工程费用过大。

竖向规划要配合利用地形，而不要把改造地形、土地平整看作是主要目的。

在新社区干道选线时，要尽量配合自然地形，不要追求道路网的形成而不顾起伏变化的地形。要对自然坡度及地形进行分析，使干道的坡度既符合道路交通的要求又不致填挖土方太多，不要为追求道路的过分平直而不顾地形条件。地形坡度大时，道路一般可与等高线斜交，避免与等高线垂直，也要注意干道不能没有坡度或坡度太小，以免路面排水困难或对埋没自流管线不利。干道的标高宜低于附近住宅用地的标高，干道沿汇水沟选线，对于排除地面水和埋设排水管均有利。

4. 用地条件的评定

新社区各项工程建设总是要体现在用地上的。不同的地形条件对规划布局、道路走向、线形、各种工程的建设及建筑的组合布置、新社区的轮廓、形态等都有一定的影响。但是，经过规划与建设，也将对自然地貌进行某种程度的塑造，而呈现出新的地表形态。

为了便于建设与营运，多数新社区与集镇是选择在平原、河谷地带或是低丘山岗、盆地等地方修建。平原大都是沉积或冲积底层，具有广阔平坦的地貌景观。山区由于地形、地质、气候等情况比较复杂，在用地组织和工程建设方面往往会遇到较多困难。在丘陵地区，当然也可能会有一些棘手的工程问题，但在一些低丘地区，恰当地选择用地，通过因地制宜的细致规划，也可以有良好的建设效果。

在小范围，地形进一步划分为多种形态，如山谷、山坡、冲沟、盆地、河漫滩、阶地等。

地形条件对规划与建设的影响具体表现在以下方面：影响规划的布局、平面结构和空间布置。例如，河谷地带、低丘山地和水网地区等，往往展现不同的布局结构。随之，这些新社区的市政等工程建设也有着相应的特色，如果水网地区河道纵横，桥梁工程就比较多。地面的高程和用地各部位之间的高差是对制高点的利用、用地的竖向规划、地面排水及洪水的防范等方面的设计依据。

地面的坡度对规划与建设有着多方面的影响。例如，在平地常要求不小于 0.3% 的坡度，以利于地面水的排除、汇集和管网设置。但地形过陡也将出现水土冲刷等问题。地形坡度的大小对道路的选线、纵坡的确定及土石方工程量的影响尤为显著。各项设施对用地坡度都有所要求，一般适用坡度参考表 7-26。

新社区建设用地适用坡度 表 7-26

项目	坡度（%）	项目	坡度（%）
工业	0.5～2	铁路站场	0.0～0.25
居住建筑	0.3～10	对外主要公路	0.4～3
主干道	0.3～0.6	次干道	0.3～8

第八节　农村新社区的环境卫生工程规划

一、环卫规划设计概述

1. 规划理念

以全面改善农村新社区环境卫生面貌为目标，以加强村容村貌管理和农村环境卫生整治为重点，以建立卫生长效管理机制为核心，以清洁社区、家（庭）园创建和打造"生态、文明、和谐"建设为发展方向，营造浓厚氛围，提升广大村民的文明卫生素质，加强环境建设、整治和管理力度，完善公共服务职能，提升人民群众生活品质，推动农村社区经济社会和精神文明建设全面协调发展。

2. 规划目标

通过农村新社区环境卫生规划设计，达到社区环境根本改观，村容村貌形象显著提升，群众满意程度明显提高，建立起覆盖社区的环境保洁长效管理机制。基本达到农村新社区村貌整洁有序；农村生活垃圾集中处理率达 100%，环境卫生设施自然村覆盖率达到 100%，行政村保洁队伍覆盖率 100%；社区、庭院无乱堆乱放、乱晾乱挂；河道、溪沟无明显漂浮物、河岸无垃圾；生产生活污水得到有效治理；无违章搭建、乱设摊点，村道畅通无阻，绿化水平明显提高，文明素质普遍增加。

3. 环境卫生设施的种类

环境卫生设施根据其职能和作用，可分为以下两个大类：环境卫生公共设施和环境卫生工程设施。

设置在公共场所等处，为社会公众提供直接服务的环境设施统称为环境卫生公共设施。

环境卫生公共设施可分为以下三类：公共厕所、生活垃圾收集点、废物箱。

具有生活废弃物转运、处理及处置功能的较大规模的环境卫生设施称为环境卫生工程设施。环境卫生工程设施主要包括以下四类：垃圾收集站、垃圾转运站、水域保洁工作基地、生活垃圾卫生填埋场。

其他的环境卫生设施还有车辆清洗站、环境卫生车辆停车场、洒水车供水器等。

二、环境卫生规划内容

1. 环境卫生工程规划的内容

（1）分析现状新社区环境卫生工程发展水平和存在的问题。

（2）预测垃圾排出总量。

（3）提出垃圾的收集、运输、处理、综合利用及消纳的原则和方案。

（4）确定环卫所、环卫站等主要环境卫生工作机构的用地面积和位置。

（5）确定垃圾转运站、水域保洁工作基地、生活垃圾卫生填埋场等主要环境卫生工程设施的规模和位置。

（6）确定环卫运输车辆、船舶等机具的停放及修理场所的规模和位置。

（7）确定公共厕所、生活垃圾收集点、废物箱、环卫工人作息点等设施的规划指标。

2. 环境卫生设施规划的基本要求

农村新社区环境卫生设施规划必须从总体上符合新社区总体规划的功能要求，布局合理、美化环境、方便使用、整洁卫生和有利于环境卫生作业的要求，满足新社区生活垃圾收集、运输、处理等功能，贯彻生活垃圾无害化、减量化和资源化的原则，实现生活垃圾的分类收集、分类运输、分类处理和分类处置。

垃圾处理场、垃圾填埋场等重大环境卫生工程设施的设置应做到联建共享、区域共享、城乡共享，实现环境卫生重大基础设施的优化配置。

生活垃圾、商业垃圾、建筑垃圾和粪便的收集、中转、运输、处理、利用等所需的设施和基地必须统一规划、设计和配置，其规模与形式由日产量、收集方式和处理工艺确定。

在住宅域内、道路、商场、集贸市场、影剧院、客运码头、街心花园等附近及其他居民活动频繁的场所，均应设置垃圾收集容器或垃圾收集容器间、公共厕所等环境卫生公共设施。

三、垃圾排出总量预测

1. 生活垃圾排出量的预测

生活垃圾包括来源于居民家庭、商业活动及街道清扫中产生的固体废弃物。生活垃圾应进行资源化回收及利用，加快垃圾分类收集，以利于垃圾处理减量化、资源化、无害化。

农村新社区生活垃圾排出量的预测一般采用基于调查的人均指标法进行测算，即根据现状人均垃圾的产生量和历年平均增长率，以及规划期末新社区人口数来推算垃圾总量。目前，我国新社区垃圾人均产生量为 $0.8 \sim 1.8 \text{kg/}$（人·d），垃圾的年增长率一般为 10% 左右。

2. 工业垃圾产出量的预测

工业垃圾产出量的计算方法主要有实测法、物料衡算法和经验计算法。农村新社区一般采用经验计算法。

经验计算法是根据经验计算公式或生产过程中得出的经验产率来计算固体废弃物产率或产生量的一种方法。应用经验计算公式要搞清物料的来源、数量和组成；同一生产工艺，物料组成不同，经验公式也不相同。应用产率计算的关键在于取得不同生产工艺、不同生产规模下准确的单位产品产率。采用经验产率，要结合各行各业的实际情况，选择适当的数值，以保证计算结果与实际情况相符。

四、新社区环境卫生公共设施规划设计

1. 公共厕所

（1）公共厕所的配置

公共厕所的配置位置：新建住宅区；新社区中心、商业街、集贸市场、停车场及其他公共场所；主要交通干道；车站、码头等对外交通设施。

公共厕所是新社区居民公共使用的卫生设施，位置应选择在明显、易找之处；在公共厕所邻近的道路旁，应设置明显、统一的公共厕所标志。公共厕所应与排水系统相结合。

（2）公共厕所的数量

公共厕所设置的数量应参照《城市环境卫生设施规划规范》GB 50337—2003 的要求，具体见表 7-27。

公共厕所设置数量指标　　　　　　　　　　　　　　　　　　表 7-27

用地类别	设置密度（座/km²）	设置间距（m）	建筑面积（m²/座）	独立式公共厕所用地面积（m²/座）
居住用地	3～5	500～800	30～60	60～100
公共设施用地	4～11	300～500	50～120	80～170
工业用地和仓储用地	1～2	800～1000	30	60

注：引自《城市环境卫生设施规划规范》GB 50337—2003 表 3.2.2。

（3）公共厕所的类型

公共厕所按其建设形式分为独立式和附属式。独立式应与附近的建筑群体一并统一规划，相互协调。附属式的公共厕所应结合主体建筑一并设计和建造，并向村民全天候开放。

2. 垃圾收集点

农村新社区垃圾收集点规划布置一般要求如下。

（1）垃圾分类收集容器应清楚地标明收集的垃圾类别，分类收集的垃圾应分类运输。

（2）供居民使用的垃圾收集投放点的位置应固定，并应符合方便居民和不影响市容观瞻、利于垃圾的分类收集和机械化清除等方面的要求。

（3）垃圾收集点的服务半径不超过 70m。在规划建造新住宅区时，未设垃圾收集站的多层住宅每 4 幢设置 1 个垃圾收集点，并建造垃圾容器间，安置活动垃圾箱（桶）。市场及其他产生生活垃圾量较大的设施附近应单独设置生活垃圾收集点。

（4）医疗垃圾等危险废弃物必须单独收集、单独运输、单独处理，其垃圾容器应封闭并应具有便于识别的标志。

（5）各类垃圾容器的容量和数量应按使用人口、各类垃圾日排出量、种类和收集频率计算。垃圾存放容器的总容量必须满足使用要求，垃圾不得溢出而影响环境。

3. 废物箱

废物箱一般设置在道路两旁和路口，以及各类公共设施、广场、社会停车场等的出入口附近；废物箱应美观、卫生、耐用，并能防雨、抗老化、防腐、阻燃。

废物箱的设置应便于废物的分类收集，分类废物箱应有明显的标识并易于识别。废物箱的设置间隔一般为：主干路街道为 50 ~ 100m；次干路为 100 ~ 200m；支路为200 ~ 400m。

五、环境卫生工程设施规划

1. 垃圾转运站

用中、小型垃圾收集运输车分散收集到的垃圾集中起来，并借助于机械设备转装到大型垃圾运输车，由建筑物、构筑物等组成的环境卫生工作场所称为垃圾转运站。较大的新社区或镇区可设置垃圾转运站，一般为小型垃圾转运站。普通新社区不必设置垃圾转运站，由垃圾运输车直接到垃圾收集点收集。

垃圾转运站宜设置在交通运输方便、市政条件较好并对居民影响较小的地区。小型转运站用地面积不宜小于 $800m^2$。垃圾转运站外形应美观，并与周围环境相协调，操作应实现封闭、减容、压缩，设备力求先进。飘尘、噪声、臭气、排水等指标应符合环境保护标准。

2. 水域保洁工作基地

为加强对水面垃圾的管理，水域保洁是新社区环境卫生管理的重要工作。需要进行水域保洁的新社区，可根据需要采用定点拦截设施、人工打捞船和机械清扫船。机械清扫船的数量可根据作业距离，按每25km清扫河道长度配置一艘清扫船。水上环境卫生工作场所应按生产、管理需要设置，应有水上岸线和陆上用地。

3. 生活垃圾卫生填埋场

生活垃圾填埋场的设置宜从区域统一考虑配置，做到联建共享、区域共享、城乡共享，符合所在地区的总体规划和环卫专业规划的要求，根据新社区的规模、垃圾产生量等进行规划和建设，避免建设小而散的填埋场，以减少污染点。

垃圾填埋场的位置应符合下列要求：（1）位于建成区外、地质情况稳定、具备运输条件、人口密度低、土地及地下水利用价值低的地区；（2）距大、中城市规划建成区应小于 5km，距小城市建成区应大于 2km，距居民点应大于 0.5km；（3）垃圾填埋场用地内绿化带宽度不应小于 20m，并沿周边设置；四周设置宽度不小于 100m 的防护绿地或生态绿地。

垃圾填埋场应考虑其场地防渗，防止对周围环境的影响。垃圾填埋后会产生甲烷等易燃易爆气体，国内外由填埋气体的聚集和迁移引起的爆炸和火灾事故时有发生，因此必须采取有效的工程措施杜绝安全隐患。

由于垃圾填埋场易滋生蚊、蝇、鼠等，并且会产生灰尘、散发臭气，尤其在夏天，情况会更严重，为防止其对周围环境的影响，需要采取喷洒药物、覆土、设置防护区等措施。

第九节　农村新社区公共服务设施规划

一、公共服务设施规划设计的概述

1. 公共服务设施的概念

（1）公共服务设施是指为农村新社区的村民生活直接提供社会性服务的设施，也间接为农村生产系统运行提供必要的服务。

（2）公共服务设施是农村新社区管理与发展的基础，属于物质建设的基本内容之一。它包括行政管理、商业服务、教育设施、医疗卫生、宗教文物、休闲环境等公共设施。

2. 公共服务设施的分类

（1）行政管理类：村委会、邮政所代办站、电信、广播、电视以及社会团体驻地等；

（2）商业服务类：商店、超市、银行、信用社、饭店、招待所、旅馆、茶馆、停车场、修理部、理发馆、集市市场、车站、码头、物流中心等；

（3）教育设施类：中学、小学、幼儿园、职业技术培训学校；

（4）文化科技类：文化站、图书室、科技站、影剧院、游乐健身场、展览馆、老年活动中心；

（5）医疗卫生类：卫生院、卫生所、卫生室、优生优育指导站、保健站、敬老院；

（6）宗教文物类：宗祠、寺庙、道观、教堂、红白理事场所、历史文物街区、文物等；

（7）休闲环境类：包括绿地、广场、游园、小品、雕塑等；

（8）生产仓储类：手工业企业、食品加工企业、仓库、堆场、大型农机存放场、粮食晾晒场等。

二、公共服务设施的特点

1. 公共服务设施的公共性

公共服务设施应属于社会的公共产品，它是为人类社会发展服务的，其建设投资应是社会公共项目的组成部分。农村的公共服务设施应该是由农民集体经济支付建设，但目前农村集体经济非常薄弱，没有足够的能力建设公共服务设施，从而造成农村公共服务设施严重不足。因此，国家财政应逐步加大这些方面建设资金的投入。

2. 人的基本生存权利

公共服务设施的建设与配备是社会发展的必需物质基础，也反映着一个国家、社会的精神面貌。党和国家发展的基本目标就是让广大人民群众过上共同富裕的生活，享受丰富的精神文化生活。当前，社会主义核心价值观概括为 24 个字："富强、民主、文明、和谐、自由、平等、公正、法治、爱国、敬业、诚信、友善"，而所有这些都离不开农村公共服务设施载体的建设，所以，农村新社区的公共服务设施建设是民权、民生的一个重要方面，应引起高度重视。

3. 农村公共服务设施的多功能性

农村公共服务设施的配备要注意诸多设施的多功能性。农村的公共设施与城市不同，一般地，公共服务设施利用既有必要性，同时也具有时段性。因此，在建设农村新社区公共服务设施时，要充分研究设施的综合利用特征。例如建设行政管理中心时，应考虑把大型会议室、文艺演出、室内电影室、农民办理红白事所等需要用的场所统一规划设计；把体育锻炼、活动广场与短时间晾晒粮食结合起来建设；农村新社区中的公园硬地与粮食晾晒场所、大型农机存放场等设施结合起来，统筹考虑。

三、公共服务设施的现状与问题

农村公共服务设施的不足会构成社会前进的制约因素。我国农村建设现状极其复杂，各种形态都存在。在一些经济发达地区，农村新社区的公共设施建设完善，建设标准甚至超越城镇。在发展相对落后的地区，农村公共服务设施建设则严重不足，影响着村民正常的生活需求（例如，农村新社区中学龄儿童"上学难"问题），从而制约着农村的发展。总体来看，农村新社区中的公共服务设施存在的问题主要有以下几个方面：

1. 行政管理服务设施严重不足

农村集体经济相对薄弱，导致农村新社区的公共服务设施建设投入严重不足。部分农村新社区村委会成为简陋、破损的建筑，使得行政管理服务设施改作他用或者长期出租。村委会办公移至村干部家中，这种现象比比皆是。

2. 农村商业点布局零乱

当前，商业零售业缺乏必要的引导措施，规模小的农村新社区（人口小于1000人）内相类似店铺多达5、6家，这些商店多是以家庭住宅为依托，并没有单独的店铺，造成店面零乱、卫生条件极差，影响商品的安全和质量。

3. 教育设施不足现象明显

现在，由于受合并学校的影响，许多农村新社区已经没有了学校，学龄儿童需要到中心村上学，并且农村新社区留守儿童现象明显，农村学校食堂和宿舍不能满足学生寄宿要求。因此，要充分考虑留守儿童数量和分布状况等因素，合理设置学校或教学点，优先保障留守儿童能够就近走读入学，合理规划公共交通，提供校车服务，减少上下学交通风险。

当前社会面临城镇化发展趋势，富余的劳动力转移到城市从事第二、三产业，但这些人缺乏技术和职业技能，因此，农村新社区规划中，应有对进城务工人员进行职业培的场所。同时，农民自身科技素质的提高，也会带动农村第二、三产业的发展。

4. 医疗卫生条件差距较大

我国第六次人口普查资料显示，全国总人口为13.71亿人，约有50.32%的人口分布在农村，然而农村的医疗卫生条件差距很大，农民"看病难"问题严重。全国60%以上的乡（镇）卫生院缺乏基本医疗设备，在我国中西部，乡（镇）卫生院危房率达33.6%，需要建设的乡（镇）卫生院达70%，至于农村新社区的医疗卫生设施情况更是不容乐观，多数农村新社区没有固定的卫生室（所），一般是在医生家中就诊，条件简陋、设备不足。农村新社区未来需要规划建设医疗卫生设施，使农民实现"小病不出村，常见病不出乡镇，大病不出县市"的模式，实现就近、轻松、便捷看病。

5. 社会福利设施不足，农民养老没有可靠的保障

养老事业是我国未来一个时期的重要任务，尤其在农村更为突出。纵观当前农村新社区建设状况，农村的敬老院设施情况十分堪忧。一是敬老院严重不足，二是已有的敬老院经营状况差。当前农民养老仍然按照家庭养老为主。

6. 缺乏必要的文化设施，农村精神文化生活贫乏

多数农村没有影剧院、文化站、老年活动室、图书室、体育活动场所。由于这些基本文化设施的缺乏，使得农村文化生活严重不足，显得枯燥、无味，这也是许多青年不乐意生活在农村的原因之一，也是构成城乡生活方式差别的一个方面。

7. 生产生活所需的设施不足，影响村民的生产和生活

当前农村机械化程度发展很快，农民购置了大型农机具，无处存放，只能摆放在街道上，影响了交通和景观；近年来，农村粮食生产量越来越大，新收的粮食需要晾晒，无处安置，许多村民只得在主要交通干线公路上晾晒，产生了交通安全隐患；伴随农民生活水平的改善，农村适婚青年结婚规模越来越大，但没有良好的场所予以安排布置，需要在农村新社区规划时充分考虑。

四、公共服务设施的发展趋势

1. 公共服务设施的逐步增长趋势

（1）原来农村缺少系统全面的公共服务设施，未来在新社区建设中，要逐步发展和配套各种公共服务设施，各种公共设施规划用地将呈增长趋势。

（2）伴随未来农村新社区空间布局的调整，农村新社区的规模变得较大，相对应的公共服务设施的建设规模也要增大，因此，公共服务设施的建设总量也会呈增长趋势。

（3）根据社会主义新农村建设发展的需要，农村的公共服务设施建设也将会由国家部分公共财政大力支持，有了充足的资金，农村公共服务设施的建设速度也将大大加快。

（4）伴随农村第二、第三产业的发展和新农村建设，农民的生活方式转型，生活标准提高，农民对于公共服务设施需求量也呈增长趋势。

2. 公共服务设施规划的规范化趋势

（1）目前，农村新社区公共服务设施规划建设要参照《村镇规划标准》《镇规划标准》《农村新社区规划用地分类指南》等标准和结合农村实际要求进行规划设计。

（2）农村新社区公共服务设施规划建设要先有一套完整的规划设计，使得公共服务设施统筹布局，增强农村新社区的整体功能性、景观性。规划设计建立在高标准、高起点上，各种设施建筑一旦建设，则不宜再拆建。

3. 公共服务设施城镇化的趋势

部分农村新社区公共服务设施规划设计应参照城镇规划标准进行统一规划，使得农村新社区公共服务设施建设趋向城市标准。因此，农村新社区公共服务设施的规划设计要有超前意识，公共服务设施的配备、规划设计的标准、建筑形态等方面都要高标准规划设计。

五、公共服务设施规划设计

1. 概念

公共服务设施规划设计是指在对于新型农村社区人口发展预测的基础上，根据社区的社会经济发展状况，按照县（市）、乡（镇）国民经济社会发展规划，根据新社区规模大小和空间布局需求，合理配备各种公共服务设施的数量、规模以及空间布局。而新型农村社区指一村或多村经过统一规划、统一建设、具备完善的基础设施和公共服务设施的村民居住区，需要根据实际情况，合理配置各类设施的建设标准。

2. 布局形式

公共服务设施具体布局一般有沿街式布置、组团式布置和广场式布置。沿街式布置又可分为沿主干道布置、沿主干道一侧布置和单独设计商业步行街；组团式布置可建专业的市场街和带顶棚的市场街；广场式布置可设计闭合的广场、三面围合、两面围合或是三面敞开的结构。

3. 公共服务设施的规划原则与标准

（1）公共服务设施规划设计的原则

1）坚持节约用地的原则。所有的公共服务设施，要符合国家制定的用地标准，不要贪大求洋，随意占用土地。

2）坚持与农村新社区景观相协调的原则。农村新社区的公共服务设施建设要注意农村新社区整体景观的一致性，使得公共服务设施与农村新社区景观相协调，利用地形等条件组织街景，创造当地优美环境。

3）坚持以人为本、服务群众的原则。除学校外，公共建筑尽可能建设在村中心区，交通便利的地方，从而方便农民的生活。

4）坚持统筹安排、集中使用原则。农村新社区中建立集贸市场，并非每天都用，可以把集贸市场与露天剧场、运动场等用途兼顾起来；把粮食晾晒、广场、体育活动场所统一调配使用，提高场地的利用率。

（2）公共服务设施规划设计的依据

1）依据农村新社区人口规模的大小和人口发展预测，以满足人们生活发展需求为依据。

2）依据区域城乡一体化与镇村体系规划的总体布局要求，进行规划设计。

3）依据农村新社区总体规划的统一安排，因地制宜，完善农村新社区中各项设施建设。

（3）公共服务设施规划设计的标准

1）农村新社区公共服务设施用地标准如表 7-28 所示。

各类公共建筑人均用地面积指标　　　　　　　　　　　　　　表 7-28

村镇层次	规划规模分级（按常住人口划分）	各类公共建筑人均用地面积指标（m²/人）				
		行政管理	教育机构	文体科技	医疗保健	商业金融
中心镇	大型（＞1万人）	0.3～1.5	2.5～10.0	0.8～6.5	0.3～1.3	1.6～4.6
	中型（0.5万～1万人）	0.4～2.0	3.1～12.0	0.9～5.3	0.3～1.6	1.8～5.5
	小型（＜0.5万人）	0.5～2.2	4.3～14.0	1.0～4.2	0.8～1.9	2.0～6.4
一般镇（乡）	大型（＞0.5万人）	0.2～1.9	3.0～9.0	0.7～4.1	0.3～1.2	0.8～4.4
	中型（0.3万～0.5万人）	0.3～2.2	3.2～10.0	0.9～3.7	0.3～1.5	0.9～4.6
	小型（＜0.3万人）	0.4～2.5	3.4～11.0	1.1～3.3	0.3～1.8	1.0～4.8
中心村	大型（＞0.3万人）	0.1～0.4	1.5～5.0	0.3～1.6	0.1～0.3	0.2～0.6
	中型（0.1万～0.3万人）	0.12～0.5	2.6～6.0	0.3～2.0	0.1～0.3	0.2～0.6
基层村	（＜0.1万人）	0.10～0.4	2.2～4.0	0.2～1.5	0.1～0.2	0.2～0.4

集贸设施的用地面积应按赶集人数、经营品类计算。

注：资料来源于《镇规划标准》GB 50188—2007。考虑社区发展需要，对人口规模有所调整。

2）农村新社区公共服务设施布局（见表 7-29）。

公共建筑项目的配置　　　　　　　　　　　　　　　　表 7-29

类别	项目	中心镇	一般镇	中心村	基层村
行政管理	人民政府、派出所	●	●	—	—
	法庭	○	—	—	—
	建设、土地管理机构	●	●	—	—
	农、林、水、电管理机构	●	●	—	—
	工商、税务所	●	●	—	—
	要管所	●	●	—	—
	交通监理站	●	—	—	—
	居委会	●	●	●	—
教育机构	专科院校	○	—	—	—
	高级中学、职业中学	●	○	—	—
	初级中学	●	●	○	—
	小学	●	●	●	—
	幼儿园、托儿所	●	●	●	○
文体科技	文化站（室）、青少年之家	●	●	○	○
	影剧院	●	○	—	—
	灯光球场	●	●	—	—
	体育场	●	○	—	—
	科技站	●	○	—	—
医疗保健	中心卫生院	●	—	—	—
	卫生院（所、室）	—	●	○	○
	防疫、保健站	●	○	—	—
	计划生育指导站	●	●	○	—
商业金融	百货站	●	●	○	○
	食品店	●	●	○	—
	生产资料、建材、日杂店	●	●	—	—
	粮店	●	●	—	—
	煤店	●	●	—	—
	药店	●	●	—	—
	书店	●	●	—	—
	银行、信用社、保险机构	●	●	○	—
	饭店、饮食店、小吃店	●	●	○	○
	旅馆、招待所	●	●	—	—
	理发、浴室、洗染店	●	●	○	—
	照相馆	●	●	—	—
	综合修理、加工、收购店	●	●	○	—
集贸设施	粮油、土特产市场	●	●	—	—
	蔬菜、副食市场	●	●	○	—
	百货市场	●	●	—	—
	燃料、建材、生产资料市场	●	○	—	—
	畜禽、水产市场	●	○	—	—

注：1. 农村新社区公共建筑项目应根据镇村体系规划、实际需求等因素，酌情设置。

　　2. ●——应设的项目；○——可设的项目。

六、公共服务设施空间布局规划

公共服务设施空间布局微观探讨主要研究公共服务设施在新型农村社区内部的具体位置的优化。公共服务设施应与农村新社区的功能结构、规划布局紧密结合，在实际布局中各地要根据农村新社区的特征进行具体分析，因地制宜，满足村民物质与精神生活的多层次需要。对于镇（乡）政府驻地的农村新社区，应充分考虑乡镇级别的公共服务设施和本农村新社区公共服务设施的共建共享。

1. 行政管理设施的布局

行政管理设施作为与村民有紧密的联系的管理性机构，要求有庄重静穆的气氛，为了避免干扰，要有专门的院落，应布置在交通便利的地方，方便群众办事，且不宜与商业金融、文体设施等场所毗邻，以便创造良好的办公环境。

（1）党政、各专项管理机构通常是指乡镇政府、行政管理机构以及其他上级派出机构，要设行政管理服务中心，有对外方便的出入口，一般宜设在进出乡镇区的主要出入口。

（2）村委会是农村新社区的重要组成部分，村委会因功能相对单一，布置形式也不多，主要有围合式和沿街式两种：围合式一般环绕中心广场布置，有宽敞的绿地，通风良好和视野开阔，办公环境优美宁静；沿街式通常是至沿街道布置或者沿带状布置，容易形成繁华且带有生活气息的氛围。村民中心包括村两委会办公室、会议室、值班室、接待室等建筑，并配置其他活动用房，如老年活动室、青少年活动室、室内电影室、农民红白理事场所等。

2. 教育设施的布局

公共服务设施配置项目中，教育培训设施是占地面积和建筑面积相对较大的配置项目，是影响农村新社区空间布局最主要的公共服务设施，需要进行独立选址。学校可以按照各自的服务范围均匀分布，距离铁路干线应大于300m，并且主要的入口不应该开向主要公路，避免交通车辆造成的不确定威胁，可与公共绿地等相邻布置。需要特别注意，学生以最近的距离，方便、安全地使用这些设施是学校进行空间布局时首要考虑的因素。

（1）托儿所、幼儿园的布局方法

托儿所和幼儿园可以联合设置，根据幼儿的特点和家长接送便捷的要求，服务半径不宜过大，一般为300～500m，且最好设在方便家长接送的地段。常用的布局方式有两种：一是布设在农村新社区的几何中心，其主要优点是服务半径小，对于农村新社区任何位置的村民接送都很方便，适用于规模不大的农村新社区；二是分散布局在居住区组团之间，可以结合道路系统布置，其主要优点是兼顾各组团的使用，接送方便，服务半径均匀，适合居住区组团规模较大农村新社区。

（2）小学的服务半径一般不大于1000m，宜直接邻近居住区，主要有三种常用的布局方式：一种是布局在农村新社区的拐角，其主要优点是兼顾居住区，环境相对来说比较安静，但是对于学生来说学生行走路线较长；一种是布局在农村新社区的一侧，该布局方式的主要优点是服务半径较布局在农村新社区拐角小，一般毗邻农村新社区主要干道，可兼顾相邻居住区；另一种是布局在农村新社区的中心，该布局方式的主要优点是服务半径比较小，并可结合农村新社区的公共绿地设置，形成环境优美的学习环境，缺点是不能兼顾相邻居住区。

文化、体育、科技设施使用时，一般瞬时人流量较大，呈现周期性集散的现象，应满足组织交通及人流疏散的要求，建筑造型生动活泼与周围建筑环境相呼应。

3. 文体科技设施的布局

文体科技设施的布局应丰富多样，布局时要考虑为停车场所预留出空间。

运动场、篮球场、羽毛球场等，需要较大的场地，一般都具有一定的特有面貌，场地宜结合农村新社区公共绿地设置，学校的运动场地设施也可以考虑采用半开放式，作为农村新社区居民健身运动场地的有益补充；老年活动中心适宜毗邻医疗养老设施，与公共绿地结合，形成老年人娱乐健身中心；文化站、科技站宜靠近文化广场或者村委会，集聚组成综合服务中心。

4. 医疗养老设施的布局

医疗养老设施设于环境安静、交通方便的独立地段，以便于病人就诊和救护。布局时与邻近其他建筑和街道适当拉开距离，以绿化作适当的隔离隐蔽，要与周围环境相适宜。医院、卫生院应为独立用地，设置于交通便利的地段，毗邻主干道，并且远离供电设施及其高低压线路，远离少年儿童活动及人流量大的密集场所。一般卫生所、门诊宜设置在比较安静的农村新社区次干道上，建在阳光充足、空气洁净、通风良好的地段上。老年公寓、敬老院的布局要求环境幽静，远离商业、教育设施等人流量较大的地方设置，保证老年人安逸、舒适的生活环境。

5. 商业服务设施的布局

商业服务设施布局时应考虑集中在中心交通便利、人流量大的地段，以方便生活、有利经营，同时达到既方便村民又丰富街景的目的。由于各项商业金融设施有着不同的合理服务半径，其布局应以商业自身经营规律为依据灵活布局，根据农村新社区用地的组成、规划布局特点、地形条件和村镇规模等因素，综合考虑予以确定。

居住区商业服务设施的布置，一般情况下可以有六种方式，即分散布置、成片集中、沿街带状布置、几何中心布置、分散与成片集中相结合及沿街与成片集中相结合。

（1）分散布置。对一些居民生活关系密切，使用联系频繁，且功能相对独立的商业服务设施，如小吃店等常是分散设置，它们的位置距居民很近，服务半径小，居民使用方便。但项目有限，每个点的面积都不大，标准不高，这种方法适用于紧邻商业中心的居住区。

（2）成片集中。有利于功能组织、居民使用和经营管理，易形成良好的步行购物和游憩环境。这种布置是目前较普遍采用的一种方法，优点是商业、服务网点集中，项目比较齐全，居民采购方便，也便于经营管理。但由于其服务半径所限，适用于规模不大的居住区。

（3）沿街带状布置。沿街带状布置用地可能比较少一些，这是采用的较多的一种布置方式，包括沿街单侧和双侧布置。可兼为本区和相邻居住区居民服务，经营效益好，且有利于街道景观的组织，但可能会对交通产生一定的干扰。

沿街双侧布置：在街道不宽、交通量不大的情况下，双侧布置，店铺集中、商品琳琅满目、商业气氛浓厚。居民采购穿行于街道两侧，交通量不大，安全省时。如果街道较宽，可将居民经常使用的相关商业设施放在一侧，而把不经常使用的商店放在另一侧，这样可减少人流与车流的交叉。

沿街单侧布置：当所临街道较宽且车流较大，或街道另一侧与绿地、水域相临时，这种沿街单侧布置形式比较适宜。这种布置方式可避免穿越马路，也能丰富街景，但应当注意网点沿街长度不宜过长，并注意网点不与其他建筑隔着安排，否则居民购物要走多路。

（4）几何中心布置。其服务半径小，便于居民使用，利于居住区内景观组织，但内向布点不利于吸引更多的过路顾客，可能影响经营效果。商业服务、文化娱乐等设施应相对集中，设置于不影响行车交通的人流出入口附近，以方便居民购物、娱乐和生活。这种集中式布局的居住区，既能方便居民生活，节省采购时间，又易于形成综合服务中心，并使各服务项目相辅相成。

（5）分散与成片集中相结合。根据不同项目的使用性质和居住区的规划布局形式，应采用相对成片集中与适当分散相结合的方式合理布局。在规模较大、设施较完全的村镇，可以将商业金融设施集中布置，形成一定的商业金融中心，以便达到一定的层次和规模，而将一般日常的商业服务网点分散布置，方便了居民，并应利于发挥设施效益，方便经营管理。

（6）沿街与成片集中相结合。这是一种沿街和成片布置相结合的形式，可综合沿街及成片集中两者的特点。应根据各类建筑的功能要求和行业特点相对成组结合，同时沿街分块布置，在建筑群体艺术处理上既要考虑街景要求，又要注意片块内部空间的组合，更要合理地组织人流和货流的线路。

第十节　农村新社区公益设施规划设计

一、商服设施的规划设计

1. 商服设施的分类

社区的商服设施主要包括商店、集贸市场、小型超市、电子商务和物流园区等。对于商业服务设施规划设计，要因村、因地而异，要结合当地产业融合需求布局商业服务设施，根据社区的生活与生产发展的需要进行规划设计。

2. 商服设施的规划设计

（1）商店的规划设计

农村新社区商店的特点：一般规模较小、综合性强、货物齐全、销售量小、营业时间长。

1）商店营业厅　营业厅是商店的最主体，要根据商品性质设计不同的区位，如食品、日用百货应靠近入口处；贵重的商品购买者少，应放在人流较少的地方；体积较大、搬动笨重的商品应放在底层。要注意隔离和防护设施，保障营业厅的安全。营业厅外要设计橱窗；营业厅内要设计好柜台。

2）商店库房　较大的商店应有库房，库房规划设计要和营业厅相连，库房面积要根据经营的商品决定。规划设计要注重与营业厅联系方便为原则。库房的规划设计要注意防火、防潮、防盗、防虫、防鼠。

（2）集贸市场的规划设计

农村新社区的集贸市场是农民商品交易的主要形式之一。集贸市场的特点是：定点、定时、货物主要是村民日常生活用品。

和集贸市场相类似的交易场所还有农村的庙会，也是农民物质交流的方式。它更是确定在某一个固定的日期，让村民定点交易，方便村民生产与生活。

较为稳定的、较大型农贸市场要进行规划设计。市场设计中主要是摊位的设计。市场又分为露天市场、带顶棚市场，无论哪种市场都要设计通道不小于 3m、摊位长度一般为 3m。市场顶棚高不少于 4m。市场设计要注意通风透光、注意周边环境和交通。

（3）小超市的规划设计

小超市是农村新社区商品流通的一种重要方式，所以小超市的规划设计很重要。小超市是一种小型的自选综合商店。小超市的设计出入口要分开，入口较宽、出口较窄，通道一般大于 1.5m，出入口的服务范围一般在 $500m^2$。

（4）电子商务的规划设计

电子商务是农村新社区大宗货物流通的新形式。我国不少农村也是农产品及其加工品和部分工业产品的生产地，现在发展电子商务是农村物质流通的新方式，要根据当地的生产需求，合理布局电子商务也是农村新社区建设中必须规划的内容。

（5）物流园区规划设计

伴随电子商务的发展，结合区域特色经济的发展，在一些农村新社区要发展小型物流园区，形成商业规模效益，这是新形势下经济发展的需要。物流园区的规划设计要依据产业特点、规模大小、流通量等，因地而异地规划设计。物流园区一般要建设在交通方便的地方，尽可能占用村庄闲散土地。

二、教育设施的规划设计

农村新社区的教育是农村公益设施中最为重要的内容之一。在一个历史时期，部分农村学校建筑属于最破的建筑，经过改革开放、经济社会发展，使得农村学校建筑有了很大改观，不少地方建起新学校。但伴随我国城镇化的快速发展，农村人口大量外流，农村青少年人数逐年减少，所以农村学校建设也受到一定的影响。学校的规模呈减小、合并的趋势。特别是农村新社区的建设，在社区内建设学校要根据当地的实际需求进行规划设计。农村新社区学校还有农民职业技术培训的功能，对于一些专门的技术培训可以借用学校教室进行村民的技术培训，这也是乡村人才振兴的一个重要方面。

1. 学校规模的选择

农村新社区学校规模要按照社区人口规模确定。当社区人口规模达到 3000 人以上时，可以建设完全的小学，实施 1～6 年级学校规模；在人口不足 1000 人的社区可建 1～4 年级的学校。1000～3000 人的社区可根据学生人数的预测建设相应的班级规模的学校。一般在乡镇所在地建设初级中学，在县城或是重点镇建设高中。依据学校规模配备学校教室和相应的房屋。

2. 学校建筑用地规模与建筑设计

学校建筑主要包括教学和行政用房两部分。学校建筑面积要根据学校的规模而定，一般规定是每个小学生占地 $2.5m^2$，每个中学生为 $4m^2$。学校的用地面积也是按学生数量确定，小学校为每个学生占地 9～$18m^2$，中学每个学生占地 10～$20m^2$。学校的行政办公用房一般设计每间 12 ～ 16m²，需要量按学校的具体情况确定。

农村新社区学校用房因地域差异、学校规模差异、当地经济社会实际状况，建设差距较大。所以对于农村新社区学校规划设计不可能完全统一标准。一般来说，一般学校要建设教室、行政管理用房、实验室、图书室和厕所，对于需要寄宿的学校，要配备食堂、宿舍用房。学校要根据当地实际情况做出选择。譬如，教室的大小、数量；需要配备的其他用房，根据需求作出适合当地需求的规划设计。对于学校用房建设的标准可参见《村庄规划教程（第二版）》第八章第三节内容，这里不再详细介绍。

3. 学校体育设施规划设计

农村新社区学校配备必要的体育设施是学生德、智、体全面发展的必要条件。但是由于学校规模、学生年龄发展的需求、当地实际条件，不可能完全按照标准设计体育场地，要做到因地而异，从实际出发，尽可能满足学生体育课程的要求。对于学校体育场地设计的标准可参见《村庄规划教程（第二版）》第八章第三节内容，这里不再详细介绍。其中常用的几个场地用地简介如下：

（1）田径运动场　田径运动场要按学校占地条件而定，一般学校可建有一个 200 ～ 300m 跑道运动场即可，跑步也可以借用行走人少的农村道路。

（2）足球场　足球场建在田径运动场内，小型足球场为（50 ～ 80）m×（35 ～ 60）m。

（3）篮球场　篮球的标准场地为 28m×15m，其长度可以增加 2m，但宽度相应减少 1m。场地的上空 7m 以内不得有障碍物。

（4）排球场　排球场的场地标准为 18m×9m，网高为男子 2.43m，女子为 2.24m。场地的上空 7m 以内不得有障碍物。

（5）羽毛球场　羽毛球场标准为：单打场地为 13.40m×5.18m，双打场地为 13.40m×6.10m。场地周边净距离不得小于 3m，网高为 1.524m。

（6）乒乓球场　乒乓球桌台标准为 2.740m×1.525m。场地一般为 12m×6m（国际标准为 14m×7m）。乒乓球场地多设在室内。

对于规模较小、学生年龄小的学校，可根据当地场地的实际情况，适当缩小场地。

4. 托幼用房规划设计

农村新社区的幼儿教育也是农民最为关心的事情。目前农村幼儿教育尚不完善，诸多设施不到位，幼教环境较差，值得重视和关注。农村新社区都要建设托儿所、幼儿园，以满足村民子女受教育的需求。

（1）幼儿教育等分类

托儿所、幼儿园是对于人的早期教育的组织形式。托儿所可分为小班（1 ～ 1.5 岁的婴儿）、中班（1.5 ～ 2 岁个月的婴儿）、大班（2 ～ 3 岁的婴儿）几个层次。

幼儿园收托 3 ～ 6 岁的幼儿。按年龄又可分为小、中、大班，小班为 3 ～ 4 岁的幼儿；中班为 4 ～ 5 岁的幼儿；大班为 5 ～ 6 岁的幼儿。

托儿所、幼儿园按管理方式可分为全日（日托）、寄宿制（全托、保育院）、混合制三种方式。全日是指幼儿仅白天在幼儿园生活；寄宿制是指幼儿昼夜均在幼儿园生活；所谓混合制是指有的幼儿园既有日托班，也招收部分寄宿班。

（2）建筑用房组成

农村托儿所、幼儿园建筑用房一般是选择较大空间的院落规划安排。对于新建设的托儿所、幼儿园要参照城镇的托儿所、幼儿园需求安排建房。标准可参见《村庄规划教程（第二版）》第八章第三节内容，这里不再详细介绍。

（3）建房要求

根据幼儿的生活特点，为创造良好的卫生、防疫、安全有利于幼儿生长的环境，因此幼儿园的建筑设计要具备以下一些特点：

1）保障幼儿睡眠。幼儿睡眠时间长，因此，建筑环境要求安静、幽雅，保障满足幼儿的睡眠的要求。

2）幼儿成长有较好环境。幼儿处在发育、成长期，整个身体处在幼弱状态，因此，幼儿园的环境要求环境清洁、无污染、易防疫、阳光充足、空气新鲜等条件。

3）幼儿成长期要注意保护。幼儿处在成长期，骨骼发育不完全，容易发生磕、碰、撞，造成损伤；幼儿自保意识差，好奇心里强，极易发生意外。因此，幼儿园建筑要求有利于安全、防护的环境以保障幼儿的安全和健康。

（4）幼儿园建筑用房的设计

1）选址：幼儿园要根据 3～6 岁不同的特点进行保育，注意德、智、体、美全面发展的教育。根据幼儿园生活与教育的一些特点，幼儿园的选址要注意以下几点：

① 选择单独院落，不要与其他住所混杂；一般选在村中心地带，方便家长接送；

② 阳光充足、通风良好、场地干燥、环境优美或接近绿化带，方便幼儿室外活动；

③ 远离污染源、交通繁华地带，满足有关卫生防护地要求，有充足的供电、供水和方便排水的基础设施。

2）平面设计：幼儿园的平面设计要对建筑物、室外活动场地、绿化用地及其辅助设施总体设计，做到功能分区合理布局、方便管理。具体内容有以下几点：

① 出入口的布置　幼儿园的出入口选择很重要，一是要方便家长接送，二是要相对出入方便，要把接送出入口面临非主干道路上。

② 建筑物的布置　建筑物的朝向，一般设计要向阳，易通风；卫生间考虑通风、防火和日照因素。

③ 室外活动场所　室外活动场地是幼儿园的必备建设内容。原则上每班不少于 $60m^2$。各种游戏场地要采取隔离设施。

三、医疗卫生建筑规划设计

农村新社区的医疗卫生设施是农民基本生活保障的重组成部分。目前，我国农村的医疗卫生条件还较差，农村卫生医疗条件不能满足农民的需求，成为新社区发展的重点问题。由于村民居住分散，不少医疗点设在医生自己家中，建筑房屋不合格，环境条件较差，不利于村民治疗，这也是城乡二元化结构表现的主要方面，也是经济社会发展不平衡的主要因素。要按照建设美丽乡村的要求，在农村社区医疗卫生设施规划建设 60m² 卫生室，较大的村庄可以根据需要扩大卫生室的面积，重点集镇可建卫生院。要按照"小病不出村、大病不出县"的标准设计卫生室和卫生院所。

1. 医疗卫生设施的分类与规模

卫生所、卫生室一般由于在空间上分布有差异，因此其规模大小也是因地而异（见表 7-30）。

村镇卫生院所规模   表 7-30

序号	名称	病床数（张）	门诊人次数度（人次／日）
1	卫生所	20～50	100～250
2	卫生室	1～2 张观察床	50 左右

2. 医疗卫生建筑的选址

（1）卫生院所的建设要根据乡镇的统一规划，在坚持就近、方便看病的前提下选择卫生院所的布局。因为农村服务半径较大，卫生院所的选址要靠近交通方便、人口集中的村镇。但不要设计在交通干线上，以免影响交通和造成卫生院所的养病环境不佳。

（2）根据卫生院所的特点，其建设选址要注意周边环境：一是选择清静、幽雅的处所，二是要考虑卫生院所的排出污水和脏物，应有必要的处理出处。

（3）注意卫生院所建设的位置选择。一般建设卫生院所要选择地势较高地带，阳光充足、空气洁净、环境安静，并建有一定的绿化带。

3. 医疗卫生设施规划设计

（1）卫生院所的规划设计

1）分散布局　所谓分散布局是指把医疗用房和服务用房是分开建造，这样建设的好处是功能分配合理，有利于形成良好的环境，互不干扰，易通风、预防污染；不足之处是空间距离较大，彼此之间联系不便，占地面积较大，管线较长，增大建设投入。

2）集中布局　把主要用房安排在一座建筑物内，其优点是内部联系方便、设备集中、便于管理、有利于综合治疗、占地面积少、节约投资；其不足是彼此之间容易互相干扰、造成诸多污染。一般卫生院所多采用这种建筑方式。

（2）卫生室规划设计

一般社区卫生室面积较小，其功能包括医药存放、门诊的简单治疗、有 2～3 张治疗用床。在空间安排上要互不影响、互不干扰。

对于医疗卫生用房建设的标准可参见《村庄规划教程（第二版）》第八章第四节内容，这里不再详细介绍。

四、敬老院的规划设计

对于农村新社区养老问题，要进一步完善城乡居民基本养老保险制度。完善统一的城乡居民基本医疗保险制度和大病保险制度，做好农民重特大疾病救助工作，健全医疗救助与基本医疗保险、城乡居民大病保险及相关保障制度的衔接机制，巩固城乡居民医保全国异地就医联网直接结算。推进低保制度城乡统筹发展，健全低保标准动态调整机制。推动各地通过政府购买服务、设置基层公共管理和社会服务岗位、引入社会工作专业人才和志愿者等方式，为农村留守儿童和妇女、老年人以及困境儿童提供关爱服务。加强和改善农村残疾人服务，将残疾人普遍纳入社会保障体系予以保障和扶持。

村庄敬老院是专门收养村庄中无依无靠的孤寡老人的社会福利机构。办好敬老院是贯彻建设和谐社会的重要组成部分，是发扬中华民族敬老爱幼的传统美德，是体现"以人为本"和"老有所养"的具体措施；也是解除农村劳动人民老无所依的思想顾虑；办好敬老院也是体现社会主义制度优越性的重要方面，是实施社会保障的具体体现，这属于社会保障的重要内容。敬老院除收养孤寡老人外，还应收容一部分"自费代养"的因故不能与子女同居住的老人，以及残疾人和孤儿。从社会发展来看，村庄的敬老院应不断地发展与完善。

1. 敬老院建设规模及选址

（1）建设规模　按我国目前的状况分析，伴随我国进入老龄化社会，老人的数量会不断增加，同时农村中今后自费代养的老人数量也会增加，基于这些因素，敬老院的床位也会不断增加。一般中心村设 15～25 床，一般村庄设 10～15 床。每个床位设计建筑指标为 15～20m²。规模较大的集镇可设立福利院和老人养护中心。

（2）选址　敬老院一般选在环境幽静、空气新鲜的区域，主要考虑满足老年人修养和户外活动的需要；要选择老人行动不便，选择便于老人就近看文娱活动、就近就医和上街购物的需求，所以要接近公共基础设施；建筑要选择平地、交通方便的地方，便于老人活动；要设计一定的绿地，改善环境，要有部分劳作的小场所，满足老人从事一些力所能及的劳动。

2. 敬老院的规划设计

（1）建筑组成

居住生活单元要包括卧室、公共起居间、卫生间以及储藏室。

卧室要根据老人们的要求，可设单人居室，或是多人居室。多人居室有可分为单床、双床和多床卧室。每床的占地面积为 5m²，每间卧室面积为 10～20m²。

公共起居间，也可以作为敬老院的多功能厅。主要是供老人们日常起居活动，如看电视、玩牌、下棋、打扑克、阅读、集体聚餐或是进行文娱活动。一般根据人数设计建筑物面积。一般村庄敬老院的人数在 10～30 人，设计 25～40m² 即可。

卫生间包括厕所和洗浴室，根据条件要适合于老人使用。

（2）医护人员使用的居住房面积也要根据人员的多少确定，每个医护工作人员按负责 5～6 个老人安排。

（3）辅助用房。

（4）庭院绿化美化设施。

五、文化娱乐及其他设施的规划设计

1. 文化娱乐设施的概念与分类

（1）村庄文化娱乐基础设施

文化娱乐基础设施是指对广大村民进行政策、法律法规、文化知识、科普教育以及开展综合性宣传教育的活动场所，属于村庄政治文明、精神文明和生态文明建设的硬件建设部分。

（2）村庄文化娱乐设施的分类

1）影剧院、书场、茶馆类：这类设施主要用于文艺表演、说唱和演出、放电影用房；

2）学习用房：包括党员活动室、老年活动室、青少年活动室、图书室、阅览室等建筑，主要用于不同年龄组和各类人员进行学习和再教育；

3）活动室：包括棋牌室、游艺室、舞厅等建筑，用于村民的休闲娱乐。

2. 文化娱乐设施的功能与作用

农村新社区文化娱乐设施用房建筑是农民进行交流、学习专业知识、休闲娱乐活动的场地。它具有知识性、娱乐性的特点，也是活跃农民文化生活的重要方式，可以满足农民不同层次和不同兴趣及爱好的需求；农村是传统文化的宝库，各地有一些地方特色的艺术形式，通过文化娱乐设施可有力地保障民间的、地方特色的文化得到传统继承和发扬；文化娱乐设施具有广泛的地方特性，是保护我国传统建筑的最好措施，也是村庄景观建设的重要方面。

3. 文化娱乐设施规划设计

（1）影剧院的组成：一般的影剧院含舞台、放映室、配电室、观众厅等用房。

（2）舞台的设计：一般舞台规划设计如下：舞台台口的高宽比例为 1 ∶ 1.5，高度可采用 5 ～ 8m，宽度为 8 ～ 12m；台深一般为台口宽度的 1.5 倍，可采用 8 ～ 12m；台宽一般为台口宽度的 2 倍，可采用 10 ～ 16m；台唇的宽度可采用 1 ～ 2m。

（3）观众厅的规划设计：观众厅一般按照 500 座位的设计，建筑面积为 24m×15m（长 × 宽）。因此，影剧院的规划设计可采用矩形、梯形或是半圆形的建筑形式；观众厅的门口不少于 2 个，一般按每个门口不少于 250 人设计；厅内走道最小宽度不小于 1m，纵横各自设计不超过 18 排，并且横向走道要对出入口；观众厅设计前低后高，有一定坡度或是梯形。

六、其他设施规划设计

1. 宗教、宗族文化用地

宗教文化是不同信仰的民族、人群的文化理念。在不同的地域、不同的族群有着不同的信仰，宗教信仰是联系人们文化机理。宗教、宗族文化是传统文化的主要表现形式，其用地的规划设计是农村新社区建设的重要组成部分。在农村中逢年过节都要去教堂祷念或去宗祠祭祖、拜祖，因此，农村新社区规划设计应该充分尊重当地风俗习惯和关注传统文化的保护。

2. 农机存放场

伴随农业经营方式的转化，农业合作社、大型农业企业将成为我国农业规模化生产的主体。因此，伴随机械化的发展，大型农机具是生产中的主要工具，它的存放场是农村实现现代化生产的产物。一些大型农机具投资高、利用季节短，但它的保护、维修十分重要，不能长期在室外存放，因此，建设农村新社区时，必须把大型农机具的存放予以规划设计。

3. 粮食晾晒场

粮食晾晒场是农业生产必需的空间，结合粮食晾晒季节性强、时间短的特点，要把粮食晾晒与其他设施综合利用，可和体育活动广场、公园广场等场所结合使用。

第八章 农村新社区规划设计实例

第一节 城郊型农村新社区规划
——以河北省平乡县魏庄社区建设规划为例

一、城郊型社区建设的基础

1. 农民的向往

城郊村由于地理位置特殊，土地不断升值并被大量征用，不少农村新社区划入城市规划区。多数村民基本不种田或很少种田，依靠进城务工的优势，主要从事第二、三产业，工资性收入成为家庭主要经济来源。农民的思想意识早已转变，对过上更有发展机会的城镇化生活有着强烈的愿望。以平乡县魏庄社区为例，魏庄社区包含魏家庄、魏闫庄、大时村、铺上 4 个行政村。隶属于县城丰州镇，位于县城南环路南侧，紧邻县城（见图 8-1）。4 村共有 1730 户，7609 人。现状单个村庄规模较小、分布零散，公共服务设施、基础设施不完善，4 村虽距离很近，但各自为政，农民分散居住，难以实现社区化管理和服务（见图 8-2）。据调查，4 村共有 2360 人外出务工，占到总人口的 31%；有 6315 人希望能享受到跟城里人一样的公共服务，过上像城里人那样的生活，占到总人口的 83%；有 3957 人有搬迁的愿望，占总人口的 52%。由此可见，城镇化、社区化是农民的向往。

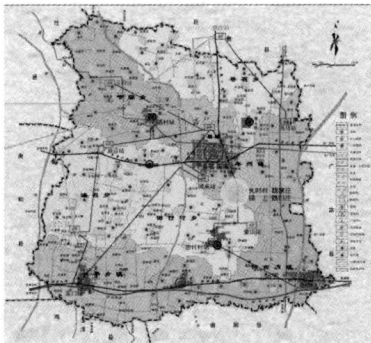

图 8-1 魏庄社区在平乡县的区位

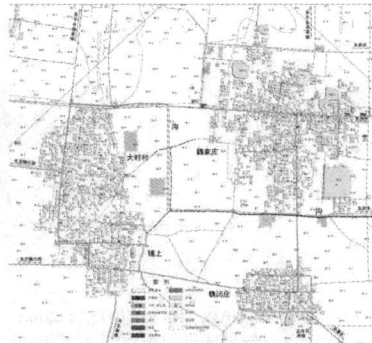

图 8-2 魏庄社区四村现状图

2. 土地集约化利用的需要

土地集约化是新型城镇化的基本特征之一。以平乡县魏家庄社区为例，魏庄社区总建设用地面积 139.42hm²，人均建设用地面积达 183.23m²，指标明显偏大。农民分散居住占用大量土地资源，在农村拥有两套以上住宅的农民占到 50% 以上，建新房不拆旧房的占到 30% 以上。种种迹象显示农村土地浪费现象严重，土地利用率低下。

推进城郊型社区建设有利于节约土地、加强土地综合开发。魏庄社区通过实施社区建设规划，建设用地缩减到 96.22hm²，比原来节约用地 43.2hm²，实现了土地的集约化利用（见图 8-3 和图 8-4）。同时，节约的土地指标还可以调整置换为城镇建设用地。

　　城郊型社区规划带来最大的效益就是变被动城镇化为主动城镇化，这对于贯彻落实党中央提出建设新型城镇化是一个有力地措施。这部分农村新社区的优先城镇化，有利于城市长远建设规划的实施，一是实现了集约用地，为城镇建设置换了建设用地指标，同时也达到了节约用地；二是这部分农民率先城镇化，使得农民转化为市民，增加了城镇化人口，促进城镇化发展；三是改善了居民的生产、生活环境，这部分农民更容易接受，使得城镇建设与新农村建设融为一体，做到城乡统筹发展，实现城乡一体化的发展。

图 8-3　魏庄社区平面布局规划图

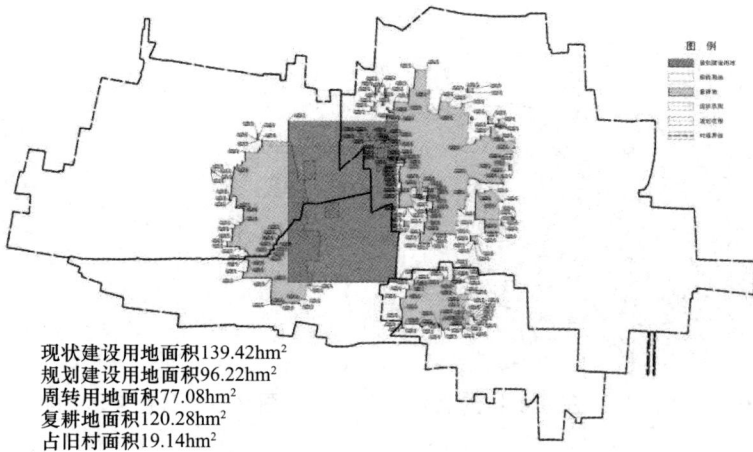

现状建设用地面积139.42hm²
规划建设用地面积96.22hm²
周转用地面积77.08hm²
复耕地面积120.28hm²
占旧村面积19.14hm²

图 8-4　魏庄社区用地占补平衡图

3. 城中村改造的推动

　　城中村改造推动和促进城郊农村的经济社会发展转型，为城郊新农村建设的一种范例。

　　据调查统计，河北省约有城中村2247个，占地总面积77226.59hm²（1158398.84亩）。其中设区市市区548个，总建设用地面积22639.98hm²（339599.64亩），平均每个城中村建设用地面积41.31hm²（619.71亩）；县城级市镇中1699个，总建设用地面积54586.61hm²（818799.20亩），平均每个城中村建设用地面积32.13hm²（481.93亩）（见表8-1）。

河北省城中村数量和分布情况表　　　　　　　　　　　　　表 8-1

级别	城中村个数	建设用地面积（hm²）	社区平均建设用地面积（hm²/个）
市级	548	22639.98	41.31
县级	1699	54586.61	32.13
合计	2247	77226.59	34.37

县级城中村区域数量分布情况：邯郸市和沧州市县级城中村数量最多，分别有 293 个和 270 个。比较少的是承德市（23 个）（见图 8-5）。

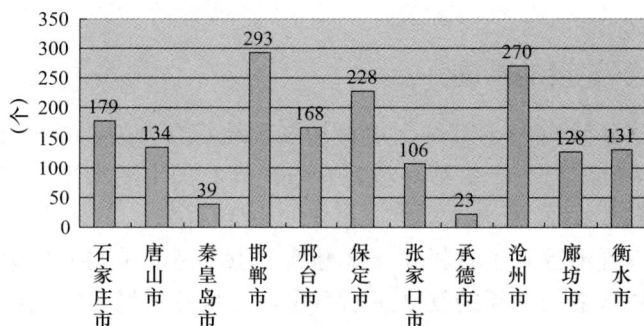

图 8-5　河北省县级城中村的数量分布情况图

县级城镇"城中村"占地面积情况:县级城中村占地面积平均值是 32.13hm²（见图 8-6）。

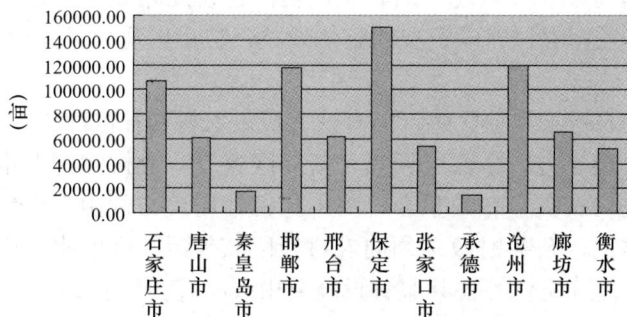

图 8-6　河北省县级城中村建设用地面积情况比较图

数据显示，石家庄市城中村数量最多，有 99 个。近年来石家庄市列入城中村改造的村共有 73 个，二环路以内 45 个，二环路以外 28 个。城中村改造比例达 74%。与此同时，各个县市也都在进行着城中村改造工程，随着城中村改造的大范围普及，城郊型社区建设将会成为城郊村未来发展的必然趋势。

城中村改造探索了新产业发展之路，即围绕城市、依托城市、服务城市的产业发展之路，为新产业的发展提供潜在市场，为城郊村的和谐发展提供坚实的经济基础。

城中村改造拓宽了农民增收渠道。农村变社区，社区物业管理逐步发展，各类公益性服务领域岗位大量出现，拓宽农民的就业渠道。服务业需求日益剧增，促进农民的分工、分化、分业，农民收入结构逐步合理，工资性收入、自由创业收入等将成为村民收入的主要来源，一定程度上降低了农民面临双重风险带来的预期损失。

城中村改造为制度创新提供外在条件。城中村改造将形式和实质结合起来，必将加快体制改革，创新制度，从而为城郊村的和谐发展提供制度基础。

城中村改造围绕"农村变城市，农民变市民，分散变集中，残缺变完善"展开，既探索突破了城乡二元体制，推进了城郊新农村建设，又加快了城市化进程，提升了城市发展的实力、魅力和竞争力。

随着城区的不断外延，城郊型农村是传统的乡村向开放的城市社区转变，传统的农民向现代市民转变的一个先行区，是"三农"转换转变最快的一个区域，也是新一轮城乡配套改革的一个前沿阵地，城郊型社区建设的一个特殊区块，有着优先城镇化的便利区位条件。

二、城郊型社区建设的措施

推进城郊型社区建设有利于节约土地、加强土地综合开发，能够节省大量土地资源，实现集约化经营，提升农村生产生活环境，有效提高农民生活水平。实现社区化之后，使这部分农民"离土不离乡"，尽快地享受城市化的生活环境。

城郊型社区建设既不等同于农村新社区翻新，也不是简单的人口聚居，而是要加快缩小城乡差距，在农村营造一种新的社会生活形态，逐步打破城乡二元结构，让人们共享经济发展、社会进步所带来的物质和精神文明成果。

1. 规划先行

城郊型社区建设必须坚持规划先行，处理好当前建设与长远规划的关系。充分考虑拟选点的地形、地貌和周边环境以及交通状况，社区建设规划要与土地利用总体规划、城乡建设规划充分对接。发挥农村建设资金的整体效益，防止出现盲目建设和重复建设的问题。

2. 政府主导

政府主导是推进农村新型社区建设的有效手段。农村新社区建设，必须坚持政府主导，由政府总揽全局、协调各方，全面引领农村新社区建设。合村并居很难自然形成，必须由政府主导推动；实现三农资金有效整合、集中打捆使用，必须由政府统一协调；建设农村新型社区，农民转居民，公共财政必须向农村社区倾斜，社区的水、电、暖、气、绿化等基础设施和教育、医疗、文化等公共服务设施要由政府统一配套。

3. 坚持农民主体

公众参与是推进农村新型社区建设的重要法宝。城郊型社区建设的服务对象就是农民，必须坚持以农民为主体的原则，充分尊重农民的意愿。利用电视、广播、报纸、宣传画等各种媒介，开展大量深入的宣传工作，组织农民外出参观学习，让广大农民充分认识到建设新型社区的目的、意义以及带来的实实在在的好处。规划建设方案和各项政策措施的出台都要充分征求农民的意见，激发广大农民参与建设的自信心和积极性。从而变政府意愿为农民自愿，全面推进城郊型社区建设。

4. 统筹引导、循序渐进

统筹城乡是推进农村新型社区建设的前提和基础。因此，在规划先行的前提下，必须统筹兼顾、通盘安排、精心试点、有序推进。并在建设中做到统一规划、统一设计、统一建设、统一管理，着力构筑城乡一体的统筹发展机制。

城郊型社区建设可以采取先易后难、典型引路的办法推进。重点扶持，分步推进，建议各地根据实际，选择一些县、乡、村作为统筹城乡改革发展试点予以扶持。要选择领导班子团结、经济状况较好、区位优势明显的城郊村先行改造。通过抓好典型，总结经验，逐步推开。

5. 强化监督

推进城郊型社区建设过程中，各相关部门要加强乡镇、村规划建设工作，特别是社区的管理、指导和监督工作。应严格执行质量监督程序，严把质量关；规范招标程序，严禁工程转包，避免产生豆腐渣工程。建立健全农村新社区建设与管理的长效机制，加强日常管理，确保在建设中和建成后运转正常、有序发展。

第二节　中心村型农村新社区规划
——河北省阜城县西多社区规划设计

一、区位条件分析

西多社区位于阜城县建桥乡中北部，东邻前徐村、后徐村和北曹庄，南邻铁匠庄和张龙庄，西与八股张村、东高庄为邻，北部与泊头市相连，东大公路自北向南穿越社区全域西侧，056乡道自西向东贯穿社区全域。西多村位于社区全域的西南部，紧靠阜城县中部经济产业区，距建桥乡政府不足2km，西邻县道东大公路，南邻县道阜霞公路，区位条件优越。

1. 自然概况

西多社区地处河北中部冲积平原，土地平衍，土质肥沃，适合发展种植业和林果业。属北温带气候，四季分明，气候干燥，光照充足，雨热同期，有利于植物的生长。

2. 社会发展概况

到2015年底，西多村社区6个村共计人口2305人，695户，建设用地804.46亩，人均建设用地232.54m^2，耕地面积7455亩，人均耕地3.23亩，土地资源优势明显（见表8-2）。西多社区位于县道东大公路东侧，阜霞公路以北，位于两条主要交通干线交叉处，交通优势明显；西多社区全域为建桥乡高标准农田建设示范区，建设现代农业园区，发展特色种植，提高了单位土地的产值（见图8-7）。

现状6村基本情况　　　　　　　　　　　　　　　　表8-2

名称	户数（户）	人口（人）	占地（亩）	耕地（亩）
西多村	158	536	209	1500
东多村	120	415	152.3	1560
北陈村	85	320	104.52	1050
大徐家村	205	683	184.59	1950
周李村	36	97	36.19	540
大冯家村	91	254	117.86	855
总计	695	2305	804.46	7455

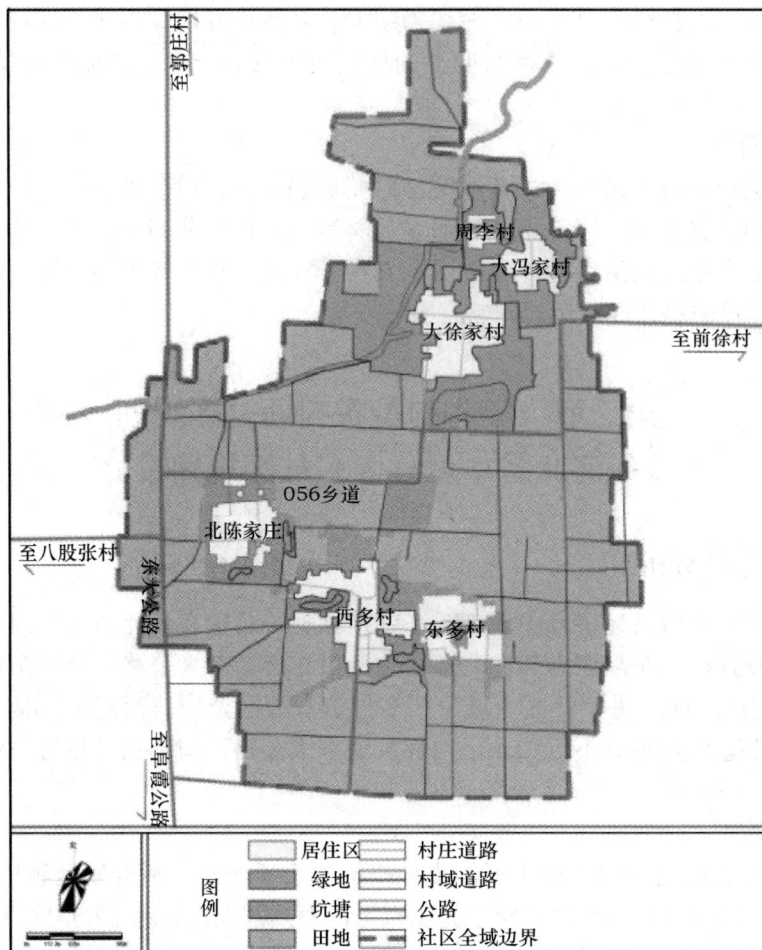

图 8-7　西多社区现状图

（1）人文优势

自唐宋以来，建桥乡是运河以西连接南京（明代国都）—东京（宋代国都）—北京（明清国都）3 座国都的古官道，是驿站、驿馆的驻设之地，是华北地区商品贸易集散地，是中原加工业、制造业的聚集地。历史上有 3 位皇帝曾入住过建桥；有三徵不仕，被誉为"多三神仙"的多嘉祯（西多村），为百姓免除了近 260 年徭役；有官拜二品的朝廷大员多宏安（西多村）；有顺治皇帝的一位国学老师……虽然如今的建桥已不复昔日繁华，但鉴往知来，抚今追昔，历史是最好的教科书。

（2）产业优势

建桥乡有着"中国彩钢之乡"的美誉。全乡有近万人在北京、天津、太原、呼和浩特等城市从事着彩钢生产工作，近千家彩钢企业遍布全国各地，其中本社区在其中占有很大比例。

（3）资金优势

本社区建设核心村西多村"能人经济"突出（见表 8-3），在外经营彩钢生意超亿元的老板就有数位。近年来老板主动投入资金给村里投资修路、建互助幸福院、配路灯等便民项目，农村新社区基础设施条件较好。

近年来西多村在外企业家捐款一览表

表 8-3

序号	建设内容	捐款（万元）	捐款人
1	村中修路	130	多维旭、多维宽
2	村中建敬老院	50	多跃纲
3	太阳能路灯（40 盏）	14	多新昌、多新中
4	村中停车场	10	多运河
5	文体休闲广场	5	多金林
6	功德碑亭	10	多德平
7	总计	219 万元	

（4）村民支持

本村村委班子较强，村委会有 5 人，全村有党员 21 人，村民代表 13 人，每月开会一次，大事加开；外出创业、务工人员较多，经济状况良好；老百姓"离乡不离土"，回乡村民对生活质量的需求高，改造意愿强烈。此外，平时农村新社区院落利用率不高，拆迁难度相对较小。

3. 存在的问题

（1）用地和功能布局问题

西多村作为农村新社区集聚区，目前建设缺规划、无序建设普遍存在，民居建筑布局不整齐，宅基地较大，人均宅基地面积约 $221m^2$，且村内的空闲地较多，建设用地利用率低；村内无环卫设施、消防安全设施；用地布局不协调，公共服务设施用地不足（见图 8-8）。

（2）道路交通问题

村内现有的道路网系统不完善，大宅小宅错落使得村内一些小巷狭窄弯曲，既不利于出行，又不能满足消防需要；道路附属设施不够齐全，停车场地不足。

（3）基础设施和环卫设施建设问题

无完善的排水体系及污水处理设施；垃圾无处理、污水乱排、电线乱拉，影响农村新社区面貌和环境卫生；村民家庭多为简易厕所或室外独立旱厕，卫生设施条件差。

（4）相关规划简介

依据阜城县城乡总体规划，多庄社区为一般社区。西多社区主要以高标准粮食种植和特色观光农业作为主要产业。

二、产业发展规划

1. 比较优势

西多社区位于县道东大公路东侧，阜霞公路以北，位于两条主要交通干线交叉处，交通优势明显；西多社区拥有众多企业家，为家乡建设出谋划策，提供资金支持，是促进产业发展的一大助力；建桥乡为阜城县高标准农田建设区，可以极大地促进当地农业产业的发展。

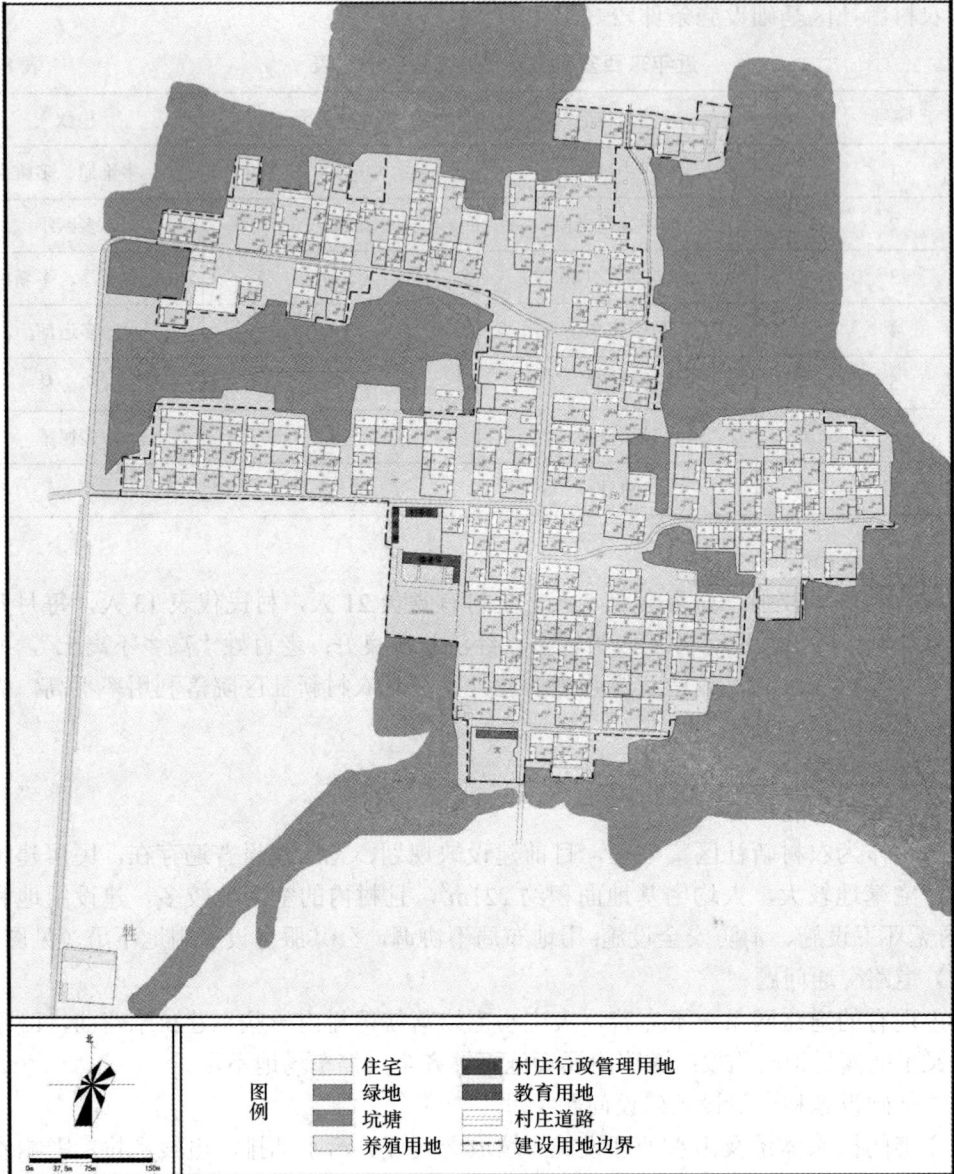

图 8-8　西多村现状图

2. 优势产业分析

建桥乡是中国彩钢行业的发源地，有着"中国彩钢之乡"的美誉。全乡有近万人在北京、天津、太原、呼和浩特等大中城市从事着彩钢生产工作，近千家彩钢企业遍布全国各地。

西多社区全域为建桥乡高标准农田建设示范区，建设现代农业园区，发展特色种植，提高了单位土地的产值。

3. 产业发展策略

（1）第一产业

把突出特色、扩大规模、提高质量作为农业结构调整的主攻方向，稳定粮棉，做强瓜菜，增上畜牧，优化果品，壮大林木，使产业布局更加合理。

粮食生产：稳定发展粮食作物生产，保证耕地面积开发建设高标准粮田。

设施农业：鼓励做强做大瓜果蔬菜种植，引进植物工厂模式，优化果品研发，开创自主品牌。

（2）第二产业

依托建桥彩钢文化，发展特色彩钢工艺品；依托园区设施农业发展果品加工。

（3）第三产业

1）合理构筑乡镇消费性服务业网络体系；

2）培育现代物流产业；

3）发展金融服务业；

4）加快建设和升级商贸市场体系；

5）开发旅游业；

6）其他服务业。

4. 发展重点

（1）现代农业园区规划

规划西多社区全域园区化。农业园区以第一产业为主，建设具有特色的农业园区。稳定粮棉生产基地，发展特色种植，重点发展设施农业及果品生产。农副产品加工业充分依托本地设施农业丰富的农产品资源优势，以瓜果蔬菜加工为重点，积极拓展加工系列，提高加工深度，培育品牌产品。

（2）生态园区规划

依托建桥乡及示范点农村新社区的历史文化、自然条件及地域资源，合理规划农村田园景观，形成集观光、生产、休闲、旅游于一体的合作观光休闲型生态园。主要开发项目：历史文化展览馆、彩钢工艺品展览、瓜果蔬菜自由采摘、特色乡村农家乐及休闲游乐场所。

（3）生态观光旅游规划

以特色农业园区为突破口，建设社区特色休闲观光农业，发展本地旅游业等第三产业。带动本地其他服务行业的发展。

（4）"三区同建"总体布局

1）新型社区

规划新型社区在西多村建设，占地 6.5hm²（97.5 亩），规划按 3000 人控制，包括生态居住区、公共服务中心及社区游园（见图 8-9）。

2）现代农业园区

① 大田种植区　沿 056 乡道以南的田地区域发展高标准农田种植区，主要种植应季农作物，如：小麦、玉米、棉花等。其中，晾晒场及大型农具停放场，位于东多村农村新社区西北部，占地 0.6hm²（9.0 亩），主要存放社区内的大型农机具以及农户共享使用的晾晒场地。

② 设施农业发展区　沿 056 乡道以北、社区全域西北部发展设施农业，主要以种植蔬

菜、瓜果和食用菌为主，结合植物工厂模式发展高科技农业产品。

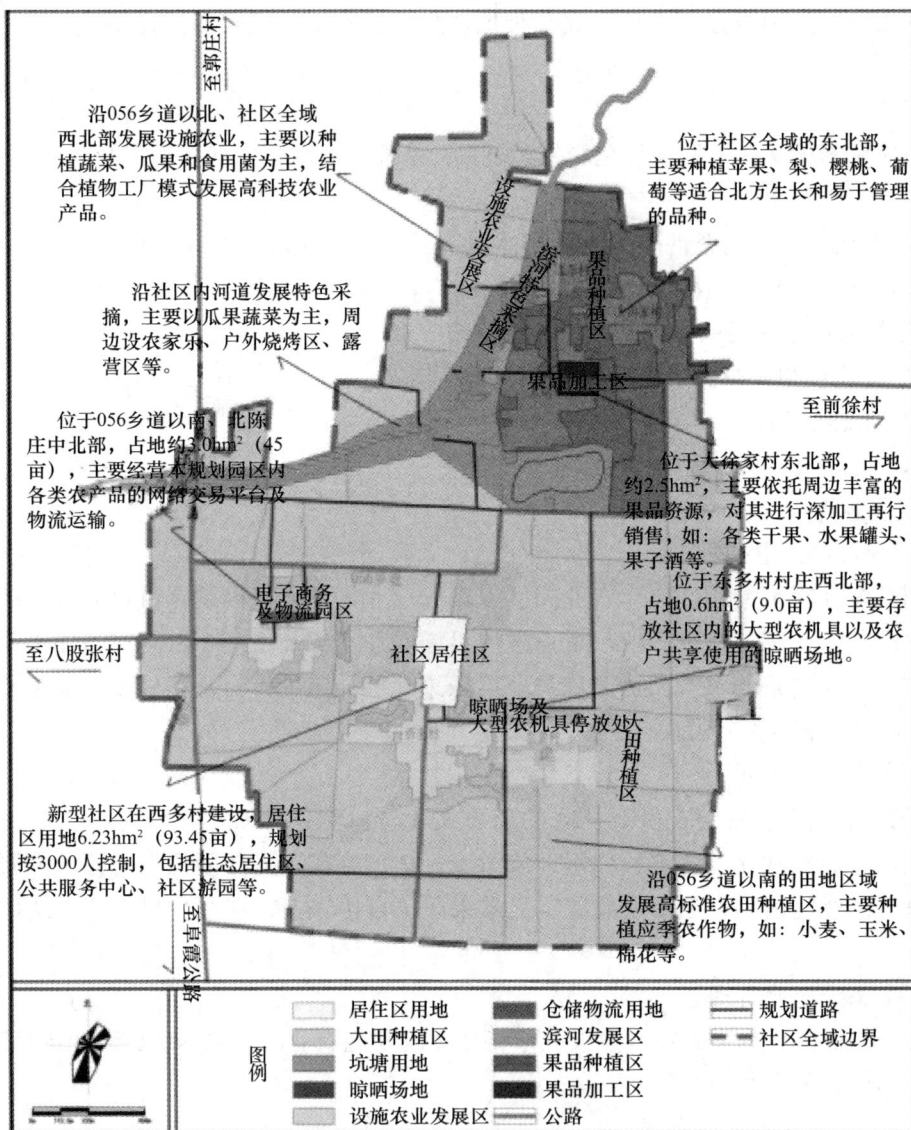

图 8-9　西多社区产业规划图

③ 果品种植区　位于社区全域的东北部，主要种植苹果、梨、樱桃、葡萄等适合北方生长和易于管理的品种。

3）生态园区

① 滨河特色采摘区　沿社区域内西北部河道发展特色采摘，主要以瓜果蔬菜为主，周边设农家乐、户外烧烤区、户外露营区等。

② 电子商务及物流园区　位于 056 乡道以南、北陈庄中北部，占地约 3.0hm²，主要经营本规划园区内各类农产品的网络交易平台及物流运输。

③ 果品加工区　位于大徐家村东北部，占地约 2.5hm²，主要依托周边丰富的果品资

源，对其进行深加工再行销售，如：各类干果、水果罐头、果子酒等。

三、社区全域规

1. 社区全域性质

西多社区全域现状产业是以粮食种植为主，规划远期以发展设施农业和特色田园旅游产业为主的新型社区。

2. 人口和用地规模

2015 年社区人口 2305 人，选取自然增长率为 6‰，到 2030 年，人口增长为 2507 人；社区的建设会吸引部分外迁村民返乡归根；同时也吸引一部分非社区外来人员的加入。规划远期 2030 年，按 3000 人居住控制。

规划后的建设用地规模为 12.6hm²（189.0 亩），其中：社区全域内村民晾晒及大型农机具停放场地为 0.6hm²（9.0 亩）；居住区用地 6.5hm²（97.5 亩）；果品加工区为 2.5hm²（37.5 亩）；电子商务及物流园区占地约 3.0hm²（45.0 亩）。本次规划占用田地 1.95hm²（29.25 亩，采用占补平衡），利用林地和坑塘约 3.32hm²（49.8 亩），近期西多村可复垦净地 12.46hm²（186.85 亩），远期社区全域复垦净地约 44.5hm²（667.5 亩）。

3. 道路规划

规划社区全域内连接产业区与乡道 056 及县道东大公路的道路拓宽硬化，规划道路总长度约为 7200m，路面宽 10m，铺设路肩，道路两侧行道树绿化。

4. 空间管制

依据《河北省镇、乡和农村新社区规划编制导则（试行）》（冀建村〔2010〕130 号），在村域范围内界定禁止建设区，限制建设区和适宜建设区。

（1）禁止建设区

社区全域的禁止建设区主要是基本农田。按照《基本农田保护条例》进行管制，严格保护划定的基本农田保护区。严禁进行村镇建设、采矿、挖土挖沙等一切非农活动。在编制农村新社区规划时，要避开基本农田保护区，并要实施耕地占用补偿制度，实现占补平衡。

（2）限制建设区

社区全域的限制建设区包括林地和坑塘用地。限制建设区是自然资源条件和自净能力相对较好的生态敏感区，根据资源环境条件进一步划分控制等级。限建区内允许农田水利设施的建设，鼓励在林地扩大植树造林等维护生态环境的活动，控制进行村镇建设、采矿、建工业企业等非农活动，严格限制与区域发展总体目标不一致的粗放式开发建设行为。

（3）适宜建设区

社区全域的适宜建设区为规划的农村新社区建设用地。认真做好农村新社区规划，严格禁止在农村新社区规划区以外兴建居民点；严格控制农村建房乱占耕地与乱搭乱建；杜绝农村建房的违章现象。积极开展并不断推进农村居民点用地整理，保证搬迁后的旧宅基地得到及时复垦。

四、社区建设规划

1. 社区建设规模

社区用地规模为 6.5hm²（97.5 亩），规划总人口按 3000 人控制。总体布局规划如下：

（1）布局结构

规划本着方便生活、突出特色、优化环境的基本思想进行布局，形成"一心、一园、两组团"的布局结构。

"一心"是指在居住区中心规划建设的综合服务中心（包括行政服务中心、卫生室、室内活动中心）、敬老院、社区商店、公共停车场、幼儿园、广场等公建设施，形成全村的休闲娱乐、文化信息、医疗卫生等中心。

"一园"是指沿居住区东南部利用闲置坑塘建设的绿地游园景观。

"两组团"指以住宅楼为主的南北两个居住组团。

（2）规划特色

特色一：强调农村特色的保存和发展，着力建设具有区域特色的新农村形象；在对农村新社区现状分析的基础上进行合理的机构优化和改善，使规划结构与设计理念相联系。

1）沿袭传统，向内集中，强调绿化

中心村沿袭北方居住小区布局模式，在中心村中心形成服务区及中心景观区。同时为了满足未来人居需求，居住建筑在设计时运用中国传统民居的建筑符号。

中心村绿化按照农村新社区外围生态绿化、中心游园、组团绿地、宅旁绿化的等级逐层展开，营造生态、健康的绿化系统。外围生态绿地，利用周边沟渠、水系；而农村新社区内部绿地则均以小、巧、活为特点点缀其间，灵活布局，方便村民就近休闲之用。

2）色彩和谐，动静结合，依次展开

本着保持农村新社区特色的规划理念，规划建设风格一致，总体布局上采用统一色调，体现新面貌。

公共开敞空间（综合服务中心、游园）、半公共开敞空间（组团绿地）、半私密空间（宅旁绿化）、私密空间，四者既有区别又紧密联系，动与静的结合，营造出舒适、恬静、优雅、独具乡村风情的人居环境。

不同的空间的绿化组织采用不同的手法，设计内容与活动交流场所的私密性相匹配，分级设置。

特色二：以造园方式塑造新村形象。

充分利用农村新社区周边的资源，借鉴古典造园手法，对场地、道路竖向处理合理组织。通过控制建筑基底标高，创造中心村的平淡布局的前提下，适度的高低变化，使中心村景观更具有园林特色。

整个方案依据"生态、健康、人性化"的理念，落实"生态、美化、亮化、经济"相结合的原则，突出地方特色，并体现农村新社区"自然，阳光，人文，健康，运动"的主题，深化中心村的内涵。

2. 居住用地

（1）用地布局

1）主要规划指标

规划社区用地 6.5hm^2。其中，居住用地 3.51hm^2，公共建筑用地 0.85hm^2，道路用地 0.70hm^2，公共绿地 1.44hm^2。

规划总建筑面积 7.79 万 m^2，人均建筑面积为 25.97m^2。其中，住宅建筑面积为 6.84 万 m^2，占居住区用地内建筑总面积的 87.8%，人均住宅建筑面积为 22.8m²；公共建筑面积为 0.95 万 m²，占居住区用地内建筑总面积的 12.2%，人均公共建筑面积为 3.17m²。容积率为 1.2，建筑密度为 23.08%，绿地率为 37.25%。坚持现代小区规划的设计理念，坚持以人为本，根据用地自然条件、现状条件进行总体布局，以提高操作性和效益率（见图 8-10）。

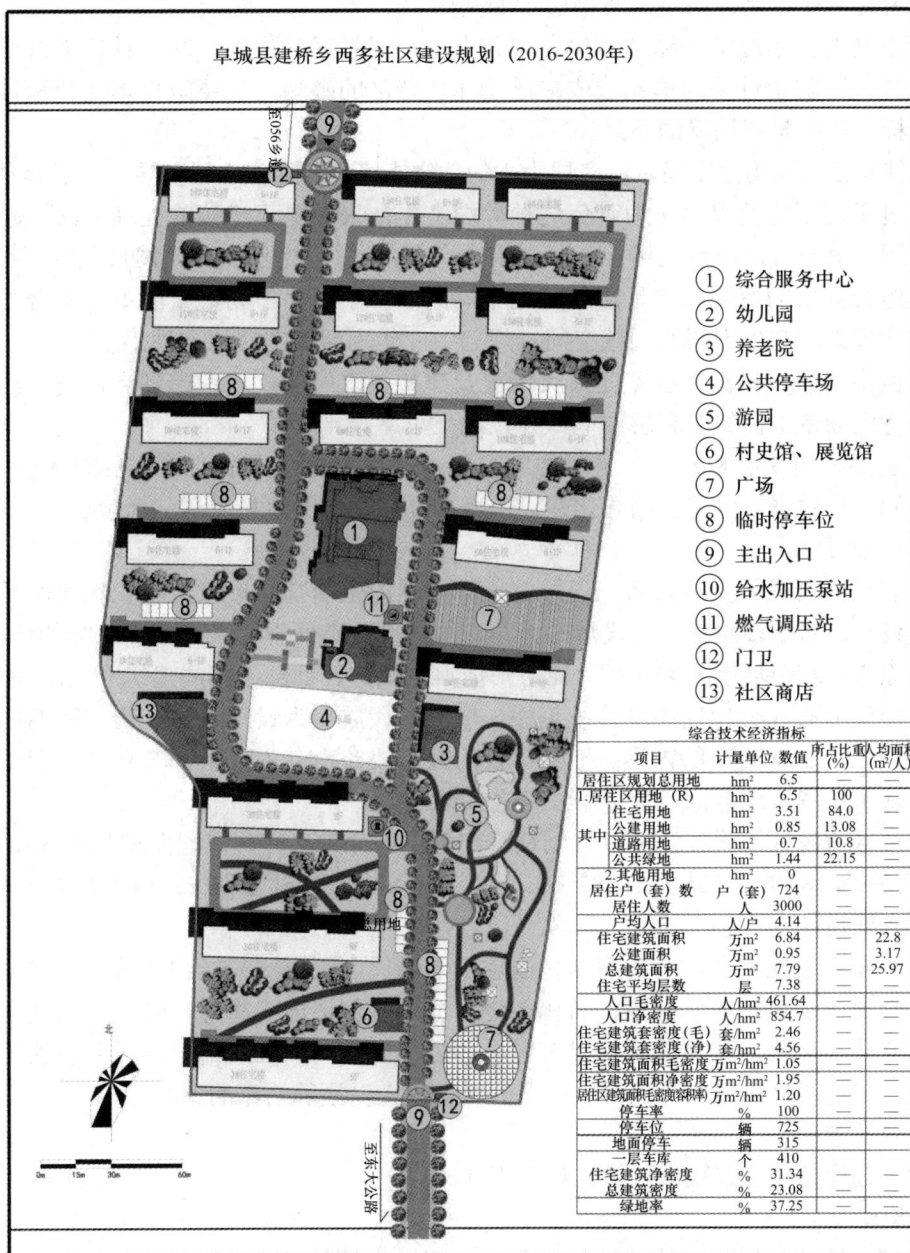

阜城县建桥乡西多社区建设规划（2016-2030年）

图例：
① 综合服务中心
② 幼儿园
③ 养老院
④ 公共停车场
⑤ 游园
⑥ 村史馆、展览馆
⑦ 广场
⑧ 临时停车位
⑨ 主出入口
⑩ 给水加压泵站
⑪ 燃气调压站
⑫ 门卫
⑬ 社区商店

综合技术经济指标				
项目		计量单位	数值	所占比重(%)	人均面积(m²/人)
居住区规划总用地		hm²	6.5	—	—
1.居住区用地（R）		hm²	6.5	100	—
其中	住宅用地	hm²	3.51	84.0	—
	公建用地	hm²	0.85	13.08	—
	道路用地	hm²	0.7	10.8	—
	公共绿地	hm²	1.44	22.15	—
2.其他用地		hm²	0	—	—
居住户（套）数		户（套）	724	—	—
居住人数		人	3000	—	—
户均人口		人/户	4.14	—	—
住宅建筑面积		万m²	6.84	—	22.8
公建建筑面积		万m²	0.95	—	3.17
总建筑面积		万m²	7.79	—	25.97
住宅平均层数		层	7.38	—	—
人口毛密度		人/hm²	461.64	—	—
人口净密度		人/hm²	854.7	—	—
住宅建筑套密度（毛）		套/hm²	2.46	—	—
住宅建筑套密度（净）		套/hm²	4.56	—	—
住宅建筑面积毛密度		万m²/hm²	1.05	—	—
住宅建筑面积净密度		万m²/hm²	1.95	—	—
居住区建筑面积密度（容积率）		万m²/hm²	1.20	—	—
停车率		%	100	—	—
停车位		辆	725	—	—
地面停车		辆	315	—	—
一层车库		个	410	—	—
住宅建筑净密度		%	31.34	—	—
总建筑密度		%	23.08	—	—
绿地率		%	37.25	—	—

图 8-10　西多社区建设规划图

规划区空间上分为两个组团，即北部分为社区一区，主要功能为行政、居住和生活；南部分为社区二区，主要功能为居住和文化活动。两个组团相辅相成，自然分割，形成相对独立而又密不可分的整体。

2）各住宅组团强化邻里单位的设计，并通过绿地连通，使绿色空间融会贯通，把人的活动空间串联起来。

组团、住宅布局讲究技巧，住宅布局是组团布局和小区布局的基本单元，住宅布局灵活有致、变化有序，是提高小区布局质量的基础。

利用不同的住宅选型，起到活化布局和丰富空间景观的作用。同一种住宅既要保证一定的单元数量，防止过少的单元造成缺乏韵律、杂乱的弊端，又要防止单元数量过多造成的布局呆板、空间景观枯燥的不足。

利用错接活化和围合空间。以多层为主的住宅小区，条式住宅居主导，一般容易产生布局呆板、过于规则化的弊端，为避免这种弊端产生，采用单元错接的处理手法，起到活化空间的作用。另一方面，单元错接还可以围合空间，进行空间限定，增加邻里感和领域感。

单元组合数量的变化，亦是活化住宅布局的一种手法。不同数量的单元组合，将产生不同的空间效果，产生不同的领域空间，规划中亦作为活化空间的一种手段。

结合西多社区农村新社区家庭人员情况及建桥乡政府建议，考虑到当地村民意愿，规划社区住宅区为带电梯的中高层住宅，并设地上车库。

住宅主要采用9层和6+1层的住宅形式，布局以自由灵活的方式展现多变的空间，并利用宅间空地做好宅前屋后的绿化建设，增加绿地率，改善村民居住环境。

（2）户型设计

尊重居住区居民的生活习惯，倡导健康、自然的生活空间形象，用现代化的设计理念指导户型设计。对于多层住宅楼设计，建筑造型力图创造既现代又有乡土意味的住宅形式。通过白色涂漆、灰色坡屋顶的穿插对比，形成典雅大方、细部丰富的建筑形式。

室内空间分布充分体现中华传统美德，以"两代居"为设计目标，为文明的社会主义新农村建设注入更深层次的内涵；把老年人的卧室放在南向主卧室，既有利于老年人的健康，又体现了中华传统美德，教育子女尊老爱幼。

结合社区村民征求居住意见，规划社区户型主要分为三种，户型面积为80m²、100m²、120m²，分别为182户、255户、287户。户型比80m²：100m²：120m²约为5：7：8。

（3）立面设计

继承和发展理性主义，追求简洁、注重功能的原则，形式与结构相统一。立面设计从传统住宅造型中加以抽象、提炼、简化并进行演绎，创造出"简约、时尚、独具个性"的新现代主义建筑风格。住宅的色彩以灰色、白色为主基调，底层部分用暖灰色的机理，明晰的基座，使建筑显得更加沉稳。暖色系的组合给人以温馨的家的感觉。

（4）建筑节能

本次规划的住宅建议采用以下材料和形式：

1）墙体

采用新型墙体—框架结构墙（轻质复合板组合房屋）：轻质复合板组合房屋是在工厂内专用的流水线上生产预制出组成房屋的各种板、柱、梁，并在其中预埋轻型钢材、保温材料和水电管。此类组合房屋具有施工工期短、有效面积大，比普通砖混房屋节能65%，防火性能好、保护环境、使用年限长等优点。

屋内墙体保温：具体做法是在住宅墙体实心黏土砖的基础上内侧一面，在黏土砖墙体上抹一层水泥，然后粘贴苯板保温板，后抹一层水泥，最后粘贴瓷砖。而墙体外侧则不需保温直接粘贴瓷砖。此类做法适合现状正在建设中外墙已经整修完毕的住宅。

外墙保温：具体做法同内墙保温一致，只是将保温层放在墙体外侧。此类做法的保温效果较内墙效果好。

2）地面

采用热水集热式地板辐射供暖兼生活热水供应系统。具体做法是在水泥地板的基础上铺设无纺布，然后铺设混合土（白灰与沙子的混合物），最后铺设水泥和地砖。

3）门窗

门窗均采用绝热性能优良的塑钢单框双层中空玻璃门窗，具有保温隔热性好、防结露、结霜，防噪、隔声，防火等功能。南窗要采用正方形窗，分格少玻璃面积大的窗，非南向在满足采光要求的条件下，采用面积小的窗户。夜间加设保温窗帘，使其效率提高到 60% 左右，同时设置防蚊虫纱窗。

4）一层架空

考虑到地面停车位的不足，二期和三期住宅采用一层架空设车库，二层以上为住宅的形式建设。

5）因地制宜

拆除后的建筑垃圾填放到修建游园处进行二次利用，避免浪费。

3. 公共设施

（1）行政管理及医疗　规划在社区中部建设综合服务中心，为 3 层建筑，占地 0.26hm²，建筑面积 5400m²，集村委会、卫生室、党员活动室、文化活动室、文化馆、老年人活动中心、图书室、物业办公于一体，方便居民日常生活。

（2）教育机构　在综合服务中心南侧规划一处幼儿园，为 3 层建筑，建筑面积 1500m²，占地 0.12hm²。分小、中、大三级班，共设置 6 个班，修建活动场地，配备活动器材。由于社区紧邻乡政府驻地，规划社区内适龄孩子到建桥乡小学读书。

（3）社区服务　在幼儿园东南侧规划设计社区敬老院，为 2 层建筑，占地面积为 700m²，建筑面积为 1100m²。

（4）商业金融　沿主干路西侧设置商业超市，占地 800m²，建筑面积 1200m²，满足社区居民日常生活需要。

（5）休闲娱乐　在幼儿园南侧规划设置公共停车场一处，占地面积 1700m²；在综合服务中心东侧设置休闲广场一处，占地面积为 1300m²；在社区东南角利用现状坑塘建设游园一处，占地 0.94hm²，包含坑塘蓄水、休闲广场、绿地景观等。

在社区南部主干路西侧设置村史馆一处，占地 200m²，为 2 层建筑，建筑面积 300m²，一层为村史馆，二层是彩钢展览馆。

4. 绿地系统规划

（1）规划原则

绿地系统与景观规划紧密结合，既融入田园般的诗情画意，又不失典雅和时尚。总体景观设计主要考虑以下三个基本要素：

1）绿地及开敞空间要素：精心设计绿地，以开闭兼容的不同建筑空间丰富新村的整体景观。

2）标志性建筑与节点要素：在住宅群落的重要节点位置布置标志性公共建筑，其体量、色彩、形式、规模与住宅形成一定的反差，创造出良好的视觉形象。

3）建筑设计要素：规划在住宅方案上精心推敲，力图充满特色。

（2）绿地系统规划

社区绿地包括外围生态绿化、游园绿地、庭院绿化、道路绿化等，形成点—线—面相结合的绿地系统。

1）外围生态绿化。结合社区全域内现有的河道、水系形成绿化景观带，形成天然的生态绿化环境。

2）游园广场绿地。西多村容积率不高，绿化均衡遍布于各处。在社区东南部设置村民集中活动的绿化游园和广场，作为社区的绿化中心。各组团通过带状游园、开敞廊道的建设等，布置供村民活动的健身路径、体育设施等，形成景观良好的组团绿地。

3）庭院绿地。建设以居住区庭院绿化，种植果树、观赏树木、花草等，既美化环境又丰富生活。

4）道路绿化。通过种植乔、灌木形成高低错落、绿树红花相间的街道空间，既净化空气又美化环境。

规划公共绿地共占地 1.44hm^2，宅间绿地 0.98hm^2。

（3）景观系统规划

景观轴（带）：景观带为社区的主要线索，成为交流和沟通的桥梁和纽带，形成大型林荫的大景观效应，也调整生态环境，形成宜人的小气候。而深入其中，由于景观小品的变化，同样能产生步移景异的效果，人行于其间随着视点的变化，处处见景。

景观节点：社区入口设置体现社区特色的入口标识，各个组团入口均设明显标志性的组团级景观绿化，组团内部也设计不同特色的休闲场所，结合绿化成为居家休闲生活与邻里交往的理想场所。并根据不同年龄层次的需求，开辟不同特征的休闲场所，如儿童游戏场、青少年活动场地、老年人交往场所等。

5. **基础设施规划**

（1）道路系统规划

社区路网主要分三级设置，为小区主干路、小区次干路、组团路。小区主干路红线宽度 14m，路面宽度 9m。小区次干路红线宽度 10m，路面宽度 7m；红线宽度 9m，路面宽度 6m。组团路，宽度 6m，路面宽度 4m（见表 8-4）。

道路等级、宽度、断面形式一览表 表 8-4

路名	红线宽度	断面形式
小区主干路	14	2.5 ＋ 9.0 ＋ 2.5
小区次干路	10/9	1.5 ＋ 7.0/6.0 ＋ 1.5
组团路	6	1.0 ＋ 4.0 ＋ 1.0

道路中心线由规划坐标控制，局部地段可设置圆曲线，不考虑缓和曲线。交叉口缘石半径一般为 2 ～ 5m，特殊路口时可根据房屋情况及交角情况增减半径。

社区内道路铺装根据不同功能选取不同的材质。如小区主干路、小区次干路、组团主干路车行道为沥青路面；组团内宅间路采用彩色混凝土地砖，车库周边及临时停车场采用植草砖，以丰富小区景观。

（2）给水工程规划

1）现状：目前各村内供水水源主要为地下水，供水方式采用联村供水。

2）用水量规划：规划近期用水采用现有的联村集中供水水源，并设给水加压泵站一处，远期从建桥乡供水站作为社区中用水来源。居民生活用水量，按《河北省村镇规划技术规定》，居民生活用水标准取 120L/（P·d）；公共建筑用水量按生活用水的 10%，最高日用水量为 455.4m³/d（见表 8-5）。

小区消防用水量按同时发生火灾次数为一次，一次火灾延续时间 2h 计算，消防用水量 10L/s，即 36m³/h。

规划用水量一览表

表 8-5

序号	项目	用水量（m²）	备注
1	居民生活用水	360	
2	公共建筑用水	36	以上 10%
3	漏失及未预见	59.4	以上 15%
4	合计	455.4	

3）管网规划：日变化系数与时变化系数分别采用 1.5、2.0，规划在社区游园以西 3 号住宅楼以东设给水加压泵站一处，结合道路建设铺设给水管网，采用枝环状结合管网布局形式。共敷设管道长度为 1925m，主管管径为 $DN150$、$DN200$，支管管径为 $DN100$。

（3）排水工程规划

1）排水体制选择：规划采用雨污分流排水体制，雨水就近排放到社区游园水域，雨量较大时经管道溢流排放到社区东部坑塘；生活污水排入化粪池，沉淀后经管道排放到建桥乡污水处理厂。

2）雨水工程：

雨量计算采用衡水市暴雨强度公式：

$$i = 9.609（1 + 0.893 \lg TE）/ [（t + 9.381）0.667]$$

$$Q = 167F\psi i$$

式中　Q——设计雨水流量，L/S；

i——暴雨强度，mm/min；

ψ——径流系数，取 $\psi = 0.5$；

TE——设计重现期，取 $TE = 3$ 年；

t——设计降雨历时，$t = t_1 + mt_2$，min；

t_1——地面集水时间，$t_1 = 15$min；

t_2——管渠内流行时间，min；

m——折减系数，暗管 $m = 2$，明渠 $m = 1.2$；

F——管段服务面积，hm²。

3）雨水管网布置：规划雨水管敷设在道路的东侧和南侧，雨水经雨水管排入社区游园水域内，雨量较大时经管道溢流到社区东部坑塘，管材采用钢筋混凝土排水管。共敷设管道长度为1812m，雨水管最小管径为$DN300$，最大管径为$DN800$。

4）污水工程　规划期末社区总用水量为455.4m³/d，取供排比系数为0.6，则规划社区污水量为273.24m³/d。

规划污水管敷设在道路的东侧和北侧，结合地形沿道路设置污水管道，共敷设管道长度为1863m，污水最小管径为$DN300$，最大管径采用$DN600$。

（4）供电工程规划

1）供电负荷预测：社区平均用电负荷指标按8kW／户考虑，规划总户数为724户，则总用电负荷为5792kW，用电需用系数取0.4，则计算负荷为2316.8kW。

2）供配电系统：社区设置变压器2处，结合休闲绿地设置。10kV电源线由建桥乡和大白乡引入。电力管孔数在主干道，采用六孔混凝土排管。

3）路灯：在社区道路上设置路灯，灯具高度6m左右，安装间距40m，路灯线路与电力电路同杆敷设。

4）弱电工程规划：电话容量预测：电话主线普及率按每百人33线考虑，电话主线容量需990线。

5）弱电系统规划：弱电系统包括电信电缆、光缆和有线广播电视电缆、光缆。规划村内弱电系统采用地埋方式敷设，管孔数为两根七孔梅花管（已预留出发展余地）。弱电线路由建桥乡引入。

（5）信息工程

建立宽带综合业务数字网，实现光纤到路边、光纤到大楼、光纤到用户。规划利用已有的电信和网通信号塔，实现社区网络的普及。

（6）供气工程

规划远期采用天然气供应，气源来自建桥乡，本次规划预留管道位置，为远期发展留有余地。近期可用罐装液化石油气作为生活用气气源。

（7）供热工程规划

1）供热热负荷预测（见表8-6）

规划期末热负荷预测表　　　　　　　　　表8-6

建筑类型	建筑面积（m²）	热负荷指标（W/m²）	热负荷（MW）
居住	64800	45	2.92
公建	9500	50	0.48
合计			3.4

规划总热负荷为3.4MW。

2）热源规划　规划在社区采用空气源热泵供热。

（8）管线综合

本次规划共涉及6种管线，分别为给水管、电力线、电信线、燃气管、污水管及雨水管。

上述各管线按照从建筑物到道路中心线方向的布置顺序是：

道路西北侧　　　　道路东南侧

1. 电力管线　　　　1. 通信管线

2. 给水管线　　　　2. 污水管线

3. 燃气管线　　　　3. 雨水管线

本次综合规划只作为工程设计的参考，不作为工程施工的依据，在施工设计和建设管理中，遇到各种管线位置变更而发生矛盾，建设管理部门与有关建设单位协调解决。

社区道路的地下工程管线布置，必须满足安全防护距离要求。各种地下管线之间及各种管线与建筑物之间的最小水平距离见表8-7。

各种管线与建、构筑物之间的最小水平间距（单位：m）　　　　表8-7

管线名称		建筑物基础	地上杆桩（中心）	道路侧面边缘	围墙或篱笆
给水管		3.0	1.0	1.0	1.5
排水管		3.0	1.5	1.5	1.5
燃气	低压	2.0	1.0	1.5	1.5
	管中压	3.0	1.0	1.5	1.5
热力管		—	1.0	1.5	1.5
电力电缆		0.6	0.5	1.5	1.5
电信电缆		0.6	0.5	1.5	1.5
电信管道		1.5	1.0	1.5	1.5

管线位置发生冲突时，应按下列原则处理：

1）压力管让重力自流管；2）可弯曲管线让不易弯曲管线；3）分支管线让主干管线；4）临时管线让永久管线。

（9）环卫及防灾规划

1）环卫设施规划

①垃圾收集与处理

规划社区设置垃圾收集点，村内垃圾经垃圾收集点收集后，由建桥乡集中运到县城垃圾填埋场进行填埋处理，做到"村收、镇运、县处理"。

垃圾收集箱服务半径为50m，依据服务半径设置垃圾收集点9个，垃圾分类存放，每天有专职保洁员统一收集、分类，实行集中倾倒，日产日清，保证垃圾池整洁及与周围环境卫生条件相协调。专职保洁员由村委会统一指派，专职人员每天定时将垃圾清理运送至镇垃圾处理场，由镇统一处理，有害垃圾必须单独收集、单独运输、单独处理，其垃圾容器应封闭并应具有便于识别的标志。

②公共厕所

社区游园内设置公共厕所一处。

公厕均为水冲式，并通过化粪池进行处理。独立式公共厕所外墙与相邻建筑物距离一般不应小于5.0m。公共厕所临近的道路旁，应设置明显、统一的公共厕所标志。

2）防灾规划

① 抗震规划

据《中国地震动参数区划图》GB18306—2015 的资料显示，该区对应抗震设防烈度为 7 度区。

规划社区建设加强抗震措施，重要设施及生命线工程按 8 度设防。社区内的公共绿地和广场为震时主要避震场所，任何单位和个人都不得随意占用。道路的宽度要保证地震时救灾的需要。建筑物结构设计必须满足要求，主要电力、通信、供水、交通等基础设施在基本烈度地震发生时，应保持正常运行。

② 消防规划

（a）在居住小区楼梯间放置应急灭火装置和布置消防栓，人员密集的广场设置沙袋、铁锹等消防工具。

（b）在小区内部间隔 120m 设置消防栓；

（c）利用绿地、广场等作为防灾的避难、疏散用地。

（d）加强防火知识宣传，提高村民防火意识。

（e）各类建筑群体必须留有不小于 4m 的消防通道。

（f）合理安排可靠的防火水源，且供水量有保证。

③ 防洪规划

（a）规划原则

a）贯彻全面规划，综合治理，防治结合，以防为主的方针，因地制宜，因害设防。

b）合理选定防洪工程标准，对超过标准的特种洪水做出对策性的防御方案。

c）防洪工程措施与非工程措施相结合，节省投资，提高防洪效益。

d）与环境美化相结合，提高大环境效益，美化景观。

（b）防洪标准

根据区域情况，防洪标准按 10 年一遇设防。

（c）防洪措施

a）对村域内河道进行清淤、清障；按设计标准检修、加固河道防洪堤。

b）结合政府交通设施建设修建和完善防洪撤退路、抢险路、防洪村台、防洪楼房，保护人民群众的生命财产安全。

c）针对洪水灾害的防御，应建立防洪领导小组，加强联络、及时通报，配备先进的通信联络和报警系统，做到早报警、早通知、早转移，以最大限度地减少人身伤亡和财产损失。

（10）开发建设时序

1）开发建设分期

本次规划对社区开发建设共分为三期建设。其中：近期建设（2016～2020 年）：即，一期建设占地面积为 2.25hm²，主要用以安置西多村村民；远期建设（2021～2030 年）：即，二期建设占地面积为 2.44hm²，主要安置东多村和北陈庄村村民；三期建设占地为 1.81hm²，主要安置大徐家村、周李村和大冯家村村民。

2）近期建设原则

① 充分利用现状建设用地作为近期建设范围，滚动发展。

② 近期建设必须与远期规划相结合，以远期规划为指导，在解决近期建设要求的同时

为远期发展留有余地；近期不能实现的远期目标，应加强对用地使用的控制；近期建设不能给远期发展造成新的障碍。

③ 搞好基础设施和公共设施的配套建设，改善环境质量和居住条件。

④ 分步实施，确保规划的连续性，避免短期行为。

（11）近期建设重点（见表8-8）

1）村民住宅建设

近期内搬迁西多村内158户，拆除、搬迁农村新社区顺序以危旧房、建筑质量较差住房、一般住房、较好住房进行搬迁。

一期开发建设住宅3栋，共230户。近期住宅建筑主要用以安置西多村的村民。

2）建设社区道路，道路广场总面积达到0.47hm²，应本着先地下后地上的原则，先铺设地下管道，后修建路面。近期不考虑燃气供给。

3）完善社区内组团绿地、宅前绿地建设，同时在社区东南角建设游园一处（含广场、绿地、坑塘景观等）占地约0.94hm²，共建设绿地1.2hm²。

4）近期保留农村新社区南部公建设施，服务于社区。

5）近期污水采用化粪池处理，同时对化粪池进行定期清理。雨水顺势就近排放到东南角的游园内，雨量较大时溢流到西多村东部大坑，以坑塘蓄水的形式对周边田地进行灌溉。

6）近期建设规划主要内容投资估算。

近期建设规划主要内容　　　　　　　　　　　　表8-8

序号	项目名称	工程量	单价	投资估算（万元）	资金来源
1	住宅建设	2.3万m²	2000元/m²	4600	政府补贴＋村民自筹
2	道路工程	0.45hm²	200元/m²	90	政府补贴＋村民自筹
3	绿化工程	1.2hm²	100元/m²	120	政府补贴＋村民自筹
4	管道工程	—	—	700	政府补贴＋村民自筹
合计				5510万元	

第三节　边远型农村新社区规划
——临城县郝庄社区建设规划

一、现状自然条件与社会经济状况

1. 区位条件

郝庄村和白云掌两村隶属临城县郝庄镇管辖，地处河北省南部太行山区，临城县中西部属于山地丘陵区。郝庄村位于郝庄镇镇域中部，为镇政府所在地。郝庄村东距临城县县城29km，地处省道202（平涉线）与省道327（南郝公路）交汇处，东接官都村，南与白云掌村接壤，西临石窝铺村、下围寺村，北依赞皇县。岐山湖支流紧邻农村新社区东部、南部穿过。

2. 自然资源条件

（1）地形地貌

两村地处太行山东麓，属于山地丘陵区，地势西高东低。

（2）气候

本地气候属于我国东部季风型暖温带半干旱地区，春季干旱多风，夏季炎热多雨，秋季天高气爽，冬季寒冷干燥。大陆性气候显著，四季分明（夏季主导风向是东南风，冬季主导风向是西北风）。年平均气温 13℃ 左右，极端最高气温为 41.9℃，极端最低气温 -20.2℃。无霜期 190 天左右，年蒸发量 1928mm 左右，年平均降水量 600.2mm，最多 1320mm（1963年），最少 284mm（1974 年）。

3. 建设用地及人口情况

两村截至 2014 年底左右户数、人口以及建设用地情况见表 8-9。

建设用地及人口现状 表 8-9

农村新社区名称	户数	人口（人）	建设用地面积（hm²）	人均建设用地面积（m²/人）
郝庄	900	3100	75.18	242.52
白云掌	108	346	6.15	177.75
总计	1008	3446	81.33	

4. 经济与产业

两村是以从事农业生产为主的村落，主要种植作物有苹果、核桃、板栗、柿子、小麦等。两村从地理区位上比较分散，且郝庄位于平涉公路和南郝公路交界处，对外交通便利，未来对于发展特色农业种植和农家乐旅游较为有利。

5. 农村新社区基础设施现状

（1）道路交通

郝庄的交通条件在山区村镇中属于好的乡镇，农村新社区南部有省道 327（南郝公路）通过，西起郝庄，东至南宫市。向东 25km 可达国道 107、京广铁路和京港澳高速。镇区西部有省道 202（平涉公路）通过，北至石家庄市平山县，南至邯郸市涉县。规划建设的京林高速公路（北京—林州市）从镇域东部穿越，2017 年建成通车，农村新社区到高速公路出入口仅 5km，对外交通优势明显。

郝庄村农村新社区内部道路系统不通畅，道路有断头路，宅间道路太窄，不利于消防和车辆出行，给村民的生产生活以及出行带来不便。

（2）给水排水工程现状

郝庄村村域地下水资源较丰富，也是目前村民的主要饮用水源，目前郝庄村配水管道已铺设完成。雨水通过路面排入泜河，污水通过管道排入泜河，污水没有完善的排水系统和污水处理设施。

（3）电力、电信工程现状

两村电力供应由郝庄村 35kV 变电站供给，基本满足居民生活用电需求。电信线路由县城电信局引入；两村现已通电话 300 余门，移动电话信号已覆盖全村。

6. 存在的问题

（1）用地和功能布局问题

1）两村作为农村新社区集聚区，目前建设缺少规划，无序建设普遍存在，民居建筑布局较散乱，且宅基地面积过大，建设用地利用率低，各个村内空闲地较多。

2）村内环卫设施、消防安全条件差。

3）用地布局不协调，公共服务设施用地严重不足（没有文化活动中心、敬老院等设施）。

4）白云掌村存在地质灾害安全隐患（滑坡、泥石流）。

（2）道路交通问题

1）两村现有的道路网系统不完善，各级道路普遍偏窄。村内小巷狭窄弯曲，既不利出行，又不能满足消防要求。

2）村内道路衔接不通畅，断头路较多。

3）道路附属设施不够齐全，无停车场地。

（3）基础设施和环卫设施建设问题

1）无完善的排水体系及污水处理设施；

2）垃圾乱倒、污水乱排、电线乱拉、严重影响当地环境卫生质量；

3）村民家庭多为简易厕所或室外独立旱厕，卫生设施条件差。

二、村域规划

1. 上位规划简介

（1）临城县城乡总体规划（2013—2030）

根据临城县城乡总体规划，确定郝庄镇为县域二级重点镇，到 2030 年人口规模为 0.5 万人，以发展农林种植为主。

（2）临城县郝庄乡总体规划（2004—2020）

根据郝庄乡总体规划，确定郝庄村到 2020 年人口为 4600 人，为全乡的政治、经济文化中心，以发展农林、工副业为主。

2. 社会经济发展规划

（1）农村新社区性质

两村现状是以特色农业种植为主（见图 8-11），规划远期以发展特色农业种植和乡村旅游为主（见图 8-12）。

（2）人口规模及用地规模

2014 年两村现有人口 3446 人；另据《临城县城乡总体规划（2013—2030 年）》，由于白云掌村存在地质灾害安全隐患（滑坡、泥石流），规划将其搬迁至郝庄村进行联建，根据两村农村新社区产业的发展趋势，预计远期机械增长人口达 1500 人。规划采用综合增长法进行预测，确定人口自然增长率近期为 4‰，远期为 3‰。

计算公式为：

$$Q_n = Q_o \times (1 + k) n + P$$

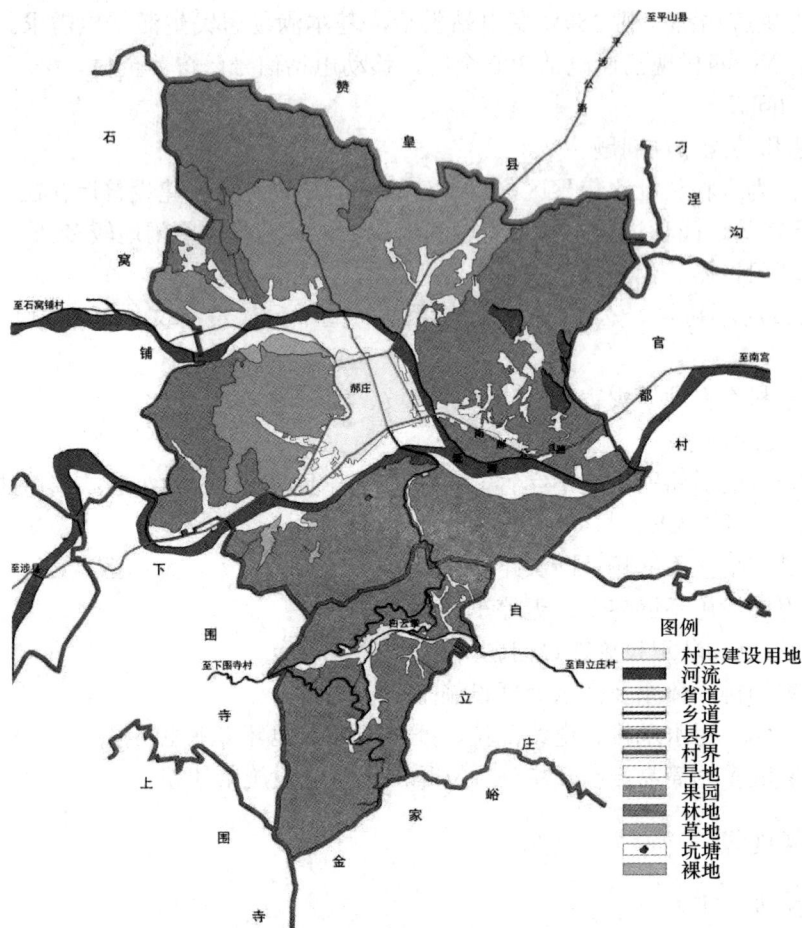

图 8-11 郝庄中心村现状图

式中 Q_n——规划期末农村新社区总人口，人；

Q_o——村域现状总人口，人；

k——规划期内人口的自然增长率，‰；

P——规划期内人口的机械增长数，人；

n——规划年限。

到 2020 年，全村人口预计达到：$3446 \times (1 + 4‰)^5 = 3515$ 人；

到 2030 年，全村人口预计达到：$3515 \times (1 + 4‰)^{15} + 1300 = 5030$ 人。

规划按 5000 人控制。

规划农村新社区远期 2030 年郝庄中心村建设用地达到 61.19hm²，人均建设用地 117.67m²。

3. 产业经济发展规划

两村村域内主要以农业种植为主，主要包括苹果、核桃、板栗、柿子、小麦等。

（1）发展战略和目标

社会主义新农村建设的首要任务就是生产发展。能否把产业做强做大，真正使农民富裕起来，事关新农村建设的全局。

196

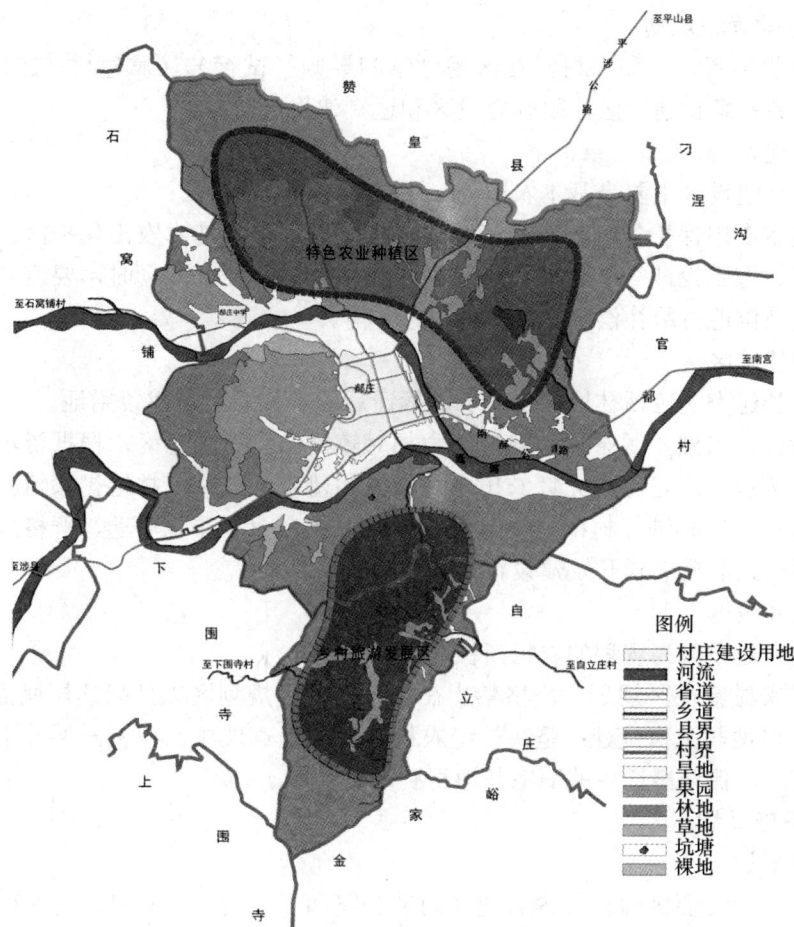

图 8-12 郝庄中心村规划图

规划要以经济建设为目标，以富民强村为重点，以改善人民生活水平为出发点，实施品牌战略和可持续发展战略，提高农业生产效益，大力调整农业结构，利用村域内交通优势，发展适合与农村新社区种植结构配套的产业加工企业和物流业。结合当前大好形势，搞好新农村建设，确定农村新社区经济持续、快速、健康发展。

（2）总体思路

1）以市场为导向，以科技为动力，着眼经济效益的提高，发展高产、高效、优质、生态农业，促进农业增产，农民增收，环境改善，发展高效农业。

2）增强农业基础设施，搞好水利配套，建设田间道路、林网。

3）做好远期新村建设的规范性，做好、做大、做强本村的房地产业，使郝庄中心村真正成为郝庄镇的中心村建设示范点。

（3）发展重点

1）重点发展以经济作物种植为主的产业，农业种植以高产、高效、优质生态农业为目标，利用农业资源优势积极发展乡村旅游。

2）强化产业发展配套设施的规划，重视农民生产培训的需求。

3）适当提高基础设施的建设规模和建设水平，保障农村产业发展的需求。

4. 村域空间管制规划

依据《河北省镇、乡和农村新社区规划编制导则（试行）》（冀建村〔2010〕130号），在村域范围内界定禁止建设区，限制建设区和适宜建设区。

（1）禁止建设区

两村的禁止建设区主要是基本农田。

按照《基本农田保护条例》进行管制，严格保护划定的基本农田保护区。严禁进行村镇建设、采矿、挖土挖沙等一切非农活动。在编制农村新社区规划时，要避开基本农田保护区，并要实施耕地占用补偿制度，实现占补平衡。

（2）限制建设区

两村的限制建设区包括林地和水域以及拆迁后的农村新社区建设用地。

限制建设区是自然资源条件和自净能力相对较好的生态敏感区，根据资源环境条件进一步划分控制等级。限建区内允许农田水利设施的建设，鼓励在林地扩大植树造林等维护生态环境的活动，控制进行村镇建设、采矿、建工业企业等非农活动，严格限制与区域发展总体目标不一致的粗放式开发建设行为。

（3）适宜建设区

两村的适宜建设区为规划的农村新社区建设用地。

认真做好农村新社区规划，严格禁止在农村新社区规划区以外兴建居民点；严格控制农村建房乱占耕地与乱搭乱建；坚决杜绝农村建房的违章现象。积极开展并不断推进农村居民点用地整理，保证搬迁后的旧宅基地得到及时复垦。

5. 基础设施规划

（1）道路规划

对外交通方面主要确保村域内省道（南郝公路和平涉公路）和县道道路的维护以及两侧防护林带的建设。同时，确保村域内机耕路的建设，要有利于推进农业现代化进程，机耕路路面宽度控制为3～4m。

（2）给水规划

根据对郝庄村现状调查，农村新社区东部有深水井一眼，可满足远期全村供水要求。

规划保留现有村域内的坑塘和水渠，用于雨水的集蓄，以节约水资源。

（3）排水规划

村域范围内排水应充分利用地形，结合现有的沟渠布置排水渠排入派河。中心村应加强道路排水建设，雨水经明渠或暗沟排放、污水经无害化处理后，排入派河，建立统一的污水排放体系。

（4）电力规划

依据规划要求，郝庄村10kV电力线由郝庄村35kV变电站引入，计划在郝庄中心村内部规划1台生活性变压器。近期主要加强对村内低压电网改造，以保证供电质量。

（5）电信规划

规划郝庄村电信线路由县城电信局引入，近期加强线路改造及设备升级以保证通信质量。

（6）环卫设施规划

依据新农村规划要求，垃圾经农村新社区垃圾收集点收集后，集中运到镇区垃圾转运站，做到"村收、镇运、县处理"。

规划在郝庄村规划的小游园附近设置公共厕所，公厕内应及时清掏冲洗，保持公厕干净卫生。公厕用地范围：距公厕外墙皮 3m 以内空地为公厕用地范围。

（7）新能源规划

两村能源现状主要是煤和柴草为主，对周边环境造成一定污染。

依据农村新社区规划要求，规划远期新社区能源主要以液化石油气为主。

（8）防洪规划

依据规划要求，主要加强泜河防洪治理和旧村内部坑塘治理，加强防洪调度运用方案，加强防汛通信建设，提高农村新社区抵御洪水的能力。充分利用地形及建设区外围的冲沟，以保证内部雨水能够及时、顺畅地排出。

（9）抗震规划

依据临城县城乡总体规划，郝庄镇地震动峰值速度为 0.10g，相应于原 7 度地震区。

规划郝庄村内的公园、广场、绿地等可作为临时避震场所。疏散通道主要是农村新社区内的各级道路，为保证道路畅通，一般要求村镇道路的建筑物距道路红线有一定的距离，并设置多个出入口。

（10）消防规划

规划建立村民消防自治小组，加强农村新社区消防设施建设，按照消防规范要求配套消火栓，消防水灌等设施，同时要加强消防安全教育，提高全民消防意识。

规划消防水量为同一时间内火灾次数一次，每次 20L/s，并用消防水量与规划区最高时用水量之和校核管网。消防采用与生活管道混合供水方式。火灾发生时，管网最不利点应满足 0.1MPa 充实水柱。消火栓布置间距不大于 120m。

三、农村新社区建设规划

1. 总体布局

中心村建设要按照"八化"总体要求（布局优化、民居美化、道路硬化、农村新社区绿化、饮水净化、卫生洁化、路灯亮化、服务优化），突出"六新"（新规划、新民居、新设施、新服务、新产业、新管理），打造高标准的新型农村社区。

规划农村新社区总体布局结构形成"一心、两轴、两带、两片区"。"一心"为农村新社区中心，包括镇政府、村委会、文化中心、党员活动室、培训中心、信息服务站等。"两带"东侧泜河绿化景观带和南侧泜河绿化景观带，规划对泜河两侧进行整治改造。"两轴"为市场街商业发展轴，和南环路农村新社区发展轴。"两片区"指农村新社区的低层居住区和东南部新建的多层居住区（见图 8-13）。

中心村建设以二层为主，多层住宅为辅。低层住宅宅基地控制在 3 分地以内，建筑面积为 180～240m²，多层住宅面积控制在 90～130m²。

2. 居住用地布局

结合自然环境，尊重地方风俗，农村新社区大环境和居住小环境相协调。住宅组团布局结合地形灵活布置，多层住宅布置以单元式为主，住宅设计遵循适用、经济、安全、美观、节能的原则尽量利用地方建筑材料。

规划远期口为 5000 人，按照每户 3.7 人计算，到规划期末需要安排 1351 户。

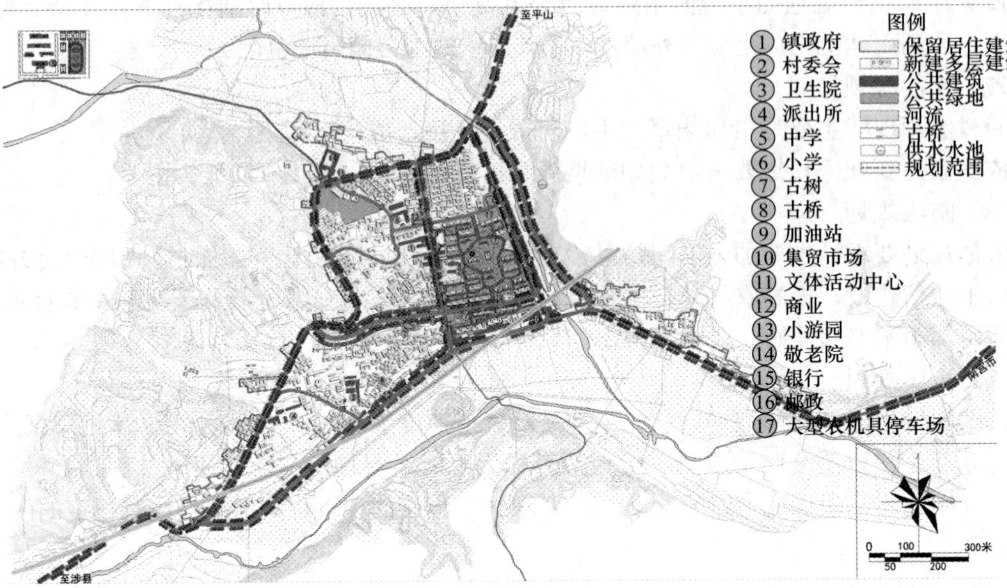

图8-13 郝庄中心村建设规划图

现状两村共1008户，规划拆除郝庄村住宅146户；需要安置搬迁来的白云掌村居民108户，共需要安排254户。规划在郝庄村南部拆除部分建筑质量较差的住宅进行多层住宅建设，规划层数为5＋1，日照间距按1.6进行控制，沿路多层住宅设置底商，规划多层住宅区总户数为600户，户型面积安排5种，分别是91.19m²、118.87m²、125.57m²、100.18m²、103.33m²，户型类型有两室两厅一卫和三室两厅一卫。到规划期末规划的总户数为1354户，可满足规划期末需求。

3. 公共设施布局

（1）行政管理

规划保留现状村委会。完善村委会内部功能，包括村委会办公室、党员活动室、信息服务及培训中心等。

（2）文体娱乐

将原中学改建为文化活动中心和敬老院，布置村民阅览室、文娱室、棋牌室等，结合农村新社区空地和道路扩建布置公共绿地和文化广场，为居民提供娱乐活动场所，丰富村民的文化生活。

（3）教育设施

保留现状小学、幼儿园，规划将中学迁建至农村新社区西北部，提高教学质量，原中学改建为农村新社区文化活动中心。

（4）医疗卫生

规划保留现状卫生院。

（5）社会保障设施

规划在文化活动中心结合布置敬老院，规划床位50个。

公共建筑类型丰富，最能体现农村新社区建设风格和水平。规划要求建设实施过程中统一规划、统一设计，追求农村新社区景观的整体性，充分体现地方特色，创造良好的新村形象。

4. 道路交通规划

道路系统分为主干路、次干路、小区路、组团路和宅间路，规划主路红线控制为20m，次路红线控制 10 ~ 15m，小区路 8m，组团路建筑线控制 10m，宅间路路面宽度 4m。

5. 绿地系统规划

规划坚持生态和可持续发展的思想，从改善和提高农村新社区生态质量的角度，通过片状的生态绿地核心、组团绿地组成"点、线、面"相结合的绿地系统，架构功能完善的生态绿地网络。各种绿地设置在保证和提高生态环境质量的前提下，最大限度地提高绿地的休闲功能和景观功能。

规划在农村新社区内均匀布置 4 片公园绿地，改善农村新社区绿化环境，绿地内配以休息和健身设施。

6. 工程规划

（1）给水工程规划

采用集中供水，水源地为农村新社区东部水池，给水管网采用环状和树支状相结合的布置方式，管材选用铸铁管，管径 $DN100$。

生活用水量：人口以 5000 人计，村民用水指标取最高日 150L/（p·d），则生活用水量为 750m³/d。

公共建筑用水量按生活用水量的 8% 计，为 60m³/d。

消防用水量计算以一个着火点，历时 1h，用水流量取 20L/s，可得消防用水量为 72m³/d。

未预见水量取以上总用水量的 10% 计，为 88.2m³/d。

总用水量为 970.20m³/d。

（2）排水工程规划

1）污水工程规划

规划农村新社区的排水体制采用雨污分流制，雨水排入沶河，污水有组织的收集，通过重力自流将其排放到污水处理厂。

污水排放量计算：污水排放量按用水量的 80% 计算，农村新社区平均日污水量为 776.16m³/d。

2）雨水工程规划

暴雨强度公式采用区域市暴雨强度公式：

$$i = (9.609 + 8.583\lg TE) / [(t + 9.38) 0.677]$$
$$Q = 167\Psi iF$$

式中　TE——重现期，取 $TE = 1$ 年，重要地区或短期积水引起严重后果的地区取 2 ~ 5 年；

　　　Ψ——径流系数，一般地区取 $\Psi = 0.5$，绿地取 $\Psi = 0.2$；

　　　i——暴雨强度，mm/min；

　　　F——汇水面积，hm²；

Q——设计雨水流量，L/s；

t——设计降雨历时，$t = t_1 + mt_2$，min；

t_1——地面集水时间，$t_1 = 15$，min；

t_2——管渠内流行时间，min；

m——折减系数，明渠取 $m=1.2$。

3）雨水管网

充分利用地形，就近排入水体，使雨水管渠尽量以最短的距离依靠重力排入附近的泜河；结合街区及道路系统规划布置雨水管渠；结合城镇竖向，符合地形趋势，顺坡排水；雨水管渠尽可能分散布置，避免集中，以便减小断面，降低埋深。

（3）电力工程规划

1）负荷预测

采用户均负荷法预测，用电负荷指标取 4kW/ 户。

规划农村新社区户数为 1351 户，即用电负荷为 5404kW。

2）电网规划

电源由郝庄 35kV 变电站的 10kV 电力主线引入农村新社区内变压器，再由变压器出线至各户，满足居民用电需要。电力线尽量沿农村新社区道路布置，条件允许时可采用埋地敷设。

（4）通信工程规划

规划农村新社区电信电缆采用地下敷设，同时加强移动通信和互联网建设，加速信息的传播速度，使村民与外界的联系更为方便快捷。推广视频监控网络工程，安装监控探头，维护社会安全稳定，提高农民幸福指数。有线电视网覆盖全村，有线电视通过光缆接至临城县城有线电视台。农村新社区有线电视线路采用埋地敷设，支路可采用架空敷设。

（5）供热工程规划

1）负荷预测

根据《建筑节能设计标准》DB 13（J）63—2007、《城镇热力网设计规范》CJJ 34—2010，按照国家节能要求，确定供暖热指标如下（只考虑多层小区供热）：居住建筑：$65W/m^2$；公共建筑：$75W/m^2$。

2）供暖热负荷供热范围：供热范围为多层居住区，住宅供暖：6.6 万 ×65 ＝ 4.29MW；公共建筑供暖：1 万 ×75 ＝ 0.75MW。则供暖总热负荷为 5.04MW。

3）规划热源

采用集中锅炉房为热源，燃料采用煤或燃气，规划在东环路和南环路东北部建设锅炉房。

7. 建筑设计

（1）住宅设计

1）房间布置

尊重住区居民的生活习惯，倡导健康、自然的生活空间，用现代化的设计理念指导户型设计。对于多层住宅楼设计，建筑造型力图创造既现代又有乡土意味的住宅形式，坡屋顶形式突出现代感。通过白色涂漆、深灰涂料、米黄色面砖的穿插对比，形成典雅大方、细部丰富的建筑形式；在低层住宅设计中，要注重功能分区明确，各房间设计以房型方正实用、舒适、私密为前提，平面布局注重分区细化，动静分区，过渡自然，互不干扰。人性化的设计更加体现在细节的设计上。

2）立面设计

继承和发展理性主义追求简洁、注重功能的原则，形式与结构相统一。立面设计从传统住宅造型中加以抽象、提炼、简化并进行演绎，创造出"简约、时尚、独具个性"的新现代主义建筑风格。住宅的色彩以米黄色涂料为主基调，在底层部分用暖灰色的机理，明晰的基座使建筑显得更加沉稳。暖色系的组合给人以温馨的家的感觉。

3）建筑节能

在中心村建设中应大力推广"四新"（新技术、新材料、新装备、新样式）的应用。规划建筑屋面加设保温隔热层，建筑东西北墙面采用保温砂浆。平面上注意保证房间有良好朝向以及通风条件。设备选型中选用高效率、低噪声的节能产品。

（2）公共建筑设计

1）房间布置

文化站、活动中心、卫生所、幼儿园以及沿街商业在房间的布置上，考虑到办公的性质是以会议室、办公室为主，因此在房间的布置上以大空间大进深为主。建筑平面功能分区明确，各房间设计方正实用、舒适、平面布局注意功能分区细化，动静分区、干湿分区明确，过渡自然，互不干扰。充分营造安静、和谐的办公环境。

2）立面设计

设计手法上尽量体现公共建筑的使用性质，做到使用与立面相互结合，立面体现平面的使用性质。办公楼外墙体色彩以暗红色涂料为主基调，庄严中透出建筑自身的素雅和沉稳，为了打破建筑外立面的沉闷感，建筑顶层增加装饰构架，西侧立面点缀以玻璃幕，从而使得建筑的外立面庄重而不显轻佻。

3）建筑节能

建筑屋面加设保温隔热层，建筑东西北墙面采用保温砂浆。平面上注意保证房间有良好朝向以及通风条件。设备选型中选用高效率低噪音的节能产品。

8. 新能源利用规划

当前能源问题是制约经济社会发展的严重问题，沼气和太阳能是清洁能源，应结合农村新社区建设推广使用。

（1）沼气

1）农村沼气的推广与普及，有利于解决农民生活用能，缓解国家能源压力。沼气是可再生的清洁能源，既可替代秸秆、薪柴等生物质能源，也可替代煤炭等商品能源，而且其能源效率明显高于秸秆、薪柴和煤炭。

2）农村沼气的推广与普及，有利于促进农民增收，实现农业可持续发展。建设生态农业迫切需要发展农村沼气。沼液、沼渣肥效高，病虫病菌少，能有效减少化肥和农药的使用量，提高农产品品质。农村沼气将畜牧业和种植业发展链接起来，形成了以沼气为纽带的农村循环经济模式，延长了农业产业链，多渠道增加了农民收入，促进了农业的可持续发展。

3）农村沼气的推广和普及，有利于改善农村卫生条件，提高农民生活质量。

（2）太阳能

太阳能是一种取之不尽、用之不竭的清洁能源，由于气象变化，太阳能有其局限性，但可以作为一种辅助能源在农村推广。

可以利用玻璃、薄膜等材料，建设太阳能日光温室，主要用于种植蔬菜、水果、花卉，也可以用于养鸡、养猪等，为农民致富创造一条新路。规划结合新型住宅建设安装太阳能热水器，利用太阳的辐射通过能量交换把水加热，供用户使用。利用光伏转换技术，安装太阳能路灯、草坪灯等，改变目前农村夜晚"一片黑"的局面。

9. 环卫设施规划

（1）垃圾收集与处理

规划在农村新社区内设置垃圾收集箱，村内垃圾收集后，由郝庄镇集中转运至县城垃圾填埋场进行无害化处理，做到"村收集、镇转运、县处理"。

垃圾收集箱（桶）服务半径为70m，依据服务半径，农村新社区内需设置垃圾收集点40个。垃圾分类存放，每天有专职保洁员统一收集、分类，实行集中倾倒，日产日清，保证垃圾箱（桶）整洁及与周围环境卫生条件相协调。专职保洁员由村委统一指派，专职人员每天定时将垃圾清理运送至镇垃圾转运站，由镇统一集中转运，有害垃圾必须单独收集、单独运输、单独处理，其垃圾容器应封闭并具有便于识别的标志。

（2）公共厕所

规划农村新社区公厕采用水冲式，并通过化粪池进行处理，规划在农村新社区小游园内设置公厕1座。独立式公共厕所外墙与相邻建筑物距离一般不应小于5.0m。公共厕所临近的道路旁，应设置明显、统一的公共厕所标志。

四、近期建设规划

1. 近期建设规划原则

（1）近期建设整治项目选择按照"公益性、急需性、可承受性"的原则进行。

（2）充分尊重村民意愿，因地制宜、量力而行。

（3）坚持集中整治与日常管理相结合，实行村民自主管理，巩固保持农村新社区整治成果。

（4）注重对农村新社区传统文化，乡土风情，地方特色的保护。

2. 规划目标

以"社会主义农村新民居建设"为指导，实现"路面硬化、四旁绿化、道路亮化、环境美化"的目标。

3. 农村新社区近期新民居建设规划方案

（1）道路硬化

近期打通和扩建古桥街，道路长度为757.25m，道路红线宽度为15m，道路面积6058m²；新修东环路743.6m，路面为7m宽，面积为5205.2m²。

（2）沿路绿化

规划近期村内主要道路两侧栽植行道树200棵，使全村绿地覆盖率达到规定要求。

（3）新民居建设

近期新民居集中布置在郝庄村南部，一期工程1.42hm²（21.3亩），共140户（见图8-14）。

图 8-14　郝庄中心村规划示意图

（4）绿地建设

在农村新社区两颗古树地方结合绿地建设小游园，两处小游园面积为 4768m²，绿地的建设使农村新社区的景观风貌得到大幅度提高，环境也将得到明显改善。

4. 近期建设的项目

近期建设项目规划如表 8-10 和表 8-11 所示。

郝庄社区近期建设整治规划行动计划表　　　　　　　　　表 8-10

序号	项目内容	工程量	单价	投资估算 （万元）	资金来源	实施时间
1	道路改造	11263.2m²	200 元	225.26	政府投资	2015 年
2	住宅工程	140 户	20 万元 / 户	2800	自筹	2016 年
3	沿路绿化	200 棵	100 元	2	政府投资	2016 年
4	绿地建设	4768m²	50 元	23.84	政府投资	2017 年
合计				3051.1		

规划至 2030 年郝庄中心村人口规模为 5000 人，总建设用地为 61.19hm²，人均建设用地 117.67m²（见表 8-12 和表 8-13）。

建设用地平衡表 表 8-11

序号	用地代号	用地名称	现状 2015		远期 2030 年	
			面积（hm²）	比例（%）	面积（hm²）	比例（%）
1	R	居住用地	48.73	79.63	38.55	63
2	C	公共设施用地	7.84	12.81	10.37	16.95
		行政管理用地	1.90		1.90	
		教育机构用地	1.15		2.38	
		文本科技用地			0.77	
		医疗保健用地	0.44		0.44	
		商业金融用地	4.35		4.55	
		集贸市场			0.33	
3	M	生产设施用地				
4	S	道路广场用地	4.62	7.56	8.87	14.50
5	U	工程设施用地			0.35	0.58
6	G	绿地				
		公共绿地			3.05	4.97
		防护绿地				
7	合计	建设用地	61.19	100.00	61.19	100.00

多层小区用地平衡表 表 8-12

项目	计算单位	数值	所占比重（%）	人均面积（m²/人）
居住区规划总用地	hm²	8.13		
1. 居住区用地（R）	hm²	8.13	100.00	36.62
①住宅用地（R01）	hm²	4.85	59.66	21.84
②公建用地（R02）	hm²	0.9	11.07	4.05
③道路用地（R03）	hm²	1.28	15.74	5.77
④公共绿地（R04）	hm²	1.1	13.53	4.95
2. 其他用地	hm²	0.00		

多层小区综合技术经济指标系列一览表　　　　　　　　　　表 8-13

项目	计算单位	数值
居住户数	户	600
居住人口	人	2220
户均人口	人／户	3.70
总建筑面积	万 m²	7.6
住宅建筑面积	万 m²	6.6
公建面积	万 m²	1
住宅平均层数	层	5
人口毛密度	人/hm²	273
人口净密度	人/hm²	457
住宅建筑套密度（毛）	套/hm²	73
住宅建筑套密度（净）	套/hm²	123.71
住宅建筑面积净密度	万 m²/hm²	1.57
容积率	万 m²/hm²	0.93
住宅建筑净密度	%	33.50
绿地率	%	32.5
停车率	%	40.1
总建筑密度	%	35.5

第九章　农村新社区建设与农业产业化经营

第一节　农业产业化经营的必然性

一、农业产业化经营发展的背景

我国是个传统的农业大国，历史上是自给自足的小农经济，历代依靠农业支撑国家的建设与发展。在长期的封建社会中，农业是推动社会进步和发展的主导产业。也正是由于长期处于农业社会，使得我国在人类社会发展史上落伍了，特别是经历了较长时期的半封建、半殖民地社会，使得我国很长时期处在帝国主义列强占领掠夺、被动挨打的地位。

党的十一届三中全会以来，我国进行农业经营体制改革，实行家庭承包责任制，重建了农户经济。这一制度赋予了农民相对稳定的土地使用权，解决了农业发展的基本生产要素——土地的产权问题，调动了农民的积极性和创造性，解放和发展了农村生产力。在20世纪90年代经过发展乡镇企业，使得农村变得富裕起来，农业的生产条件发生巨大变化，农业机械化得以发展，解放了大批的劳动力。为我国的工业化、城镇化以及农业现代化发展提供了重要的物质条件。

经过近40年的发展，我国农业发生了巨大的变化，同时也带来我国城乡巨大的变迁，农业现代化业是我国产业发展的重大方向之一。对于农业产业化的研究要从生产力的三要素分析。首先是劳动力的问题。现状表明，我国的城镇化水平达到56.7%，在城镇化数字中，有2.74亿农村人口成为往返城乡的流动大军。农村的劳动力准确地说是青壮年劳动力多成为城镇中的一分子，以致出现了农村"谁来种地"的问题。劳动力的大转移构成我国经济社会发展的大变化，一是促进了城镇化进程，使得我国城镇化大幅度增长；二是廉价劳动力推进了工业化的发展，使得我国成为世界上最大的制造国；三是农民改变了单一依靠农业收入的格局，农民收入多元化，在某些方面改善了农民的收入；四是进一步强化了我国的城乡二元化结构的社会形态。农村劳动力转移出现了农村缺失劳动力的状况，缺少劳动力种地，就为我国实施农业集约化、产业化提供了重要的前提。其次是生产资料的问题。新中国成立以来我国长期坚持"以农业为基础、工业为主导"的发展方针，在前30年，农业为我国的城市化、工业化发展提供了巨大的物质基础，那么后40年农村的土地成为我国城镇化发展的坚实基础。2015年中央一号文件指出："我国农业资源短缺，开发过度、污染加重，如何在资源环境硬约束下保障农产品有效供给和质量安全、提升农业可持续发展能力，是必须应对的一个重大挑战。"这种靠农业和农业的主要资源——土地而发展的产业格局势必要改变，这也是我国农业发展进入改革的深水区的重要内容。再者生产关系问题，经济基础决定上层建筑，经济的快速发展，综合国力的提升，使得我国经济总量成为世界第二大经济体，面临新形势下经济进入调结构和转型的新时期，出现了中高速发展的新常态，但基于我国的基本国情，粮食生产永远是一个重要课题。因此，对于农业的经营方式转化、农业生产的快速发展就是新时期的重要任务。我国未来一个时期出现"怎样种地"的问题。因此，2015年全国年农村工作会议指出："努力在提高粮食生产能力上挖掘新潜力，在优化农业结构上开辟新途径，在转变农业发展方式上寻求新突破，在促进农民增收上获得新成效，在建设新农村上迈出新步伐，为经济社会持续健康发展提供有力支撑。"

2018 年中央一号文件指出："巩固和完善农村基本经营制度。落实农村土地承包关系稳定并长久不变政策，衔接落实好第二轮土地承包到期后再延长 30 年的政策，让农民吃上长效'定心丸'。全面完成土地承包经营权确权登记颁证工作，实现承包土地信息联通共享。完善农村承包地'三权分置'制度，在依法保护集体土地所有权和农户承包权前提下，平等保护土地经营权。农村承包土地经营权可以依法向金融机构融资担保、入股从事农业产业化经营。实施新型农业经营主体培育工程，培育发展家庭农场、合作社、龙头企业、社会化服务组织和农业产业化联合体，发展多种形式适度规模经营。"

二、农业产业化经营发展的现状

1. 我国农业产业化经营的现状

近年来，我国高度重视农业产业化发展，明确要求把农业产业化作为农业农村经济工作中一件带全局性方向性的大事来抓，特别是《关于支持农业产业化龙头企业发展的意见》出台之后，4 个部委、21 个省（区、市）制定了具体措施，农业产业化政策体系进一步完善。中国农业产业化龙头企业协会的成立，使农业产业化工作力量进一步增强，推进农业产业化在国际经济增长乏力、国内经济增速放缓的背景下保持较快发展。目前，我国农业产业化经营发展态势表现出五大特点：

（1）农业产业化组织明显增加，经营效益稳步提升

随着农产品需求持续刚性增长，社会资本参与农业产业化经营的积极性进一步提高，农业产业化组织数量持续增加。截至 2017 年年底，伴随着土地流转的持续推进，我国家庭农场、农民专业合作社、农业产业化龙头企业等新型农业经营主体竞相发展，总量达到 280 万个；同时，新型职业农民不断壮大，总数超过 1270 万人，成为农业现代化发展的引领力量。

其中，我国已有各类家庭农场 87.7 万家，逐渐成为我国农业生产的生力军。其中，经农业部门认定的达到 41.4 万户，平均每个种植业家庭农场经营耕地 170 多亩。据原农业部 2017 年对全国 3000 多户家庭农场生产经营情况的典型监测，家庭农场的年均纯收入达到 25 万元左右，劳均纯收入近 8 万元，高于普通农户收入。

农民合作社达到 179.4 万家，入社农户占全国农户总数的 44.4%。其中，国家示范社达 8000 家、县级以上各级示范社达 13.5 万家、联合社 7200 多家。合作社内涵式发展迅猛，超过一半的合作社提供产加销一体化服务，8 万多家合作社实施标准化生产，7 万多家合作社注册商标，4 万多家合作社通过"三品一标"农产品质量认证，两万多家合作社创办加工实体，两万多家合作社开设社区直销店开展"农社对接"。

（2）产业结构优化升级，产业集中度进一步提高

到 2017 年年底，全国农业产业化组织超过 38 万个，辐射带动种植业生产基地约占全国农作物播种面积的六成，带动畜禽饲养量占全国的 2/3 以上；各类产业化经营组织以订单合同、合作、股份合作等方式，辐射带动农户 1 亿多户，户均年增收 3000 多元。其中各类龙头企业达到 12.9 万家，销售收入 9 万多亿元，所提供的农产品及加工制品占农产品市

场供应量的 1/3，占主要城市"菜篮子"产品供给的 2/3 以上，涌现出了中粮、新希望、温氏等一批年销售收入超百亿元的大型龙头企业。产业结构优化调整不断深入，特色优势产业加快发展，呈现出企业经营规模扩张、产业集中整合的特点。成为带动区域经济发展新的增长极。

（3）生产基地规模稳中有增，农业单产效益提高

到 2017 年年底，通过规模化的经营带来的成本节约、增收和补贴增加，种植环节可带来效益增加约 100～200 元／亩，则规模化经营稻谷利润则在 500～700 元／亩的利润，小麦有 400～600 元／亩的利润，而玉米和大豆约有 300～500 元／亩的利润。在我国东北地区多一年一季，黄淮海及长江中下游地区多一年两熟，海南、广东等少数地区一年三熟，简单测算，一亩地可产生种植利润 800～1200 元。这其中的利润将在拥有承包权的农户和进行土地规模化经营的公司之间进行分配。根据研究，进行土地全程托管服务，每亩可获得 100 元以上的利润，而进行土地流转的集中经营，则每亩可获得 200 元以上的利润。由此测算，按照 13.64 亿亩的面积来计算，我国土地规模化经营的市场利润空间将有1300～2600 亿元，市场空间极大。

（4）科技创新能力不断增强，品牌化建设加快推进

目前，龙头企业科研总投入 533.45 亿元，1.54 万家龙头企业建有专门研发机构，拥有各类农业科技人员 82.15 万人。龙头企业积极开展质量体系认证和产品质量认证，打造知名品牌，产品竞争力明显提升。龙头企业在质检、认证、检疫等保障产品质量安全方面投入 304.46 亿元，龙头企业通过质量体系认证 2.91 万家，质检机构通过计量认证的 2.02 万家；获得省级以上名牌产品或著名驰名商标的龙头企业 1.13 万家。

（5）土地"三权分置"促进了农业产业化经营

总体上来看，土地经营权入股发展农业产业化经营探索创新了土地经营权流转方式，丰富了农村土地"三权分置"的具体实现形式；促进了土地连片经营，方便统一耕作，有利于农业适度规模经营；开拓了农民增收新渠道，让农民分享农业全产业链利润，帮助农民更好地转移就业。党的十八届三中全会后，原农业部迅速组织对土地经营权入股发展农业产业化经营情况开展专题调研，了解各地开展的相关探索，并召开专题座谈会交流研讨。2015 年，组织相关试点省级农业产业化办公室、县级人民政府和农业部门召开试点工作策划会，研究试点的主要内容、基本原则、范围与步骤、组织与实施等，在此基础上，指导各地研究和申报试点方案，经审核批复后组织实施。2016 年，组织人员赴各个试点县（市、区）开展了调研督导，并在重庆举办了试点经验交流活动，交流研讨试点阶段性成效，研究解决试点工作中遇到的困难问题。2017 年，下发试点督察通知，组织人员赴相关试点地区开展调研督察，整理汇编试点配套政策文件，推荐入股典型案例，并在贵州省盘州市举办土地经营权入股发展农业产业化经营试点总结交流活动，安排部署了下一步工作。为配合试点工作，农业部安排项目资金予以支持，发挥了积极作用。

（6）利益联结关系日趋紧密，带农惠农富农协调发展

经过探索多种入股模式。农民直接入股公司，农民与原公司成立新公司，农民直接入股合作社，农民与原公司入股合作社，农民先入股合作社再入股公司，农民与公司开展非法人形式的股份合作等模式，能够广泛适应各地的不同需求。摸索风险防范办法。从公司、合作社章程到财务公开、日常监督等方面充分保障农民权益，并重点推广"保底收益＋股

份分红"的利益分配机制；加大保险力度，发挥政策性农业保险对农业生产保障作用；通过财政设立风险保障金，或让公司、合作社缴纳一定资金，降低经营不善时农民面临的风险。制定配套政策措施。加快农村承包地确权登记颁证，建立土地经营权流转市场；研究制定土地经营权入股的相关管理办法和示范合同，推动土地经营权价值评估和流转指导价格发布；安排资金对入股的公司、合作社给予支持，组织专家为参与试点的地区做好农业产业发展规划等。带动农业产业扶贫。一些贫困地区引导农民把土地经营权入股到公司、合作社，结合扶贫资金发展农业产业，在公司、合作社产生良好效益前先给予农民"保底收益"，在产生效益后实行"按股分红"，这些公司、合作社还吸纳部分农民就地就业，有效帮助农民脱贫致富。

2. 我国农业产业化经营存在的主要问题

虽然我国农业产业化经营现阶段取得了一定的成绩，但是我国农业产业化仍然存在较多的问题，农业现代化依然滞后于工业化、城镇化的发展程度。目前我国农业产业化经营存在的主要问题有以下五个方面。

（1）龙头企业数量少、规模小，市场意识淡薄

目前，规模大、经济实力和市场竞争能力强、辐射范围广、带动能力强的大龙头企业数量还是较少，对农产品初加工多、精深加工少、产品附加值低，有重要影响的名、特、优产品更少。现在全国有各类龙头企业11万余家，销售收入突破5.7万亿元，从业人员近3000万人，不但相对数量依然较少，而且规模距国外的农业巨头企业还有较大的差距。此外，龙头企业在农业产业化经营过程中，往往是根据当地的农业资源去生产、加工、销售农产品，没有注意到外部市场的需求。以较为发达的南通市为例，龙头企业整体规模小、产业链条短、农业比较收益低，南通市现有1107家龙头企业，销售收入1亿元以上的196家，销售收入2000万元以上的482家，销售收入500万元以上的420家，中小企业居多，从事农产品初级加工者较多，从事精深加工者较少。产品综合利用水平普遍较低，由此导致产业链条短，产品附加值低，制约着农产品的市场竞争力。龙头企业容易受传统行政区域划分条块分割的影响，缺乏全国统一的大市场观念，企业的人才、资金等各种生产要素难以进行自由流动和优化组合。

市场发育不成熟，实施农业产业化的政策法规不健全。一是农民分散、细小的生产经营方式限制了产品的交易方式，多呈无组织分散状态进入市场，使他们在市场上总是处于被动地位，缺乏市场竞争力和自我保护能力，难以抗衡社会上各利益集团对农民权益的侵蚀。同时，在宏观上缺乏代表其利益参与市场和自我保护的市场主体，无法适应市场经济的发展和开放的国际市场环境。二是市场建设和市场运行中的部门分割、地区封锁、行业垄断等情况比较严重；市场秩序尚不规范。掺杂使假、欺行霸市、虚假广告时有发生，干扰了市场的公平竞争；在实施农业产业化的过程中，调节龙头企业、农业产业化中介组织、农民等之间关系的法律、法规还不健全；市场监督管理政出多门，缺乏应有的权威性和统一性。

（2）农民合作经济组织发展程度低

强有力农民合作经济组织的缺失是我国农业产业化经营链条中至关重要的瓶颈问题之一。农业产业化组织与农户的利益关系不规范。农业产业化经营过程中，利益分配机制是决定产业化经营能否长期坚持下去的重要因素。现阶段农业产业化组织与农户的利益关系

存在着不规范的现象。有的企业在产品难以销售时拒收农产品或压价收购农产品，忽视农民利益；有的农户在农产品促销时不按合同约定卖给企业等。目前在企业与农户的购销关系中，很多都是口头约定或君子协议，真正签订协议订单的只有43%，而且违约现象时有发生。

（3）农业基地建设依然"小、散、低、弱"

我国农业基地建设存在的主要问题有：产业化基地布局没有达到区域化，尚未建立与资源特征相适应的区域经济格局；基地建设经营的集约化程度不够，导致基地建设与发展规模经营结合不充分；基地建设科技含量不高，名特优产品占农产品总量中的份额偏低。目前我国中低产田约占2/3，50%的耕地处在水资源紧缺的干旱、半干旱地区，农田有效灌溉面积所占比例只有50%，约1/3的耕地位于易受洪水威胁的地区，抗御自然灾害能力不强；我国机械化作业水平不高，农作物耕种收综合机械化水平刚过50%，其中水稻机械栽插比重20%，玉米机收比重25%，油菜机播、机收比重仅有10%左右。

农业产业化的整体水平低，发展不平衡，产业化经营组织规模小，竞争力弱。农村经济发展的不平衡使不同地区、不同农产品的产业化发展水平差异较大。在许多乡镇农业产业化已初步完成了由产品初级加工向精深加工、由单一产品向系列产品、由内向型向外向型的转变。但由于小农经济思想根深蒂固，没有对农业进行横向的和纵向的以及深度的扩展。例如观光农业、绿色农业等发展滞后，土地经营权的平均分配制度和生产要素市场化机制的缺乏，使农业生产只能以家庭为单位，经营规模长期凝固化，形成了农业生产中每个农户分散式的小规模经营。农民的市场意识差，参与市场的积极性不高，因此参与农业产业化经营组织的数量也较低，导致农业产业化组织的规模小，竞争力弱。

（4）龙头企业与农户利益联结机制尚不完善

龙头企业与农户的利益联结制度缺乏有效约束，运作管理不规范，服务功能不够强，导致入会入社的农户占全国农户总数的比例偏低。这种利益联结分配机制不完善，不仅直接导致龙头企业的加工、运销环节不能自觉地扶持生产，不能自觉地为生产环节提供资金、技术等各项服务，不能自觉地让利于农户，而且导致龙头企业与农户双方不能普遍结成风险共担、利益共享、互助协作、联动发展的关系。农业产业化经营是联结农户小生产与大市场的桥梁和纽带，而龙头企业要切实发挥好桥梁和纽带作用，就必须加强与农户的利益联结。而实际中，龙头企业与农户的利益联结往往因文化素质、农产品质量及市场等原因，经常性地出现有意无意的违约或毁约现象。龙头企业和农户之间多数是按合同方式的利益联结机制，主要属于松散型关系，缺少健全的履约保障机制，双方很难自行建立稳定的、有信用的合作关系。企业和农户的利益关系多数仍停留在购销关系或较低级协议关系上，没有真正形成"风险共担、利益均沾"的利益共同体。

（5）农业社会化服务体系滞后，科技贡献率低

农业社会化服务体系建设还不够完善，滞后于农业产业化经营的发展。同时，我国农业存在的一个很大问题是科技贡献率低，使得我国农业投入产出比远低于发达国家，不利于实现我国提高产出效率的目标。一些龙头企业由于科技研发跟不上，缺少精深加工的技术和设备，只能维持在低层次的农产品初加工层面上，加工层次低下，加工增值链条较短，产品附加值和科技含量不高，很难取得较好的经济效益和社会效益。例如，我国2010年农业科技进步贡献率为52%（2011年为53.5%），商品种子供应率达到

63%，主要粮食作物病虫害专业化统防统治面积 5.1 亿亩，占总量的 12%，绿色防控面积 4.2 亿亩，占总量的 10%，全国农机总动力达到 9.2 亿 kW，农作物耕种收综合机械化水平达到 52%。

（6）融资渠道不够畅通。

随着农业产业化经营模式的渐趋成熟，农业将向技术密集型与资本密集型的产业升级，对资金的需求逐步增大。农产品加工企业是资金密集型企业，企业的流动资金使用具有季节性强、额度大、回收慢的显著特点。而在现今的农村金融体制下，产业化经营主体能得到的资金支持极为有限，一些有潜力的企业和大户受限于资金不足，难以大规模扩大生产。贷款门槛普遍较高，贷款额度小、利率高、还贷期短，很难适应周期较长的农业产业开发项目。

（7）土地产权不够明晰。

市场化是农业产业化的首要特征，产权明晰则是市场化运作的前提。农村土地经营权是农户与农业龙头企业、合作社连接的有效纽带，通过经营权的流转和组合，实现农业生产规模化、集约化。由于二轮土地承包遗留问题、征地、变迁、农民互换土地等原因，农户承包地块面积不准，农村很多土地权属关系不明确，权属不明的土地则不能进入市场进行流通，阻碍土地经营权向大户、家庭农场、合作社等主体集中，不能达到农业产业化对农业生产规模化的要求。当前农村正进行土地产权制度改革，特别是农村土地承包经营权确权颁证工作正在推进，但工作推进难度大。

土地流转机制与规模经营矛盾没有得到有效的解决。目前，我国土地经营大都停留在联产承包责任制基础上的"分包"这一层次上，这种分散种植的格局和分散的农户利益，与产业化经营的规模经济之间存在着严重的冲突，很不适应我国市场经济的发展，分散的小农户无法和发达国家现代化、产业化和一体化的农业组织进行竞争。

第二节 农业产业化经营的内涵、特征与分类

一、农业产业化经营的内涵

农业产业化经营是以农户家庭承包经营为基础，以国内外市场需求为导向，以经济效益为核心，各类农业经济组织依靠其经济实力和掌握的市场信息，围绕一个或多个相关的农副产品项目，通过一定的方式与农户在生产、加工、销售各环节建立某种利益联接机制，实行区域化布局、专业化生产、一体化经营、社会化服务、企业化管理，实现农业及其相关产业的联合经营农业经营组织形式。其核心是通过农业及其相关产业的联合经营，实现农业经营效益；关键是培育带动力强的各类农业经济组织；基础是通过农民参与建立生产基地，形成主导产业；要害是建立风险共担、利益共享的利益联接机制；本质是发展市场农业，使农业向现代化迈进。

实行农业产业化经营，有利于带动农户进入市场，增强农业经营主体的市场竞争能力；有利于农业区域化、专业化生产，提高农业规模效益；有利于加快科技进步，推进传统农业向现代农业转变；有利于带动农业结构调整，促进农业结构优化；有利于发展小城镇，加快农村城镇化进程。

农业产业化经营与农业产业化既有联系，又有区别。二者的联系表现在，农业产业化是农业产业化经营的基础和条件。农业产业化形成了农业产业化经营的外部环境和基础条件。农业产业化的基础工作是农业市场化，而农业市场化是农业产业化经营最根本的基础条件。农业产业化推动了农业分工和专业化生产，农业产业化经营正是在农业专业化的基础上，为了抵御市场交易风险，发挥规模经济效益，微观主体采取的经营行为。二者的区别表现在：(1) 农业产业化是实行农业专业化的过程，是把农业由计划经济体制下的传统产业转化为市场经济条件下的现代产业，有地区专业化、农业生产单位专业化和工艺专业化等类型。而农业产业化经营是由于农业专业化的发展，市场交易范围的扩大，对市场的依赖程度不断加深而进行的非市场化的组织创新。它主要有农工商联合企业、"公司十农户"和由农业生产主体组成的合作社三种类型。(2) 从行为主体来看，农业产业化主要是政府行为，是宏观经济指导政策与市场法律体系的建设过程。农业产业化经营是具体生产经营主体的行为，是微观经营主体为了适应市场竞争而采取的经营手段。

二、农业产业化经营的基本特征

农业产业化经营的实质和内涵，其基本特征是七化：生产专业化、产品商品化、布局区域化、经营一体化、服务社会化、管理企业化、利益分配合理化。

1. 生产专业化

按照市场发展要求和社会化分工，以开发、生产和经营市场消费的终端农产品为目的，实行产前、产中、产后诸生产环节相紧扣，种养加、产供销和服务等产业链相连接的系列化生产经营，从而提高产业链的整体效率和经济效益，这样使农业传统的小而全的生产模式得以改变，以一个体系完整的产业身份参与市场竞争和高附加值的分享。

2. 产品商品化

生产的目的是为了交换，变产品为商品，变商品为资本，实现盈利。只有在市场中才能实现产品自身的价值，然后在市场上购回自己所需要的商品，这才是产品商品化。如果生产的一半或大部仅供自己消费，则称不上产品商品化。农业产业化经营的商品生产率高，这是产业化经营与非产业化自给性、半自给性生产的本质区别。

3. 布局区域化

通过调整农产品结构，逐步形成与资源特点相适应的布局。按照区域比较优势原则，进行资源要素配置，确立主导产业，实行连片开发，建立生产基地，将一家一户的分散种养，联合成千家万户的规模经营，创造区域的产品优势和市场优势。

4. 经营一体化

在微观层次上，即具体到每一条产业链，使种养加、产供销形成一条龙，农工商实行一体化综合经营，使外部经营内部化，从而降低交易成本。在农业产业化经营体系内，农业生产基地是生产原料的第一车间，向加工企业提供原料。通过一体化经营提高农业的比较效益，使参与一体化经营的小农户获得应得份额的交易利润。

5. 服务社会化

通过一体化经营的组织形式，龙头企业发挥其资金、技术和管理优势，对体系内各个组成部分提供产前、产中、产后的信息、技术和经营管理等方面的全面全程服务。另外，生产专业化达到一定程度之后，服务产业也将更多地独立于生产环节之外，商品化农业也会吸取这些社会化的服务。

6. 管理企业化

通过多元化、多层次联结方式构成的一体化联合体，要按照现代企业模式实行公司制度，实行法制化管理，以法人身份出现，带动农业经营企业化。如对联合农户采用合同契约制度，参股分红制度，全面经济核算制度，互补互利，自负盈亏，讲求效益，对体系内的营运和成本效益实行企业化管理，从而使龙头企业和农户互相依托，共同发展。

7. 利益分配合理化

在农业产业化经营发展水平较高的阶段，其经营体系内部，多数是以资本为纽带，以入股、入社的形式结成"利益同享，风险共担"的经济利益共同体。龙头企业通过合同，订单等形式连接基地农民，保障农民的权益。龙头企业将加工增值的利润以提高原料合同收购价格、利润返还等方式，适当让利于农户。这一点即是农业产业化经营的成败关键，也是农业产业化经营龙头企业与一般农产品加工企业的本质区别。因此，后者不能称为农业产业化经营龙头企业，它与农户是简单的市场买卖关系。

由于我国各地经济发展的差异，农业产业化经营必然出现发展水平、组织形式、连接方式多样化的特点。以上这些特点是生产力发展到一定阶段所带来的必然结果，最终还会引起生产关系、上层建筑的相应变革。

三、农业产业化经营的基本类型

1. 龙头企业带动型

以农副产品加工、营销企业为龙头，对外开拓国内外市场，对内连接生产基地和农户，采用合同、契约、股份制等形式与农户结成互惠互利的经济共同体。企业为农户提供系列化服务，实行产品保护价收购政策，农户定向生产、定向销售，为龙头企业提供稳定的批量原料货源。

2. 农业合作社连接型

以农业合作社为中介，对内组织农户按区域、成规模地进行农产品生产，对外与农产品加工、营销龙头企业连接，成为龙头企业与农户合作的纽带，实现农户与市场的有效对接，促进一些具有发展优势的产业迅速区域化、规模化。农业合作社根据其性质可分为农资供应型合作社、农产品销售型合作社、农工商一体型合作社等。

3. 专业农协服务型

它主要是由从事专业生产经营的农民，在自愿互利的前提下，以家庭经营为基础，以专业大户和技术能手为骨干，以科技推广和经营服务为手段，按照"民办、民管、民受益"的原则组建而成，实行技术、资金、生产、供销等互助合作的农业产业化经营形式。其特点是能够较好地发挥组织、引导、协调功能，把从事专业化生产的大量分散农户以技术、信息交流和服务为纽带联合组织起来，靠专业化服务推动产业化经营。

4. 批发市场辐射型

主要是以农产品批发交易市场为载体，通过股份制、股份合作制和合同契约等经济手段，集资建设市场基础设施，辐射带动生产基地的形成、发展和农户的专业化生产，促使各类农产品直接进入市场。

第三节 农业新型经营主体的培育

2015 年中央一号文件指出：加快构建新型农业经营体系。坚持和完善农村基本经营制度，坚持农民家庭经营主体地位，引导土地经营权规范有序流转，创新土地流转和规模经营方式，积极发展多种形式适度规模经营，提高农民组织化程度。鼓励发展规模适度的农户家庭农场，完善对粮食生产规模经营主体的支持服务体系。引导农民专业合作社拓宽服务领域，促进规范发展，实行年度报告公示制度，深入推进示范社创建行动。推进农业产业化示范基地建设和龙头企业转型升级。引导农民以土地经营权入股合作社和龙头企业。鼓励工商资本发展适合企业化经营的现代种养业、农产品加工流通和农业社会化服务。土地经营权流转要尊重农民意愿，不得硬性下指标、强制推动。尽快制定工商资本租赁农地的准入和监管办法，严禁擅自改变农业用途。

培育现代农业经营主体，是实现农业产业化的主要渠道。现代农业发展的基础目标是要实现农业的产业化经营，传统农业经营主体以"农户"为主，不要说实现产业化经营，就是要真正参与到市场经济之中都非常困难。新型经营主体中，比如专业大户、合作组织、龙头企业等，可以通过土地流转，适度增加生产经营规模，并最终实现农业的产业化经营。可见，培育现代农业经营主体是实现产业化经营的主要实现方式。

一、农业经营主体

对于农业经营主体，在不同的历史背景下，相关学者提出的概念不尽相同。一般而言，农业经营主体是指直接或间接从事农产品生产、加工、销售和服务的任何个人和组织。农业经营主体，是指承担经营任务的当事者，作为经营主体，它必须具备以下三个条件：一是拥有或者掌握一定规模的土地、设备、资金等资产和一定数量的劳动力；二是具有一定的经营知识、经验和能力；三是能自主经营、自负盈亏、独立承担法律责任。简言之，农业经营主体就是能够独立承担农业经营任务的当事者。农业经营主体是指在农业领域中从事农业生产活动，进行农业经营管理，提供相关服务等经济活动的功能性团体，是农业活动中具有意识的人（认识者和实践者）的大多数，是相对静态的经济组织实体与动态的经济活动过程的统一，它从层次角度把农业主体分为：宏观主体、中观主体和微观主体三个层次。

改革开放以来，我国的农业经营主体已由改革开放初期相对同质性的家庭经营农户占主导的格局向现阶段多种新型经营主体并存的格局转变。但是，随着农业结构的调整、农村基本经营制度的变革、农业劳动力的转移和工业化、城市化进程的加快，我国农户群体开始逐渐分化，农业经营者分化为传统农户、专业种植与养殖户、经营与服务性农户、半工半农型农户和非农农户五种主要类型。

农业经营形式决定谁是农业经营的主体和动力，农业经营方式则关系到具有积极性的经营主体沿什么样的技术道路前进以达到经营目标，构成了一个完整的农业生产经营活动。

二、新型农业经营主体

2012 年底，中央农村工作会议正式提出培育新型农业经营主体的要求。充分深刻理解认识这一内涵对于培育新型农业经营主体具有重要意义。对于新型农业经营主体范畴的界定，目前学术界尚没有一个统一的见解，许多农经界的专家学者从不同角度对这一概念进行了有益的研究探讨，并提出了许多独到的见解，在一定程度上达成了共识，即新型农业经营主体都要有较大规模的土地，组织和管理要科学化，发展的目标都是实现农业现代化等。新型农业经营主体是构建我国集专业化、规模化、组织化、集约化、社会化于一体的新型农业经营体系的关键所在，是推动我国由传统农业向现代化农业转型的骨干。需要指出的是，新型农业经营主体既包括农业产中环节的生产经营组织，也包括为在产中环节提供各种服务的经营组织。当然，他们的分工和主要作用不同，家庭农场和专业种养大户主要从事具体的农业生产活动，农民合作社和农业产业化龙头企业主要承担农产品加工和流通等功能（见图9-1）。

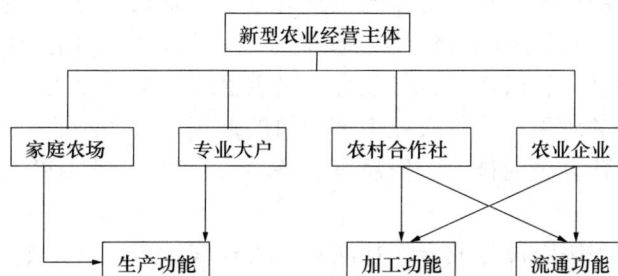

图9-1　新型农业经营主体各类型承担的主要功能

三、新型农业经营主体的主要类型

1. 家庭农场

2013年，"家庭农场"的概念首次在中央一号文件中出现，文件明确指出：积极培育并发展家庭农场这一新型农业经营主体。家庭农场是以家庭成员为主要劳动力，从事农业规模化、集约化、商品化生产经营，并以农业收入为家庭主要收入来源的新型农业经营主体。实际上，家庭农场早已为发达国家实践所证明的成功农业经营模式。在美国和西欧一些国家，农民通常在自有土地上经营，也有的以租入部分或全部土地经营，农场主本人及其家庭成员直接参加生产劳动。发展家庭农场需要两个条件：一是集中种植，二是机械化作业。随着工业化和城镇化的持续发展，目前我国发展家庭农场条件已经初步具备。首先，工业化和城镇化吸收了大量农村富余劳动力，为土地集中规模化种植创造了基础条件。其次，农业生产机械化水平日渐提高，为家庭土地规模经营创造了技术条件。原农业部数据显示，2012年33个农村土地承包经营权流转规范化管理和服务试点地区已有家庭农场6670个。

家庭农场模式可以优化配置土地资源，激发农民农业生产积极性，从而进一步释放农业发展潜力。由于家庭农场实行规模化、集约化、商品化生产经营，因而具备市场竞争能力。

2. 专业种养大户

专业种养大户是指那些在种植、养殖生产规模上明显大于传统农户，且具有较强经营管理能力的专业化农户。专业种养大户在种植、养殖规模界定上目前尚没有一个严格标准，因此其边界相对其他形式新型农业经营主体较为模糊，各地区对专业种养大户的标准认定差别也比较大。

发展专业种养大户具有重要现实意义，他们是推进现代农业发展的重要经营主体，直接影响到农业结构优化调整，种养大户在吸收碎化土地、加快农村土地流转方面有着不可低估的作用。专业农户从事面向市场的商品化、专业化、规模化商品农产品生产，是具有企业家精神的现代农民，是我国农业先进生产力的典型代表。

3. 农民专业合作经济组织

农民专业合作经济组织是农民自愿参加，以农户经营为基础，以某一产业或产品为纽带，以增加成员收入为目的，实行资金、技术、生产、购销加工等互助合作的经济组织。主要包括农民专业合作社、土地股份合作社和农民专业协会3种形式。

农民专业合作经济组织是资源配置的一种有效组织方式，是市场组织的构成之一。农民专业合作社是指"在农村家庭承包经营基础上，同类农产品的生产经营者或者同类农业生产经营服务的提供者、利用者，自愿联合、民主管理的互助性经济组织。农民专业合作社以其成员为主要服务对象，提供农业生产资料的购买，农产品的销售、加工、运输、贮藏以及与农业生产经营有关的技术、信息等服务。"（《中华人民共和国农民专业合作社法》第二条）

自《中华人民共和国农民专业合作社法》颁布实施以来，农民专业合作社出现快速增长势头，公报数据显示，我国新型农业经营主体蓬勃发展，农业现代化步伐加快；与此同时，农村基础设施明显改善，基本社会事业全面进步。

第三次全国农业普查结果显示，2016年年末，全国规模农业经营户398万户；农业经营单位204万个，农业经营单位数量较10年前增长417.4%。规模农业经营户和农业生产经营单位实际耕种的耕地面积占全国实际耕种耕地面积的28.6%；规模农业经营户和农业生产经营单位的生猪和禽类存栏量分别占全国的62.9%和73.9%。

土地股份合作社是农户以"农村土地承包经营权"入股合作社，把土地承包经营权变成股权，农民当上股东。入社土地由合作社统一耕种，农户除劳动收益外，还可享受年底分红。

农民专业协会是由从事同类产品生产经营的专业农户自愿组织起来，在技术、资金、信息、购销、加工，储运等环节实行自我管理，自我服务，自我发展，以提高竞争能力，增加成员收入为目的的专业性合作组织。它的发展是建立在家庭承包经营的基础上，不改变现有的生产关系，不触及农民的财产关系。适应了农村的改革与发展。农民专业协会是农村组织制度的一种创新，其特点主要表现在：专业性强，它大多以专业化生产为基础，以某一类专业产品为龙头组织起来，如各类动物养殖协会、水果协会、蔬菜协会等，具有明显的专业特征；农民专业协会以服务为宗旨，较好地帮助农民解决了一家一户做不了、做不好的事，并能有针对性地开展服务；在组织管理上，实行自愿结合，入退自由，民主管理；在经营方式上灵活多样，独立自主；实行盈余返还，给农户带来实惠，与农户风险共担，利益共享。正因为农民专业协会的这些特点，广受农民的欢迎。

4. 加大培育新型企业联合体的发展

所谓新型企业联合体是指在我国经济社会转型的特殊历史阶段，由原来一些在转型中淘汰的工业企业，因不能够适应新时期工业发展的需求而被停产、转产的企业，它们有一定的资金积累、企业管理的经验、发展企业的愿望、回报家乡和社会的意识观念,希望通过转入农业企业继续发展个人事业,这部分企业家将通过建立企业联合体把农业加工业、休闲观光业作为企业发展的新途径和发展方向,以办工业理念、思维、管理方式发展农业和农业企业,构成现代农业发展的骨干力量。他们将成为现代农业发展的一支重要的力量,他们发展的企业就可以称为新型企业联合体。这类的企业在全国各地都有不少成功的案例。

5. 农业产业化龙头企业

农业产业化龙头企业是指以农产品加工或流通为主,通过各种利益联结机制与农户相互联系,带动农户进入市场,使农产品生产、加工、销售有机结合,相互促进,并在规模和经营指标上达到规定标准并经政府有关部门认定的企业。

龙头企业在适应复杂多变的市场环境中具有较大优势,作为农业产业化经营的重要力量,它能够为农户农产品生产的各个环节提供一条龙服务,能够完善与农户间的利益联结机制,是连接农户和市场之间的桥梁。原农业部经管司肯定了龙头企业在农业产业化过程中的重大作用,并指出龙头企业是现阶段中国加快构建新型农业经营体系的重要主体。

农业产业化龙头企业是农业产业化经营中不可或缺的一个重要组成部分。农业产业化龙头企业相对于个体农户而言有着无可比拟的优势。个体农户分散经营,生产的初级农产品直接进入市场,农产品附加值较低,而龙头企业对初级农产品进行深加工后,能够在很大程度上提高农产品附加值;农户生产规模小,对市场变化适应能力差,竞争力有限,龙头企业则直接进行大规模、集约化农业生产,市场信息快、经营风险小。龙头企业把千家万户的分散经营变为集约化经营,帮助农户在市场之间架起一座连接国内外的桥梁,引导农户生产和销售。随着产品销售的增加,龙头企业对原材料的需求也会随之增长,这就要求企业组织下的广大农户扩大生产来满足龙头企业的需求。通过龙头企业带动,解决了广大农户农产品难卖的问题,刺激了农村种植业、养殖业的发展。通过龙头企业的深加工,还能提高资源利用率,形成"资源开发—深精加工—高附加价值产品—商品"良性循环模式。经营良好的龙头企业不止能带动一批相关产业的发展,还能促进产品延长产业链,最终形成一个具有区域经济特色的大基地、大产业、大市场。农业企业还在农业生产中扮演着运营中心、信息中心和服务中心的角色,同时农业企业还承担了技术创新领导者的任务。由于农业企业在产业化经营中发挥了显著的组织和带动作用,也只有农业企业才能担负起技术创新主体的使命,推动农业产业迈向现代化。同样,农户与市场之间的环节需要农业企业,尤其是龙头企业的带动,否则就无法构成相关产业链。

第四节　农业产业化经营的组织模式

农业产业化经营要达到较高的经营效率和经济效益,就需要有与之相适应的组织形式。选择农业产业化经营组织形式,实质上是在选择联系农户与市场的机制,这种形式既要能够体现农业产业化对生产、交换行为的要求,又要符合当下农村经济的具体情况,最终使得农户与市场主体从产业化组织形式中受益,并形成合理的利益联结安排。从这个意义上说,农业产业化经营是一个渐进的发展过程,不同地区、不同产业、不同发展阶段都有不同的模式。目前,主要经营模式有"公司+农户"、"公司+基地+农户"、"公司+合作社+农户"和企业联合体等多种经营模式。

一、"公司＋农户"模式

"公司＋农户"模式的农业产业化经营组织是以一个技术先进、资金雄厚的公司作为龙头企业，利用合同契约的形式把农户生产与公司加工、销售联结起来。公司和农户在市场上按照农产品供求关系的变化进行购销活动。公司想买多少、何时买、何地买以及用什么价格买进都受市场的影响和约束，同样，农户想要突出自己的产品也要接受市场的选择。受市场波动的影响，农产品在公司与农户之间很难获得稳定的供求关系，价格低了对农民不利，价格高了又对公司不利。公司与农户的财产各自独立，互不参与管理与干涉其使用。

通过这种模式，公司获取相对稳定的上游收购渠道，降低购进成本；对农户来说，在实行农业产业化后农户找到了相对稳定的销路。

从形式上看，公司与农户双方只是一种外在的结合，经济关系实质上是一种纯粹的买卖关系，龙头公司与农户不是同一利益主体。

这种模式下，由于农户生产规模小、力量弱，利益分散，缺乏代表自身利益的组织，导致缔约双方地位、力量不平等，使得农户与公司谈判中处于不利地位，龙头企业自然成为真正的市场主体。正因为此，导致利润环节的大部分留在了龙头企业，农户在该模式下利益的稳定性常常受到考验。例如：当市场价格高于契约收购价格时，农户具有把农产品转售给市场的强烈动机。而在市场价格低于契约价格时，公司则是倾向于违背契约而从市场上进行购买。

"公司＋农户"这种建立在商品契约基础上的组织，毕竟不同于企业，所以，该模式下，应尝试各种方法，不断提高合约的稳定性。

案例一：温氏集团

广东温氏食品集团有限公司创立于1983年，以养鸡业、养猪业为主营的大型畜牧企业，温氏集团现有合作农户5.21万户，2011年全体农户获利31.09亿元，户均获利6.32万元。

温氏集团作为龙头企业与农户的合作方式为：（1）建立和完善了对合作养殖户的管理程序，包括：申请入户、交付定金、领取鸡苗和生产资料、提供技术指导和相关服务、统一收购、结算。公司与申请入户者签订合同，建立统一档案和账户，如每户饲养一只鸡先向公司预交生产成本费，公司统一提供鸡苗、饲料、防疫药物以及技术指导，农户的各项支出均进入网络，可随时查询，定期结算，多退少补。在收购合同上，实行保护价收购。（2）建立全方位一条龙的服务体系。公司为农户提供种苗、药物、技术、销售服务，农户按公司要求接种疫苗、按饲养规范进行生产，以确保质量和成活率。

农户与温氏集团的合作，可以把主要精力用于养殖环节上；公司在经营活动过程中，以强化经营、加强服务、拓展销售为主，如此形成了封闭的利益循环体系，加强了农户与公司的联结程度。

二、"公司＋基地＋农户"模式

"公司＋农户"模式具有不稳定性，这使更稳定形式的出现成为可能。

"公司＋基地＋农户"模式在于通过基地向公司提供农产品，基地成为公司的代理方。基地对分散的农户进行监督和约束，同时也是农民的利益代表，对公司挤占农民利益的行为也能进行约束。在基地管理上，公司提供生产技术、农资供应、政策信息传递等统一的服务。基地作为连接公司和农户的桥梁，保障公司和农户之间的沟通。

这种组织模式较之"公司＋农户"，克服了其不足，同时延续了其优点。在公司与农户签订的契约中也改变了"公司＋农户"形式下规定协议价格的做法，一般只签订了最低保护价格：在规定的收购时限内，如市场整体价格低于保护价格，则按保护价格收购；如市场价格高于保护价格，则按市场整体价格进行收购。

企业与农产品生产基地和农户结成紧密的贸工农一体化生产体系，龙头企业通过共建、自建基地引导和组织分散的小农户进入社会化大市场。基地具体的形式可以是公司直接买断土地使用权，让农户成为企业工人；也可以是与农户达成协议，建立股份制生产基地，从产权层面上进行联结。

案例二：雏鹰农牧集团

雏鹰农牧集团始创于 1988 年，于 2010 年 9 月在深圳证券交易所成功挂牌上市，公司经营范围包括生猪养殖及销售、种猪繁育、种蛋生产、鸡苗孵化、粮食收储、生猪屠宰、生鲜肉制品加工、蔬菜种植、冷链仓储与物流等服务。雏鹰农牧是较为典型的按照"公司＋基地＋农户"模式组织农业产业的龙头企业。公司把二元种猪、商品仔猪、肉雏鸡放入公司自建的基地中由农户进行饲养。农户生产的商品仔猪，公司按协议价格回收后又转向农户作商品肉猪进行饲养；农户生产的成品肉猪、肉鸡，公司负责按协议价格收购，然后统一出售。公司不只是单纯地向农户收购肉猪、肉鸡产品，而是视农户的生产为企业的第三车间。此外，公司还针对经济困难的农户成立了专门的担保公司，为农户进入小区养殖提供贷款支持，解决了许多农户的资金问题。

基地中的合作养殖是雏鹰农牧的核心所在。合作养殖的对象主要是具有一定养殖经验的农户家庭，主要内容包括：（1）公司将自由畜禽交予农户在公司养殖场进行养殖；（2）农户须缴纳一定比例保证金，防范公司风险；（3）农户按照公司流程接受饲料供应、防疫、技术指导和"封闭管理"，但具体养殖方式由农户自行决定；（4）养殖周期结束，公司按照养殖成果支付农户养殖利润；（5）在发生严重疫情等极端情况下，公司将保障合作养殖农户 1.3 万～ 2.0 万元 / 年的最低保障利润。这些举措对稳定公司与农户的合作关系、保持持续的发展发挥了关键性的作用。

三、"公司＋合作社＋农户"模式

在公司与农户之间，加入了合作经济组织的作用。通过合作社等合作经济组织把分散的农民组织起来，以公司为龙头，以合作经济组织为纽带，以众多专业农户为基础，提供从技术服务到生产资料服务再到销售服务的产加销、贸工农一体化全方位服务，把公司、农户与合作经济组织紧密联系在一起，形成产业化经营组织。合作社是农民创办的农户间的利益共同体。对外合作社是营利性经济实体，对内是非营利性服务组织，合作社盈利是在合作社成员间进行分配。

这种模式既发挥龙头企业对农户的拉动作用，又通过农民自愿组建、自愿加入的合作组织，提高了农民的组织化程度。从本质上来说，这个模式与"公司＋基地＋农户"一样，通过加入第三方的力量，使得公司与分散的农户之间存在了更稳定的利益联结。

案例三：奶联社

内蒙古奶联科技有限公司创造的"奶联社"模式将奶农、奶站和乳制品企业的利益相互联系，大大降低了运营成本，提高了作为弱势的奶农的抗风险能力。奶牛合作社具体做法为：奶联社搭建技术、管理、现代化设施设备和资金投入平台，吸纳奶农将奶牛以入股分红、保本分红、固定回报、合作生产等多种形式入社，合作期间内，奶牛疫病和死亡风险由奶联社承担，解决奶农的后顾之忧。

"奶联社"的模式中，奶农会在生产后期根据入股情况得到分红，奶农和企业的利益实现了利益共享、风险同担，既根本上确保了奶源安全，也有力保证了奶农的合法利益，避免因为价格波动而出现伤农事件。

农业产业化经营组织模式多种多样，正确选择主要取决于农业生产力的发展水平。不同的农业生产力发展水平，应该选择不同的产业化经营组织模式。需要指出的是，随着农业现代化进程的加快，农业领域的组织形式创新也会越加纷繁精彩。

第五节　农业产业化经营的实施步骤

从一个地方如地区、县（市）层面来说，实施农业产业化经营应从何着手，即从何起步，需要做出大概的交代，以有助于经验的传播。从山东等地的实践来看，发展农业产业化经营，需要政府引导，市场拉动，"龙头"带动，利益联动，制度规范，着重抓好几个关键环节。

一、做好市场调查，努力开拓多元市场

实施农业产业化经营，从本质上说就是发展市场农业。做好市场需求的调查和变化趋势的估测，千方百计地开拓国内和国际多元市场，积极培育市场体系，是发展农业产业化经营的前提和关键一环。

但是并非所有的人都有这样的认识，相反，相当多的人观念陈旧，缺乏市场意识，总是习惯于按照计划经济的办法"指导"或安排产业化经营，殊不知市场经济与计划经济是有重大区别的。

市场农业是为了出卖而生产，必须面向市场，"贸"字当头，"销"字开路，以国际、国内市场为导向，按市场需求组织加工，按加工需要安排生产。现在国内外农产品市场交易中许多产品买方市场占据主导地位，消费者的要求不断更新，市场需求瞬息万变，如果不能及时准确掌握市场信息以指导生产经营，就难以在激烈的市场竞争中站稳脚跟，甚至使一条"龙"中断，一体化解体。因此，任何类型的"农工商一体化、产加销一条龙"经营，首先必须搞好市场预测，及时了解市场变化动态和发展趋势，将经营建立在适应市场需求上。同时，必须健全市场体系，除了健全本地市场体系外，还须以产销合同等方式与大中城市建立供销关系，有的在大中城市设置网点，并在沿海沿边口岸设立对外窗口，通过开发补偿贸易、合同供销和期货贸易等多种形式，使产品能有稳定的销路。

国际上举世闻名的几个大集团公司，其饮料、食品系列商品之所以经久不衰，占据绝对优势，关键是它们都有自己的优胜品牌，而且善于迎合市场需求的变化，不断创新，我国亦应如此。农业产业化的经营者们必须具有优胜品牌意识，开拓创新意识。如果以没有市场需求的"标准"来衡量，自以为其产品"不错"，或"自我感觉良好"，故步自封，那么难免被淘汰。

二、因地制宜，确立主导产业

确立和培育主导产业是实施农业产业一体化经营的长远性基础。确立主导产业必须遵循三点：一是因地制宜，立足于当地优势资源；二是要以市场需求为导向，具有现实需求或长远潜在的市场；三是按比较优势原则，并要在国家产业政策指导下合理布局。

这就是说，要从实际出发，发挥资源优势，突出本地特色，明确本地农业、农村经济发展重点和基本方向，合理配置，发展各具特色、布局合理的优势产业和优势产品，形成区域性主导产业，从而将区域优势转化为产业优势。选择和培育主导产业，一是进一步巩固提高现有传统产业，通过推广新品种、新技术，提高产品的科技含量，扩大生产能力，充分利用资源，发挥产业系列化优势；二是着眼发展新的支柱产业，对那些资源优势突出、经济优势明显、生产技术优势比较稳定的项目，应当重点培育，加快发展；三是注意名特珍稀农产品开发，在创特色、名贵品牌上下功夫，例如发展别具特色的畜禽和特种水产品养殖、特种经济作物的种植，以及相应产品的精细加工和精致包装。

确立主导产业，不能不讲条件，不看市场需求，不顾政府的产业政策，盲目趋同、照搬，必须从实际出发，因地制宜。相对而言，养殖业、瓜果、蔬菜、食用菌类、特种经济作物及其加工业较易成功，比较效益相当高。要不断进行技术创新，创造推出自己的优质适销名贵品牌，使农业产业化经营立于持续兴隆之地。

三、建设好产业化经营的"第一车间"——商品生产基地

农产品商品生产基地，是"龙头"企业的"第一车间"，也是整个产业一体化经营中的重要环节。山东等地在实施农业产业化经营过程中，不断调整农村产业结构和产业布局，有计划、有步骤地加强农产品商品基地建设，坚持"围绕龙头建基地，突出特色建基地，连片开发建基地"，把基地建设与主导产业的形成和"龙头"企业的发展紧密地结合起来，着力扶持专业户和专业村的健康发展，使之配套成龙。具体讲，在各类农产品商品基地建设中，着重做到四点：一是布局区域化，注意发挥优势，突出特色，合理布局，相对集中，统一规划，围绕主导产业，形成与资源特点相适应的区域经济格局。二是经营集约化，使基地的生产与发展适度规模经营相结合，以提高经营集约化程度、扩大商品批量和提高商品率。三是服务系列化，围绕基地建设，加强服务组织和服务设施建设，把"龙头"企业、经济技术部门以及乡村社区性组织的服务结合起来，从技术、物资、资金、信息等方面，为基地提供有效的服务。只有服务系列化，基地才能实现规模化、集约化。四是基地保护要法制化，制定有关法规，像农田保护区那样保护各类生产基地，确保农产品生产基地不被随意侵占、挪作他用。

四、着重抓好"龙头"企业建设

"龙头"企业是产业化经营的组织者、带动者、市场开拓者和营运中心，内联千家万户，外联国内外市场，既是生产加工中心，又是信息中心、科研和技术创新中心、服务中心，具有开拓市场、深化加工、提供全程服务的综合功能，是发展农业产业化经营的中枢，带动系统有序高效运转的"火车头"。实践证明，建设一个好的"龙头"企业，就能带动一种或几种农产品的综合开发。"龙头"企业的强弱和带动能力的大小，决定着产业化经营规

模和成效。因此，各地在发展农业产业化经营过程中，都把"龙头"企业建设作为重点来抓，视作重中之重。一般地说，"龙头"企业是通过市场竞争和营运实践形成的，不是政府培养出来的。企业家也是一样，作为善用资本和擅长营运的实业家，是市场竞争环境造就而成的，不是政府和学院培养而成的。

从各地成功经验来看，"龙头"企业应当具备发挥其基本功能的条件：一是企业规模要大，中小企业通过联合变大亦然，唯此才能功能齐全，带动力大，辐射面广；长期资本雄厚，唯此方能投资能力大，启动作用大，推动能力大。大规模的组织是专业化发展的直接结果之一。二是技术水平高，高起点、高档次，唯此方可使用先进技术、工艺和设备，不断创新，推出名贵品牌，打入国际市场，夺取优胜。同时，组织化程度高，开发能力大，唯有依靠完善的组织系统，健全的制度保障和强有力的经理阶层，方能发挥巨大的开发能力，组织一体化的全部成员深度参与资源开发、技术开发和市场开发，按照产业化的要求高效率地完成产供销全部环节一体化过程。三是"龙头"企业带动、辐射能力强。四是多种成分和多层次，优势互补。

从具体做法来看，各地的"龙头"企业，多采取原有企业改造、扩建，中小企业联合，在合乎条件的地方新建大企业等。一般都是谁有能力牵头，谁就做"龙头"，就扶持谁。农业产业化经营刚起步时，大型农产品加工企业尤其外向型创汇企业因条件较好，带动能力较强，往往成为最早一批"龙头"企业。以农产品加工和销售为主的乡镇企业，完全可以直接纳入农业产业化经营进程。有一批实际上已经或正在成长为"龙头"企业。城市大型工商企业进入农业领域，可以仿效山东诸城对外贸易公司的模式，按照贸工农一体化原则，与农户结成经济利益共同体，与农户共发共荣，至少应使农户获得本行业同产品的平均利润。随着农业产业化经营的发展，"龙头"企业将越来越多成分、多元化，合作经济组织自办的经济实体和联营企业势将越来越多地成为产业化经营的"龙头"。

五、建立农民合作经济组织

农民合作经济组织作为实施农业产业化经营的必备条件，是"龙头"企业联结农户、农户与市场接轨的纽带或桥梁，多元参与主体节省交易费用和合理分享共同交易利益的重要前提。因此，它们与"龙头"企业同等重要，应当从产业化经营起步时就精心培植、促进发展。

农民合作经济组织多种多样，例如初级形式的专业（合作）协会和规范化的专业合作社，都是新兴的合作经济组织。有条件（经验和实力）的地方可以直接创办专业合作社，例如加工合作社、运销合作社。没有条件直接建立合作社的，如欠发达地区，可以先建立农民专业（合作）协会，首先为农民提供服务，解决农产品难卖和生产资料难买问题，待积累了一定经验和实力，再由农民专业（合作）协会转变升级为专业合作社，或者专业（合作）协会与相关企业合办专业合作社或合作公司，实现加工增值，扩大运销，进一步提高农业的比较效益。

根据各地经验，发展农民合作经济组织需要具备相匹配的条件：一是要有热心为农民服务的带头人；二是要有一批有能力的人组织合作社的运作，并且要保持这类人员的稳定；三是要培训干部和社员，把合作制原理变成农民社员的共识和群众性的合作行为；四是当地党政领导有共识、有决心，同心协力推动农民合作事业的发展，否则，什么事也办不成。

六、逐步完善内部经营体制和运行机制

实施农业产业化经营，涉及生产、加工、销售诸环节之间、生产者与经营者之间、条块和城乡之间的利益关系，要以利益为纽带，运用市场经济规律，完善产业经营体制和运行机制；正确处理各方面的利益关系，方能为产业化经营的顺利发展提供重要保证和创造内动力。

完善内部运行机制，重点抓好三个方面：一是培育市场主体，不断提高市场主体的效能，增强其生机和活力。要按照现代企业制度，塑造高效率的市场主体，使每一个参与产业化经营的企业和农户既有积极性，又有较强的应变能力。积极而有步骤地发展股份制、股份合作制，按照自愿互利原则，将股份制和股份合作制引入产业化经营系统。二是加强社会化服务体系建设，为产业化经营提供发育条件。例如，山东省农业与财政部门联合建立了农村社会化服务体系建设资金保证制度，在全省各地市县开展农村社会化服务规范化试点，探索社会化服务向实体化、专业化发展，逐步形成专业化服务与社区性服务相结合，纳入产业化经营系统的运行方式。三是要健全约束机制和利益调节机制。通过签订合同（契约），合理确定有关各方的责权利，处理"龙头"企业与基地和农户以及各种服务组织之间的利益关系，特别要维护生产者的利益，其中包括在系统内部采用一些"非市场安排"。例如，在产业化经营系统内部，本着还利于农的原则，核定农产品价格，加工经营和销售环节的部分利润通过各种形式返还给农民；"龙头"企业通过预付定金，提供贴息贷款，发放生产扶持金，赊销种苗、雏禽、饲料，实行"四到门"服务等措施，扶持参与农户发展生产；农户因自然灾害造成严重损失，"龙头"给予适当扶持，等等。

此外，要排除体制障碍，加强部门间协调和适度的宏观调控。在基层，人们经常谈论农业产业化经营起步。怎样算农业产业化经营起步？根据先行者们的实践，起步时要从调查市场状况和趋势，评估资源特点和优势，分析起步条件入手，拟订一个发展构想作为指导性框架，确定主导产业，培植农民组织，选择"龙头"企业，着重做好农业产业化经营的组织、制度和机制建设。这些工作一旦着手进行，就算是农业产业化经营起步了。经过一段的努力，形成了农业产业化经营系统，不论是松散型还是紧密型，达到了判断标准的要求（两种类型使用判断标准是有区别的），即真正形成稳定的共同利益关系，结成"风险共担，利益共享"的经济共同体，就算实现了农业产业化经营。

第六节　我国农业产业化经营的对策与措施

一、农业产业化经营的对策

坚持农业产业化经营发展的道路，创建农业产业化经营良好的区域创新政策环境。有效整合农业科技发展资源，实施优惠政策，为农业产业化经营提供良好的社会基础和氛围；特别是要制定一系列优惠政策，鼓励农业产业化经营者从事农业高新技术开发、应用和优良品种生产、试验、示范、推广工作，鼓励投资者创办科技型加工企业。

1. 财政扶持政策

资金是农业产业化经营的动力，所以要增强国家财政对农业产业化经营的投入，并将

其列入长期财政预算计划。应从财政专项资金和贷款贴息等方面，对科技含量高、生态效益好和辐射带动强的农业产业化经营项目给予重点扶持。建立农业科技成果转化的良性机制，用财政资金对农业科技成果转化风险损失给予一定程度的补偿。积极争取多层次部门财政专项资金，最大限度发挥各类支农资源要素的聚合效应，提高农业产业化经营资金使用效益。

2. 土地流转政策

土地是农业产业化经营的最主要的生产资料，所以土地流转政策是农业产业化经营的重要政策之一。在坚持农村土地集体所有的前提下，促使承包权和经营权分离，形成所有权、承包权、经营权三权分置、经营权流转的格局。并在发展农业规模经营时与城镇化进程和农村劳动力转移规模相适应，与农业科技进步和生产手段改进程度相适应，与农业社会化服务水平提高相适应。发展农民股份合作，农民从土地流转中挣租金。

鼓励耕地、林地、草地经营权在公开市场向专业大户、家庭农场和农民合作社、农业企业流转。设立经营权流转奖励资金，对流转期限在5年以上、流转面积在100亩以上的规模经营主体给予奖补。加快建立健全土地经营权流转市场，完善县乡（镇）三级服务和管理网络，将土地流转服务纳入基层公益服务项目。规范土地流转程序，制定统一的土地经营权流转合同文本，颁发土地经营权流转证书。探索建立进城落户农民自愿退出土地承包经营权补偿机制，对本人申请且符合条件的农户，经村集体经济组织审查批准予以补偿，由集体经济组织出资收储或流转经营。土地流转和适度规模经营要尊重农民的意愿，不能强制推动。

3. 税收优惠政策

国家与地方政府要利用税收政策向农业产业化倾斜，予以资助。一是用足用好现有的税收优惠政策，认真落实国家有关税收方面的优惠政策和措施。二是在农业产业化经营的项目，根据项目的投资额度、生态效益、科技含量和吸引就业数量等指标，给予相应的税费减免。三是制定减税条款细则，可以根据农业产业化经营企业纳税经营等情况，对所得税农业产业化经营留成部分给予企业退税补贴。四是落实企业研发费用税前加计扣除政策，改进企业研发费用计核方法，依法扩大研发费用加计扣除范围；加大企业研发设备加速折旧等政策的落实力度，激励企业加大研发投入。

4. 资金保障政策

建立"政府引导、市场运作、社会参与"的多渠道、多层次、多元化的投融资机制。各级政府应根据财力实际，在逐步增加投入的同时，制定相关政策，充分调动社会力量参与农业产业化经营的积极性，拓宽融资渠道，建立政府、企业、社会多元化投入机制。坚持"外招、内引、上争"全方位招商引资思路，广开招商渠道，吸引外商外资投资开发。应搭建一个良好的平台，促进财政与金融的有效结合。制定财政引导金融支农的政策措施，鼓励龙头企业等组织建立政策性担保机构，对农业产业化经营的相关企业给予贴息优惠，实现财政与金融的合作，促进金融供给与农业信贷需求之间的有效对接。

农民既是农业产业化经营的主体，也是投入的主体。积极鼓励和引导农民以土地使用权、劳动力、资金等各种生产要素及以承包、入股等形式参与农业产业化经营建设。发挥龙头企业的作用，积极吸纳农民手中的闲散资金，引导其更多地投向农业产业化经营的建设。建立健全农村劳动积累制度，实行农民投工投劳与其利益挂钩。

5. 科技保障政策

科技引领、创新驱动是发展农业产业化经营的新动力。所以要针对农业科技多头管理、重复和分散的现状，建立由科技、农业、发改、财政、金融、林业、旅游、水利、气象、粮食、经贸等部门组成的农业产业化经营领导小组，对农业科技重大问题和重大活动进行组织、协调。建立农业重大科技活动登记制度，减少科技活动的重复与遗漏。

提高农业企业的科技创新能力，鼓励支持企业采取多种形式合作建立农业科技机构；鼓励企业建立研究与开发机构。支持企业承担各级政府下达的科技计划任务；对科技成果产业化项目、试验示范基础性建设，优先引导和支持企业承担。

6. 人才保障政策

人才是实施农业产业化经营的根本所在，所以要建立健全各种服务与培训体系，及时掌握农业生产、科技和信息动态，积极引进和培育人才，提高农民的科技文化素质。进一步加强与高等院校和科研机构的合作，采用多渠道的方式，对农民进行生产和加工技术、经营管理、市场营销、农民专业合作组织知识等方面的培训，增强其吸收和应用新技术、新知识的能力。要进一步扩展农民培训的内容和提高培训层次，不断提高农民的知识水平和科技素养。财政应列出专项资金，为农业生产技术能手和有发展潜力的农民创业者提供到高等院校、科研机构学习和培训的机会，重视现有科技人员的脱产进修和短期培训，使其知识不断得到更新，以进一步提高他们的生产技能水平和创业的能力。大力发展农业教育和培训，提高农民的整体素质。通过农业广播学校、电视大学、技术讲座、专业培训、职业高中、函授和夜校等多种形式，培养一支有理想、高水平，能带领广大农民致富的农业基层干部队伍，培养一支有文化、懂技术、善经营、会管理的农民技术队伍，培养大批农民技术员，营造农村学科学、用科学的良好氛围。

农业产业化经营的发展离不开大批科研、推广、开发、管理等方面的专门人才。要建立灵活的机制，把培养人才和引进人才结合起来，同步进行。在人才的引进方面，大力引进省内外专家、学者来进行新技术、新产品的试验、示范工作，提供优质的保障条件。大幅度提高高层次技术人才的工作条件和生活待遇，真正从物质和生活待遇上形成重视农业、尊重知识和尊重人才的社会风气，为他们施展才华创造更好的条件；在现有人才培训方面，重视现有科技人员的脱产进修和短期培训，使其知识不断得到更新。创造一个大胆使用人才、积极引进人才、加速培养人才的环境与机制。

二、推进农业产业化经营的措施

1. 完善农业产业化经营机制

这是发展农业产业化经营的核心，要始终坚持为农民服务的方向。一是鼓励产业化经营组织与农户签订产销合同，确定最低收购保护价，通过开展定向投入、定向服务、定向收购等方式，为农户提供种养技术、市场信息、生产资料和产品销售等多种服务。二是大力发展订单农业，规范合同内容，明确权利责任，提高订单履约率，引导龙头企业与农户形成相对稳定的购销关系。三是鼓励龙头企业采取设立风险资金、利润返还等多种形式，与农户建立更加紧密的利益关系。四是引导农民以土地承包经营权、资金、技术、劳动力等生产要素入股，实行多种形式的联合与合作，与龙头企业结成利益共享、风险共担的利益共同体。无论采取哪种利益联结方式，都要遵循自主自愿、平等互利、风险共担的原则，充分考虑农业产业特点、市场发育状况、企业经营能力和农民的认识程度等因素。

2. 培育龙头企业和企业集群示范基地

要围绕农产品优势产业带建设，抓紧建立一批产业关联度大、精深加工能力强、规模集约水平高、辐射带动面广的龙头企业集群示范基地。按照"扶优、扶大、扶强"的原则，培育壮大一批起点高、规模大、带动力强的龙头企业。依托农产品专业化、规模化生产区域，大力发展农产品精深加工，延长产业链条，提高农产品附加值和综合效益。鼓励和引导龙头企业优先使用国内原料和机械装备。支持具有比较优势的龙头企业，以资本运营和优势品牌为纽带，盘活资本存量，整合资源要素，开展跨区域、跨行业、跨所有制的联合与合作，组建企业集团，推进优势产品向优势企业集中、优势企业向优势产业和优势区域集聚。鼓励有条件的龙头企业进行现代企业制度改革，争取上市融资，增强龙头企业的辐射带动力。农业产业化龙头企业要强化公司责任，当守法经营、诚信经营的模范，不断密切与农户的利益联结关系，把发展农村经济和带动农民增收致富作为企业发展的重要任务，积极参与社会主义新农村建设。

3. 发展农村各类中介服务组织

积极鼓励龙头企业、农业科技人员和农村能人以及各类社会化服务组织，创办或领办各类中介服务组织，培育和扶持专业大户和经纪人队伍，提高农民组织化程度。引导农民按照自愿互利的原则兴办农民专业合作经济组织，坚持民办民管民受益，实行民主管理、民主决策。鼓励专业合作经济组织开展跨区域经营，壮大自身实力，增强服务功能。进一步扩大农民专业合作经济组织试点范围，认真总结推广"龙头企业＋合作组织＋农户"和"农产品行业协会＋龙头企业＋合作组织＋农户"的经验。充分发挥行业协会、商会等中介组织的作用，建立有序的行业自律机制，维护行业内企业和农户的合法权益。鼓励和支持龙头企业建立为农户服务的各种服务组织。

4. 加强农业产业化基地建设

各地要制定完善的农业产业化发展规划，结合优势农产品产业带建设和龙头企业加工需要，突出重点，突出特色，合理布局，建设专业化、规模化、优质化、标准化的农产品生产基地。将推进"一村一品"纳入基地建设，积极发展品质优良、特色明显、附加值高的优势农产品。在农户家庭经营的基础上，进一步建立和完善农村土地承包经营权流转机制，使家庭承包经营的优越性与农业产业化经营的优势有机结合、相互促进，提高农业的规模效益。鼓励和支持东部地区的龙头企业积极参与中部崛起、西部大开发，到中西部地区建设生产基地，把当地的资源优势转化为企业的经营优势。围绕基地建设，加强农田水利、土地整治、道路交通、流通设施、通信信息等基础设施建设，不断改善生产条件，提高综合生产能力。尽快建立并完善与基地生产相配套的信息化服务、动植物防疫检疫、农产品质量安全检测的社会化服务体系。

5. 提高农产品质量安全水平

以优质专用、无公害及绿色食品为目标，尽快修订和完善农产品质量标准、产地环境标准、生产技术规范，按照优质、高效、安全、生态的要求，建立起一整套与国际接轨的标准体系。引导基地生产推进绿色、无公害、有机产品产地、基地认证，提高农产品市场竞争力。建立农产品质检制度和生产记录等可追溯制度，完善质检手段，确保农产品质量安全。龙头企业要率先实现标准化生产，逐步推行 ISO 9000、ISO 14000、HACCP 等质量管理体系认证，加快与国际接轨步伐。严格农产品质量安全市场准入制度，通过定量包装、标识标志、商品条码等手段，加速推行农产品流通领域的标准化管理。支持龙头企业实施品牌战略，提高产品质量档次，创立一批在市场上叫得响、占有率高的名牌产品。

6. 强化科技创新能力

结合国家农业科技创新体系建设，抓紧构建农产品加工科技创新体系和推广应用平台，重点突破一批重大、共性的关键技术，培育科技人才队伍，增强科技自主创新能力。龙头企业要加快技术开发和技术创新，改进加工工艺，促进科研成果向现实生产力转化，不断提高农产品精深加工水平和产品档次。积极构建以龙头企业为主体、产学研相结合的农业科技创新体系，鼓励和支持龙头企业与高等院校、科研院所合作共建研发机构，对关键技术开展联合攻关，开发具有自主知识产权的专用新品种、新技术、新产品，以科技创新推进产业升级。要加强农业科技成果转化，大力组织实施农业品种、技术更新工程，加速品种技术更新步伐。加强与农技推广服务部门的合作，大力推进农民就业培训和"绿色证书"工程，使龙头企业成为农业科技入户和培训农民的有效载体。

7. 开拓国内外市场

龙头企业要坚持以市场需求为导向，充分利用国内外两种资源，实施"引进来"和"走出去"战略，主动参与国际国内分工与协作，有序开拓国内外市场。要研究制定农产品流通龙头企业的扶持政策，积极培育大型流通龙头企业，在大宗、重要农产品主产地、集散地，培育和发展一批有规模、有影响的农产品综合或专业市场，加快农村流通服务业的发展。大力发展外向型龙头企业，引导龙头企业加强对国际市场行情和国际贸易政策的收集研究，优化贸易商品结构。龙头企业要不断提高国际竞争能力，大力开拓国外市场，扩大优势农产品出口；同时还要积极开展跨国投资经营，充分利用国外农业资源，为农业产业化发展开辟新的市场空间。

8. 实现可持续发展

积极探索农业资源保护和合理利用的有效途径，切实转变增长方式，推进农业产业化经营可持续发展。要发展绿色经济，把基地建设与改善农业生态环境有机结合起来，加大农业污染防治力度；发展集约经济，提高农业的有机构成，最大限度地提高资源利用率和土地产出率；发展生物质经济，推动农产品初加工后的副产品及其有机废弃物的系列开发，实现增值增效；发展循环经济，鼓励龙头企业使用节电、节油农业机械和农产品加工设备，努力实现低消耗、低排放、高效率，促进再生资源的循环利用和非再生资源的节约利用。龙头企业要建立安全生产责任制，对职工开展安全教育培训，确保企业生产安全。

第七节 农业企业规划设计实例
——以宁晋县国宾食品有限公司企业规划设计为例

一、国宾食品公司简介

河北国宾食品有限公司始建于 1983 年，是以食用菌、蔬果等农产品种植、加工、销售为一体的农业产业化国家级龙头企业。公司占地 300 亩，建有冻干食品生产线、速冻食品生产线、硬包装罐头食品生产线、软包装罐头食品生产线、调味食品生产线等，建有食用菌基地、蔬菜基地、果品基地和菌种厂。企业先后通过ISO90012000国际质量体系认证和HACCP认证，进行了美国FDA认证和欧洲IFS认证。主要生产罐头食品、速冻食品、冻干食品、方便食品、休闲食品和调味食品六大系列180多个品种规格，年生产加工能力5万t，产品以工艺先进、选料精良、食用方便、安全健康为特色，业内加工规模、产品质量居"华北之冠"。公司产品是"河北省名牌产品"，以"孟都"为注册商标，是"河北省著名商标"，获河北省商标价值评价"百强企业"。

公司拥有自主经营进出口权，产品出口日本、西班牙、美国、俄罗斯、新加坡、罗马尼亚等十几个国家，公司有较强的市场营销队伍，在北京、天津及石家庄、太原等主要省会城市建有办事机构或代理机构，构建营销网络并不断扩展市场空间，产品销往全国各地。同时利用互联网平台将企业和产品推向世界，扩大了知名度和影响力，国内外市场占有率位居同行业前茅。

公司以科技创新为动力，与中国农业大学等科研院所联合，形成了产学研团队，自主研发的食用菌冻干技术达到国内领先水平，生产的蘑菇汤、鸡蛋汤、冻干水果脆片、冻干食用菌等产品填补了河北省冷冻干燥食用菌及汤料的空白，并荣获河北省科技进步三等奖。

公司以服务社会、服务人民为己任，坚持"立足三农，惠民利国"的经营理念，实行"公司＋合作社＋农户"的形式，以农民专业合作社为纽带，实行"六统一"服务，辐射带动省内外8万多农民，推动了农业循环经济的健康发展，"秋后种棚小蘑菇，春天即成万元户，"成为广大菇农的真实写照，以食用菌为主的蔬果产业已成为基地农民增收致富的主导产业。

由于辐射带动能力强，自2002年被认定为"河北省农业产业化重点龙头企业"，2008年认定为"国家级农业产业化重点龙头企业"。企业荣获"全国农产品加工流通中型企业""河北省技术创新示范企业""河北省农业产业化优秀龙头企业""全国食品工业优秀龙头企业""河北省商贸流通AAA级信用企业""河北省守合同重信用企业""河北省诚信企业"等荣誉称号。

河北国宾食品有限公司计划与首都农业集团北京三元梅园食品有限公司合作，开发首都农业集团宁晋示范基地综合型现代农业产业园项目，总投资23.3亿元，总占地1.8万亩。用于产品研发，建设国家级食用菌科研中心，整合食用菌及果蔬产品产业链的各种资源，拓展国内、国际市场，打造生态农业产业园，建设生态农业休闲旅游示范园区，即国宾生态产业园区，打造农产品电商交易平台，即农产品线上线下现代化交易平台，成立混合所有制公司，统筹规划食用菌产业，打造国内同行业领先水平，力争5年内将企业打造成上市公司。

企业的发展，有助于为人类创造更多的绿色食品，提升人们的生活质量，有助于促进食用菌特色产业的发展，进一步增加农民收入，有助于促进当地经济发展和增加财政收入，将产生巨大的经济效益、生态效益和社会效益。

二、国宾食品公司科技创新情况

1. 科技成果

（1）食用菌冻干加工技术研究示范项目获河北省科技成果证书、河北省技术进步三等奖。

（2）棉秆规模化栽培木腐菌配套技术研究与示范获河北省科技成果。

（3）新型双孢菇堆肥发酵隧道的建造技术与应用，获得国内领先科技成果。

2. 科技项目

（1）资源循环利用技术产业化项目；

（2）果蔬深加工循环利用项目；

（3）食用菌工厂化栽培标准化生产项目；

（4）食用菌综合开发循环利用项目。

3. 专利申报

由中国农业大学持有的发明专利，"一种草菇保鲜储藏方法"转让给公司法定代表人持有；"一种蚯蚓粪作为双孢蘑菇栽培料添加材料的方法"转让给公司总经理持有。

4. 公司已申报科技型中小企业

河北国宾食品有限公司与中国农业大学、河北农业大学、河北农科院、河北师范大学、宁晋职教中心合作，建立各种形式的产学研合作关系，共同申报项目，研发新技术、新产品。大力推广先进实用技术，认真开展科技培训活动。

三、国宾生态产业园规划

1. 规划面积与主导产业

国宾生态产业园位于宁晋县县城东部，青银高速西侧。规划占地面积 18000 亩。主导产业为食用菌种植和深加工为主，发展旅游观光产业。

2. 规划思路

以现有食用菌项目为基础，统筹规划，精心设计，科学布局，突出重点，分步实施。充分利用循环经济的原理，从国内外引进特点突出、适宜宁晋种养殖的粮食作物和经济作物，并引进相应的种植、养殖和生产技术和设备，把改善种植、养殖和生产条件和改善生态环境紧密结合起来，实现种植、养殖、生产条件和环境保护同步改造，提高园区整体效益，实现长期可持续发展。总体思路是：统筹规划，因地制宜；整体协调，分步推进。落实到具体项目上的建设思路如下：

（1）以现有食用菌种植、深加工为基础，通过技术改造和产品结构优化，打造一条比较完整的食用菌价值链，挖掘现有食用菌产业资源潜力，提高现有产业资源的利用效率。

（2）在食用菌生产与深加工的基础上，利用本县已经形成的食用菌产业优势以及在世界的影响力，建设一个大规模的食用菌国际交易中心，力争打造成为中国（宁晋）国际食用菌科技博览会举办地。

（3）以特种水果、特种蔬菜、特种花卉等种植以及特种动物、特种畜禽、特种水产等养殖为核心的农业生态观光主线规划园区项目，在种养殖等各种技术支撑下，为消费者提供更具吸引力的视角、听觉、味觉盛宴，寓农业技术教育于特殊的观光休闲体验中。

（4）以资源的高效利用和循环利用为核心，以资源的低消耗、低排放、高效率为基本特征的循环经济主线，利用先进的循环经济理念和技术手段合理布局种植、养殖、生产、消费等环节，提高资源利用效率，保护并优化自然环境，将影响生态环境的资源浪费与污染因素转化为企业发展的动力。

（5）以亲子教育为主线，合理设计与安排家庭游园体验项目，以少年儿童喜闻乐见的形式设计、布置园区设备设施，寓教于乐，提高家庭消费的满意度。

在以上思路的基础上，还将根据当地经济、社会和民风民俗等特点，拓展更多的主线或主题，提高园区的吸引力和消费满意度。

3. 规划目标

总投资 20.3 亿元，总占地 1.8 万亩。用于产品研发，建设国家级食用菌科研中心，整合食用菌及果蔬产品产业链的各种资源，拓展国内、国际市场，打造生态农业产业园，建设生态农业休闲旅游示范园区，即国宾生态产业园区，打造农产品电商交易平台，即农产品线上线下现代化交易平台，成立混合所有制公司，统筹规划食用菌产业，打造国内同行业领先水平，力争 5 年内将企业打造成上市公司。

（1）具体目标：以种植业、养殖业为基础，以循环经济模式为核心，以科技优势、产业优势、经营优势和市场优势为支撑，集农业生产、农产品深加工、食用菌及相关农产品交易、农业高新技术研发与孵化、农业科普教育、文化体验、生态休闲等功能为一体，具有辐射示范作用的现代化生态农业园区。

（2）规划目标：到 2018 年年底，完成全部建设项目，并投入全面运营。2020 年起，年营业收入达到 10 亿元，并以每年 20% 的速度增长，到 2024 年，年营业收入超过 20 亿元；2020 年，实现利润 3 亿元，并以 20% 的速度增长，到 2024 年，实现利润超过 4 亿元。

4. 功能分区

国宾食品公司生态产业园区的规划布局将借鉴目前国内比较优秀的规划模式，采用"前店后园"的经营布局模式。园区在道路、建筑设计以及内部设备设施布局方面要重点考虑观赏、体验需求。

为提高园区运营效率，根据园区各个项目的特点，将整个园区规划为 6 大区域：种植区、养殖区、加工区、技术研发与行政管理区、休闲娱乐游乐区和商贸区。又根据各个大区中细分项目的特点将各大区又细分为不同的小区。18000 亩用地规划的主要情况如下（见图 9-2）：

（1）种植区

该区域主要是种植各种经济作物，从中外经济作物中选择既适宜本地种植又具有一定观赏和食用价值的作物进行种植。该区域又分为食用菌种植园、有机粮食（大米、小米、豆类等）作物种植园、有机蔬菜种植园、有机水果种植园、名优花卉种植园、牧草园和苗木基地。该区域还可以专设一个种植体验区，配置专用工具和培训设施，用于讲解各种经济作物的种植技术，并让参观者进行体验。种植区占地总面积 10000 亩，各分园的土地规划情况如下：1）食用菌种植园，占地 500 亩；2）有机粮食（大米、小米、玉米、豆类等）作物种植园，占地 3000 亩；3）有机蔬菜种植园，占地 1500 亩；4）有机水果种植园，占地 2000 亩；5）名优花卉种植园，占地 500 亩；6）牧草园，占地 2000 亩；7）苗木基地，占地 500 亩。

（2）养殖区

该区域主要是养殖各种畜禽水产，按照养殖对象又分为观赏动物养殖园、珍禽养殖园、家畜养殖园、水产养殖园、垂钓园和动物医院等。主要从社会上选择既适宜本地养殖，又具有良好观赏和食用价值，并符合国家相关管制政策的特种畜禽及水产类产品进行养殖。为了做好园区动物、畜禽、水产的疾病防疫，一方面在各分区之间做好隔离防护措施，另一方面还将特设一个动物医院，主要负责给园区动物、畜禽看病，也对外提供防疫服务。养殖区占地总面积2200亩，各分园的用地规划情况如下：1）观赏动物养殖园，占地200亩；2）观赏珍禽养殖园，占地200亩；3）家畜养殖园，占地500亩；4）家禽养殖园，占地300亩；5）水产养殖园，占地450亩；6）垂钓园，占地500亩；7）动物医院，占地50亩。

（3）加工区

该区域主要是各种原料、肥料、产品等加工区域，按照加工产品类别不同又分为菌种工厂、食用菌加工厂、水果蔬菜加工厂、饲料加工厂、肉禽屠宰厂、有机肥料加工厂、沼气加工厂和农机设备厂等。该区域是提升产品价值、实现资源循环利用的核心区域。加工区占地总面积600亩，各厂区的土地规划情况如下：1）菌种工厂，占地50亩；2）食用菌加工厂，占地100亩；3）水果蔬菜加工厂，占地100亩；4）饲料加工厂，占地100亩；5）肉禽屠宰厂，占地50亩；6）有机肥料加工厂，占地100亩；7）沼气加工厂，占地50亩；8）农机设备厂，占地50亩。

（4）技术研发与行政管理区

该区域主要是科研和技术交流、教学以及运营管理的区域。该区域根据其功能不同又分为种植技术中心、养殖技术与胚胎培育中心、鱼苗繁育中心、研发管理中心、技术推广中心、农技教学中心和行政管理与信息中心、农业会展中心、住宅区。

技术研发区域将配备先进的科研设施设备，进行种植养殖技术研究、实验，新产品研发，农产品深加工技术研发，农产品安全检测，动物胚胎培育及鱼苗繁育项目等，以及与大专院校及科研机构进行技术交流，开展有机种植、养殖、加工技术的培训与管理，技术和生产工人进行培训；进行农业和农产品加工新技术示范、推广和展示等。

行政管理区主要是园区管理机构所在区域，便于对园区工作进行管理和协调，及时处置园区突发事件。建立信息化管理平台，对园区进行信息化管理。住宅区主要用于安置因园区建设而迁移的村民及相关人员，为员工提供的宿舍。

技术研发与行政管理区占地总面积500亩，各分区的土地规划情况如下：1）种植技术中心，占地20亩；2）养殖技术与胚胎培育中心，占地80亩；3）鱼苗繁育中心，占地30亩；4）研发管理中心，占地20亩；5）技术推广中心，占地100亩；6）行政管理与信息中心，占地50亩；7）住宅区，占地200亩。

（5）休闲、娱乐与游乐区

该区域主要用于游客休闲、娱乐和游乐。主要包括：亲子乐园、中老年活动中心、温泉养生馆、综合休闲娱乐馆等分区。休闲、娱乐与游乐区占地总面积900亩，各分区的土地规划情况如下：1）亲子乐园，占地300亩；2）中老年活动中心，占地100亩；3）温泉养生中心，占地200亩；4）综合休闲娱乐中心，占地300亩。

（6）商贸区

该区域主要用于从事园区的商贸活动。主要包括：停车场、接待中心、住宿中心、餐饮中心和活动中心、冷库与配送中心、农产品交易中心、购物中心等分区。商贸区占地总面积1100亩，各分区的土地规划情况如下：1）停车场，占地200亩；2）接待中心，占地20亩；3）住宿中心，包括：特色农家院、活动中心、宾馆、快捷酒店，占地200亩；4）餐饮中心，包括:园区特色餐馆、特色餐馆等，占地80亩；5）冷库与配送中心，占地100亩；
6）（国际）食用菌交易会展中心，占地450亩；7）购物中心，占地50亩。

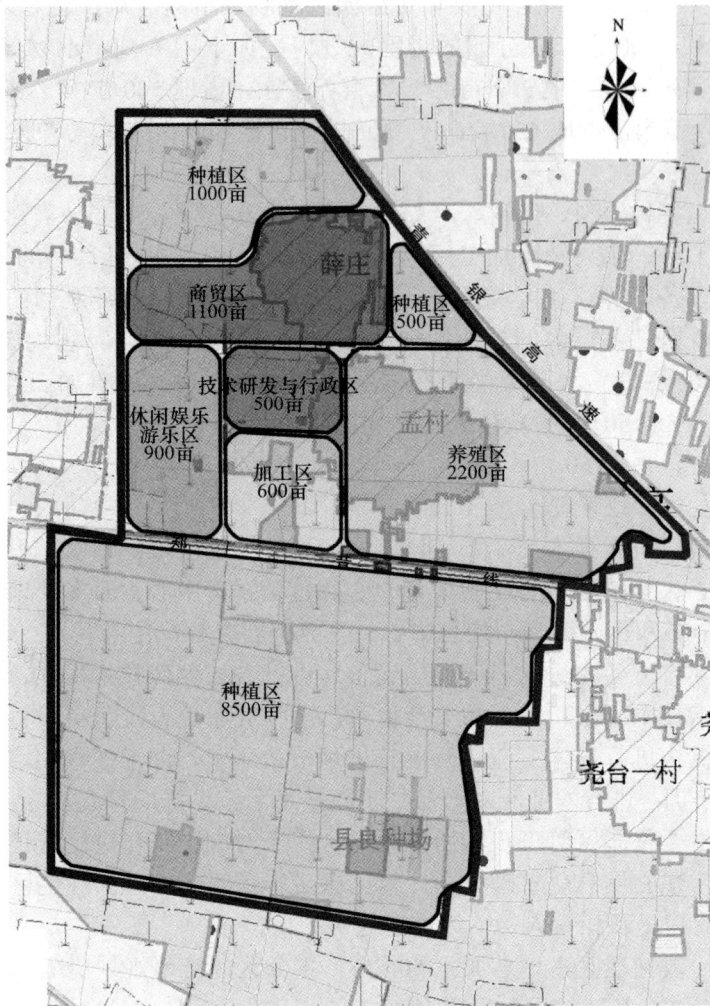

图9-2 国宾生态产业园功能分区图

第十章　农业园区建设规划

第一节　农业园区建设规划综述

一、农业园区规划的概念

农业园区是利用已有的农业科技优势、农业区域优势和自然社会资源优势，立足于本地资源开发和主导产业发展的需求，按照现代农业产业化生产和经营体系配置要素和科学管理，在一定地域范围内建立起的科技先导型现代农业示范基地。

农业园区规划是以农业技术创新为重点，以高科技、高转化为特征，融现代工程设施体系、高新技术体系和经营管理体系于一体，实现一、二、三产融合，农业生产产业化、专业化、规模化，实现由传统农业向现代化农业转型，改善农业生产条件，目标是在实现社会效益、生态效益的基础上，突出经济效益，充分发挥园区的资源优势和区位优势。

农业园区建设是按照产业园区进行规划，园区内大的基础设施建设属于工业园区基础设施建设，所以这部分内容要参照城乡建设规划标准进行规划设计。但园区内部小空间的规划内容又属于农田工程基础设施规划设计。因此，农业园区的规划与规划设计要从城乡规划设计到农田工程规划设计，缺一不可，这就是农业园区规划的突出特点。

二、园区规划的定位

农业园区作为新时代的新兴生产方式的代表，是我国农业发展到一定阶段的产物，是农业生产集约化发展的结果，产业化、规模化、机械化是农业的必然发展趋势。因此，园区的示范和辐射功能代表地方农业的先进生产方式。它的发展主要源于市场经济发展的结果，也是地方政府引导第一产业向"三产融合"发展的必然趋势。农业园区在地方具有明确的示范性和辐射性。

农业科技园区是以推广先进农业技术为主体的试验示范基地。这种形式的主要特点是：政府或企业对一定面积的农业用地进行全面规划，通过高科技的投入，对有限土地进行综合开发和高效利用，形成集研制、开发、生产、加工、营销、示范、推广等功能为一体的高投入、高产出、高效益、运行机制创新的农业种植区或养殖区。

休闲观光旅游农业园区：我国进入新时代，人们的生活需求发生了巨大变化，由单一物质需求向精神需求转化。所以休闲观光旅游成为新的业态，也造就了新的市场经济，尤其是田园风光、农家乐这种与城市不同发展空间更为吸引休闲观光旅游者。所以有的经营者开放自身的农园、农场或牧场，以满足市民观赏农村景致、体验农业生产过程、采摘或购买农副产品的愿望。

因此，在园区的规划和选项过程中一定要充分考虑当地的自然资源状况、区域资源禀赋，以发挥比较优势为原则，分层次对园区功能定位、分区域和时序对产业发展定位进行研究。

三、农业园区的种类

1. 按行政区划层次分类

分为国家级现代农业示范园区、国家级农业科技园、国家高效农业示范区、省级农业科技园区。

（1）国家级现代农业示范园区：由国家和地方政府共同投资创办兴建，建立在农业科研和教学单位密集的地区。如1997年建立的陕西杨凌国家级农业高新技术示范区。

（2）国家级农业科技园：由科技部管理立项、审批、管理的科技园区。2001年，科技部批准山东寿光等21个农业科技园区为国家农业科技园区（试点）；2002年又批准了宁波慈溪等15个农业科技园为第二批国家农业科技园区（试点）。

（3）国家高效农业示范区：分为工厂化高效农业示范区和持续高效农业示范区两类。

1）工厂化高效农业示范区：1997年由国家科技部立项，在北京、上海等五大城市实施的技术示范区，通过国家、部门、地方及企业联合投资兴办。示范项目以设施园艺为主体，集成国内外高新技术的组装配套，进行工厂化生产。

2）持续高效农业示范区：1998年由科技部立项，主要是在全国不同的生态区域布点，以农业的持续高效发展为目标，以农业的高新技术带动当地农业产业升级和结构调整。例如，河北省2017年就批准67家现代农业示范园区。

（4）省级农业科技园区：大部分由地方政府投资兴建，项目的建设内容主要是围绕当地农业生产和农村经济发展来展开的。其主要做法是利用当地的优势资源，通过引进高新品种和集约化种养殖技术，提高农业的总体技术水平，培育农村经济新的增长点。例如河北省已批准110多家省级农业科技园区。

2. 按建设目标分类

分为开发区型、科技开发型、生产展示型3种园区。

（1）开发区型园区：参照工业开发区的管理模式，成立园区管委会，负责招商引资，为进园的各种业主服务，形成一园多企独立经营的格局。以政府综合规划、综合建设为主，通过建立优惠扶持政策、吸引各类企业和科技人员进园投资兴办农业科技企业。如泰州市高港农业科技园区，引进多家客商进园办企业，建成了华东地区最大的蝴蝶兰生产基地。

（2）科技开发型园区：以科技项目为依托，围绕产品的产业化开发而建设的科技示范区。由农业科技、教育、推广单位的科技人员带着项目、资金、技术到园区组织实施实行产业化经营、企业化管理，股份化投资，形成了一批科技人员领办的科技开发企业。

（3）生产展示型园区：以新品种、新农艺、新材料、新的种植模式等，集中试验、示范、培训和展示。技术成熟度高，实用性强，见效快，农民易接受。以县乡农业科技推广人员建设为主。

3. 按生态类型分类

可分为城郊型农业科技园区、平川粮棉生产型科技园、丘岗山地生态型农业科技园区、治理生态和保护环境的科技园区。

（1）城郊型农业科技园：这类园区一般建在大中城市市郊。因靠近大中城市，既可为城市居民提供高品质、无污染、无公害、科技含量高的鲜活农产品，同时还可以改善城市生态、居民生活环境，为城市居民提供休闲旅游的场所，为中小学生提供绿色教育服务，满足城市居民物质和精神需要的作用。如北京的锦绣大地现代农业科技园区等。

（2）平川粮棉生产型科技园：这是一种建于平原粮棉产区，以粮棉生产为主，推广优质高产的农作物新品种，综合运用先进的栽培管理、平衡施肥、节水灌溉等新技术，通过种、养、加结合，促进养殖业、加工业、副产品的综合利用，使农产品转化增值的现代农业科技示范区。如北京地区就有平川型的现代农业科技园区。

（3）丘陵山地生态型农业科技园区：这是建在经济、科技较发达的山区或丘陵地区，以园艺、林果等为主，多种经营并存，为开发山区作示范的农业科技园区。我国丘陵山地面积广布，是开发潜力最大的区域。丘岗山地生态农业科技园区有以下几种：1）立体农业示范园区。在一个区域内，根据不同海拔高度和气候条件进行山地、丘陵、滩涂、河谷的垂直梯度开发。2）庭院经济开发示范园区。以农户庭院为依托，对庭院周围荒山、荒地、荒水进行综合开发。3）名、特、优产品开发示范园区。丘岗山区一般具有独特的气候和土壤条件，有利于发展当地的名、特、优农产品。

（4）治理生态和保护环境的科技园区：这是一种以保护生态环境、治理土地沙化和草原退化为主要示范内容的科技园区。

4. 按示范内容分类

可分为设施园艺型、节水农业型、生态农业型、农业综合开发型、"三高"农业型、"外向创汇"型园区。

（1）设施园艺型园区：这类园区以玻璃温室、节能日光温室和塑料大棚等现代化农业设施为基础，采用现代工程技术手段和工业化生产方式，为植物生产提供适宜环境，获得较高产出、优良品质和良好经济效益。如上海的孙桥现代农业科技园区等。

（2）节水农业型园区：这类园区一般建在缺水干旱地区；以改善地面灌溉条件，提高水资源利用率为目标，采用喷灌、滴灌等节水技术，把节水灌溉技术与农业节水措施结合在一起，形成综合的农业节水技术体系。如甘肃省定西农业科技园等。

（3）生态农业型园区：这类园区以资源可持续利用和农业生态良性循环作为主要示范内容；注重把传统农业精华和现代科技相结合，采用系统工程的手段，发挥系统整合功能，通过物质循环、能量多层次综合利用和系统化深加工实现经济增值，实现废物、弃物的资源化利用，改善农村生态环境，提高林草覆盖率，减少水土流失和污染，提高农产品安全性。如江苏大丰县生态农业科技园。

（4）农业综合开发型园区：这类园区是在农业综合开发土地治理项目的基础上，引进一批新品种和先进集约化种养技术，发展一批以农副产品加工为主的龙头企业，建立连片的农副产品加工基地，促进农产品深度开发的多层次加工增值，培育新的农业经济增长点，带动种养产业升级。

（5）"三高"农业型园区：这类园区主要以先进农业技术为先导；以发展"高产高质高效"农业技术示范为主要目的。这是一种通过引进和推广优质动植物品种，进行作物高产栽培技术和良种动物养殖示范和推广，以提高粮、棉、油、肉、奶等的产出，获得高质量农产品的现代农业生产经营模式。

（6）外向创汇型园区：这类园区是一种以发展外汇型农业为主要出发点，以出口创汇、开拓国外市场为目的而建设的现代农业科技园区。有的以高新技术嫁接和改造传统农业，开发传统名优农产品出口；有的以引进国外优良品种和育种技术，采用"两头洋，中间土"

的模式，带动农户进行产、加、销一体化。如福建漳州农业科技园区主要是以农产品销往东南亚国家和我国香港、澳门为主的外向型农业科技园区。

5. 经营主体分类

可分为政府经营性、企业联合体经营性、小业主经营型。各类型园区按照经营规模还可以分为若干类型。

（1）政府主导型。按地方行政级别，可分为县（市）级现代化农业示范园区、乡镇级现代化农业示范园区。这一类型现代化农业示范园区都成立管委会，一般由地方主要负责人担任领导。要作出详细、严格的规划，制定相关管理制度，制定实施园区建设的具体措施。

（2）企业联合体经营性。一是在我国经济社会转型中，有一些原来关停并转的企业伴随转型，将产业发展转到农业上来，这类企业经济的涉农企业占比不小；二是我国有些企业源于农村乡镇企业，不少企业家获得较大成功，成为规模企业，有些企业家想扩大产业链、回报乡里，把产业发展延伸到农业上来，组建申报农业现代化园区。

（3）小业主经营模式。这一类主要是伴随我国农村土地流转，不少地方建立了许多农业合作社，形成一些专门从事农业生产小业主，他们经营规模较小，专业性强。这种经营状态体现为点多面广，十分活跃。成为目前我国农村中的主要经营主体。

如上所述，可见分类极其复杂、类型多样，因此，农业园区的规划设计也是多类型的，不可能由一种模式统一概括。本书第九章第七节就是一个企业建设的园区模式，本章第五节就是一个以政府为主体农业园区实例。还有更多的类型要结合当地需求和实际情况编制。

四、园区建设的意义

1. 有利于改善农业生产条件，发挥示范带头作用

现代农业园区积极承担现代农业基础设施建设，突出规模化连片整治要求，整合资源，同步推动土壤改良、农田水利、生产设施、农业装备等农业基础设施建设，提升农业生产条件，夯实现代农业基础，促进农业可持续发展。新技术的运用将使得土壤障碍因素下降，土壤肥力增强。

园区建设还会推动农业社会化服务体系建设。围绕服务和推动农业规模化经营，积极探索农业社会化服务新方式和运行新机制，领导和推动全县农业社会化服务水平提升。围绕园区建设进行的配套技术服务，势必要求制定标准化生产技术规程，完善田间管理档案，对加快本地农产品标准化、生产无害化起到示范带头作用。

2. 有利于提升农业综合效益，促进农村一二三产业融合发展

当前，农业生产主要是以家庭为基本单位的生产模式，呈现出分散化、碎片化现象，生产组织化程度不高，抵御市场风险能力不强，加快推进农业基地化、园区化，是适应农业现代化新形势的需要，有利于提升农业综合效益。

发展现代农业是农业发展的根本方向，建设现代农业园区是提高农业综合效益，增加农民收入的有效途径。园区通过总体统筹，优化区域布局，培育和发展区域优势产业，促进农业增效和农民增收。利用政策、资源、平台等综合优势，通过搭建孵化器等平台，实现农业与人才、科技成果嫁接，引领农业转型创新，促进农业发展方式转变。整合区域资源，发展农产品加工、销售，拓展合作领域和服务内容，兴办家庭农场、开展乡村旅游等

经营活动，按照"第六产业"的标准去规划设计农业，推动一、二、三产融合发展。

3. 有利于改善农村生活环境，推动美丽乡村建设

努力建设环境美、产业美、精神美、生态美的美丽乡村，到 2020 年基本实现美丽乡村全覆盖是未来我国农村工作的重要抓手。现代农业园区的建设可以推动农民致富、降低农村能源消耗和污染，改善农村生产生活环境，为建设美丽乡村做出积极贡献。

农业园区建设要注重绿色化的建设，一系列项目建设通过村旁绿化、道路绿化、河渠绿化，建设防风林带、开展植树造林，净化、绿化、美化园区整体环境条件。农村新社区周边设置一定宽度的环村绿化带，绿化以乔木、果树为主。充分利用村边荒地、荒滩和环村路，营造用材林、防护林，建设名优果品观光采摘项目。通过渠、路、林、田、宅的综合配套，实现区域园林化，对构建社会主义新农村，建设美丽乡村起到积极作用。

4. 有利于拓宽农民收入渠道，完成扶贫攻坚、富民增收的任务

发展现代农业、建设特色小镇·美丽乡村、脱贫攻坚、山区综合开发、发展乡村旅游五件大事是农业园区"五位一体"开创"三农"工作的重要部署。

发展现代农业是搞好扶贫开发的有效途径。依托园区高效产业实施产业扶贫、资金入股式精准扶贫，给欠缺劳动能力、欠缺脱贫技能的贫困户提供可持续增收渠道；选准见效快、效益好、适合农户的扶贫的产业，搭乘产业"快车"，加快脱贫步伐。

五、农业园区的功能

1. 社会功能

（1）展示示范功能

展示最新的农业科技成果、最先进的农业管理手段、最具活力的农业经营方式。

（2）导向服务功能

导向功能：对区域产业结构调整发挥导向作用，符合区域比较优势，确定优势产业，体现区域特色。

服务功能：不同层次的园区有不同的服务功能：省级以上的园区，重点瞄准国际、国内科技发展的前沿，引进农业高新技术、加强技术消化吸收与攻关创新，提高原创性的自主开发能力，成为农业科技成果转化的"发射台"；市县（市）园区要围绕区域特色和优势产业，主动接收省级以上园区的科技辐射，做好新技术的组装配套、熟化、示范，成为农业科技成果应用的"中转站"；乡镇级园区要立足为本地农民服务，加快实用技术的推广应用，直接为农业生产和结构调整服务，成为农业科技转化应用的"播种机"。

培训功能：农业园区通过示范培训，培养农业科技人才，强化农业科技队伍建设，普遍提高农民的文化水平和生产基本技能，培养造就具有一定的科技水平、能基本使用现代技术、了解社会信息的新型农民。

（3）辐射带动功能

通过辐射扩散作用，促进产品、资本、技术、人才、信息的流动，把经济动力和创新成果传导到广大周围地区，带动整个区域甚至全国农村经济的发展。

2. 经济功能

（1）生产加工功能

农业园区的本质是经济实体，产品的生产和加工是其最基本功能。农业高新技术产品

的生产和加工是农业园区企业化运作和获取经济效益的根本保证。

（2）孵化试验功能

农业园区是一个扩大了的科技企业孵化器，包括项目孵化和企业孵化。

1）项目孵化：对象主要是研究开发的科研成果和科技人员，孵化的目标是科技成果企业化，即可生产化。

农业园区良好的生产技术和管理条件，以及布局和立地上的差异使其成为农业高新技术理想的中试基地。通过资金、信息、技术、人才、政策环境等的集成，在园区内以农业企业为主体，把高新技术成果孵化成适合市场需要的技术上较成熟的商品。

2）企业孵化：对象是已注册的中小型科技企业法人，孵化的目标是培育成功的中小型科技企业和科技型企业家，并经过再孵化，实现由中小型科技企业向大中型科技企业的迅速转变，进而开拓国际市场，实现跨国经营和国际化发展。

（3）企业赢利功能：农业园区以市场为导向，以科技为支撑，以效益为中心。通过不断研究具有高科技含量、高市场占有率、高附加值的产品，追求效益最大化。

3. 生态功能

农业园区本身具有的科学性、知识性、趣味性和可参与性、可操作性，只要略加配套包装，就可成为很好的生态旅游观光产品，而且投资省、见效快、风险低、可塑性强，既可观光，又可参与，既可品尝，又可带产品，具有其他旅游不可比拟的独特魅力。

所以可通过现代设施工程、国内外优良品种、最新农业高新科技成果及相关技术的展示示范，园林化的整体设计，加上独特的农业文化、农业历史、农业博览、农事参与及生态休闲等功能的设计，农业园区成为融科学性、艺术性、文化性为一体、天人合一的现代生态农业观光景点。但应该明确区分建设园区的主导功能和附属功能，而不应该强调面面俱到。

第二节　农业园区规划的任务与理念

一、园区规划的任务

1. 建设一批现代农业示范基地

建设一批现代农业生产基地，做强区域农业结合新型城镇化进程，扎实做好土地流转，加强中低产田改造和基础设施建设，打造一批优质、高效、节水粮油生产基地，实现粮油生产优质化、绿色化。根据市场需求和自然资源条件，有计划地建设一批设施蔬菜生产基地，逐步形成以高效节水灌溉、节能日光温室为重点的设施蔬菜生产体系。支持生猪、家（肉）禽、奶牛、肉牛（羊）等畜禽规模化养殖场（小区）开展标准化改造和建设，建成一批集约化、规模化畜禽养殖基地，实现畜禽养殖规模化、清洁化。以生态经济沟建设为抓手，加快低产果园改造工程，改善果园基础水利和田间设施，优化种植结构，打造一批高效特色林果生产基地，实现林果生产标准化、园区化。

2. 建设不同类项的农业园区

规划落地一批现代农业产业园区，做优区域农业。重点围绕粮油、蔬菜、肉类、林果深加工等领域，进行顶层设计，谋划项目，开展产业招商，发展现代农业产业园区。加强产业重组，着力建设优势农产品产业带和特色农产品基地相适应的粮油加工业、蔬菜加工业、畜产品加工业和林果加工业等产业链，突出发展精深加工业，形成重点突出、结构合理的产业格局，培育一批优势产业集团。扶持一批农业产业化龙头企业，充分发挥龙头企业的辐射带动作用，使产业链条向产业的上、下游延伸，建立从种植、养殖到加工、物流、营销的完整产业链，推进农业与二、三产业的深度融合，提高农业产业化和规模化经营水平。

3. 建设农村电商网络工程

构建现代新型农产品营销网络，打造区域农业整合区域农产品资源，搭建电子商务销售平台，积极发展"互联网＋"产业，大力培育淘宝专业镇、专业村。积极培育农产品流通企业、农村经纪人、农产品运销专业户和农村各类流通中介组织等流通主体，推广农产品二维码追溯标识，建设农产品连锁店、直营店、配送中心，拓宽农产品销售渠道，健全农产品销售网络，建立农业新型经营体系。建立优质农产品交易中心，创新推广"农超对接"、"农社对接"等营销模式，组织连锁超市、学校餐厅等与农民专业合作社、农业产业化龙头企业实现供需对接。

4. 打造品牌产品、占领市场

创建一批优质农产品品牌，做精区域农业实施品牌战略，重点搞好区域绿色农产品品牌建设，打造区域公用和共享品牌；突出发展休闲、观光和节会农业，打造都市休闲农业品牌。积极开展"三品"认证和国家地理标志认证，通过举办节会等活动发展集休闲采摘、观光旅游、文化科普、生态保护等功能于一体的特色休闲观光农业，提升和推介品牌，使品牌价值不断增值。做好策划推介、鼓励、扶持龙头企业和合作社参加的农产品展销会，组织好每年的区域优质农产品精品展活动。

5. 树立绿色理念，打造现代化农业

树立"绿色、循环、低碳"理念，做美区域农业。遵循"绿色、循环、低碳"的现代农业发展理念，围绕生态文明和美丽乡村建设，加强农业资源和环境保护，推动产前投入品安全、产中农业废弃物收集处理与产后的资源化利用。大力推广农业清洁生产技术，鼓励发展种养结合的循环农业模式。全面落实"一控、两减、三基本"目标，加快节水农业发展，从源头加强农业面源污染治理，保障农产品质量安全。促进农业节能减排，在适宜地区积极发展生物质能、太阳能等清洁能源。大力发展生态农业，搞好生态涵养、生态景观保护与绿色屏障建设等，把区域"美丽乡村"建设与推进城乡一体化、生态文明建设、农村文化建设以及农民增收相结合，建设一批休闲农业与乡村旅游示范区，促进城乡一体化发展。

二、园区规划理念

1. 规划的理念

在规划思想上，要明确农业园区规划不是对农业生产做出具体的指令性计划安排，而是通过规划形成一种市场导向的农业生产经营组织载体。这一组织载体承担着两方面的重要职责，其一是向农民传达政府信息，其二是为农民提供市场信息。在向农民传达政府信息方面，农业园区要体现政府的有关决策，将政府决策具体化为符合市场经济要求的生产经营活动，对农民起到示范带动作用，如政府决定推广某种新作物（产业结构调整）、

新技术新工具（科技推广）、新的产品标准（食品安全）等，就可以将这些新项目按照符合市场规则的方式集中展示在农业园区中，供农民学习模仿。在向农民传达市场信息方面，农业园区由于其规模效应，拥有比分散经营的农民丰富的市场信息。农业园区作为农产品市场信息中心，需要将分散的农民组织起来，提高农业生产的效率，提高农业生产的信息化程度和组织化程度，参与市场竞争。而具体生产什么产品，这在不同时期是不同的，没有人可以准确地预料到农产品明年的市场需求会怎样变化，这个问题应该在农业园区的运行过程中遵循市场安排。因此，农业园区规划的关键内容在于寻求一种符合市场经济需要的农业生产经营组织载体和运作机制，将高新技术和产品寓于园区中，组织农民参与市场竞争。

2. 规划的思路

农业园区总体规划的主要思路应该是：突出功能定位准确、优势产业突出、空间结构清晰、区域城乡联动的发展理念，重点构筑产业、技术和服务三大平台，吸引技术、人才、资金等多方位的投入要素和政府、企业、科教机构、村集体、农户等多元化的建设主体，聚集区内外各种资源，培育龙头企业，带动区域农业和农村的发展。

三、园区规划的原则

1. 前瞻性与操作性相结合的原则

坚持突出重点，结合实际，先急后缓，先易后难，以点带面，示范先行，推动整体，既立足当前实际，使规划具有可操作性，又要充分考虑发展的需要，使规划具有一定的前瞻性。在操作性方面，要做到功能分区、连片开发，以保持建设的可操作性；将规划体现于政府的政策和管理体制中，以保证管理的可操作性；采用整体规划、分区开发的序列安排，保证开发的可操作性。

2. 坚持规模化、集约化发展和实施高效农业产业化发展的示范性原则

坚持把规模化、集约化发展和实施高效农业产业化发展作为基本方针。在现代化农业发展中，要把规模化、集约化放在优先位置，通过规模化、集约化，形成现代化的农业产业化发展，促进园区各种产业的综合发展和示范效应，对于周边地区具有示范和带动作用。示范园在经营过程中注重发挥示范作用，以点带面，从而发挥更大的效益。坚持自身发展与示范带动相结合的原则，以先进农业科技带动周边现代农业发展，增加区域先进农业规模，提高风险和规避能力，促进园区与周边地区共同发展。

3. 坚持把抓工业的思维作为抓农业的原则

坚持把抓工业的思维作为抓农业的基本理念。农业园区建设要以集约高效为目标发展园区农业。要充分发挥园区要素载体作用，实现土地、资金、技术、人才等资源的高效利用。以产业融合为依托，大力发展全产业链农业。把产业链、物流链等现代产业组织方式引入农业，形成生产、加工、流通、销售一体化产业链条，建立全过程监管制度，着力抓好农产品质量安全。要打造新机制，下大力培育新型市场主体，推行股份合作制。要培育新业态，加快发展生态农业、休闲农业、旅游农业、体验式农业等先导产业和节水农业、循环农业、精致农业等集约高效农业。

4. 坚持把深化改革和创新驱动作为基本动力原则

坚持把深化改革和创新驱动作为基本动力。目前我国进入新时代，要充分发挥市场配

置资源的决定性作用和更好发挥政府作用，不断深化制度改革和科技创新，以创新为第一推动力，强化科技创新引领作用，为园区建设注入强大的新动力，促进园区向更高层次发展。

开展以农耕文化与农业科技为内涵的农业科技交流、农业科普、田园观光、农事参与、休闲娱乐、会议会展及农特产品购物等旅游活动，把农业园区建设成集农业观光、科技交流与科普教育、休闲度假、会议会展等多种功能为一体的田园生态型农业科技文化园区。建设施农业科技示范园、节水科技博览园等主要景点。以市场为导向，科学合理地进行定位，明确功能、类型、特点及其细分市场，有针对性地开发产品，追求生态环境、社会、经济的整体最佳效益。

5. 坚持因地制宜，把城乡一体化作为重要支撑原则

从实际出发，正确认识农业基础、旅游环境。充分利用原有基础条件，减少基础性投资。注重经济效益、社会效益之间的关系，考虑当地的资源条件和生态类型，选择适宜的主导产业和产品进行开发。综合协调规划项目之间的合理性、可行性。

坚持把城乡一体化作为重要支撑。园区的建设要以城乡一体化发展的指导思想为统领，合理优化配置农村与城市优势资源，促进城乡交流，发挥园区现代化农业的产业优势，真正成为大中城市农产品供应基地，给城市居民提供优质、有机、绿色的安全食品，提供观光休闲等服务。同时也带动和促进本区域的农业转型、农民增收，做大做强区域的现代化农业。

6. 可持续发展原则

坚持把绿色、低碳、循环发展的可持续发展作为基本途径，以"严格保护、科学管理、合理开发、永续利用"为指导方针，实施保护性开发，切实做好生态环境和各类资源的保护。现代化农业必须建立在资源得到高效循环利用、生态环境受到保护的基础上，通过园区农业创新体系机制，使园区形成资源和能源良性循环系统，具有良好的经济效益、社会效益和生态效益，发展节地、节水、节能、生态环保的农业，从而实现资源的永续利用及园区的可持续发展。

第三节　农业园区规划发展趋势与问题

一、发展趋势

在我国，现代农业园区的建设是近 10 年来农业现代化建设中涌现出来的一种新的生产经营模式，是实现农业向商品化、专业化、现代化转变的重要措施，是推动新的农业科技革命的迫切需要，也是实现我国农业新突破的重要途径。所谓现代农业园区，就是以调整农业生产结构、增加农民收入、展示现代农业科技为主要目标，在农业科技力量较雄厚、具有一定产业优势、经济相对较发达的城郊和农村划出一定区域，以农业科研、教育和技术推广单位作为技术依托，由政府、集体经济组织、民营企业、农户、外商投资，对农业新产品和新技术集中开发，形成集农业、林业、水利、农机、工程等高新技术设施、国内外优良品种和高新技术于一体的农业高新技术开发基地、中试基地和生产基地。

全国农业普查结果显示，到 2016 年年末，全国规模农业经营户 398 万户；农业经营单位 204 万个，农业经营单位数量较 10 年前增长 417.4%。规模农业经营户和农业生产经营单位实际耕种的耕地面积占全国实际耕种耕地面积的 28.6%；规模农业经营户和农业生产经营单位的生猪和禽类存栏量分别占全国的 62.9% 和 73.9%。国家统计局分析显示，伴随农业生产经营单位等新型经营主体数量的增加，我国农业生产向规模化和专业化方向发展。2016 年年末，全国温室占地面积 334 千 hm²，较 10 年前增长 312.6%；大棚占地面积 981 千 hm²，较 10 年前增长 111.0%。

1. 农业经营方式发展趋势

（1）园区生产方式由设施农业向大田农业转化

农业园区在开始建设时候，基本以设施农业为主，它具有科技含量高和产出高的优点，但是由于投入较高，加之我国农业科技研发水平的限制，这种生产方式难以在我国大多数地区推广。近年来，农业园区的生产方式正在由设施农业逐步向大田农业转化，涵盖了种植业、畜牧业、加工业等各个产业，空间不断扩大，辐射范围越来越广，生产方式越来越多样化。

（2）园区产业从单一化向多元化转变

开始建设的农业园区基本以单一产业为主，下一步将逐步实现产业多元化、产业一体化、产业链条化。实现从种植业、养殖业、加工业、营销业、旅游业等多链条相结合的方向发展。

（3）园区功能从单一示范向带动区域经济龙头转变

园区传统的功能主要是生产功能和示范功能，今后将以此为基础，逐步向第二和第三产业延伸，实现第一、二、三产业联合，使园区成为区域经济发展的龙头。

（4）园区投资从单一主体向多元投资主体转变

农业园区在建设初期，基本由各级政府投资，但这种投资方式很难实现可持续发展，同时给财政带来很大压力。近年来，各农业科技园区在投资机制上，通过利用各方面的力量筹集资金，基本形成政府投资、外商投资、园区自筹、银行贷款的投资体制。融资渠道越来越宽，融资数额越来越大，从而有力地促进了农业园区的良性发展。

（5）园区建设主体从政府为主体向企业为主体转变

农业园区在本质上看是一种经济组织。在我国农业园区建设的初级阶段，政府积极介入并大力支持十分必要和重要。但从长远看，政府必须逐步从中退出，一方面可以让企业尤其是民营企业进入农业科技园区，在该领域发展壮大，活力增强；另一方面可以减轻政府财政负担，并提高资源配置效率。

2. 现代农业发展趋势

伴随我国现代农业的发展，未来随着我国农村土地改革进程的加快、现代农业建设的日益完善，农业种植和养殖业规模化经营将被大力推动，农业产业一体化、融合化发展将被加强，传统农业企业、合作社将向集团化迈进，同时，在"互联网＋"背景下，农业互联网、信息化建设将会加快。

（1）由"平面农业"向"立体农业"转变

伴随农业科技的发展，在土地有限的前提下，获得大量农产品，主要途径之一是巧妙利用各类作物在生长过程中的"空间差"和"时间差"，进行错落组合、综合搭配，构成多层次、多功能、多途径的高效生产系统。

在农业科技的引领下，发展立体农业可以充分利用光、热、水、肥、气等资源，同时利用各种农作物在生长过程中的时间差和空间差，在地面地下、水面水下、空中以及前方后方同时或交互进行生产，通过合理组装，粗细配套，组成各种类型的多功能、多层次、多途径的高产优质生产系统，来获得最大经济效益。此外，还可与风能、光伏发电技术、无土栽培技术及水环境治理等模块进行集约式立体组合，形成多层次循环的生态系统。

（2）由"高碳农业"向"低碳农业"转变

如果用碳经济的概念衡量，传统农业可以说是一种"高碳农业"。改变高碳农业的方法就是发展生物多样性农业，生物多样性农业由于可以避免使用农药、化肥等，某种意义上属于低碳农业。

低碳农业应打造农业经济系统和生态系统耦合的基础，从依靠化石能源向依靠太阳能、风能、生物能等方向转变，追求低耗、低排、低污和碳汇，使低碳生产、安全保障、气候调节、生态涵养、休闲体验和文化传承多功能特性得到加强，实现向可持续经济发展方向转变。

低碳农业的发展包括有害投入品减量替代模式，节地、节能、节水农业模式，农产品加工循环利用模式以及农业观光休闲模式等途径。

（3）由"机械农业"向"智慧农业"转变

我国东部地区已基本实现农业的机械化生产，给现代化农业带来了很大的活力，特别是在解放劳动力上做出了很大贡献。然而随着计算机的发展，这些机械将要进一步发展为自动化、智能化。

未来将物联网技术运用到传统农业中去，运用传感器和软件通过移动平台或者电脑终端对农业生产进行控制，使传统农业更具有"智慧"。除了精准感知、控制与决策管理外，从广泛意义上讲，智慧农业还包括农业电子商务、食品溯源防伪、农业休闲旅游、农业信息服务等方面的内容。

"智慧农业"能够有效改善农业生态环境，通过农业生态建设，将农田、畜牧养殖场、水产养殖基地等生产单位和周边的生态环境视为整体，并通过对其物质交换和能量循环关系进行系统、精密运算，保障农业生产的生态环境在可承受范围内。"智慧农业"除了能够显著提高农业生产经营效率外，还将彻底转变农业生产者、消费者观念和组织体系结构。是现代农业发展的必由之路。

（4）由"单向农业"向"循环农业"转变

循环农业就是运用物质循环再生原理和物质多层次利用技术，实现较少废弃物的生产和提高资源利用效率的农业生产方式。可以实现"低开采，高利用、低排放、再利用"。最大限度地利用进入生产和消费系统的物质和能量，提高经济运行的质量和效益，达到经济发展与资源、环境保护相协调，并符合可持续发展战略的目标。

循环农业的建设包括以农产品上下游协作生产为主导的延伸产业链模式、以废弃物综合运用的资源化模式等途径。

二、存在问题

1. 法规政策的制约

现代农业园区发展是我国农业发展到一定阶段的产物，是农业发展的必然趋势，是走中国特色社会主义农业的发展道路的标志。国家对农业园区建设还没有相应的法律法规，相应的一些政策滞后于农业园区的实际发展。

各部门积极性虽然得到发挥，但同时出现了缺乏统一的宏观管理和政策引导现象。以致造成一些地方盲目发展，一哄而上，规划布局不合理，重复建设，不仅造成建设资金的大量浪费，而且影响农业资源区域优势的发挥。

2. 规划设计的制约

农业园区是个新事物，专门从事农业园区规划的设计专业缺失、人才不足。致使谁来规划设计农业园区成为问题。一些园区不能做到从实际需要出发，投入大量资金盲目从国外引进成套设备、工艺和管理系统，但由于缺乏配套设施、相应的技术和管理人员，或不符合当地自然资源条件，或运行管理成本过高等原因，许多引进设备不能达到设计生产能力，"半拉子工程"普遍存在，造成园区建设难以实现预期目标。

3. 农业园区管理技术的制约

农业园区的管理不同于一般农田管理，需要高技术、专业性强的技术人员管理，这方面我国人才培养不足，造成许多园区产品结构不合理，科技含量低，市场竞争能力弱。成为园区发展的制约因素。

一些园区产品普遍较为单一，非花即菜，并且科技含量不高，市场竞争能力不强，没能实现高新技术的密集和体现高产值、高收益的效果。

4. 管理体制与机制的制约

对于经营农业园区来说，要坚持政府、市场两手抓，但在实际运营中，往往是政府是农业园区的投资主体，运营主体应该是企业，两者关系理不清，造成不必要的混乱。目前，一些地方政府对园区的运营干预过多，没能建立起与市场经济相适应的现代企业管理运营机制，重政绩展示、轻效益体现，导致部分园区经营效果欠佳，发展后劲不足。

农业园区运行机制不完善，发展缺乏活力。例如，近些年农业园区在发展中急需解决的具体问题就是产业融合、出现新的业态需要占用部分涉农建设用地，落实用地指标安排非常困难，造成农业园区发展的困难。

5. 资金投入和资金来源的制约

农业园区建设资金不足，国家支持力度小且使用管理分散。

目前，农业园区建设资金主要来源于地方财政支持、金融贷款和企业投资，投资规模普遍较小。国家投资力度较小，并且分散在多个部门，难以集中资金安排实施一些对我国农业发展具有前瞻性、全局性的农业科技产业开发项目，支撑农业科技园区的发展。政策、技术、管理等方面的制约不仅影响农业科技园区自身的快速、健康发展，而且严重阻碍了整个农业现代化进程。

在各制约因素中，管理机制的制约是核心，具体存在五大问题：

（1）建设缺乏总体发展规划

1）园区建设投入成本过高

农业园区建园投资较大，尤其是建现代设施园艺和进口温室的园区成本更大。例如进口的以色列全密封自控温室，每公顷造价高达150万元，其每年折旧费高达15万元。由于建园成本投入太大、周期长，致使一部分园区的经济效益不佳。

2）选择项目不准，示范内容过多

部分园区内建设和示范内容过多，重点不突出，没有自身特色，导致园区间内容重复，建设内容分散，使有限的资金得不到充分发挥，园区的示范、推广等作用也没有表现出来。例如，某地15个农业园区中，以经营大棚蔬菜为主的园区占8个，而且大棚蔬菜品种也基本趋同。

（2）示范目的不明确

有的贪大求洋、求奇。有的受农业科技园区技术条件的限制，许多新技术、新品种引进后，虽然效益不错，却不能有效地消化吸收。如一些品种的引进，效益很好，但购种代价高，限制了推广，特别是国外新品种，问题更为突出。

（3）运行机制缺乏创新

1）运行模式：一部分农业园区都是按地方政府意图建立起来的，其管理体制和运行的模式基本是按照计划经济运行体制和管理方式操作的，因而造成园区行政机构庞大，管理人员过多，行政管理效率低下，严重影响了园区生产和经营正常运转。

2）管理制度：一部分园区的企业化管理制度不健全，企业经营受到上级政府过多的行政干预，缺乏应有的活力。

（4）科技支撑体系不健全

目前，我国农业科研院所的科技人员参与农业园区建设的比例还很低，科研教学单位和企业同农业科技园区在人才、智力和成果开发等方面进行交流的渠道不畅通。一些农业园区的经营者还缺乏技术创新的意识，担心引进科技成果的费用过高，不愿意花钱从科研单位转让科技成果。

（5）人才断层与短缺

部分农业园区的农业科技人才数量少、技术结构不合理，不能适应高科技农业发展的要求。

1）缺少园林、果蔬、畜牧、水产和加工的专业人才；

2）缺乏农业高科技人才，如生物组培快繁技术、无土栽培技术、计算机技术等；

3）缺乏善于经营管理的人才；

4）缺乏农业信息方面人才，尤其是从事工厂化农业技术研究的科研人员不足。

第四节　农业园区规划内容与程序

一、规划内容

农业园区规划按照不同的因素进行分类，不同类型规划的内容差别很大。就省级农业园区来分析，有以农业为主的现代农业示范园区，有省科技厅主持编制的省级农业科技园区。现代农业示范园区又可分为省级、市级以及县市级。

按照经济主体划分由政府主导的园区，有的是企业联合体建设的园区，更多的是小业主组织的小型农业园区。对于不同主体、不同层次、不同规模、不同经营方式农业园区规划的内容有着很大差别。所以不可能一一论述。但所有规划设计内容基本上包括以下内容：

1. 基础资料收集与分析

（1）园区所在区域所做的该区域农业园区宏观布局规划的成果（如没有，可以收集相关的文件或导向性政策以及现有的相关研究成果）；

（2）当地农业现状（生产力水平、技术水平、主要产业等）；

（3）各级农产品市场情况（包括地区、全国乃至相关的世界市场）；

（4）园区所在地自然条件（包括环境污染程度）；

（5）园区所在地社会条件。

2. 定性与定位

（1）园区的性质与规模；

（2）园区的主要功能与发展方向；

（3）园区的发展阶段及每阶段的发展目标。

3. 发展战略

（1）确定实现园区目标的可能途径；

（2）找出提高农产品竞争力的核心因素；

（3）制定园区发展的战略。

4. 园区项目规划

（1）各级市场前景分析与预测；

（2）关键技术选择；

（3）适用性评估；

（4）制定操作方案；

（5）投资及运行费用测算；

（6）效益与风险评估。

5. 园区产业布局规划

对规划的园区项目进行合理布局，以发挥最大效益，工作内容主要有：

（1）土地利用现状及利用效益评估；

（2）产业关联程度分析；

（3）功能分析；

（4）体现"定性与定位"部分的要求。

6. 园区空间布局

（1）确定若干功能区；

（2）确定景观及经济轴线；

（3）划定产业带；

（4）划定核心区、示范区以及辐射区的范围；

（5）完成功能布局图。

7. 园区农村新社区规划

（1）生产用地规划；

（2）村镇规划；

（3）道路系统规划；

（4）林地规划；

（5）完成农村新社区规划图。

8. 园区景观系统规划

（1）确定景观林、防护林以及苗圃的位置；

（2）确定适当的景观绿地；

（3）重新组织园区水系，使之符合生产、交通以及景观的三重需要；

（4）设计一条或若干条（视园区大小和景点/示范点多少而定）景观游线；

（5）调整旅游接待设施的位置与数量；

（6）完成景观系统规划图。

9. 绿色农产品环境保障规划

（1）园区及所处区域环境现状分析（特别是土壤与水体以及限制性生态环境因子分析）；

（2）规划目标、治理期限以及范围；

（3）环境功能区划及环境控制目标；

（4）水环境治理与保护规划；

（5）大气环境治理与保护规划；

（6）固体废物污染治理与资源化规划；

（7）农业生态环境保护与建设规划；

（8）实施规划的保证措施与管理对策。

10. 园区运行模式规划

（1）组织与管理模式；

（2）园区运行机制：1）资金筹措机制；2）土地流转机制；3）技术支撑机制；4）经营机制；5）风险保障机制。

二、规划成果

规划成果在形式上包括：研究报告；文本、图集；规划说明书；基础资料汇编四大部分。

由于各类农业园区差别很大，因此，园区规划设计的内容差别也很大，不能按照统一标准进行规范要求。例如同是省级园区，现代化农业示范园区与农业科技园区的内容侧重点就不一样，一是侧重示范性，另一个则是强调科技性，不能采用固定的模式。几十亩、几百亩的小型单一种植的农业园区与数万亩多功能农业园区的规划设计、规划模式、发展方向均不相同。规划主体因政府、企业主体不同，规划措施就不一样，要因地而异的差别化规划设计，从农业园区的发展需求做到切实可行的实用性规划设计。

三、规划程序

1. 农业园区规划编制程序

主要包括规划的准备阶段、调查研究阶段、综合平衡阶段、成果整饰和报批阶段、规划成果审批阶段和规划实施阶段。

（1）准备阶段　准备阶段就是规划前期的一系列准备工作，包括思想准备、组织准备、工作准备和物质准备。在思想准备方面，通过学习有关的法规政策，拟定文件，进行广泛动员，利用宣传手段，了解编制规划工作的意义、目的与任务，调动有关部门积极参加。具体工作：建立组织，行政领导牵头的有关部门组成领导班子，便于规划的协调与平衡；组成业务骨干的技术班子，具体负责编制规划的各项具体任务，首先拟定编制农业园区规划的工作方案与技术方案；对下层参与规划的领导与业务骨干进行培训。根据工作量拟定与落实规划经费。

（2）调研与编制草案阶段　在准备阶段完成以后，在拟定的调查提纲指导下，对有关部门进行广泛收集资料并进行调查。在调研过程中根据当地的实际情况拟定一些主要产业的规划草案，在调研过程中与有关部门进行磋商，实际上就是进行初步的协调。其方式可以分部门单独调研，也可以召集座谈会进行座谈，把相关部门规划纳入农业园区规划。

（3）综合协调平衡　在广泛收集资料、部门调查座谈的基础上，形成较完整的产业规划方案的草案，以政府主持召开协调会的方式对各项建设核实，基本达成协调方案。通过组织召开协调会的方式让相关部门认可，对于认可的规划草案要形成文字成果，同时政府召开的协调会要形成会议纪要，形成大家认可的农业园区规划草案。

（4）成果整饰阶段　经过综合协调平衡达到的新的初步方案经政府审查后，即可形成规划方案。之后对规划成果打印、规划图编制、清绘、着色。待文字、表格、图件整饰完毕后，准备由上级主管部门验收。通过召开评审会对规划进行评审验收。

（5）报批与实施　经过验收的农业园区规划成果进行必要的修改后，形成正式的农业园区规划方案并向上级政府报批，待上级政府批准后，经修订后，作为通过的正式规划方案。然后公开、公示，并拟定规划实施的文件颁布规划实施。

2. 规划程序框图

准备阶段→发布文件、成立组织、制定工作方案、选定试点、技术培训、筹措经费。

调查研究阶段→制定技术工作方案、收集资料、调绘相应的比例尺地形图、与相关部门初步协调、拟定初步方案。

综合平衡阶段→召开协调会，以初步方案为基础与规划主体代表、相关部门进行协调、结合各方面意见进行方案修订。

成果整饰阶段→修订的草案经整饰后，召开成果评审会，经上级主管部门、相关专家评审后待上报审批。

规划审批阶段→形成规划方案，经上级政府批准后，上报当地人民政府规划委员会审批。

规划实施阶段→规划方案经当地人民政府批准后，制定规划实施方案，并在规划范围公示、公开，进入规划的实施阶段。

第五节　农业园区规划实例
——以河北省平乡县现代农业示范园区为例

一、规划条件

平乡县农业园区位于河北省平乡县县城城区南部，隶属于田付村乡，园区北接县城南环路，西邻小漳河、南与艾村接壤，东界定魏公路。

1. 自然条件

（1）地质地貌

全县县域地势平坦开阔，西南部略高于东北部，最高点为郭桥村一带，地面高34.6m，最低点肖庄东北一带，地面高28.9m，落差5.7m，地面自然纵坡约为五千分之一。

整个县境起伏不大，在河道旁的缓岗和准缓岗的两侧形成了二坡地和小二坡地，在坡地之间夹有小型槽状、碟状洼地、河傍洼地、平浅洼地。新中国成立后，该县进行大规模的深翻治理盐碱、平整土地活动，部分土丘、土埝、坑壕等微小地貌已不多见。

（2）气象气候

平乡县地处暖温带半湿润区，大陆性季风特征明显，四季分明。春季（3～5月）风多雨少，气温回升较快，蒸发量大，气候干燥。夏季（6～8月），天气炎热，降雨集中，间有大风、暴雨、冰雹等自然灾害天气，7月下旬8月上旬降水最为集中。秋季（9～11月），不易起风，天高气爽，冷暖适中，日照充足。冬季（12～次年2月），天气寒冷干燥，多偏北风，平均风速2.9m／s。雾天多于区域市各县市。

（3）水文地质

1）地表水资源

全县多年平均年降水量为497.3mm（1956～2005年），降水总量为2.019亿m³。年内分配极不均匀，全年降水70%集中在汛期（6～9月），特别是7～8月，降水多是暴雨，往往集中于1～2次暴雨，容易造成洪涝灾害。春秋两季则干旱少雨，往往造成严重干旱。而且降水年际变化很大。

平乡县境内有四条主干河渠，皆以排沥为主，分别为老漳河、小漳河、滏阳河和留垒河，均为过境河流。地表水资源可利用总量计为34.6万m³。

2）地下水资源

以水文地质条件为依据，平乡县地下水分布情况大致可分为滏西、滏东两大底板、4个含水组：第一含水组，埋深25～60m，是浅层淡水主要开发层位；第二含水组，埋深12～240m，滏东底板内夹有咸水层；第三含水组，埋深300～400m，富水性较差；第四含水组，埋深500m左右，滏东底板富水性很差。

（4）主要自然灾害

平乡县自然灾害主要有旱、涝、风、雹、干热风、霜冻、病虫害、地震等。诸灾害中以春旱秋涝为多，尤以旱灾居首，出现频率高，受灾面积大，且又旱蝗相连，为害最大。二是交替性。旱至涝、涝至旱交替出现。三是突发性。主要是涝，连续几年后，突然连降大雨而成涝。四是周期性。有百年左右的大周期，有10年左右的中周期，有年际间的小周期。五是集中性。新中国成立后，旱涝成灾减少，蝗灾得到根本控制，但干旱、病虫害等明显突出。

2. 社会与经济条件

到2014年，平乡县年末户籍人口34.92万人，常住人口30.63万人。平乡县乡村从业人员主要以农林牧副渔业（42967人）、工业（56310人）为主，分别为乡村总从业人员数（145708人）的29.49%和38.65%。平乡县耕地面积42.3万亩，人均耕地面积为1.21亩。

2014年，平乡县地区生产总值完成48.52亿元，人均地区生产总值15884元。三次产业结构为24.35%：39.30%：36.35%。全县城镇居民可支配收入17799元，农民人均纯收入6772元。

3. 旅游资源

平乡是一个有着悠久岁月和深邃历史的县城，历史名人和文物古迹众多。境内有梅花拳文化产业园、李进德墓、张师爷墓群等多处文物保护单位，其中有隶属国家非物质文化遗产——梅花拳平乡县后马庄保护传承协会；有平乡文庙大成殿、兴固寺、玉皇宫、石佛寺、中天寺、观音禅寺等名胜古迹；巨鹿郡遗址、王固遗址、张家屯遗址、福胜寺遗址、沙丘平台遗址、廮陶古城遗址、田禾烽火台遗址等众多古遗址遗迹分布各地。此外，还有东明国防教育基地、平乡县抗日英烈纪念碑、张冠军烈士墓等红色旅游基地。平乡县被誉为中国民间文化艺术之乡、河北文化产业十强县，文化资源十分丰富。

4. 园区现状分析

园区现状主要为农业种植用地，在北部现状已建成丰怡农业观光园区，在南部现状已经种植两千余亩玫瑰，其他还包括部分建设用地，主要有官庄村建设用地、粮油储备库、河北欧耐机械模具有限公司、河北欧兴电动车有限公司、田付村中学（见图10-1）。

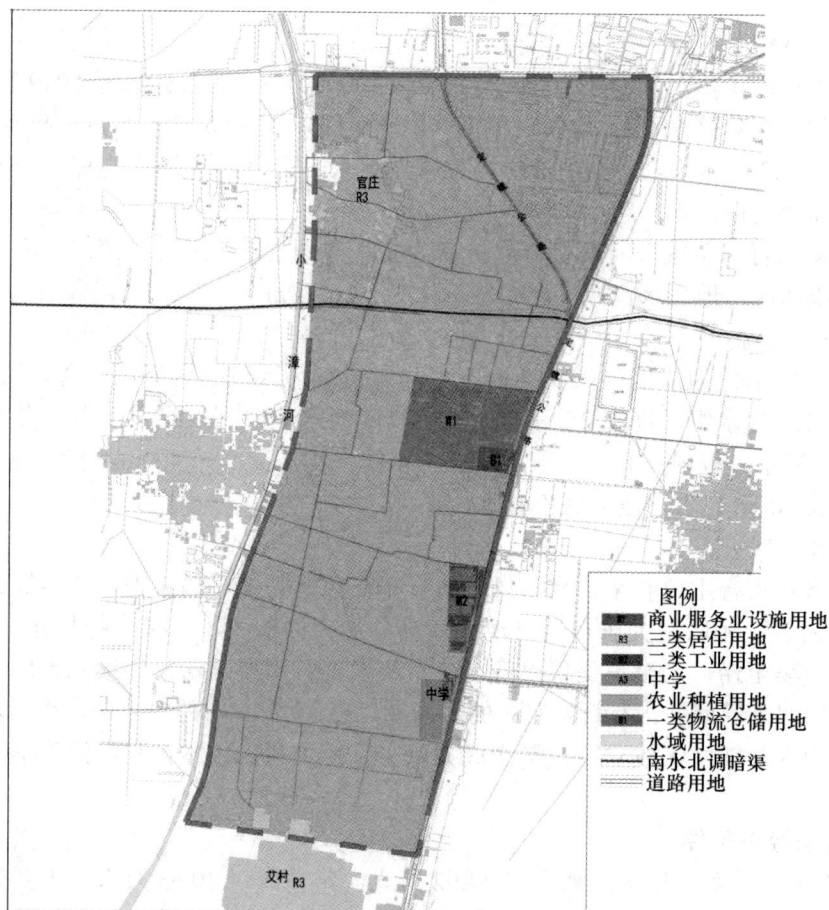

图 10-1　平乡县现代农业产业园区土地利用现状图

二、产业发展规划

1. 县域农业产业 SWOT 现状分析（略）

2. 产业发展规划

根据平乡县农业产业发展规划，确定现代农业园区以发展设施蔬菜、油葵种植、玫瑰种植为主，同时发展农产品深加工、电商物流、观光旅游等完善农业园区功能。

（1）指导思想

根据京津冀协同发展规划纲要，建设京津农产品生产基地，打造京津冀区域生态建设的重点区域。以科技引领，以创新驱动为动力，实现农业产业化、现代化发展的目标，创新走产出高效、产品安全、资源节约、环境友好的现代农业发展之路。园区建设要提升农业可持续发展能力，加快农业现代化发展进程，加快农业科技成果转化，探索平乡县农业新发展模式，建立农业内外循环良性互动机制，培育平乡县现代农业与区域经济的增长点，力争实现平乡县现代农业跨越式发展，为全县国民经济社会发展做出应有的贡献。

（2）发展方针

全县农业发展方针为："夯基础、调结构、建园区、强农合、抓招商、促改革"十八字方针。

（3）具体目标

1）设施蔬菜

规划设施蔬菜种植区占地1200亩，位于园区中南部。至2020年，形成以中领航为主的设施蔬菜种植区，蔬菜种植面积保证900亩，以发展日光温室和冷拱棚并重，商品化处理率提高到85%以上。建立1个育苗中心，保证全县蔬菜生产的种苗供应。到2020年年末，保证拥有高标准智能温室10栋、高标准温室大棚40栋，大冷拱棚60栋。

2）油葵种植及深加工产业

油葵种植：规划油葵种植区占地2100亩，位于园区北部和东部。至2020年，在全县范围内油葵种植面积达到150000亩，建立起3～5个油葵千亩种植基地。规划在园区建立油葵种植示范区，在基地开展了新品种试验示范、配方施肥、新技术推广等一系列活动，起到良好的示范和辐射带动作用。

油葵深加工：规划在核心区迎宾大道西侧、刘庄路南侧培育龙头企业"区域盛强植物油厂"，占地60亩，年处理油葵5000万kg。规划到2020年，园区范围内培养3～5个油葵深加工龙头企业，促进油葵产业的快速发展。

油葵观光旅游：园区范围内，实施观光大道工程。以梅花拳大道作为平乡县对外展示的平台，注重油葵的种植比例，构建立体式道路绿化带以提升道路景观绿化水平，以非物质文化遗产梅花拳为底蕴，以运动、乐活为主题，沿途设置自行车休闲体系，并设置小型游憩节点、驿站，与平乡县自行车文化遥相呼应，使油葵观光成为平乡县代名词。

3）玫瑰种植及深加工产业

玫瑰种植：规划园区范围内东至定魏公路（迎宾大道）、西至小漳河、南至艾村村北，北至梅花拳大道，规划玫瑰种植面积1500亩，带动园区的快速发展。2020年全县玫瑰面积发展到1万亩，鲜花总产量达1000万kg，年收入达到3亿余元。

玫瑰种植加工：扩展玫瑰的市场领域，深度开发玫瑰在化妆品、医药品、保健品、食品、酒水、饮料等领域的新产品和尖端产品，扩大玫瑰产品的市场领域。到2020年玫瑰加工年收入达到3亿元以上。

玫瑰观光旅游：打造万亩玫瑰园观光带，建立玫瑰园核心游赏区，控制玫瑰开花期，让鲜玫瑰花反季节上市，在冬季，特别是保证在情人节期间盛开玫瑰，可以使游人赏花、采摘。到2020年，园区范围内建立起中国玫瑰生态观光园，占地500亩，使之成为河北乃至周边地区的最佳休闲旅游场所。

4）电商物流

① 推动农副产品及加工产业电子商务的发展。推进农产品标准化生产和品牌化经营，大力发展农村电子商务。利用国家地理标志"贡白菜"品牌商标进行宣传推广，鼓励企业通过自建平台或第三方平台销售本地特色食品，延伸线下品牌价值，扩大销售覆盖网络。

② 建立农产品电子商务流通体系

以艾村为核心，构建连接农家店、农副产品龙头企业、农产品专业批发市场、农产品和日用品配送中心、农资流通企业等新农村电子商务服务体系。建立连锁直营店、加盟店信息网络和农村配送网络，逐步实现网上订货、网上配送、网商结算；完善农产品冷链流通体系，布局高速运输网络。

③ 搭建农产品电子商务公共服务平台

推动农产品电子商务公共服务平台建设，提供政策指导、商品信息、价格数据、信息咨询等服务，提升农业信息化水平。支持本地农业龙头企业、合作社、蔬菜生产基地等与电子商务第三方平台合作，建立并运营特色产品或专区，切实培育一批有影响力的单体品牌。

5）观光旅游

① 丰怡生态农业示范园区建设项目。按照"高标准、高起点、高科技"要求，建设占地 800 亩的高科技生态农业示范园区。园区设置四大功能区，三大展示厅，即特色农业示范区、高效农业生产区、现代高科技农业实验区、观光农业旅游区，高科技产品展示厅、最新农业技术展示厅、最先进农业设备展示厅。

② 建设特色观光农园，通过开放菜园、花圃、鱼塘等，让游客入园摘果、摘菜、赏花、垂钓享受田园乐趣，不仅可以让游客亲自体验采摘乐趣，更能达到休闲的效果。

③ 建设水上游乐园，结合农业园区水系工程，建设一座集垂钓、观光、休闲、度假为一体的水上游乐园。

三、总体规划布局

1. 规划结构

经过对平乡县现代农业产业园区分析，规划园区总体结构形成"一心、两带、六片区"的功能布局结构（见图 10-2）。

"一心"是指园区综合服务中心，包括园区管委会、农业科技展览馆、电商大楼、农机具交易市场等。

重点建设农业科技引进、示范展示设施，科技培训与园区管理中心，分为 4 个小片区：分别为新品种新技术试验与展示基地、工厂化育苗基地、科研培训中心和园区管理中心。核心区主要进行蔬菜、特色农业的新品种、新技术引进试验和示范推广，蔬菜工厂化育苗设施提供优质种苗，引进示范设施环境自动化控制技术、节能技术及现代设施农业栽培技术；科研培训中心设有现代农业展览中心和科技培训场所；园区管理中心主要是管理办公场所。

"二带"是指园区北侧的小漳河湿地景观带和东侧的定魏公路景观带。

"六区"是指园区北部的居住区、生态农业观光区、中部的油葵种植区、农产品加工区、设施蔬菜区和南部的玫瑰种植区。

图 10-2　平乡县现状现代农业园区土地利用规划图

2. 用地规模

平乡现代农业产业园区主要以农业种植为主，根据我们对农业园区的研究，参照同类农业园区产值和用地规模发展的分析，要实现产值将达到 20 亿元，规划用地规模 10236 亩。

3. 人口预测

规划农业产业园区的主导产业农业种植为主，农产品加工和商业和物流为辅助，根据现状用地规模和职工人数情况，调查分析并参照相近农业园区情况确定规划期末农业园区产业人口将达到 12000 人。

4. 分区规模

（1）综合服务中心

综合服务中心用地 1006.35 亩，综合服务中心位于园区中西部，东侧紧邻定魏公路，主要功能为管委会、农业科技展览馆、商业、商务、电商、仓储物流等功能，为整个园区服务。

（2）居住区。居住区占地 278.4 亩，位于农业园区西北部，主要是官庄村新民居建设用地。

（3）油葵种植区。油葵种植区占地 2042.4 亩，位于园区北部。

（4）生态农业观光区。生态农业观光区占地 1183.5 亩，位于园区东北部。

（5）农产品加工区。农产品加工区占地 1193.85 亩，本区位于园区中部和东南部，主要为油葵、葡萄、玫瑰等农产品加工服务。

（6）设施蔬菜种植区。设施蔬菜种植区占地 1190.25 亩，位于园区中南部。

（7）玫瑰种植区。玫瑰种植区占地 1488.45 亩，位于园区南部。

四、道路系统规划

1. 对外交通规划

（1）交通现状

园区内主要对外交通道路有：南环路、刘庄乡道、省道 234、寺头至邢临线乡道。

南环路：路基宽 26m，路面宽 24m，一级公路，长 4.077km。

刘庄乡道：长 7.1km，四级公路。

寺头至邢临线乡道：长 13.8km，路基宽 5.5m，路面宽 3.5m，四级路。

省道 234（定魏公路）：二级公路，位于平乡县中部，长度 22.06km，路基宽 16m，路面宽 14m。但县城北环至常河镇路段，路基宽 24m，路面宽 22m。

（2）对外交通设施布局

规划新建梅花拳源地观光路，长 7.278km，二级路，路基宽 18m，路面宽 15m。新建漳河东路延，一级公路，路基宽 25m，路宽 23m，长 4.1km。

（3）规划目标

针对现状路网，顺应交通发展的趋势，结合园区用地发展布局，建成结构完善、功能明确、级配合理、断面形式因地制宜的城市道路网络系统。合理引导园区用地的开发建设，使园区道路交通向良性发展，建设现代化道路交通体系。规划建成以主干道为主骨架，次干道、支路为补充，功能完善、布局合理的城市道路网络，以满足建设现代化农业园区交通的需要。

2. 道路系统规划

（1）道路等级

园区道路系统由快速路、主干路、次干路及支路组成，其中快速路指城市环路，各等级道路交通功能与城市土地利用的关系分别为：

1）快速路。既是城市环路，又是过境交通的一部分，快速疏散过境车流，将中心城区交通体系与区域交通融为一体。

2）主干路。与快速路共同构成城市骨干道路系统，承担不同功能用地之间的交通集散，主干路是城市各片区用地功能布局的重要网络系统。

3）次干路。承担主干道和各分区之间的交通集散作用，兼有服务功能。

4）支路。次干路与街坊路的连接线，以服务功能为主。

（2）道路网络布局

基于园区发展的空间形态以及规划期内交通需求发展特征，规划城市路网以主干路为主骨架，形成"两纵、两横"的主干道路结构。

"两纵"——从西向东依次为漳河东大街和定魏公路。

"两横"——从北向南依次为崇教路和梅拳大道。

（3）道路断面（见表 10-1 和表 10-2）

规划园区主干道一览表　　　　表 10-1

序号	道路名称	道路长度（m）	红线宽度（m）	面积（hm²）	断面尺寸（m）	断面形式
1	漳河东大街	5383	50	26.91	6.0—14.0—10.0—14.0—6.0	两块板
2	定魏线	5547	50	27.73	5.0—6.0—2.5—23.0—2.5—6.0—5.0	三块板
3	梅拳大道	3349	50	16.74	6.0—14.0—10.0—14.0—6.0	两块板
4	崇教路	3810	50	19.05	6.0—14.0—10.0—14.0—6.0	两块板
5	湖北路	2467	50	12.33	6.0—14.0—10.0—14.0—6.0	两块板
合计		20556		102.76		

规划园区次干道一览表　　　　表 10-2

序号	道路名称	道路长度（m）	红线宽度（m）	面积（hm²）	断面尺寸（m）	断面形式
1	裕平路	2919	30	8.76	7.5—15.0—7.5	一块板
2	和平路	1310	30	3.93	7.5—15.0—7.5	一块板
3	康平路	1333	30	4.00	7.5—15.0—7.5	一块板
4	富平街	4870	30	14.61	7.5—15.0—7.5	一块板
5	艾村大道	1353	30	4.06	7.5—15.0—7.5	一块板
合计		11785		35.36		

注：表中三块板断面形式表示为：便道宽＋慢车道宽＋绿化带宽＋机动车道宽＋绿化带宽＋慢车道宽＋便道宽；
两块板表示为：便道宽＋机动车道宽＋绿化带宽＋机动车道宽＋便道宽；
一块板表示为：便道宽＋机动车道宽＋便道宽。

（4）道路技术经济指标

园区主干道路面积为 102.76hm²，次干道路面积为 35.36hm²。

园区主干道总长度 20.56km，路网密度 2.00km/km²；次干道总长度 11.78km，路网密度 3.33km/km²。

（5）交叉口控制

平面交叉口处道路缘石和红线转弯半径，主干道分别按 30m、20m 控制，次干道分别按 18m、15m 控制。不同等级的道路相交叉按等级高的道路控制。交叉口用地范围按红线转弯半径和停车视距三角形双控制。主干道停车视距为 60m，次干道为 40m。

（6）交通标志规划

在主次干道设置路名牌、交通标志和交通标线。三块板道路交通标志可设置在分隔带上，其他一块板的交通标志设于道路右侧人行道上，小半径弯道处应设置限制车速标志，窄路处应设置警告标志，小桥设置限载标志。指示标志应设置在城市进出口的交叉口进口道之前，一般距交叉口 30 ～ 50m 处，指明方向、到达地点以及距离。

五、基础设施规划

1. 给水工程规划

（1）供水现状概况

目前园区内供水以地下水源为主，采用集中给水井供水；城区有地表水厂一处，位于漳河东大街和崇教路交叉口东北，占地 5.3hm²，供水水源为南水北调水。

（2）水源规划

规划将南水北调地表水、地下水以及小漳河水共同作为园区供水水源。

（3）用水量预测

1）建设用地用水

针对园区现状，从经济发展和市政完善程度等方面综合考虑，规划采用城市单位建设用地综合用水量指标综合计算确定。

本次园区规划建设用地 290.77hm²；采用单位建设用地综合用水指标 0.40 万 m³/（km²·d）；则园区建设用地用水量为 1.16 万 m³/d。

2）灌溉用水

农业灌溉用水预测考虑现代节水水平及未来节水水平的提高，种植结构调整，节水灌溉面积的扩大，复杂指数的变化，灌溉水利用系数的提高等因素，预测农业灌溉用水量（见表10-3）。

根据经济作物和粮食作物的种植面积进行农灌需蓄水量计算。

$$W_{农灌} = \sum A_i.q_i/\eta_i$$

式中　　$W_{农灌}$——预测年农田灌溉需水量，万 m³；

　　　　A_i——预测 i 年作物灌溉面积，万亩；

　　　　q_i——预测 i 年作物灌溉定额，m³/ 亩；

　　　　η_i——预测 i 年作物灌溉水利用系数。

农业需水量预测表 表 10-3

年份	总量		
	种植面积（万亩）	综合用水定额（m³/ 亩）	需水量（万 m³）
2020 年	0.59	172.4	169.5

（4）供水设施规划

1）供水水厂

结合《河北省平乡县城乡总体规划（2013—2030）》和县水利局意见，园区供水采用南水北调水和深层地下水联合供水，供水厂为城区地表水厂，水厂供水后园区逐步实现水资源的统一管理。

2）灌溉水渠

规划园区内农业灌溉用水采用小漳河水，在梅拳大道北侧和湖北路北侧引两条水渠。

3）供水管网系统

① 南水北调地表水厂输水管由崇教路进入水厂，管径为DN800，管道的输水能力不小于最大输水量的70%。

② 在充分利用现状给水管道的基础上，结合《河北省平乡县城乡总体规划（2013—2030）》，考虑分期建设可能，沿园区主要道路布设给水干管，形成环状和枝状相结合的配水管网。最不利点自由水头予以控制，个别对水压要求高的用户可自行加压，确保供水安全性。

③ 室外消防用水量，按同一时间内火灾次数2次，一次灭火用水量45L/s确定。规划给水管管材为聚乙烯塑料管。

④ 给水管道管顶覆土不得小于0.7m（车行道下）。

⑤ 直线管段一定距离和管道交叉口处可根据具体情况设置阀门，管道凸起处应设自动排气阀，低处设置检修排水阀。

⑥ 做好现状配水管道利用与改造工作。

⑦ 保持引用水渠的畅通，定期进行渠道清理和维护。

（5）节水规划

考虑到平乡县实际情况，结合现状供水设施能力及国家的节水政策，要积极开展中水利用，预测至2020年水厂集中供水规模为5.0万m^3/d，中水回用率达到30%。

2. 排水工程规划

（1）排水现状

城区污水处理厂于2009年开工建设，占地3.3hm^2，采用氧化沟＋深度处理工艺进行处理，日处理规模3万t。目前中心城区内的生活污水全部纳入污水管网，水经污水处理厂处理后排至小漳河。

现状污水的主干系统是配套污水处理厂的建设完成，沿漳河东大街、丰州街、泽平路、人民路、中华路等多条道路铺设了管道。

中心城区西部的小漳河为中心城区的排涝河道，雨水沿道路排至小漳河。

（2）排水体制确定

结合《河北省平乡县城乡总体规划（2013—2030）》以及农业园区实际情况，园区采用雨污分流排水体制。

（3）污水量预测

污水排放系数取0.80，日变化系数取1.3，则园区最高日污水排放量为0.93万m^3/d，平均日污水排放量为0.72万m^3/d；中水回用率到2020年为30%，则规划期末中水量为0.22万m^3/d。

（4）污水工程规划

1）污水排水系统划分

规划结合现状中心城区排水管网和地形地貌，规划以南水北调暗渠为界，共分为两个排水分区，分别为南水北调北部排水区和南部排水分区。

2）污水处理厂

规划新建一处污水处理厂，位于裕平路和漳河东大街交叉口东北，到2020年处理规模为1.5万m^3/d，用地规模4.0hm^2。污水处理厂出水达到《城镇污水处理厂污染物排放标准》GB 18918—2002中一级A标准。

规划在污水处理厂内建设中水系统，利用污水处理厂出水作为水源，进行深度处理，处理后的中水主要用于工业普通用水、冲厕用水、城市道路喷洒、洗车、绿化、景观用水等，多余的水排入小漳河，沿途用于农业灌溉。远期中水供水规模为 3.0 万 m³/d，其中现状污水处理厂供水规模 2.0 万 m³/d，规划污水处理厂供水规模 1.0 万 m³/d。规划中水系统在远期一次性建成。

3）污水管网规划

① 两个排水分区污水经管道收集后，北部排水区污水进入城区污水处理厂，南部排水区污水进入新建的污水处理厂进行处理。

② 居民生活污水需经化粪池沉淀后方能排入污水管道，各街区污废水通过污水支管汇入相关主干管中，园区所有工业废水按规定必须实施厂内治理，达到允许排放标准，就近排入污水管，为减小污水管道的埋设深度，根据需要设置污水提升泵站。

③ 污水管道在道路下敷设位置为路东、路南。规划园区污水管道最大管径 D1200，最小管径 D600。

（5）雨水工程规划

1）雨水系统设计参数及计算公式

雨水流量根据管网布置，按照各管段所服务面积，进行逐段计算，计算采用下列公式：

雨水设计流量公式：

$$Q = 167i \cdot \Psi \cdot F$$

式中　Q——雨水设计流量，L/s；

　　　Ψ——径流系数，取 0.6；

　　　F——汇水面积，hm²，计算中充分考虑现状地形和规划竖向标高划分汇水面积；

　　　Q——暴雨强度公式，雨水量计算采用区域市暴雨强度公式，地面集水时间 t 取 15min，径流系数 Ψ 取 0.6：

$$i = （9.609 + 8.5831gTE）/（t + 9.38）0.677$$

式中　i——暴雨强度，mm/min；

　　　TE——重现期，本案取 1 年，重点区域取 3 年；

　　　t——集水时间（min），$t = t_1 + t_2$，其中 t_1 为地面集水时间，取 10min；t_2 为管渠内雨水流行时间，min。

2）雨水管网规划

充分利用地形进行合理分区，根据分散和直接的原则，保证雨水管渠以最短路线、较小管径把雨水就近排入附近水体。雨水管渠沿规划道路铺设，尽可能采用自流方式就近排入水体，避免设置雨水泵站。现状合流管应充分利用，近期改造采用截流管，截流污水，远期雨水、污水管分设，独立排放。

根据充分利用自然地形就近排入水体的原则进行布置。管网沿主次干道采取正交式布置，使雨水管道距离最短，管径设计为城市未来发展留出一定余地。

雨水管道在道路下敷设位置为路西、路北。污水管道最大管径 D1000，最小管径 D800。

3. 供电工程规划

（1）现状概况

平乡中心城区北部现有 110kV 变电站一座，主变容量为 71.5MVA，为半户外式，是中心城区主要电源，中心城区西南部有 35kV 变电站一座，主变台数 2 台，主变容量 20MVA。

（2）规划原则

按电力先行、电网安全、可靠运行的原则，因地制宜地编制电网规划，使农业园区电网具有充实可靠的供电能力，并留有发展空间。电网运行符合"N－1"原则，即任何一级电网一回进线或一组降压变压器失去功能时，必须保证向下一级电网供电；配网中一条线或一组变压器发生故障，不得发生电压过低和设备不允许的过负荷；低压电网中，当一台变压器发生故障时，允许部分停电，并尽快恢复供电。

（3）负荷预测

园区规划采用负荷密度法进行用电负荷预测。分别按居住、公共设施、工业及其他四类用地，选择相应的用电负荷指标。规划确定：居住用地用电负荷指标为 $100kW/hm^2$，公共设施用地用电负荷指标为 $300kW/hm^2$，工业用地用电负荷指标为 $200kW/hm^2$，其他用地用电负荷指标为 $20kW/hm^2$，用电同时率按 0.65 计。园区规划用电负荷计算面积 $684.41hm^2$，居住用地面积为 $18.56hm^2$，工业用地面积为 $79.59hm^2$，公共管理与公共服务设施用地为 $13.31hm^2$，商业服务业设施用地为 $67.09hm^2$，其他用地面积为 $505.86hm^2$。

（4）变电站规划

规划园区用电采用现状城南 35kV 变电站，并对其进行增容扩建，以满足远期用电需求。

为了减少 10kV 以上变电站的出线路数，可在规划区内设置 10kV 开闭所，每个开闭所容量不超过 15MVA，均为双回路进线，出线在 10 路左右。为了提高供电的可靠性，不同变电站 10kV 出线间设置联络开关，形成闭环设置，开环运行，故障时开关倒闸，从而保证了供电的可靠性。

（5）电网规划

1）指导思想

规划期内应使电网具有充足的供电能力，能满足各类用电负荷增长需要，有功、无功容量之间比例协调，供电质量、可靠性进一步提高，电力设备得到更新，网络完善合理，与中心城区环境协调一致，管理技术达现代化水平。

2）规划目标

① 以平乡县中心城区 35kV 变电站为核心，在农业园区建立安全、可靠、经济的 35kV 高压配电网与 10kV 中压配电网，以满足园区内市政用电、工业和居民生活用电的需求。

② 10kV 电网规划建成多回线式结构；用户密集、负荷密度高的区域向格式网架过渡；在负荷密度较小的区域采用两回及以上配电线路成环的结构。

③ 10kV 配电线路供电半径：园区 2 ～ 4km。为减少配电网络维修和事故停电范围，在 10kV 配电干线上设分段开关，逐步淘汰容量小的柱上油开关和分路熔断器，选用容量大、体积小的新设备，如柱上真空开关、六氟化硫开关等。

④ 园区内的主要街道因线路走廊困难或影响美观，应考虑采用地下电缆线路。采用架空线路的区域选用新型杆塔双回或多回布置，以减少通道走廊。

3）供配电网架设置原则

35kV 线路采用架空敷设，高压线路走廊不小于 12m。

园区内 10kV 线路一般采用架空与地下电缆敷设相结合的方式。为了美观，10kV 线路园区主干道以电缆地下埋设为主，一般位于道路的东侧及南侧人行道下，近期当电缆数量较多时，可采用电缆沟敷设，当电缆数量较少时，可采用直埋敷设。次要道路可采用导线架空敷设，远期地下埋设。支路等条件具备时尽量地下埋设。

4. 通信工程规划

（1）现状概况

平乡县中心城区现有电信局一座，邮政局一座，邮政局位于中华路与丰州街交叉口西北。平乡县中心城区有移动营业厅 3 处，移动宽带普及率 3%。中国联合网络通信有限公司平乡县分公司业务主要有固定、移动电话、宽带。其中，中国电信在田付村乡已实现 3G 网络全覆盖，园区基本实现 4G 网络全覆盖和光纤覆盖。

（2）电信规划

1）规划目标

近期以优化和扩展域网光缆为主，逐步对园区主、次干道的电缆迁改地下，对现有小区、办公大楼实施光纤入户改造，在现有线网的基础上逐步延伸建设通信管道。园区光缆网规划主要为完善原有城市主干光缆网络，以满足新建模块局、大客户、3G 基站的光缆接入需求。重点实施接入主干层光缆规划，发展用户密集区域，完善大客户光缆接入的网络安全性。

2）电信管道规划

本次规划着重于在现状电信管道的基础上建立并完善园区电信管网（规划范围为园区内主干路），将固定电信、有线电视、移动、联通、网通等综合考虑，并预留交电信号管、政务用管以及未来发展使用管道等，统一规划成同沟埋设的弱电管网群。按照人口、用地性质、用地规模等进行电信业务量预测，并考虑局间中继线管孔需求，其他各电信运营商的管道需求，以及综合发展需求来确定管孔数量。

电信集约管道采用 PVC 管埋地敷设，电信线路和电力线路分设在道路两侧。各管道之间应相互连通形成网络，埋设时应预留一定数量过路管。通信电缆可根据建设的需求，分期分批敷设，提高通信电缆的使用效率。

3）邮政网规划

结合《河北省平乡县城乡总体规划（2013-2030）》，规划保留现状邮政局，并在城区北部和南部新建两座邮政支局。园区邮政业务办理采用城区南部邮政支局，用地面积 2.0hm²。

5. 燃气工程规划

（1）现状概况

平乡县天然气来源于陕京二线，门站位于广宗分属站，占地面积 6660m²，设计年供气量为 10950 万 m³，平乡燃气管道接自广宗门站，现有管道总长度约 60km，日供气能力 30 万 m³/d。中心城区现状有储气站一座，天然气管网采用中压供气，位于中华路和建设大街交叉口西北。

（2）气源规划

规划园区气源采用中心城区储气站天然气，仍由陕京二线引入，接自广宗门站。

（3）用气量预测

1）居民用气量

居民用气指标取 2700MJ/（人·a），天然气低热值取 35.843MJ/m³，月不均匀系数取 1.15，日不均匀系数取 1.15，时不均匀系数取 3.00。则居民生活耗气量为 75.33Nm³/（人·d）。

至规划期末，园区人口为 1.2 万人，燃气普及率以 100% 计，由此可得年用气量为 90.40 万 m³，每日需求量为 0.25 万 m³/d。

2）工业企业及其他单位用气量

居民生活用气和城市总用气量比例为 1：1.3 计算，则园区工业企业及其他单位用户平均日用气量为：

$$Q = Q_a（1/P - 1）/365$$

Q——平均日用气量，m³；

Q_a——居民生活年用气量，m³/a；

P——居民生活用气量占总用气量比例，%，取 77%。

经计算可得，工业企业及其他单位用户平均日用气量为：0.08 万 m³。

3）总用气量：园区日用气量为 0.33 万 m³/d。

（4）管网工程规划

中压管网采用环枝状结合方式布置，以提高供气的可靠性，低压管网在居民用户集中的区域尽可能布置成环状，在居住区密度不大的情况下，布置成枝状。民用调压箱服务半径为 1km，原则上 1～2 个小区设一座。

燃气管网布置在道路西侧、南侧。地下埋设燃气管道与建筑物、构筑物或相邻管道之间的水平净距，地下燃气管道与构筑物或相邻管道之间垂直净距，地下燃气管道埋设的最小覆土深度应严格按《城镇燃气设计规范》GB 50028—2006 的要求执行。管网敷设严格按《城镇燃气设计规范》GB 50028—2006、《城镇燃气输配工程施工及验收规范》CJJ 33—2005 执行。

6. 供热工程规划

（1）供热概况

中心城区现有热力公司位于建设大街 98 号院内西南角。锅炉房现状占地 2800m²，有 40t 燃煤热水锅炉 2 台及配套设施。热力公司负责全县城供热，管网敷设：建设大街北到育才路，南到中华路。中华路往东到环保局，育才路往东到二中。园区内无供热设施。

（2）规划原则

1）充分利用现有供热设施，近远期相结合，使规划方案技术先进，经济合理。

2）严格遵守国家有关规范法规，使规划具有较好的经济和社会效益。

3）逐步取消使用燃煤土炉和分散锅炉房，远期实行完全集中供热，由集中供热锅炉房作为基本热源。

（3）规划热源

结合《河北省平乡县城乡总体规划（2013-2030）》，规划园区供热采用集中供热锅炉房，位于泽平路和东岳大道交叉口西北，占地 4.24hm²，锅炉房内分别设 116MW 高温热水锅炉 4～5 台，并预留 2～3 台 40t/h 蒸汽锅炉位置，以考虑工业区生产用热负荷。同时，在无法实施集中供热的区域，积极采用太阳能、地热、电能、天然气等多种环保型供热方式。远期热源为县域南部热电厂，热电厂作为热源时，供热锅炉房作为调峰热源。

（4）热负荷预测

针对园区供热现状，近期规划供热率为 90%，远期规划供热率达到 95%，见表 10-4。

远期供暖热负荷预测表 表 10-4

建筑类型	用地面积（hm²）	容积率	供热率（%）	热负荷指标（W/m²）	热负荷（MW）
居住	18.56	2.0	95	40	14.11
公建	80.4	1.5	95	50	57.28
工业	79.59	1.0	95	70	52.93
合计	178.55				124.32

（5）管网规划

选用热水作为供热热媒。根据《城市热力网设计规范》CJJ 34—2010，供 / 回水温度选用 95℃ /70℃热水。100℃以下热水可直接供应用户，无需热交换器且又运行安全的优点。供热循环水水质应满足溶解氧小于或等于 0.1mg/L，总硬度小于或等于 0.7mg-N/L，悬浮物小于或等于 20mg/L，PH（25℃时）大于 7 的标准。

热水供热管网采用闭式双管制，以环状管网为主。规划供热管径时，比摩阻取 20 ～ 250Pa/m。

为方便维修，节省维修费用和保证中心城区美观，管线尽量沿道路布置。考虑热负荷的变动情况及为规划负荷留有余地，建设管网时应采用管道走廊一次规划，分期实施。

热力管道采用地下直埋敷设在道路的东、南侧。敷设时必须考虑热胀冷缩的变化，设置伸缩器。

为保障供热的可靠性，规划热网采用环状管网为主，枝状为辅，布置管路上应设置分段阀、分枝阀，管高处应设排气阀，低处设排水阀，直线管段还应设有必要数量的补偿器。阀门、管件处还应设置检查井。管道管径小于 300mm 时采用无缝钢管聚氨酯塑料材料保温的直埋管，管径大于 300mm 时采用螺旋缝焊接钢管，聚氨酯塑料材料保温的直埋管，管顶覆土不小于 1m。

7. 管线综合规划

各种管线应统一规划，统筹安排，管线设计采用统一的城市坐标和标高体系。

各种管线均与道路中心线平行布置，从道路红线向道路中心线方向布置次序宜为：电力电缆、电信电缆、给水管道、供热管道、燃气管道、雨水管道、污水管道。本次规划电力电缆、燃气管道、给水管道、雨水管道在道路的西侧和北侧，电信管线、供热管道、污水管道在道路的东侧和南侧。

道路横断面上，几种管线交叉时的位置一般自上而下为电信电缆、热力管、电力电缆、燃气管、给水管、排水管。各种管线之间，管线与建筑物、构筑物之间的最小水平净距离及交叉时最小垂直净距应参照国家的有关规范执行。

管线工程综合规划是对中心城区给水、排水、供热、电力和电信线路，按《城市工程管线综合规划规范》GB 50289—98 的要求进行的综合规划。

第十一章　农村新社区建设的土地流转

第一节　土地流转的含义和原则

一、土地流转的背景

土地流转和多种形式规模经营，是发展现代农业的必由之路，也是农村改革的基本方向。在土地流转实践中，必须要求各地区原原本本贯彻落实党中央确定的方针政策，既要加大政策扶持力度、鼓励创新农业经营体制机制，又要因地制宜、循序渐进，不搞大跃进，不搞强迫命令，不搞行政瞎指挥。特别要防止一些工商资本到农村介入土地流转后搞非农建设、影响耕地保护和粮食生产等问题。要注意完善土地承包法律法规、落实支持粮食生产政策、健全监管和风险防范机制、加强乡镇农村经营管理体系建设，推动土地流转规范有序进行，真正激发农民搞农业生产特别是粮食生产的积极性。

2015 年中央一号文件指出，稳步推进农村土地制度改革试点。在确保土地公有制性质不改变、耕地红线不突破、农民利益不受损的前提下，按照中央统一部署，审慎稳妥推进农村土地制度改革。分类实施农村土地征收、集体经营性建设用地入市及宅基地制度改革试点。制定缩小征地范围的办法。建立兼顾国家、集体、个人的土地增值收益分配机制，合理提高个人收益。完善对被征地农民合理、规范、多元保障机制。赋予符合规划和用途管制的农村集体经营性建设用地出让、租赁、入股权能，建立健全市场交易规则和服务监管机制。依法保障农民宅基地权益，改革农民住宅用地取得方式，探索农民住房保障的新机制。

中共中央办公厅、国务院办公厅下发的《关于引导农村土地经营权有序流转发展农业适度规模经营的意见》（2014 年 11 月 20 日）提出，全面理解、准确把握中央关于全面深化农村改革的精神，按照加快构建以农户家庭经营为基础、合作与联合为纽带、社会化服务为支撑的立体式复合型现代农业经营体系和走生产技术先进、经营规模适度、市场竞争力强、生态环境可持续的中国特色新型农业现代化道路的要求，以保障国家粮食安全、促进农业增效和农民增收为目标，坚持农村土地集体所有，实现所有权、承包权、经营权三权分置，引导土地经营权有序流转，坚持家庭经营的基础性地位，积极培育新型经营主体，发展多种形式的适度规模经营，巩固和完善农村基本经营制度。

土地问题涉及亿万农民切身利益，事关全局。各级党委和政府要充分认识引导农村土地经营权有序流转、发展农业适度规模经营的重要性、复杂性和长期性，切实加强组织领导，严格按照中央政策和国家法律法规办事，及时查处违纪违法行为。坚持从实际出发，加强调查研究，搞好分类指导，充分利用农村改革试验区、现代农业示范区等开展试点试验，认真总结基层和农民群众创造的好经验好做法。加大政策宣传力度，牢固树立政策观念，准确把握政策要求，营造良好的改革发展环境。加强农村经营管理体系建设，明确相应机构承担农村经管工作职责，确保事有人干、责有人负。各有关部门要按照职责分工，抓紧修订完善相关法律法规，建立工作指导和检查监督制度，健全齐抓共管的工作机制，引导农村土地经营权有序流转，促进农业适度规模经营健康发展。

二、土地流转的含义

土地流转是指土地使用权流转，土地使用权流转的含义是指拥有土地承包经营权的农户将土地经营权（使用权）转让给其他农户或经济组织，即保留承包权，转让使用权。可以通过转包、转让、入股、合作、租赁、互换等方式出让经营权，鼓励农民将承包地向专业大户、合作社等流转，发展农业规模经营。

土地流转，即农村集体土地流转，包括所有权流转和使用权流转。所有权流转指的是国家土地征收和农村集体经济组织之间土地互换，使用权流转指的是农村集体经济组织的农用地流转和建设用地流转。农村土地承包经营权流转就是农村集体经济组织农用地流转的方式之一，包括转让、出租、入股、抵押、反租倒包和委托耕作等多种形式。狭义的土地流转就是农村土地承包经营权流转，而且是在农户保留土地承包权的前提下流转土地经营权。加快推进农业现代化，就是要在弥补国家现代化的"短板"，挖掘农民的消费潜力，增加对农业农村基础设施和公共服务的投资，做大做强农业产业，以新产业、新业态和新模式培育新的经济增长点，这对于全面建成小康社会至关重要。

从统筹城乡发展的角度上讲，我国目前情况下的土地流转有两种类型：第一种类型是集体建设用地使用权流转，城市化过程中农村土地的集体所有转变为国家所有，国家通过拍卖、规划、出租等形式转变土地经营权。这种土地流转形式改变了土地利用属性，也可称之为土地城市化流转，这种土地流转形式主要发生在市郊农村。第二种类型是农用地使用权流转，这种土地流转形式不改变土地农业用途，主要是农业内部的流转，也可以称之为土地农用流转，这种类型的土地流转形式主要发生在边远农村。

农村土地流转是指农村家庭承包的土地通过合法的形式，保留承包权，将经营权转让给其他农户或其他经济组织的行为。农村土地流转是农村经济发展到一定阶段的产物，通过土地流转，可以开展规模化、集约化、现代化的农业经营模式。农村土地流转其实指的是土地使用权流转，土地使用权流转的含义，是指拥有土地承包经营权的农户将土地经营权（使用权）转让给其他农户或经济组织，即保留承包权，转让使用权。

农村土地流转形式多种多样，各有千秋，它们之间既相互独立又紧密相连。当前，主要的土地流转方式有：

（1）转包。承包方将自己承包期内的部分或全部土地，在一定期限内以一定条件转给第三者，承包方与发包方仍按原承包合同履行权利和义务。这种形式的流转没有改变土地的所有权，只是使用权发生一定的变化，它可以大大地提高土地的利用率。

（2）转让。指承包方经发包方同意，将全部或者部分土地承包经营权转给其他从事农业生产经营的农户，由该农户同发包方确立新的承包关系，原承包方与发包方在该土地上的承包关系即行终止。这种形式在当前农村比较多见。

（3）互换。承包方之间或集体经济组织之间为各自需要和便于耕种管理，交换其承包地块。互换后原土地承包合同规定的权利义务有的仍由原承包者承担，有的经发包方同意后随互换而转移。这种互换的形式比较灵活实用，效率比较高。在农村经济比较活跃的地方经常可见。

（4）入股。即承包方将土地承包经营权量化为股权，农民凭股权入股组成土地股份合作社或股份公司，合作社或股份公司对土地实行招标承包，或对外租赁，或者直接开发，农民按股分红，土地按股份经营。这种形式具有规模化、现代化的特点，在农村已开始出现。

（5）租赁。租赁是指农民作为出租人将土地使用权随同土地土的建筑物、其他附着物租赁给承租人使用，由承租人向出租人支付租金的行为，这种行为不改变承包方与发包方的承包关系，承包农户将承包土地租给第三方经营，并收取一定租金。这种形式的特点是土地作为一种稀缺资源，其以收取租金来衡量土地的经济效益，把土地纳入市场范围。

（6）反租倒包。指乡政府或村委会向农户支付一定的租金，把农户已经承包的土地收归集体，再由集体转租给外来的公司、大户，或者"倒包"给本乡、本村的其他农户，收取租金。这种形式可以使农村土地进行规模化经营，但其在很大程度上是一种不平等、信息不对称的"交易"，不符合市场规则。在现行土地制度下，要把它作为成功的经验提倡和推广，是不可取的。

（7）其他形式：

1）代耕。是指暂时无力或不愿经营承包地的农户，经自行协商临时把承包地交由别人（大多是亲友）代耕代种，原承包合同关系不变，时间、条件一般由双方口头约定（在许多地方，转包者都要求代耕方负担税费）。这种形式因为简单明了、手续简便，成为当前农村土地流转中最为普遍的一种形式。

2）换耕。指单个或部分承包户主动或在村委会指导下与本村其他承包户自愿调整地块，使承包地连片集中的行为。互换本身是一种流转形式，又对其他形式的流转起推动作用，且有利于土地的连片集中和规模经营。《农村土地承包法》也肯定这种土地流转方式。

3）公司＋农户。是指大的涉农企业或农业产业化龙头企业为主体，在乡镇政府或村级组织的支持下，与农户直接签订合同，租赁大量连片土地从事农业开发，出租土地的农民可以在企业上班。这实际上也是第五种流转方式中的一个特例，其特点是农民在获得租金收入的同时，还可实现不离乡就业。这种现象大多发生在农业产业化程度较高、龙头企业实力较强的地方。

三、农村土地流转的原则

根据《农村土地承包法》第33条的规定，我国农村土地承包经营权流转应当遵循以下五项原则：

1. 平等协商、自愿、有偿原则

尊重农民意愿。坚持农民主体地位，维护农民合法权益，把选择权交给农民，发挥其主动性和创造性，加强示范引导，不搞强迫命令、不搞一刀切。坚持农村土地集体所有权，稳定农户承包权，放活土地经营权，以家庭承包经营为基础，推进家庭经营、集体经营、合作经营、企业经营等多种经营方式共同发展。其有三层含义：第一，平等协商。参与农村土地承包经营权流转的双方当事人处于平等的地位，这是发展市场经济的内在要求，也是流转的基础和前提。也就是说，参与流转的双方当事人应该是平等的民事主体。流转双方均不得将自己的意志强加给另一方，必须通过协商、共同决定土地流转的条件、形式、内容和期限等。第二，自愿。参与土地流转的双方当事人都是出于自己的意愿参与流转的，不存在任何一方强迫或者胁迫另一方。尤其是必须充分尊重农民意愿，农民的承包土地是

否流转由农民自主决定，任何组织和个人不得强迫或阻碍农民进行土地承包经营权流转。第三，有偿。农村土地承包经营权流转不是无偿进行的，应当获得一定的报酬。至于流转所获报酬的支付时间、方式、具体数额等，则由流转双方进行协商、共同决定。农民有从土地流转中获得合法收益的权利，并且所获得的收益受法律保护，任何组织和个人不得截留、扣缴。

2. 不改变土地所有权的性质和土地的农业用途

守住政策底线。坚持和完善农村基本经营制度，坚持农村土地集体所有，坚持家庭经营基础性地位，坚持稳定土地承包关系，不能把农村土地集体所有制改垮了，不能把耕地改少了，不能把粮食生产能力改弱了，不能把农民利益损害了。坚持以改革为动力，充分发挥农民首创精神，鼓励创新，支持基层先行先试，靠改革破解发展难题。农村土地承包经营权流转的对象不是土地所有权，而是承包方依法享有的土地承包经营权。农村土地归集体所有，因此，必须明确的是，在土地流转过程中，承包地的所有权权属关系是不能变更的，土地所有者的权益也不能受到损害。而且，农村土地承包经营权流转后，土地的农业用途不得擅自改变，也不允许将农业用地用于非农建设。农业用地既是农业生产力的载体，又是农民赖以生存并提供社会财富的生产资料和生活资料。实行土地用途管制是我国进行土地管理的一项重要制度，农地只能农用。因此，在农村土地流转的过程中必须坚持重点保护农业用地，确保农地面积不再减少。

3. 流转的期限应当限定在承包期原则

在农村土地承包经营权流转实践中，应该签订流转合同，其中应该对流转期限加以限定。流转期限最长到承包期到期为止，也就是说，在签订的土地流转合同中，流转期限不能超过土地承包合同尚未履行的剩余时间。例如，在承包合同上承包期为30年的话，在履行了承包合同20年之后再进行土地承包经营权流转，这时土地流转的期限就不能超过10年。

4. 受让方须有农业经营能力原则

坚持循序渐进。充分认识农村土地制度改革的长期性和复杂性，保持足够历史耐心，审慎稳妥推进改革，由点及面开展，不操之过急，逐步将实践经验上升为制度安排。坚持依法、自愿、有偿，以农民为主体，政府扶持引导，市场配置资源，土地经营权流转不得违背承包农户意愿、不得损害农民权益、不得改变土地用途、不得破坏农业综合生产能力和农业生态环境。必须明确的是，不是所有的个人和经济组织都可以参与农村土地承包经营权流转实践的，农村土地流转应当主要在从事农业生产经营的农户之间进行。工商企业可以开发农业，但应主要从事农业产前、产中、产后的服务、农产品的加工营销以及进行"四荒"的开发，采取订单农业和"公司＋农户"的方式，带动农户发展产业化、规模化经营。我国人多地少，人地矛盾突出，而土地作为农民基本的生产资料和生活来源，一旦放开工商企业和城镇居民到农村租赁和经营农户承包地的限制，会存在很多令人担忧的隐患。目前的政策对于工商企业长时间、大面积租赁和经营农户承包地的做法并不提倡，因为这样做可能造成土地兼并，使农民成为新的雇农甚至无业者，危害整个国家和社会的稳定。在我国租赁农户承包地的外商，必须是农业生产加工企业或农业科研推广单位，不准其他企业或单位来租赁经营农户承包地。这样的规定可能造成农户在农业生产的资金、技术等方面的不足，再加上农户自身观念上的差异，这就会导致土地不能发挥其最大效能。不过，综合全面来看，特别是从我国目前的农业发展水平来看，这一原则还是利大于弊的。

5. 同等条件下本集体经济组织享有优先权原则

坚持因地制宜。充分考虑各地资源禀赋和经济社会发展差异，鼓励进行符合实际的实践探索和制度创新，总结形成适合不同地区的"三权分置"具体路径和办法。坚持经营规模适度，既要注重提升土地经营规模，又要防止土地过度集中，兼顾效率与公平，不断提高劳动生产率、土地产出率和资源利用率，确保农地农用，重点支持发展粮食规模化生产。农村土地属于集体所有，因此，本集体经济组织成员作为土地所有者的一员，对土地享有特殊的权益。农村土地承包经营权流转，改变的是土地使用权，而不是土地所有权。所以，土地流转虽然是按照市场原则进行的，同时也应该注意照顾土地所有者，即维护本集体经济组织成员的利益。在土地流转中，如果出现两个以上的受让方竞争土地承包经营权时，在各受让方关于流转费用和流转时间等方面的条件相同的情况下，那么优先权应当归属于本集体经济组织成员的受让方。这样是为了保护土地所有者本集体经济组织成员的土地权利，同时也体现了本集体经济组织成员作为土地所有者的特殊地位。

四、我国土地流转中存在的问题

1. "资本入村"带来的风险

目前土地流转中出现"资本入村"的现象，在其过程中农民失地"出局"风险也引发关注。比如，流转中出现"以租代征"苗头，农民存在失地风险；"打包租地、搭车征地"，需求不足导致的流转率"虚高"；甚至出现农民在违背自己意愿的情况下被迫离开自己土地。其他方面的隐患还有：将非经营性建设用地强行转化为经营性建设用地，强制农民进行土地流转，甚至占用农民耕地等乱象在各地时有发生。用地失控现象屡见不鲜，侵害了农民自身的权益。土地流转用途缺乏更细化的管理规定，"资本入地"也缺乏相应的退出机制。有些试点地区，农村土地经营权过度集中在村委会手中，村干部与村民的信息严重不对称，村民缺乏话语权和决策权。究其根源是目前土地流转进入门槛不严，从而对进入的工商资本缺乏有效监管和制约。

2. 农村土地流转缺乏市场化机制

一是土地流转市场尚未形成，缺乏中介服务。土地流转主要依靠自发进行和政府推动，想转出土地的农户寻找流转对象难度较大，而具有一定规模的种植大户、农业企业却苦于和一家一户的谈判费时费力又不能保证连片发展的规模，使土地流转空间狭窄，流转成本增大，严重影响了土地流转的速度、规模和效益。土地流转缺乏中介组织，信息传播渠道的不通畅，在很大程度上延缓了土地流转的进程。二是土地流转存在较大风险，缺乏对农民利益的保护机制。在土地流转前，缺乏对种植大户和企业业主农业经营能力的资格审查和评估的市场准入机制。在土地流转后，又缺乏对农民利益的保护机制。流转业主一旦经营上出现失误，无法履约，一跑了之，常常给参与流转的农户造成巨大的经济损失。造成损失后，又没有有效的补偿办法，风险由农民和政府承担。三是农民的流转收益缺乏增长机制。在流转合同的约定上，农民土地流转收益一般是不变的，流转期间不再调整租金，流转收益没有随经济的不断发展得到相应增长。

3. 农村土地规模流转难度较大

农村土地能否进行流转，很大程度上取决于农民的就业问题能否得到解决，能否有稳定、可靠的非农收入，能否引进讲信誉、有实力的业主，能否选准、选好产业发展项目。而当前农村劳动力转移，以外出打工为主要方式，只是一些有一定文化知识和劳动技能的青壮年，其他家庭成员大多仍居住农村并从事农业生产，这部分人依靠承包地收入维持基本生活。所以，如果没有良好、稳定的预期经济收益保障，很多人宁愿粗放经营，甚至不惜撂荒，也不肯进行土地流转。

4. 农村土地流转管理亟待加强

一是二轮土地承包需要进一步完善。承包合同不完善，承包双方权利义务关系不明确，承包纠纷时有发生；地方土地承包台账管理不健全，土地经营权证、承包合同、台账与实际承包地块不一致。二是土地流转管理滞后。土地流转主管部门虽然制定有规范的操作规程和土地流转合同文书格式，但缺乏完整的政策体系，缺乏现代化的工作手段，在一些地方土地流转仍然处于自发、无序的状态，许多流转采取口头协议，不通过签订书面合同来规范双方的权利和义务，即使签订合同也存在手续不规范、条款不完备等问题，纠纷隐患较多。三是管理机构和经费不到位。缺乏统一规范的土地承包和流转管理机构。土地承包管理有名无实，土地流转管理处于真空状态，影响了土地流转的规模和效益。

5. 乡村基层组织工作力度不大

对于农村土地流转基层干部存在求稳怕乱、少找麻烦的思想，工作不到位，引导不力，服务滞后，影响了土地流转规模经营与规范化管理的进程。村级组织在协调引导、土地调剂、矛盾处理、监督管理方面，没有发挥好应有的作用。

第二节　土地流转的特征和意义

一、目前土地流转的主要特征

近年来，在农业生产力不断提高的内部因素和国家政策支持的外部因素的共同推动下，土地流转在全国如火如荼地开展。目前，我国的土地流转已经进入规范化阶段，在新的历史形势下显示出了新的时代特征。

1. 土地流转规模扩大化

以往，我国的土地流转都是在没有政策支持或者没有法律保障的情况下进行的小规模、隐蔽性的流转。近年来国家不断出台了各项政策措施和法律，保证了土地流转的公开化、有序化和规范化进行，这也使得土地流转的规模不断扩大。

农村土地承包经营权流转自 20 世纪 80 年代初开始出现，并逐步从沿海向内地扩展，在较长时期内流转的规模是稳定的，一般占家庭承包耕地面积的 4.5% 左右。近年来，与工业化、城镇化特别是与农村大量劳动力进城务工就业相适应，农村土地流转明显加快。截至 2014 年 6 月底，全国家庭承包经营耕地流转面积 3.8 亿亩，占到家庭承包耕地总面积的 38.8%。确权登记消除了农民流转承包地的顾虑，增强了新型农业经营主体对流转土地长期投入的信心，推动了农业适度规模经营。截至 2017 年年底，河北省土地流转面积为 2801.8 万亩，占家庭承包耕地总面积的 33.3%，比 2016 年年底提高 2.3 个百分点。农业适度规模经营发展，促进了河北省新型农业经营主体的快速崛起。截至 2017 年年底，全省在工商部门登记注册的家庭农场 30157 家，农民合作社 115950 家，分别比上年增长 28.8%、6.5%。

从以上数据可以看出，无论全国还是地方，土地流转的规模都在不断扩大。这推动了我国的土地规模经营，提高了传统农业的经济效益，加速了我国农业现代化的进程。从经济学的角度看，根据土地报酬递减规律，在一定面积的土地上仅靠追加单个生产要素，当追加到一定程度时，会使投入的报酬递减，其原因在于狭小的土地规模使得新技术、资金及机器设备得不到充分利用，而单靠追加劳动难以提高土地报酬。我国的家庭联产承包责任制将农村土地按家庭人口、土地肥力、居地远近分配给农户，这往往导致地块分散，规模狭小，这种细碎化的土地经营模式增加了农业生产的成本，土地利用的递减率逐渐增大，农业经济效益下降。因而土地规模经营已成为发展现代农业、繁荣农村经济的重大战略举措。但是这种规模经营要因地制宜。我国土地面积分布广泛，各地的土地状况各具特色，且各地的非农产业和市场发展程度又不相同，因此要根据当地的土地状况和市场需求，发展适度的规模经营。如果过度，它可能会产生农民非农就业困难、技术水平和管理水平无法适应、投资不足等问题，反而降低了农业的生产效率，造成规模不经济。土地流转规模的扩大化，适应了现代农业的需求，是新时期我国土地流转的显著特征之一。

2. 流转模式多样化

国家多个文件中强调要健全我国严格的农村土地制度，建立土地承包经营权流转市场。以市场为指导的土地流转，可以充分发挥市场机制的作用，优化土地资源配置，创新土地流转的模式。

目前，我国的土地流转有以下几种主要模式：

（1）个体型土地流转模式。它是指土地承包户以个体的身份或家庭为单位把承包的土地通过让、租、互换的形式给其他人从事农业生产经营，或者是土地承包户或其他个人、家庭承接农户承包土地从事农业生产经营，其强调主体是个人或家庭承接或出让承包土地，自己从事农业生产经营，此模式的动力是家庭无力耕种土地，或无人耕种，或耕种能力有限，或某些地方耕种条件不好、交通差，又不愿让承包地撂荒，把自己的承包地流转给其他人进行生产经营；该模式多以无偿、零租金流转的形式转出或转入承包地。一般此种模式受农户身体、性别、婚姻因素、区位因素和劳动力禀赋因素影响比较大，多出现于农户劳动禀赋相对较低及偏远地区，模式简单便于农户操作，但是，存在很多潜在的隐患。

（2）向专业大户流转模式。它是指熟悉农业种植和养殖技术并且具备一定资金实力的农民，通过各种形式承包土地获得流入土地承包经营权，实行规模经营。这种流转模式的重要特点是"分时承包"，即在不改变土地承包权的基础上，土地经营权一是可实行季节性流转，经营者根据生产需要向土地原承包人包租土地一个生产季节，种一季包一季，同块地在不同季节由不同经营者经营；二是承包一定年期，即在不改变土地承包权、不改变土地用地的基础上，经营者长期包租土地。这种模式是农地流转初始时实行的比较原始的流转形式，特别对于我国大多数现实生产力水平较低的区域，具有很强的现实可行性。

（3）向股份制企业流转模式。它是指拥有土地承包经营权的农户以股权入股企业，按股权分红。这种模式通过股份制的形式把分散的土地集中起来，进行规模化经营、专业化生产，提高农业的比较效益。目前，我国农业的粮食产量已经接近发达国家的水平。但是农业的劳动生产率却远远低于发达国家，因此，提高农业的比较效益、降低农业成本，关键在于提高农业生产效率，实现规模化生产和经营。

（4）向合作组织流转模式。这种模式是指农民以其承包的土地为基础资金，组成合作经济组织，由合作经济组织经营土地，农户只需定期获取分红的土地流转模式。它充分发挥集体的优势以提高土地经济效益，增加农民收入。合作组织既可以是具有独立法人资格的生产企业或者经营企业，又可以是农民群众自发组织的服务性社团组织形式。在其内部经济关系上，组织的生产资料归合作制内成员集体占有、由集体商量支配使用。在经营上，组织成员根据协议或合同共同使用生产资料，生产者是以主人的身份参与支配生产资料，进行生产经营活动。

（5）向龙头企业流转模式。农民把土地承包经营权委托村委会或者自主流转给龙头企业，采取出租、入股等方式，由龙头企业经营。这些龙头企业一般主要从事农产品的加工、冷藏和运销，形式规模化经营。农户把土地流转给这些企业，由企业强化农地资源的开发，增加投入，促使土地增加产出和产值。

（6）土地合作社模式。这是近年来在发达地区兴起的一种土地流转模式。一般合作社是以货币或实物出资，而土地合作社主要出资方式是农民的土地收益权。农民自愿把土地共同"存储"到合作社里，实现规模化经营，农民获取相应的收益分红。

3. 流转主体多元化

以往，土地的流转大部分是农户之间的小规模流转。近年来，在市场机制的作用下，流转主体呈多元化发展的趋势。从流转模式的多样化中可以看出，流转主体除了农户外，工商企业、农业产业化龙头企业、农民专业合作组织等也纷纷进入农村的土地流转。这些主体的进入使得土地流转的关系十分复杂，发生的土地纠纷也随之增多。有关法院统计数据显示，近年来土地流转纠纷呈现诉讼主体多元化，法律关系复杂化，涉讼对象多样化的趋势。

二、农村土地流转的意义

开展农村土地征收、集体经营性建设用地入市、宅基地制度改革，是党的十八届三中全会《中共中央关于全面深化改革若干重大问题的决定》提出的明确任务。土地制度是国家的基础性制度，在实践基础上形成的中国特色土地制度为我国经济社会发展做出了历史性贡献。随着实践发展和改革深入，现行农村土地制度与社会主义市场经济体制不相适应的问题日益显现，必须通过深化改革来破解。改革完善农村土地制度，有利于健全城乡发展一体化体制机制，有利于建立城乡统一的建设用地市场，有利于推进中国特色农业现代化和新型城镇化。

近年来，原农业部开展了以土地征收、农村集体经营性建设用地流转和宅基地制度为主要内容的改革试点，各地也结合实际进行了积极探索，为改革完善农村土地制度积累了经验。农村土地制度改革牵一发而动全身，涉及重要法律修改，涉及重大利益调整，涉及农村集体经济组织制度、村民自治制度等重要制度的完善，必须根据中央统一部署，按照守住底线、试点先行的原则平稳推进。

改革开放之初，在农村实行家庭联产承包责任制，将土地所有权和承包经营权分设，所有权归集体，承包经营权归农户，极大地调动了亿万农民积极性，有效解决了温饱问题，农村改革取得重大成果。现阶段深化农村土地制度改革，顺应农民保留土地承包权、流转土地经营权的意愿，将土地承包经营权分为承包权和经营权，实行所有权、承包权、经营权（以下简称"三权"）分置并行，着力推进农业现代化，是继家庭联产承包责任制后农村改革又一重大制度创新。"三权分置"是农村基本经营制度的自我完善，符合生产关系适应生产力发展的客观规律，展现了农村基本经营制度的持久活力，有利于明晰土地产权关系，更好地维护农民集体、承包农户、经营主体的权益；有利于促进土地资源合理利用，构建新型农业经营体系，发展多种形式适度规模经营，提高土地产出率、劳动生产率和资源利用率，推动现代农业发展。各地区各有关部门要充分认识"三权分置"的重要意义，妥善处理"三权"的相互关系，正确运用"三权分置"理论指导改革实践，不断探索和丰富"三权分置"的具体实现形式。

在新的历史时期，全面深化农村土地制度改革，促使农村土地的所有权、承包权、经营权三权分置，这是农村现有的生产力与生产关系的一次重大调整，将极大地解放生产力，产生深远的历史影响。

古今中外的历史实践表明，与广大农民最密切相关的就是土地问题。如果把十一届三中全会后在农村推行的家庭承包制当作"第一轮土地改革"，那么自十八届三中全会通过《中共中央关于全面深化改革若干重大问题的决定》之后在农农村开展的"深化农村土地制度改革"，就可称之为"第二轮土地改革"。2014 年年初，中共中央、国务院印发了《关于全面深化农村改革加快推进农业现代化的若干意见》，其中第四部分对"深化农村土地制度改革"集中作了阐述。2014 年 11 月中共中央办公厅、国务院办公厅公布实施的《关于引导农村土地经营权有序流转发展农业适度规模经营的意见》，无疑是推进"第二轮土地改革"的又一纲领性文件。

"三权分置"的改革，首先将有利于农村土地的规模化、集约化生产经营，有利于农村各种新型经营组织的发展，有利于农业现代化的发展，有利于大幅度提高农业生产效率，并强有力地保障国家粮食安全。其次，农村土地的集中经营和生产效率提高，有利于进一步转移和解放农村劳动力，使大批农村劳动力在现代农业经营组织中重新就业，与新型城镇化形成良性互动，并为城乡居民享受公平统一的社会保障创造有利条件。再次，"两权分离""三权分置"的改革过程中，必然伴随着农村土地价值的重估，这将大幅度增加农村居民的财产性收入。在落实农村土地集体所有权的基础上，稳定农户承包权、放活土地经营权，允许承包土地的经营权向金融机构抵押融资。现在，全国农户承包的土地有十几亿亩，如果在土地确权后其土地经营权能够向金融机构抵押融资，还将使广大农民获得巨大的信贷资金，用于生产经营，多种生产要素的市场化配置得以实现，农业规模化生产的效率将大幅度提高。

1. 有利于增加农民收入

农村土地流转，最直接的效益就是增加了农民收入。通过入股、转让、出租等流转形式，将连片土地集中由少数人来开发经营，既可以防止土地抛荒，又可以达到合理利用土地、增加农民收入的目的。

2. 有利于促进农业产业化经营

通过土地流转，使土地相对集中，部分农民可以耕种更多的土地，有利于解决土地使用权的分散化与土地规模经营的矛盾，发展适度规模经营。过去主要是一家一户分散经营，生产、产品都形不成规模，市场竞争往往处于劣势，同时有一技之长的种田能手要求扩大规模经营或经营项目，却缺乏土地。土地规模化经营，弥补了土地分散经营的缺陷，有利于大中型机械和高新技术的推广，降低农产品的单位成本，提高农业经济效益，从而促进农业结构的调整，推进农业规模化经营和集约化经营水平，有利于促进农业产业化、规模化生产。

3. 有利于解放农村剩余劳动力

土地的流转使一部分农民可以从土地上解放出来，到城镇从事第二、三产业。土地流转还将改变部分农民"亦工亦农、亦商亦农"的兼业化状态，解除土地对这些农民的束缚，使越来越多的农民"洗脚上岸"，成为彻底的工商业从业人员。

4. 为新型合作经济组织的产生创造了条件

土地流转意味着一些土地相对集中，而土地集中需要有合适的经济组织来经营管理。当今社会生产规模化、经营产业化日趋强烈，一些有识之士抢抓机遇，发展规模经济，开展合作经营。而农民作为土地使用权主体，在处置经营权时，主要考虑安全性和获益最大化，一些农民选择以土地为资本合资合作形式，或以土地入股形式开展股份合作经营，推动了农村新兴合作经济组织的创建和发展。

第三节　农村新社区发展与土地流转

一、农村新社区发展是农村土地流转的时空载体

农村新社区作为一种有效率的制度安排，其本质是处于弱势地位的农民在自愿互助和平等互利的基础上通过经济联合方式将家庭经营的个体劣势转化为群体优势，在更大范围、更广空间、更深程度实现资源优化配置，共享合作带来的经济剩余。社区发展与农村土地流转具有"社区建设促流转，流转推动社区建设"的逻辑互促共赢关系，相辅相成、相互促进。

1. 社区发展利于提高农民组织化程度，使其在土地流转中获得话语权

农民处于弱势地位已成为一种普遍的社会现象，因而更加需要加强合作，以联合起来的集体力量共同抵抗各种利益侵害。作为一种改变单个农业生产者和大市场之间进行不对等交易状况的制度安排，农村社区正发挥着一种独特组织形式的巨大作用，成为提高农民组织化程度、保护农民利益的重要主体力量。农村社区通过政治、经济、文化、社会与生态领域的基本建设，促成辖区范围内广大农民群众共有利益、共同利益的聚合，促进农民利益参与、利益诉求的低成本、规范化、制度化和法制化表达，巩固存量利益、拓展增量利益，实现利益协调与共赢。在农村土地流转中，提高农民组织化程度，确保农民的知情权、参与权和监督权，尤其是重大事项的决策权。充分发挥农村社区的载体功能，保护农民权益，为保障农民公平进入市场、提高农业经济效益提供保障。

2. 社区发展为农村土地流转搭建平台，提供组织化服务

我国农村土地流转仍面临诸多问题，例如流转方式不规范、程序不明晰，权利义务配置不明确，农民权益受损严重等。这些现实问题严重制约着农村土地流转制度的推进。农村社区能够发挥地缘优势，搭建省、市（州）、县（市、区）、乡（镇）、村五级土地流转服务网络体系，为农村土地流转提供政策实施、组织管理、信息沟通和纠纷化解等专业化服务。在农村土地流转中指导并组织各村大力宣传土地流转政策法规，提供政策咨询和信息服务，收集、审核、登记并发布土地流转信息；搭建服务大厅和网络信息平台、构建土地流转信息库，为土地供需双方提供供需信息发布、土地测量评估、合同范本、法律咨询、

动态监管、纠纷解决等专业化服务；对土地流转资料进行整理归档。调动社区居民土地流转积极性，在依法、自愿、有偿的原则下，推动农村土地向具备现代农业经营管理资质的集体经济组织、农民专业合作社、龙头企业、种养大户、专业能手等主体集中，最大限度提高土地利用率及产出率，实现土地规模化、集约化经营。

二、农村土地流转是农村新社区发展的助推动力

农村土地流转旨在提高土地资源利用效率，促进农村产业结构调整和农业产业化经营，增加农民收入，为社区建设奠定了坚实的经济基础。

1. 切实保障社区农民土地承包经营权的实现，调动农民的积极性

依法做好分配、调整、普查、登记、确权、颁证的工作，复归土地承包经营权权能，依法保障农民对承包土地的占有、使用、收益等权利，进而保障现有土地承包关系稳定不变，提高农民的积极性，而且将农村劳动力从土地上解放出来，使其能选择进入非农产业工作。

2. 实现社区内各项生产要素的流动

农村土地流转能够有效改善土地资源配置效率，进一步激活农业剩余劳动力的转移。将农村社区的资源资产化、资本化、流动化、市场化，使农村丰富的劳动力、多样化的资源、广阔的水域、富饶的山林草场、肥沃的土地，与外界先进的社会生产要素（人才、资本、技术、良种、品牌、信息、管理）及先进生产方式对接，使农民更充分地参与分享城镇化、市场化、信息化成果，显化集体土地资产价值，促进农民获得财产性收益，真正实现"以工补农、以城带乡"。

3. 实现适度规模经营，发展社区现代农业

通过土地流转扩大经营规模，采用先进的生产工具，聘用具有专业技术的农业工人，批量式采购生产资料，发展家庭农场、专业大户、农民专业合作社等，提高农业组织化程度，促使农业投资曲线呈下降趋势，产生可观的规模利益，增强我国农产品的国际竞争力。我国的农业经济可以实现良性循环，无形中实现农业产业潜在利益的可持续增加。这样，市场在资源配置中会促使现代化的农业经营者出现，这样农村就能摆脱困扰农业现代化的藩篱，以最快速度实现农业现代化。事实上，随着我国综合国力的不断增强，总体上已进入以工促农、以城带乡的发展阶段，具备了工业反哺农业、城市支持农村的能力。近年来中央及各地方政府都出台了一系列支农惠农的政策，使得农村土地流转逐渐得到更多的公共资源和政策支持，从某种程度上为农村社区发展提供契机。

第四节　农村土地流转的指导思想、原则与程序

一、农村土地流转的指导思想

紧紧围绕统筹推进"五位一体"总体布局和协调推进"四个全面"战略布局，牢固树立新发展理念，认真落实党中央、国务院决策部署，围绕正确处理农民和土地关系这一改革主线，科学界定"三权"内涵、权利边界及相互关系，逐步建立规范高效的"三权"运行机制，不断健全归属清晰、权能完整、流转顺畅、保护严格的农村土地产权制度，优化

土地资源配置，培育新型经营主体，促进适度规模经营发展，进一步巩固和完善农村基本经营制度，为发展现代农业、增加农民收入、建设社会主义新农村提供坚实保障。

二、农村土地流转的基本原则

（1）坚持农村土地集体所有权，稳定农户承包权，放活土地经营权，以家庭承包经营为基础，推进家庭经营、集体经营、合作经营、企业经营等多种经营方式共同发展。

（2）坚持以改革为动力，充分发挥农民首创精神，鼓励创新，支持基层先行先试，靠改革破解发展难题。

（3）坚持依法、自愿、有偿，以农民为主体，政府扶持引导，市场配置资源，土地经营权流转不得违背承包农户意愿、不得损害农民权益、不得改变土地用途、不得破坏农业综合生产能力和农业生态环境。

（4）坚持经营规模适度，既要注重提升土地经营规模，又要防止土地过度集中，兼顾效率与公平，不断提高劳动生产率、土地产出率和资源利用率，确保农地农用，重点支持发展粮食规模化生产。

三、农村土地流转的程序

完善"三权分置"办法涉及多方权益，是一个渐进过程和系统性工程，要统筹谋划、稳步推进，确保"三权分置"有序实施。

1. 扎实做好农村土地确权登记颁证工作

确认"三权"权利主体，明确权利归属，稳定土地承包关系，才能确保"三权分置"得以确立和稳步实施。要坚持和完善土地用途管制制度，在集体土地所有权确权登记颁证工作基本完成的基础上，进一步完善相关政策，及时提供确权登记成果，切实保护好农民的集体土地权益。加快推进农村承包地确权登记颁证，形成承包合同网签管理系统，健全承包合同取得权利、登记记载权利、证书证明权利的确权登记制度。提倡通过流转合同鉴证、交易鉴证等多种方式对土地经营权予以确认，促进土地经营权功能更好实现。

2. 建立健全土地流转规范管理制度

规范土地经营权流转交易，因地制宜加强农村产权交易市场建设，逐步实现涉农县（市、区、旗）全覆盖。健全市场运行规范，提高服务水平，为流转双方提供信息发布、产权交易、法律咨询、权益评估、抵押融资等服务。加强流转合同管理，引导流转双方使用合同示范文本。完善工商资本租赁农地监管和风险防范机制，严格准入门槛，确保土地经营权规范有序流转，更好地与城镇化进程和农村劳动力转移规模相适应，与农业科技进步和生产手段改进程度相适应，与农业社会化服务水平相适应。加强农村土地承包经营纠纷调解仲裁体系建设，完善基层农村土地承包调解机制，妥善化解土地承包经营纠纷，有效维护各权利主体的合法权益。

3. 构建新型经营主体政策扶持体系

完善新型经营主体财政、信贷保险、用地、项目扶持等政策。积极创建示范家庭农场、农民专业合作社示范社、农业产业化示范基地、农业示范服务组织，加快培育新型经营主体。引导新型经营主体与承包农户建立紧密利益联结机制，带动普通农户分享农业规模经营收益。支持新型经营主体相互融合，鼓励家庭农场、农民专业合作社、农业产业化龙头企业等联合与合作，依法组建行业组织或联盟。依托现代农业人才支撑计划，健全新型职业农民培育制度。

4. 完善"三权分置"法律法规

积极开展土地承包权有偿退出、土地经营权抵押贷款、土地经营权入股农业产业化经营等试点，总结形成可推广、可复制的做法和经验，在此基础上完善法律制度。加快农村土地承包法等相关法律修订完善工作。认真研究农村集体经济组织、家庭农场发展等相关法律问题。研究健全农村土地经营权流转、抵押贷款和农村土地承包权退出等方面的具体办法。

实施"三权分置"是深化农村土地制度改革的重要举措。各地区各有关部门要认真贯彻中央要求，研究制定具体落实措施。加大政策宣传力度，统一思想认识，加强干部培训，提高执行政策能力和水平。坚持问题导向，对实践中出现的新情况新问题要密切关注，及时总结，适时调整完善措施。加强工作指导，建立检查监督机制，督促各项任务稳步开展。农业部、要切实承担起牵头责任，健全沟通协调机制。各相关部门要主动支持配合，形成工作合力，更好推动"三权分置"有序实施。

农村土地流转是生产资料转化的主要表现，是促进生产力发展的重要措施，也是经济社会发展到一定程度的必然需求。但农村存在着千差万别的差异性，不可用一个固定点模式、统一的标准做出全面的安排。但对于土地流转的基本程序应当有个基本的要求，在这里列举一个地方办理集体建设用地流转的工作的实例，说明土地流转的程序：

（1）申请条件

1）乡镇企业和乡（镇）村公共设施。公益事业建设用地，以及其他经依法批准、用于非住宅建设的集体所有土地。

2）所有权人、使用权人依法取得土地所有权或使用权证书。

3）土地权属没有争议。

4）土地权利的行使未被司法机关、行政机关依法限制。

5）共有的集体土地建设用地使用权已经所有共有人书面同意。

6）属于本行政区域的城市和镇规划区外的集体建设用地。

（2）用地单位提供资料

1）宗地勘测定界图（A4图纸）；

2）村民代表大会会议记录复印件（加盖村委会公章）；

3）用地单位向国土局提交集体建设用地流转申请；

4）村委会向国土局提交的集体建设用地流转申请；

5）乡镇政府出具的改宗地流转意见；

6）村委会机构代码证、法人代表身份证复印件（加盖村委会公章）；

7）用地单位营业执照、机构代码证、法人身份证复印件（加盖公章）；

8）集体土地所有权证书；

9）集体土地使用权证书；

10）勘测定界图一张（大图）、宗地图三张（大图）。

（3）办理程序

1）用地单位提出用地申请，并提供相关资料；

2）测绘队出具宗地勘测图；

3）征求县住房和城乡规划建设局规划意见；

4）指导村集体拟定出让方案报县政府批准；

5）签订出让合同；

6）用地单位向村集体交纳土地出让金；

7）下达建设用地批复，并移交地籍科。

在这个实例中仅说明了农村集体建设用流转的程序，未来将涉及农村农用地的流转、农村宅基地的流转，伴随农村土地产权的流转，不同的地类将会产生一些具体的程序和方法。

第五节　引导农村土地有序流转的主要措施

一、完善"三权分置"的改革

完善"三权分置"办法，不断探索农村土地集体所有制的有效实现形式，落实集体所有权，稳定农户承包权，放活土地经营权，充分发挥"三权"的各自功能和整体效用，形成层次分明、结构合理、平等保护的格局。

1. 始终坚持农村土地集体所有权的根本地位

农村土地农民集体所有，是农村基本经营制度的根本，必须得到充分体现和保障，不能虚置。土地集体所有权人对集体土地依法享有占有、使用、收益和处分的权利。农民集体是土地集体所有权的权利主体，在完善"三权分置"办法过程中，要充分维护农民集体对承包地发包、调整、监督、收回等各项权能，发挥土地集体所有的优势和作用。农民集体有权依法发包集体土地，任何组织和个人不得非法干预；有权因自然灾害严重毁损等特殊情形依法调整承包地；有权对承包农户和经营主体使用承包地进行监督，并采取措施防止和纠正长期抛荒、毁损土地、非法改变土地用途等行为。承包农户转让土地承包权的，应在本集体经济组织内进行，并经农民集体同意；流转土地经营权的，须向农民集体书面备案。集体土地被征收的，农民集体有权就征地补偿安置方案等提出意见并依法获得补偿。通过建立健全集体经济组织民主议事机制，切实保障集体成员的知情权、决策权、监督权，确保农民集体有效行使集体土地所有权，防止少数人私相授受、谋取私利。

2. 严格保护农户承包权

农户享有土地承包权是农村基本经营制度的基础，要稳定现有土地承包关系并保持长久不变。土地承包权人对承包土地依法享有占有、使用和收益的权利。农村集体土地由作为本集体经济组织成员的农民家庭承包，不论经营权如何流转，集体土地承包权都属于农民家庭。任何组织和个人都不能取代农民家庭的土地承包地位，都不能非法剥夺和限制农户的土地承包权。在完善"三权分置"办法过程中，要充分维护承包农户使用、流转、抵押、退出承包地等各项权能。承包农户有权占有、使用承包地，依法依规建设必要的农业生产、附属、配套设施，自主组织生产经营和处置产品并获得收益；有权通过转让、互换、出租（转包）、入股或其他方式流转承包地并获得收益，任何组织和个人不得强迫或限制其流转土地；有权依法依规就承包土地经营权设定抵押、自愿有偿退出承包地，具备条件的可以因保护承包地获得相关补贴。承包土地被征收的，承包农户有权依法获得相应补偿，符合条件的有权获得社会保障费用等。不得违法调整农户承包地，不得以退出土地承包权作为农民进城落户的条件。

3. 加快放活土地经营权

赋予经营主体更有保障的土地经营权，是完善农村基本经营制度的关键。土地经营权人对流转土地依法享有在一定期限内占有、耕作并取得相应收益的权利。在依法保护集体所有权和农户承包权的前提下，平等保护经营主体依流转合同取得的土地经营权，保障其有稳定的经营预期。在完善"三权分置"办法过程中，要依法维护经营主体从事农业生产所需的各项权利，使土地资源得到更有效合理的利用。经营主体有权使用流转土地自主从事农业生产经营并获得相应收益，经承包农户同意，可依法依规改良土壤、提升地力，建设农业生产、附属、配套设施，并依照流转合同约定获得合理补偿；有权在流转合同到期后按照同等条件优先续租承包土地。经营主体再流转土地经营权或依法依规设定抵押，须经承包农户或其委托代理人书面同意，并向农民集体书面备案。流转土地被征收的，地上附着物及青苗补偿费应按照流转合同约定确定其归属。承包农户流转出土地经营权的，不应妨碍经营主体行使合法权利。加强对土地经营权的保护，引导土地经营权流向种田能手和新型经营主体。支持新型经营主体提升地力、改善农业生产条件、依法依规开展土地经营权抵押融资。鼓励采用土地股份合作、土地托管、代耕代种等多种经营方式，探索更多放活土地经营权的有效途径。

4. 逐步完善"三权"关系

农村土地集体所有权是土地承包权的前提，农户享有承包经营权是集体所有的具体实现形式，在土地流转中，农户承包经营权派生出土地经营权。支持在实践中积极探索农民集体依法依规行使集体所有权、监督承包农户和经营主体规范利用土地等的具体方式。鼓励在理论上深入研究农民集体和承包农户在承包土地上、承包农户和经营主体在土地流转中的权利边界及相互权利关系等问题。通过实践探索和理论创新，逐步完善"三权"关系，为实施"三权分置"提供有力支撑。

二、稳定完善农村土地承包关系

1. 健全土地承包经营权登记制度

建立健全承包合同取得权利、登记记载权利、证书证明权利的土地承包经营权登记制度，是稳定农村土地承包关系、促进土地经营权流转、发展适度规模经营的重要基础性工作。完善承包合同，健全登记簿，颁发权属证书，强化土地承包经营权物权保护，为开展土地流转、调处土地纠纷、完善补贴政策、进行征地补偿和抵押担保提供重要依据。建立健全土地承包经营权信息应用平台，方便群众查询，利于服务管理。土地承包经营权确权登记原则上确权到户到地，在尊重农民意愿的前提下，也可以确权确股不确地。切实维护妇女的土地承包权益。

2. 推进土地承包经营权确权登记颁证工作

按照中央统一部署、地方全面负责的要求，在稳步扩大试点的基础上，从2014年起用5年左右时间基本完成土地承包经营权确权登记颁证工作，妥善解决农户承包地块面积不准、四至不清等问题。在工作中，各地要保持承包关系稳定，以现有承包台账、合同、证书为依据确认承包地归属；坚持依法规范操作，严格执行政策，按照规定内容和程序开展工作；充分调动农民群众积极性，依靠村民民主协商，自主解决矛盾纠纷；从实际出发，以农村集体土地所有权确权为基础，以第二次全国土地调查成果为依据，采用符合标准规范、农民群众认可的技术方法；坚持分级负责，强化县乡两级的责任，建立健全政府统一领导、部门密切协作、群众广泛参与的工作机制；科学制定工作方案，明确时间表和路线图，确保工作质量。有关部门要加强调查研究，有针对性地提出操作性政策建议和具体工作指导意见。土地承包经营权确权登记颁证工作经费纳入地方财政预算，中央财政给予补助。

三、规范引导农村土地经营权有序流转

1. 鼓励创新土地流转形式

鼓励承包农户依法采取转包、出租、互换、转让及入股等方式流转承包地。鼓励有条件的地方制定扶持政策，引导农户长期流转承包地并促进其转移就业。鼓励农民在自愿前提下采取互换并地方式解决承包地细碎化问题。在同等条件下，本集体经济组织成员享有土地流转优先权。以转让方式流转承包地的，原则上应在本集体经济组织成员之间进行，且需经发包方同意。以其他形式流转的，应当依法报发包方备案。抓紧研究探索集体所有权、农户承包权、土地经营权在土地流转中的相互权利关系和具体实现形式。按照全国统一安排，稳步推进土地经营权抵押、担保试点，研究制定统一规范的实施办法，探索建立抵押资产处置机制。

2. 严格规范土地流转行为

土地承包经营权属于农民家庭，土地是否流转、价格如何确定、形式如何选择，应由承包农户自主决定，流转收益应归承包农户所有。流转期限应由流转双方在法律规定的范围内协商确定。没有农户的书面委托，农村基层组织无权以任何方式决定流转农户的承包地，更不能以少数服从多数的名义，将整村整组农户承包地集中对外招商经营。防止少数基层干部私相授受，谋取私利。严禁通过定任务、下指标或将流转面积、流转比例纳入绩效考核等方式推动土地流转。

3. 加强土地流转管理和服务

有关部门要研究制定流转市场运行规范，加快发展多种形式的土地经营权流转市场。依托农村经营管理机构健全土地流转服务平台，完善县乡村三级服务和管理网络，建立土地流转监测制度，为流转双方提供信息发布、政策咨询等服务。土地流转服务主体可以开展信息沟通、委托流转等服务，但禁止层层转包从中牟利。土地流转给非本村（组）集体成员或村（组）集体受农户委托统一组织流转并利用集体资金改良土壤、提高地力的，可向本集体经济组织以外的流入方收取基础设施使用费和土地流转管理服务费，用于农田基本建设或其他公益性支出。引导承包农户与流入方签订书面流转合同，并使用统一的省级合同示范文本。依法保护流入方的土地经营权益，流转合同到期后流入方可在同等条件下优先续约。加强农村土地承包经营纠纷调解仲裁体系建设，健全纠纷调处机制，妥善化解土地承包经营流转纠纷。

4. 合理确定土地经营规模

各地要依据自然经济条件、农村劳动力转移情况、农业机械化水平等因素，研究确定

本地区土地规模经营的适宜标准。防止脱离实际、违背农民意愿，片面追求超大规模经营的倾向。现阶段，对土地经营规模相当于当地户均承包地面积10～15倍、务农收入相当于当地二三产业务工收入的，应当给予重点扶持。创新规模经营方式，在引导土地资源适度集聚的同时，通过农民的合作与联合、开展社会化服务等多种形式，提升农业规模化经营水平。

5. 扶持粮食规模化生产

加大粮食生产支持力度，原有粮食直接补贴、良种补贴、农资综合补贴归属由承包农户与流入方协商确定，新增部分应向粮食生产规模经营主体倾斜。在有条件的地方开展按照实际粮食播种面积或产量对生产者补贴试点。对从事粮食规模化生产的农民合作社、家庭农场等经营主体，符合申报农机购置补贴条件的，要优先安排。探索选择运行规范的粮食生产规模经营主体开展目标价格保险试点。抓紧开展粮食生产规模经营主体营销贷款试点，允许用粮食作物、生产及配套辅助设施进行抵押融资。粮食品种保险要逐步实现粮食生产规模经营主体愿保尽保，并适当提高对产粮大县稻谷、小麦、玉米三大粮食品种保险的保费补贴比例。各地区各有关部门要研究制定相应配套办法，更好地为粮食生产规模经营主体提供支持服务。

6. 加强土地流转用途管制

坚持最严格的耕地保护制度，切实保护基本农田。严禁借土地流转之名违规搞非农建设。严禁在流转农地上建设或变相建设旅游度假村、高尔夫球场、别墅、私人会所等。严禁占用基本农田挖塘栽树及其他毁坏种植条件的行为。严禁破坏、污染、圈占闲置耕地和损毁农田基础设施。坚决查处通过"以租代征"违法违规进行非农建设的行为，坚决禁止擅自将耕地"非农化"。利用规划和标准引导设施农业发展，强化设施农用地的用途监管。采取措施保证流转土地用于农业生产，可以通过停发粮食直接补贴、良种补贴、农资综合补贴等办法遏制撂荒耕地的行为。在粮食主产区、粮食生产功能区、高产创建项目实施区，不符合产业规划的经营行为不再享受相关农业生产扶持政策。合理引导粮田流转价格，降低粮食生产成本，稳定粮食种植面积。

四、加快培育新型农业经营主体

1. 发挥家庭经营的基础作用

在今后相当长时期内，普通农户仍占大多数，要继续重视和扶持其发展农业生产。重点培育以家庭成员为主要劳动力、以农业为主要收入来源，从事专业化、集约化农业生产的家庭农场，使之成为引领适度规模经营、发展现代农业的有生力量。分级建立示范家庭农场名录，健全管理服务制度，加强示范引导。鼓励各地整合涉农资金建设连片高标准农田，并优先流向家庭农场、专业大户等规模经营农户。

2. 探索新的集体经营方式

集体经济组织要积极为承包农户开展多种形式的生产服务，通过统一服务降低生产成本、提高生产效率。有条件的地方根据农民意愿，可以统一连片整理耕地，将土地折股量化、确权到户，经营所得收益按股分配，也可以引导农民以承包地入股组建土地股份合作组织，通过自营或委托经营等方式发展农业规模经营。各地要结合实际不断探索和丰富集体经营的实现形式。

3. 加快发展农户间的合作经营

鼓励承包农户通过共同使用农业机械、开展联合营销等方式发展联户经营。鼓励发展多种形式的农民合作组织，深入推进示范社创建活动，促进农民合作社规范发展。在管理民主、运行规范、带动力强的农民合作社和供销合作社基础上，培育发展农村合作金融。引导发展农民专业合作社联合社，支持农民合作社开展农社对接。允许农民以承包经营权入股发展农业产业化经营。探索建立农户入股土地生产性能评价制度，按照耕地数量质量、参照当地土地经营权流转价格计价折股。

4. 鼓励发展适合企业化经营的现代种养业

鼓励农业产业化龙头企业等涉农企业重点从事农产品加工流通和农业社会化服务，带动农户和农民合作社发展规模经营。引导工商资本发展良种种苗繁育、高标准设施农业、规模化养殖等适合企业化经营的现代种养业，开发农村"四荒"资源发展多种经营。支持农业企业与农户、农民合作社建立紧密的利益联结机制，实现合理分工、互利共赢。支持经济发达地区通过农业示范园区引导各类经营主体共同出资、相互持股，发展多种形式的农业混合所有制经济。

5. 加大对新型农业经营主体的扶持力度

鼓励地方扩大对家庭农场、专业大户、农民合作社、龙头企业、农业社会化服务组织的扶持资金规模。支持符合条件的新型农业经营主体优先承担涉农项目，新增农业补贴向新型农业经营主体倾斜。加快建立财政项目资金直接投向符合条件的合作社、财政补助形成的资产转交合作社持有和管护的管理制度。各省（自治区、直辖市）根据实际情况，在年度建设用地指标中可单列一定比例专门用于新型农业经营主体建设配套辅助设施，并按规定减免相关税费。综合运用货币和财税政策工具，引导金融机构建立健全针对新型农业经营主体的信贷、保险支持机制，创新金融产品和服务，加大信贷支持力度，分散规模经营风险。鼓励符合条件的农业产业化龙头企业通过发行短期融资券、中期票据、中小企业集合票据等多种方式，拓宽融资渠道。鼓励融资担保机构为新型农业经营主体提供融资担保服务，鼓励有条件的地方通过设立融资担保专项资金、担保风险补偿基金等加大扶持力度。落实和完善相关税收优惠政策，支持农民合作社发展农产品加工流通。

6. 加强对工商企业租赁农户承包地的监管和风险防范

各地对工商企业长时间、大面积租赁农户承包地要有明确的上限控制，建立健全资格审查、项目审核、风险保障金制度，对租地条件、经营范围和违规处罚等作出规定。工商企业租赁农户承包地要按面积实行分级备案，严格准入门槛，加强事中事后监管，防止浪费农地资源、损害农民土地权益，防范承包农户因流入方违约或经营不善遭受损失。定期对租赁土地企业的农业经营能力、土地用途和风险防范能力等开展监督检查，查验土地利用、合同履行等情况，及时查处纠正违法违规行为，对符合要求的可给予政策扶持。有关部门要抓紧制定管理办法，并加强对各地落实情况的监督检查。

五、建立健全农业社会化服务体系

1. 培育多元社会化服务组织

巩固乡镇涉农公共服务机构基础条件建设成果。鼓励农技推广、动植物防疫、农产品质量安全监管等公共服务机构围绕发展农业适度规模经营拓展服务范围。大力培育各类经营性服务组织，积极发展良种种苗繁育、统防统治、测土配方施肥、粪污集中处理等农业生产性服务业，大力发展农产品电子商务等现代流通服务业，支持建设粮食烘干、农机场库棚和仓储物流等配套基础设施。农产品初加工和农业灌溉用电执行农业生产用电价格。鼓励以县为单位开展农业社会化服务示范创建活动。开展政府购买农业公益性服务试点，鼓励向经营性服务组织购买易监管、可量化的公益性服务。研究制定政府购买农业公益性服务的指导性目录，建立健全购买服务的标准合同、规范程序和监督机制。积极推广既不改变农户承包关系，又保证地有人种的托管服务模式，鼓励种粮大户、农机大户和农机合作社开展全程托管或主要生产环节托管，实现统一耕作，规模化生产。

2. 开展新型职业农民教育培训

制定专门规划和政策，壮大新型职业农民队伍。整合教育培训资源，改善农业职业学校和其他学校涉农专业办学条件，加快发展农业职业教育，大力发展现代农业远程教育。实施新型职业农民培育工程，围绕主导产业开展农业技能和经营能力培养培训，扩大农村实用人才带头人示范培养培训规模，加大对专业大户、家庭农场经营者、农民合作社带头人、农业企业经营管理人员、农业社会化服务人员和返乡农民工的培养培训力度，把青年农民纳入国家实用人才培养计划。努力构建新型职业农民和农村实用人才培养、认定、扶持体系，建立公益性农民培养培训制度，探索建立培育新型职业农民制度。

3. 发挥供销合作社的优势和作用

扎实推进供销合作社综合改革试点，按照改造自我、服务农民的要求，把供销合作社打造成服务农民生产生活的生力军和综合平台。利用供销合作社农资经营渠道，深化行业合作，推进技物结合，为新型农业经营主体提供服务。推动供销合作社农产品流通企业、农副产品批发市场、网络终端与新型农业经营主体对接，开展农产品生产、加工、流通服务。鼓励基层供销合作社针对农业生产重要环节，与农民签订服务协议，开展合作式、订单式服务，提高服务规模化水平。

第十二章　农村新社区历史文化保护规划

　　农村是人类文明的重要承载地，是历史文化的重要传承地。我国拥有 7000 年的农耕文明，由于历史悠久、民族多样、自然条件不同，形成了缤纷灿烂、风情各异的民间文化，广大农村至今保持着极其丰富的历史记忆，以及各具特色的文化遗产。因此，中华民族的文化根基在农村，中华文明的历史文脉在农村。据有关方面统计，在我国政府已公布的近 7 万处各级文物保护单位中约有半数在农村，此外还有大量已登记但未公布或者尚未发现的文物点，构建起数量众多、门类庞杂的物质文化遗产，再加上民族语言、民间文学、民间美术、各种节庆活动等非物质文化遗产，组成了我国农村丰富而又宝贵的历史文化财富。

　　2018 年中央一号文件指出，传承发展提升农村优秀传统文化。切实保护好优秀农耕文化遗产，推动优秀农耕文化遗产合理适度利用。深入挖掘农耕文化蕴含的优秀思想观念、人文精神、道德规范，充分发挥其在凝聚人心、教化群众、淳化民风中的重要作用。划定乡村建设的历史文化保护线，保护好文物古迹、传统村落、民族村寨、传统建筑、农业遗迹、灌溉工程遗产。支持农村地区优秀戏曲曲艺、少数民族文化、民间文化等传承发展。

第一节　农村历史文化保护的意义

一、农村历史文化的相关概念

1. 文化

　　《辞海（1999 年缩印本）》对文化一词的解释是：广义指人类在社会实践过程中所获得的物质、精神的生产能力和创造的物质、精神财富的总和。狭义指精神生产能力和精神产品，包括一切社会意识形态：自然科学、技术科学、社会意识形态。有时又专指教育、科学、文学、艺术、卫生、体育等方面的知识与设施。作为一种历史现象，文化的发展有历史的继承性；在阶级社会中，又具有阶级性，同时也具有民族性、地域性。不同民族、不同地域的文化又形成了人类文化的多样性。作为社会意识形态的文化，是一定社会的政治和经济的反映，同时又给予一定社会的政治和经济以巨大的影响。

2. 文化遗产

　　1972 年联合国教科文组织通过的《保护世界文化和自然遗产公约》第一条对文化遗产作了明确的界定。文化遗产是指"文物：从历史、艺术或科学角度看具有突出的普遍价值的建筑物、碑雕和碑画、具有考古性质的成分或结构、铭文、窟洞以及联合体；建筑物：从历史、艺术或科学角度看，在建筑式样、分布均匀或与环境景色结合方面，具有突出的普遍价值的单立或连接的建筑群；遗址：从历史、审美、人种学或人类学角度看具有突出的普遍价值的人类工程或自然与人联合工程以及考古地址"。简单地说，联合国教科文组织所指的文化遗产，主要是指文物、建筑物及遗址。

《国务院关于加强文化遗产保护的通知》（国发〔2005〕42 号）明确了我国历史文化遗产概念，指出：文化遗产包括物质文化遗产和非物质文化遗产。

（1）物质文化遗产

物质文化遗产是具有历史、艺术和科学价值的文物，包括古遗址、古墓葬、古建筑、石窟寺、石刻、壁画、近代现代重要史迹及代表性建筑等不可移动文物，历史上各时代的重要实物、艺术品、文献、手稿、图书资料等可移动文物；以及在建筑式样、分布均匀或与环境景色结合方面具有突出普遍价值的历史文化名城（街区、村镇）。据不完全统计，目前我国拥有可移动的文化遗产 1200 万件，已知地下、地上不可移动的文化遗产 40 余万处。

（2）非物质文化遗产

非物质文化遗产是指各种以非物质形态存在的与群众生活密切相关、世代相承的传统文化表现形式，包括口头传统、传统表演艺术、民俗活动、礼仪与节庆、有关自然界和宇宙的民间传统知识和实践、传统手工艺技能等以及与上述传统文化表现形式相关的文化空间。

二、农村历史文化保护形势严峻

农村历史文化遗产是不可再生的珍贵资源。随着经济全球化趋势和现代化进程的加快，我国的文化生态正在发生巨大变化，文化遗产及其生存环境受到严重威胁。不少历史文化名村、古建筑、古遗址及风景名胜区整体风貌遭到破坏。大量文物遭到非法交易、盗窃和盗掘，甚至流失海外。在文化遗存相对丰富的少数民族聚居地区，由于人们生活环境和条件的变迁，民族或区域文化特色消失加快。由于缺乏保护、过度开发和不合理利用，许多重要文化遗产消亡或失传。因此，加强文化遗产保护刻不容缓。

1. 现代化进程对农村历史文化的冲击与消解

建立在农耕文明基础上的农村历史文化，具有相对稳定的特点，但在保护与传承的过程中也会随着时代发展、科技进步、经济增长而不断变化自己的存在形式，发生变异。

目前农村社会随着现代化进程的不断推进正发生着巨大的变化，原有的乡村传统秩序和自然风貌已经被打破，取而代之的是开放的、时尚的、理性的现代文化，农村的政治经济结构、社会交往规则、生产生活方式、利益关系以及文化体系等都作出了新的调整，农民的思想价值观念也发生了巨大变迁，呈现出多元化、差异化、民主化、自由化等特征，他们开始认同与追求现代的城市文化，有的人甚至认为乡村传统文化是旧的、无用的，反而缺少了对乡土文化的热情，传统与现代的激烈碰撞最终导致乡村传文化逐渐被淡漠化、边缘化。

现代化进程的加快，对乡村传统文化造成了巨大的冲击与消解，使得许多传统的生活方式和民间习俗已不适应现代社会生活的需要，致使大量节庆文娱活动、民间艺术、语言文学、民族服饰、历史建筑等远离了人们的视野，它们不再是农民生活必需品，现代工业品和城市娱乐生活渐渐进入广大农村，农民现在更离不开的是电脑、电话、汽车等便利的现代用品和丰富多彩的都市现代生活，以致乡村传统文化处于一种十分尴尬和艰难的境地，不少有价值的民间文化就这样萎缩凋零了。

2. 文化赖以生存的环境发生变化

"文化生态是从自然生态引申的概念，是文化发生、发展与自然环境、经济环境、人文环境和社会环境构成的一个相互联系、相互作用的系统"，当其中的某一部分发生改变时，相应的其他部分也会随之发生变化。

我国农村传统文化是多种环境因素共同孕育的结果，它的存在和发展离不开其依附的这种环境。随着城乡发展一体化进程的加快，乡村地区固有的自然与人文环境都发生了剧烈的变化，使得传统文化赖以生存的村落文化生态遭到严重破坏。特别是在城镇化和新农村建设过程中，越来越多的大型项目在农村上马，建设用地需求量日益增长，不但造成农业用地的大幅缩减，还严重导致许多历史积淀深厚的古村落、古民居、古建筑、古街区等文化遗存被大量拆除，给农村文化遗产和传统文化活动留下的生存、发展空间越来越小，进而导致农村传统文化的衰败与消亡。此外，受市场经济的影响，农村社会逐步由封闭走向开放，生产生活方式的改变在给农民带来便利与富裕的同时，也对农村的自然、人文生态造成了一定破坏，改变了传统文化的生存环境。

中国有 56 个民族，每个民族都有独特的文化，值得保护和传承。但现在，在文化遗存相对丰富的少数民族聚居地区，由于人们生活环境和条件的变迁，民族或区域文化特色消失速度加快。如今，一些民族语言，如赫哲语、满语、塔塔尔语、畲语、达让语、阿侬语、仙岛语等，会使用者都不超千人；鄂伦春人狩猎文化、赫哲人渔猎文化逐渐消失在以种植业为主的多种经营的道路上。在现代文明的冲击下，在城市化进程的推动下，在新农村建设的号角声中，这些有着成百上千年历史的民族文化板块正在松动和瓦解，中华民族文化的多样性遭遇前所未有的挑战。

3. 农村文化人才的不足与缺位

农村传统文化的保护与传承需要一支素质高、专业强的文化人才队伍。近年来，国家和地方政府都十分重视乡村基层文化人才的培养，且采取了各种措施，但受城乡二元结构的影响，不少乡村精英人才不断向城市流动，而城市和大中专优秀文化人才又很少主动愿意从事乡村文化事业，使得乡村文化人才队伍建设雪上加霜。

目前，我国美丽乡村建设中文化人才的不足与缺位主要表现为：一是乡村文化专业人才的缺乏，包括乡村规划人才、演艺人才、文化精英等。首先，美丽乡村建设中传统文化的保护与传承涉及诸多方面的知识，是一项专业性很强的工作，需要同时具备文化学、建筑学、历史学、美学、规划学等基础理论知识。但这种复合型的专业人才在农村十分缺乏，他们大都集中在大学、研究院这些地方，由于缺乏科学的规划指导，使得乡村建设实践中问题重重。其次，许多从事乡村文化事业的演艺人才、手工制作人才、书法篆刻人才等，出于生活压力被迫转行，导致土生土长的乡村文化人才不断流失。最后，我国乡村文化人才的总量不足，基数小，专业技术人才和文化建设管理人才都相对缺乏，人才数量储备有待进一步增加。二是文化专职人员整体水平不高，文化队伍不够稳定。随着国家对乡村文化建设的重视，各地方政府加大了对文化人才的招聘，但还是缺少专业级别的人才。尤其是一些乡镇文化专职人员，大都没有从事文化站本职工作，而是被借调处理乡镇其他行政事务，很少开展乡村文化工作。有的文化专职人员由于工资待遇低，而纷纷调离岗位，造成文化人才的大量流失。

4. 农村历史文化保护规划的编制、修改工作滞后

农村历史文化要实现在保护中不断发展，但在大多数情况下并没有分清保护和发展的关系，盲目发展加速了文化遗产的消亡。目前各地都在大肆兴办民俗村，推行民俗旅游，

期望把地方经济发展同历史文化遗产的保护结合起来，但是没有把握好度的问题，一味地靠民俗表演等来谋求经济利益，失去了遗产保护的初衷。

一些农村缺乏历史文化保护规划，或是保护规划的编制、修改工作滞后，一些开发活动造成无序开发和不合理利用，许多重要历史文化遗产正在消失，传统格局和历史风貌遭到严重破坏，对于破坏传统格局、历史风貌和历史建筑的违法行为，也缺乏相应的法律责任追究。一些地方重开发、轻保护，不注重保护真实的历史遗存，新建"假古董"，造成许多历史建筑被损毁。还有的地方保护范围内的道路、供水、排水、供电等市政基础设施落后，历史建筑年久失修，居住环境差，不能满足人们日常生活的需要，甚至存在很大的安全隐患。

三、农村历史文化遗产保护的意义

1. 保护农村历史文化有利于社会发展

历史文化遗产是历史发展的见证，是人类或民族历史研究的重要依据。从漫长的原始社会、奴隶社会、封建社会至今，农村的古街区、古民居、古建筑、劳动用具、生活器具等都是宝贵的文化遗产，都是劳动人民在改造自然，与自然的相互作用中形成的人文文化，是祖先顺应自然创造的物质文化。保护历史文化遗产，研究人类发展历史，喻古明今，有利于促进社会进一步发展。

2. 保护农村历史文化有利于文化传承

在现代世界文化逐渐走向汇流的社会，保护文化遗产，保存和发展祖先留下来的财富，体现自己民族文化的特点，丰富了世界文化的多样性。中华文化上下五千年，博大精深。但是，正如上文所述，我们古老的许多文化都在现代化的冲击下，消失在历史的长河中。保护农村历史文化遗产有利于文化传承。

3. 保护农村历史文化有利于经济增长

有效地保护农村历史文化遗产，并加以合理的旅游开发利用，有利于推动当地经济的发展，提高当地的人民生活水平。文化遗产的保护与旅游的开发并不是水火不相容的，只要处理得当，两者都可以得到良性发展，文化遗产可以成为当地经济的一个持续增长点。但是，首先得认清文化遗产保护与经济增长之间的关系。对文化遗产的开发必须以有效地保护为先，只有文化遗存保护好了，这个经济增长点才不会在短短几年或者十几年里枯竭。在文化遗产和自然遗产地适当发展旅游业，旅游的适度收入可以为保护遗产提供经费支持，为遗产管理提供经济保障。

4. 保护农村历史文化有利于民族自信

农村历史文化遗产是自己祖先创造的文化，是本民族的过去，尊重历史文化就是尊重我们的祖先、尊重我们中国的历史、尊重中华民族的文化。通过对文化遗产的保护、利用可以培养人们爱国主义情感，增强民族自尊心、自信心。中国五千年长河，古老的先辈们创造了博大精深的中华文化，这是中华民族的骄傲。保存这些文化遗产，是我们的义务，是对子孙后代负责的表现。唐太宗说："以史为鉴，可以知兴替"。只有正视自己过去的民族才能走向未来。只有萌发于历史文化传统之上的"新"文化，才更具有根基、底蕴、特色和生命力。社会文明需要新陈代谢，但更新不能摒弃历史，而是在历史基础上发展，是从旧环境中滋生出新的东西。文化遗产是先人遗留给后人具有文化价值的财产，我们有义务保护好祖先的遗产，这分财产不但属于我们，也属于我们的子孙后代，我们有责任有义务把这份祖先的财产传承下去。

第二节　农村历史文化遗产保护的问题与对策

一、我国农村历史文化遗产保护存在的主要问题

1. 法律、法规层面仍需完善

近年来，我国不断新增、完善相关法律法规，以保护我国的物质文化遗产和非物质文化遗产。例如，《中华人民共和国文物保护法》于 1982 年 11 月 19 日通过，1991 年、2002 年、2007 年、2013 年、2015 年、2017 年多次修正。2011 年 6 月 1 日，《中华人民共和国非物质文化遗产保护法》开始实施，标志着我国非物质文化遗产保护走上法制轨道，迈入新的历史阶段。为切实加强历史文化保护工作，国务院、有关部委、地方人大和政府也出台了系列规定与地方法规，然而相对于农村历史文化遗产损坏、消失的速度，相关立法与文件仍显缓慢、乏力。

2. 思想意识仍需提高

保护思想意识落后，主要包括地方领导不重视和村民的保护意识不强两大问题。不少地区的村民没有非物质文化遗产的概念，更不知道其价值所在，再加上非物质文化遗产的保护绩效并不是通过直接的经济效益表现出来的，不能凸显政绩，也造成了地区领导的不够重视。现如今，人们还片面的把新农村建设理解成为建设新的乡村，存在简单的城市化倾向，造成地域特色的丧失。不从思想上认识到保护非物质文化遗产的重要性，那么保护也就成立空谈。

3. 专业队伍力量薄弱

虽然我国从事非物质文化遗产保护工作的人员不少，但是缺乏专业队伍。非物质文化遗产的保护需要更多的具有专业知识的人员参与其中。我国开展大范围的非物质文化遗产保护行动是近几年的事情，相关方面的专业体系还没有建设起来，因此这方面的专业人员还不是很多。在物质经济等条件相对贫瘠的农村，由于现实的问题，专业的保护人员更是少之又少。

4. 专项资金缺乏

农村历史文化遗产保护工作是一个长期工程，也可以说是一项永久性的事业，需要大量的、长期保护资金注入。我国农村新社区建设需要解决的问题很多，而财政支持力度有限，致使非物质文化遗产保护工作开展起来遇到了很多资金方面的问题，保护不全面、保护力度不强等问题也就相继出现。

二、农村历史文化遗产的保护策略

1. 完善法律法规及相关标准，使遗产保护在制度层面上走向规范化

加快制定农村历史文化遗产保护的专项法规、规章，对农村物质文化遗产的认定标准和程序、保护原则和措施、监督管理等方面作出具体规定，将保护工作逐步纳入法制化、科学化、规范化的轨道。

另外，要深入研究各地农村物质文化遗产的特点和共性，争取在近期内形成具有较强

针对性和适用性的农村物质文化遗产保护技术标准、规范。并制定乡规民约，把文化遗产的保护开发写入其中，让农民在保护的同时得到实惠。

2. 加大宣传力度，提高群众的遗产保护意识

广大农民是农村新社区文化建设的主体，也是文化遗产保护的重要力量，保护文化遗产应充分调动村民的积极性，因此要培养他们尊重和保护文化遗产的意识。

要加大宣传法律法规的力度，传授遗产保护的知识和方法，使农民群众认识到保护文化遗产的意义，以及保护文化遗产与其切身利益的关系，培养广大农民群众尊重和保护文化遗产的意识，引导和鼓励他们参与文化遗产保护。要建立和健全文化遗产志愿者和业余文保员制度，加大在农村地区宣传文化遗产保护，使他们自发、朴素的行为变为一种自觉的、有意识的、科学的保护行动。

3. 加大扶持力度，为遗产保护提供政策、资金支持

政府要加大扶持力度，为农村历史文化遗产保护提供优惠性政策，让遗产地农民生活上得到保障、经济上得到实惠。各级政府要将文化遗产保护经费纳入本级财政预算，保障区域内文化遗产保护经费的投入。要充分发挥市场机制作用，积极发展农村文化事业和文化产业，推动社会各方面力量积极参与。要制定和完善有关社会捐赠和赞助的政策措施，动员社会能人、受益群众捐资，调动社会团体、企业和个人参与文化遗产保护的积极性，多渠道解决农村文化遗产的投入问题，建立起政府、社会、集体、个人按比例共同出资承担的多元投入与保护机制。

4. 编制相关规划，对遗产保护工作进行统筹安排

要将物质文化遗产的保护列入农村新社区建设总体规划，推动经济事业、文化事业的共同发展。对农村地区的物质文化遗产资源进行全面普查，全面了解和掌握文化遗产的分布状况、生活环境和保护现状，分类制定保护规划，明确保护范围，建立保护制度。在农村新社区建设过程中，凡涉及文化遗产保护事项的基本建设项目，必须依法接受文化、文物行政部门的评估。若有上位文化遗产保护规划，农村新社区建设规划的制定和实施也应之相一致。

5. 发展旅游事业，发挥物质文化遗产的社会效益

农村历史文化遗产是一项重要的旅游资源。基于农村历史文化遗产发展旅游业一方面可提高全社会的旅游综合经济效益，解决文物古迹维修保护的经费问题；另一方面也可增加农民的收入，调动村民保护物质文化遗产的主动性和积极性。把历史文化名镇名村、传统村落以及传统文化资源较多的农村新社区作为乡村休闲旅游业发展的重点，促进保护、利用与经济发展的良性互动，使其成为展示和弘扬我国农村传统文化的重要窗口。其他有条件的农村新社区，可结合传统文化资源，发展乡村旅游，促进农民增收和农村新社区的发展，实现保护与发展的双赢。

第三节　农村历史文化保护规划的编制方法

一、规划原则

1. 原真性原则

农村历史文化的原真性是农村价值特色的根本所在，在保护整治中应防止不合理开发、

使用对历史文化遗产造成的损害。对于古建筑、遗址、遗迹等遗产的任何修复工作都应力争做到最低限度的干预、使用原材料，并采用可逆性技术。

2. 整体性原则

农村是包括建筑、环境、空间格局以及人类活动等元素在内的统一整体，所有组成元素都与整体有着一定意义的联系。因此，在农村历史文化保护中，不能将其中要素彼此割裂开分别对待，而应从整体上去考虑它们之间的关系，才能保持农村风貌的完整性。

3. 今古协调原则

农村的老格局、老街区、老建筑是反映农村新社区历史文化价值和传统风貌的核心所在，这就要求新布局、新街区应避开老格局、老街区，新建筑应该从建筑体量、色彩、形式等方面与老建筑相协调，以保持和维护农村所代表的一定历史时期建筑风貌的主导特征，使这一地区的主流建筑文化得以延续和继承。

4. 近远期相结合原则

农村历史文化保护规划的实施是一个长期的过程，因此要根据当地的保护现状、保护规模以及经济发展状况，来制定近期和远期保护规划的目标、任务及实施措施，以保证规划有计划、有步骤地实现，防止保护整治中短期行为的出现。

5. 保护与发展互促原则

农村历史文化保护的目的是为了保证农村的文化遗产不受破坏、文化血脉得以传承，为一定历史文化时期提供真实见证。但保护活动并不是静止不动地保护，并不是要一味地限制当地的经济发展；相反，健康适度的旅游开发等经济活动，在展示遗产风貌和筹集保护资金等方面，不仅不会对古建筑、古村落造成破坏，而且会起到积极的促进作用。

6. 保护规划与建设规划相衔接原则

农村保护规划从性质上应属农村建设规划的专项规划，后者在农村保护上起宏观决策作用，前者应在后者的指导下展开。对于在建设规划层次基于保护因素而做出的诸如人口规模控制、古村落格局保护、建设用地及道路交通布局的调整、市政基础设施的安排等，保护规划都要以其为依据并与之相衔接。对确有不完善之处，可根据需要作进一步补充调整。

二、规划编制方法

1. 基础资料调查

对农村历史文化的基础资料调查主要从以下几个方面展开：

（1）历史文化与地理方面：包括农村新社区的历史沿革、镇（村）址的兴废变迁、自然地形及地貌状况、历史文化传统以及名人轶事、民间工艺、饮食文化等。

（2）古建筑保护现状方面：包括两部分，一是农村内现存古建筑总规模（建筑面积）、原貌保存程度及整体风貌特色等；二是文物古迹、历史建筑单体的位置面积、现状用途、产权归属、建筑规模、建筑高度、建筑年代、建筑材料、建筑特征以及保存完好度等内容。

（3）环境与基础设施方面：农村内的水系、大气及山体植被等环境的保护状况，道路、绿化及各项工程设施现状建设情况。

（4）居民保护意向方面：为使保护活动得到居民的支持和参与，进一步了解居民在古建筑保护、房屋改造及工程设施方面的基本意愿，必要时进行居民保护意向调查。

2. 确认价值特色

应从地域性、历史性、文化性及村落格局、建筑风格特性等方面分析总结农村的价值特色。

地域性是指农村代表的地域范围和地貌特征，诸如江南水乡、北方山城、海滨小镇、草原村落等都很明确地指出了地域性。

历史性是指农村新社区在一定历史时期内对区域社会发展所担负的职能分工或起到的历史作用，诸如重大历史事件发生地、革命政权机关驻地以及区域商业物资集散地等都反映了农村的历史性。

文化性是指农村建筑布局和形式风格所反映出的深层次文化内涵，诸如一些农村所体现的商业文化、防御文化、民俗文化、名人文化等。

村落格局是农村多年来建设发展及变迁兴废的真实写照，反映了一个村镇的规划建设思想，很具有识别性。

建筑风格则在地形、气候、建筑材料、建造方式以及民族风情等方面体现了不同地区农村的差异。

3. 划定保护范围

划定农村保护范围涉及层次、性质、划分方法及面积大小等几个问题。

（1）保护范围的层次：参考国内外历史地区划分保护范围的做法，结合农村新社区的特点，建议将农村保护范围划分为三个层次：核心保护区、风貌控制区、协调发展区。划定时应考虑到不同村镇的具体情况，如现状规模、周围环境及保护需要等，适当增减保护层次，科学灵活地划定保护范围。

（2）保护范围各层次的性质：核心保护区是农村历史风貌的核心区域，集中体现了农村历史文化价值特色；风貌控制区是农村历史风貌的背景区域，能够起到核心保护区的"衬景"作用；协调发展区是农村历史风貌的外延区域，能够对农村的整体风貌产生一定影响。

（3）划定的原则和方法：核心保护区的划定应本着"空间结构完整、传统风貌完好、视觉景观连续"的原则，沿农村内较集中分布的文物古迹、历史建筑和传统街区的外围边界限进行；风貌控制区的划定应本着"延续风貌、渐进过渡"的原则，在核心保护区以外一定的距离之内，结合街道、河流、城墙、山地等明显的地理界限进行；协调发展区的划定应本着"整体和谐，浑然一体"的原则，考虑由村镇内外的视觉眺望点（如古城墙、古塔、山峰等）向四周眺望时景观的完整性，结合地貌、植被等自然环境的整体性，并兼顾行政区划界限进行。

（4）保护范围与建成区、规划区范围的联系：从概念上讲，农村保护范围与建成区或规划区范围是有一定区别和联系的。建成区是实际已成片开发建设并基本具有市政公用和公共设施的区域；而规划区、保护区则是分别因建设发展或保护需要而实行规划控制的区域。在实际划定过程中，要根据具体情况协调三者之间的相对关系。对于规划规模较小的村镇，保护区范围甚至可以大于规划区范围。而对于现状规模就很大，并已开辟新区进行建设的村镇，保护区范围也可小于建成区范围。

（5）保护范围的大小：保护范围面积大小要适度，过大则没有针对性，使保护规划难以落实，给建设发展带来不必要的影响；过小则不能保证历史的完整性，不利于农村整体历史环境的保护。综合分析国内部分农村新社区的保护范围划分实例，一般来讲，核心保护区应在 10 ～ 30hm² 之间；风貌控制区应在 30 ～ 50hm² 之间；协调发展区浮动范围较大，可在 50 ～ 150hm² 之间，根据情况还可适当扩大。

（6）提出不同范围的保护要求：核心保护区应以保护修复为主，对区内建筑实行局部改造和内部更新；风貌控制区则保护、建设并重，新建筑要延续历史风貌特征；协调发展区以建设发展为主，区内建筑要与整体历史环境尽量协调一致，不产生明显的视觉冲突。

4. 编制相关规划

（1）建筑保护与整治规划

建筑的保护整治是农村保护的重要技术措施。文物古迹和历史建筑是农村历史信息的真实记忆，集中体现了农村新社区的历史文化价值和特色，必须保护修复好；新建筑是农村发展建设的产物，是农村建筑文化的丰富和延续，为保证农村历史风貌不受破坏，新建筑就要与老建筑相协调，进行必要的整治和控制引导。建筑保护整治的做法主要包括鉴定分析、拟定清单、选择保护整治模式以及进行建筑高度、色彩、形式、体量等方面的控制引导等。

1）进行鉴定分析。鉴定就是在对保护范围内的每一处建筑在登记造册的基础上，对其建筑类型、建筑风貌、建筑保存度及历史文化特征进行评价分析和归类，这直接决定其保护等级的划分和保护措施模式的选择。

2）拟定保护清单。根据鉴定分析情况，对农村需要保护整治的建筑逐一标号列出，并进行保护类别、等级的划分。一般将保护范围内的建筑划分为保护建筑和整治建筑两大类，其中对保护类建筑又可划分重点保护、一般保护两个等级。

3）选择保护整治模式。建筑保护与整治模式很多，要根据不同建筑的保存状况、类型特征及保护等级来选择确定。保护与整治模式一般有以下几种：

保存：对象是文物古迹，包括已批准的各级文物保护单位和尚未批准的"准文物"建筑，在不改变文物原状的基础上进行修缮保养。

修复：对象是历史建筑，在保持原有建筑风貌的基础上，对建筑外立面进行修缮，对建筑内部设施和布局进行适当改造。

更改：对象是在一定程度上与历史风貌不协调的新式建筑，按照历史风貌要求对建筑的高度、色彩、形式、体量等方面进行适当修改。

更新：对象是在很大程度上与历史风貌不协调的新式建筑，对原有建筑进行拆除，新建符合历史风貌要求的建筑或环境空间。

再生：对象是已不存在的文物古迹或历史建筑，根据历史资料进行原貌重建。

4）建筑高度控制。以农村内的古建筑为参照物，制定新建筑的高度控制指标，目的是保护古建筑宜人的尺度和空间轮廓线，形成较好的视觉廊道。建筑高度控制主要有两方面内容：一是建筑高度分区。针对我国农村新社区内保存下来的古建筑主要为明清以后所建，且大多为民居建筑、园林和寺庙，建筑层数多为一、二层，建议在核心保护区和风貌控制区内新建筑高度控制在二层以下，协调发展区新建筑高度宜在四层以下，具体建筑高度视当地情况而定。在平原水乡地区，建筑高度应形成以核心保护区为中心，由低到高、由内向外逐渐升高，分层次控制的布局形态；在山地丘陵地区，则应根据地形变化起伏，进行分片控制。二是景观视廊控制。在农村新社区内选择有一定高度的视觉眺望点，如山峰、古塔、城墙、骑楼等，控制各视觉眺望点周围及相互之间的建筑高度，保证在一定区域内的视线可达性和各眺望点之间的通视性，形成较好的农村历史风貌观赏线路。

5）建筑色彩、形式和体量引导。由于我国幅员辽阔，受不同地形、环境、气候、风土人情和文化习俗的影响，不同地区的古民居建筑色彩和形式多种多样，体量相差也较大。因此，要分析当地民居建筑在色彩、形式、体量方面的主特征，作为引导新建筑建设的依据。如江南水乡古镇民居建筑色彩以黑、白、灰为主色调，建筑形式多为坡屋顶，建筑体量小巧，这就基本确定了在当地古镇（村）内新建筑的引导要求。

（2）街巷空间保护规划

农村街巷空间是人们体验历史风貌的主要通道，一般包括街道、巷道、弄道三种空间类型，在水乡农村还包括河道及沿河街道等类型。街巷空间保护除保证农村原有街巷、河流的格局线型不被破坏以外，还要从以下几方面进行保护整治：

1）街巷空间尺度。主要是指街巷宽度与沿街建筑高度之间的宽高比。农村从街道到巷弄是空间尺度逐渐减小的过程，一般来讲，河道空间的宽高比大于 1；街道宽高比小于 1 而大于 1 ：3；巷弄的宽高比则小于 1 ：3。在保护修复及建设过程中，要注意街巷空间尺度的变化，以更好地保护古村镇的特有氛围。

2）街巷立面。农村街巷立面是随街巷的交通属性和生活功能不同而不断变化的，既有商业街道和沿河街道两侧开敞丰富的一面，也有巷弄两侧相对封闭单调的一面。要根据不同街巷立面的现状情况及功能要求，进行街巷立面的保护和整治，尤其是要注重保持沿街建筑在立面形式、建筑材料、建筑色彩方面的统一性、连续性和视觉景观的完整性。对于与历史风貌不相协调的建筑要采取拆除或更新改建等措施加以改造，使传统街巷立面得到延续。

3）街巷铺地。街巷铺地形式大致有石板路、青砖或方石路、弹石路等类型。铺地类型从一定程度上也反映了街巷的层次等级变化，一般主要街道采用石板路，而巷弄则采用青砖路和弹石路。在街巷铺地保护整治中，应保持和采用当地传统的建筑材料和铺装形式，尽量避免实施路面工程改造，以免造成对道路景观的破坏。

（3）重点地段保护规划

针对核心保护区内重点地段和空间节点采取的具体保护整治措施，主要内容包括两部分：一是空间整治，即对具体空间布局提出整治方案，确定具体建筑的平面形状、位置以及小品的设计和布置等；二是建筑整治，即对具体建筑的立面和门、窗、屋顶等建筑构件提出相应保护和整治要求。

（4）自然环境保护规划

自然环境是文化的依托，它孕育丰富多彩的文化。规划的主要内容包括：

1）落实上位指导的主体功能区规划。依据不同区域主体功能定位，制定差异化的生态环境目标、治理保护措施和考核评价要求，减少工业化、城镇化对自然环境的影响，努力提高农村历史文化地的环境质量。

2）编制气、水、声、渣控制与处理规划。根据农村历史文化地的具体情况，制定大气、水、土壤、固体废弃物等污染防治行动计划的施工图。推进农村环境综合整治、畜禽养殖污染防治、农业面源污染治理、秸秆综合利用与禁烧等工作的进程。

3）重要生态系统保护规划。保护森林、草原、湿地等重要生态系统，通过绿化国土、退耕还林还草和退牧还草、建设防护林体系等行动提升生态系统功能。

（5）文化生态保护规划

文化生态是人类生存和发展环境的重要组成部分，更是农村历史文化得以传承与保护的基础。文化生态的保护要求人、自然、社会这一整体生态系统的发展和平衡。主要内容包括：

1）传统农耕文化的传承与保护。农村历史文化遗产保存了农耕社会许多珍贵的东西，它来自乡野，同时也给当地人提供精神的食粮和情感的愉悦。它的形成、发展与乡土环境及民俗文化密不可分，主要包括天文历法、岁时节令、耕种及饮食习俗、宗教信仰、生产技艺、劳动歌舞等。

2）传统手工业的传承与保护。传统手工业呈现了人民的创造精神和民间智慧，例如冶铁技术、酿酒技术、煮盐技术、纺织技术、制瓷技术、开采技术等，都是宝贵的农村历史文化遗产。

3）传统表演艺术的传承与保护。传统表演艺术主要是为庆贺年节、纪念日而不断演变与延续下来的民间艺术，种类繁多，样式奇巧，具有场面宏大、乡土性、集体性强等特点。例如戏曲、秧歌、旱船、高跷、武术、皮影等。

（6）综合调整规划

基于保护角度，对建设规划中与历史环境保护有影响的规划内容进行适当深化调整。主要内容包括：用地布局、道路交通、绿化、公用工程设施、环境保护和环境卫生等规划的调整完善。

（7）旅游发展规划

在分析农村新社区旅游资源类型、分布及发展条件的基础上，进行农村新社区的旅游市场定位、旅游资源整理及景区划分、线路设计和旅游环境容量测定。

（8）保护实施措施

提出保护规划实施措施和方法建议，包括拟定保护管理办法、建立保护资金的筹集渠道、鼓励公众参与、加强宣传教育等。

第四节　历史文化名村保护规划

一、中国的历史文化名村

中国现有的约 60 多万个农村中，具有保护价值的古村落大约有 5000 个。2003 年，原建设部和国家文物局共同颁布了《中国历史文化名镇（村）评选办法》，并根据此评选办法，分别于 2003 年、2005 年、2007 年、2008 年、2010 年和 2014 年陆续公布了六批中国历史文化名村名录，共涉及 276 个村。

历史文化名村是我国历史文化遗产的重要组成部分，这些历史文化名村保存有丰富的、具有重大历史价值或纪念意义的文物，能较完整地反映一些历史时期传统风貌和地方民族特色，是所在省市乡村旅游的典型代表，也最能体现该地区的农耕文化、历史价值和民族风情。历史文化名村的评定有效地保护了濒临灭绝的人类历史文化遗产，并通过旅游活动的展开，为传统古村落的传承和延续注入了新的活力，开辟了新的发展之路。因此，对于那些文化资源丰富、具有保护价值的传统古村落，应积极申报国家级、省级历史文化名村。

二、历史文化名村保护规划编制

2008 年，《历史文化名城名镇名村保护条例》颁布实施，规定历史文化名城名村批准公布后，历史文化名村所在地县级人民政府应当组织编制历史文化名村保护规划。

2012 年，为规范历史文化名城、名镇、名村保护规划的编制工作，提高规划的科学性，住房和城乡建设部、国家文物局联合下发了《历史文化名城名镇名村保护规划编制要求（试行）》，其内容主要包括历史文化名城、历史文化街区、历史文化名镇、名村保护规划编制工作的要求，其中关于历史文化名村保护规划编制的相关要求如下：

1. 规划的深度要求

历史文化名村保护规划的深度要求与农村新社区规划相一致，其保护要求和控制范围的规划深度应能够指导保护与建设。

2. 规划主要内容

（1）评估历史文化价值、特色和现状存在问题；

（2）确定保护原则、保护内容与保护重点；

（3）提出总体保护策略和村域保护要求；

（4）提出与名村密切相关的地形地貌、河湖水系、农田、乡土景观、自然生态等景观环境的保护措施；

（5）确定保护范围，包括核心保护范围和建设控制地带界线，制定相应的保护控制措施；

（6）提出保护范围内建筑物、构筑物和历史环境要素的分类保护整治要求；

（7）提出延续传统文化、保护非物质文化遗产的规划措施；

（8）提出改善基础设施、公共服务设施、生产生活环境的规划方案；

（9）保护规划分期实施方案；

（10）提出规划实施保障措施。

3. 总体保护策略和规划措施

（1）协调新村与老村的发展关系；

（2）保护范围内要控制机动车交通，交通性干道不应穿越保护范围，交通环境的改善不宜改变原有街巷的宽度和尺度；

（3）保护范围内市政设施应考虑街巷的传统风貌，要采用新技术、新方法，保障安全和基本使用功能；

（4）对常规消防车辆无法通行的街巷提出特殊消防措施，对以木质材料为主的建筑应制定合理的防火安全措施；

（5）保护规划应当合理提高历史文化名村的防洪能力，采取工程措施和非工程措施相结合的防洪工程改善措施；

（6）保护规划应对布置在保护范围内的生产、储存爆炸性、易燃性、放射性、毒害性、腐蚀性物品的工厂、仓库等，提出迁移方案；

（7）保护规划应对保护范围内污水、废气、噪声、固体废弃物等环境污染提出具体治理措施。

4. 核心保护范围的保护要求与控制措施

（1）提出街巷保护要求与控制措施；

（2）对保护范围内的建筑物、构筑物进行分类保护，分别采取以下措施：

文物保护单位：按照批准的文物保护规划的要求落实保护措施。

历史建筑：按照《历史文化名城名镇名村保护条例》要求保护、改善设施。

传统风貌建筑：不改变外观风貌的前提下，维护、修缮、整治、改善设施。

其他建筑：根据对历史风貌的影响程度，分别提出保留、整治、改造要求。

对基础设施和公共服务设施的新建、扩建活动，提出规划控制措施。

5. 建设控制地带规划控制措施

编制历史文化名村保护规划，应当对建设控制地带内的新建、扩建、改建和加建等活动，在建筑高度、体量、色彩等方面提出规划控制措施。

6. 近期规划措施

（1）抢救已处于濒危状态的文物保护单位、历史建筑、重要历史环境要素；

（2）对已经或可能对历史文化名镇名村保护造成威胁的各种自然、人为因素提出规划治理措施；

（3）提出改善基础设施和生产、生活环境的近期建设项目；

（4）提出近期投资估算。

三、保护规划的成果要求

1. 保护规划的成果

保护规划的成果应当包括规划文本、规划图纸和附件，规划说明书、基础资料汇编收入附件。规划成果应当包括纸质和电子两种文件。

保护规划文本应当完整、准确地表述保护规划的各项内容。语言简洁、规范。规划说明书包括历史文化价值和特色评估、历史保护规划评估、现状问题分析、规划意图阐释等内容。调查研究和分析的资料归入基础资料汇编。

2. 保护规划的图纸要求

规划图纸要求清晰准确，图例统一，图纸表达内容应与规划文本一致。图纸应以近期测绘的现状地形图为底图进行绘制，规划图上应显示出现状和地形。图纸上应标注图名、比例尺、图例、绘制时间、规划设计单位名称。

历史文化名镇名村保护规划的图纸要求如下：

（1）历史资料图。

（2）现状分析图。

1）区位图。

2）镇域文化遗产分布图：比例尺为 1/5000 ～ 1/25000。图中标注各类文物古迹、名村、风景名胜的名称、位置、等级。

3）文物古迹分布图：图中标注各类文物古迹、风景名胜的名称、位置、等级和已公布的保护范围。

4）格局风貌及历史街巷现状图。

5）用地现状图。

6）反映建筑年代、质量、风貌、高度等的现状图。

7）历史环境要素现状图。

8）基础设施、公共安全设施与公共服务设施等现状图。

（3）保护规划图。

1）保护区划总图。图中标绘名镇名村保护范围，及各类保护区和控制界线，包括文物保护单位、地下文物埋藏区的界线和保护范围。

2）建筑分类保护规划图。标绘核心保护范围内文物保护单位、历史建筑、传统风貌建筑、其他建筑的分类保护措施，其中其他建筑要根据对历史风貌的影响程度再行细分。

3）高度控制规划图。

4）用地规划图。

5）道路交通规划图。

6）基础设施和公共服务设施规划图。

7）近期保护规划图。

历史文化名镇、名村保护规划各项图纸比例一般用 1/2000，也可用 1/500 或 1/5000。保护规划图比例尺、范围宜与现状分析图一致。

第五节　历史文化名村保护规划实例
——河北省沙河市柴关乡绿水池村历史文化名村保护规划

一、绿水池村概况

绿水池村位于河北省南部邢台沙河市柴关乡西部，距沙河市区西行约 46km，距离柴关乡驻地约 3km。村南有庙柴线（851 乡道）穿过，交通条件较为便利。2017 年底，绿水池村总户数为 186 户，总人口为 598 人。村民集体收入为 3 万元，村民人均年收入 3000 元。村民多外出打工，产业以农业种植和林果业为主。主要农作物有小麦、玉米等。林果生产以花椒、苹果、核桃、黑枣为主。绿水池村自然形成，村庄依山傍水，三面环山，西北靠北碯山，东南邻马河，布局极为讲究，村庄地势西北高、东南低，村庄中南部有一水池，其形如龙，池水碧绿。村庄布局以中心街为主要轴线，代表性街巷有中心街、北过道、南过道、后洼，街巷保存尚好，古街道为石板铺设，村内保留有过道阁、菩萨阁、戏楼、古龙桥、全神庙、菩萨庙、玄帝庙、土地庙、山神庙、龙王庙，村庄民居多为清代或民国建筑物，以灰砖灰瓦为主，建筑形式讲究，形式丰富多样。村庄风格苍劲古朴、文化内涵丰富。该村现状如图 12-1 所示。

二、村庄功能定位与保护策略

1. 村庄功能定位

以明清古民居建筑为核心，以传统田园居住为主要功能，传承展示地方民俗文化，兼具生态旅游、农业观光功能的历史文化名村。

2. 村庄保护策略

协调村庄保护与发展的关系。绿水池村是历史文化名村价值与特色比较集中的区域，予以重点保护，禁止进一步拓展和内部新建建设（规划允许的建设除外），未来逐步疏解与保护相冲突的相关职能。新增拓展区主要位于村庄东部，以发展为主，增加村庄整体活力。

3. 村庄空间发展引导

在总体层面考虑构筑村庄核心，利用自然生态景观要素将村庄形态逐步廓清，保持村庄相对的独立性，维护村庄景观风貌的完整性。

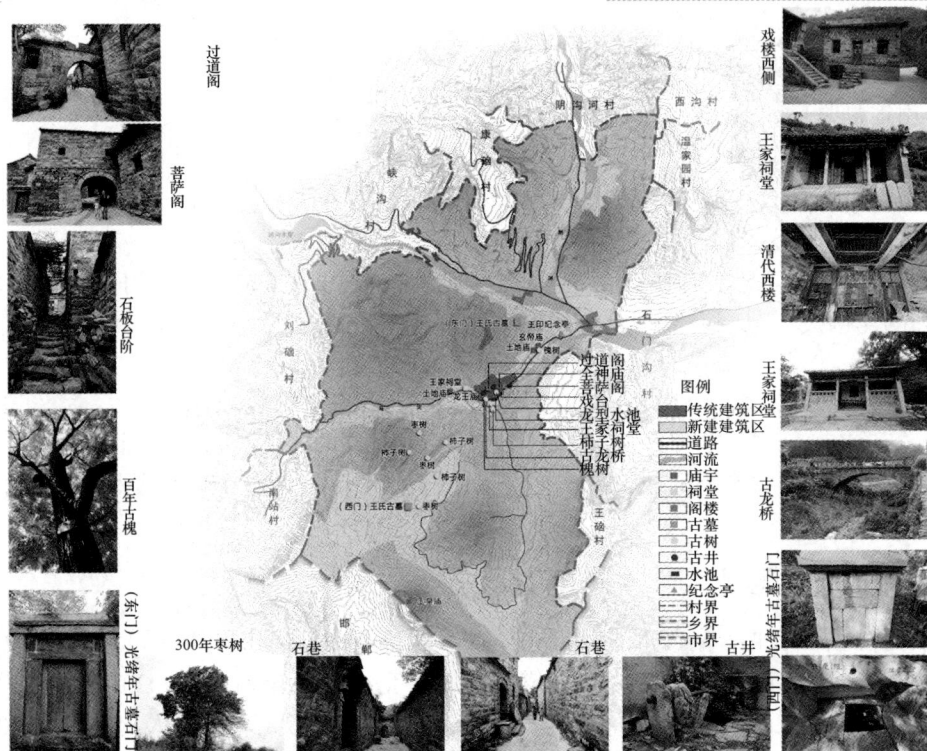

图 12-1　绿水池村村域历史环境要素现状图

4. 村庄产业发展引导

绿水池村现有产业结构以农业生产为主，产业特色不鲜明。未来产业主要由三部分构成：强化农业的基础性地位，发展生态型观光农业，对特色农产品进行战略性扶持，注入文化内涵，结合文化旅游进行再发展；利用绿水池村的传统文化资源（物质遗产和优秀传统文化），发展特色规模产业，结合旅游的发展开展工艺流程的展示和产品展示等方面的服务（如荆编、四匹缯布的制作、剪纸等技艺）；以居住功能为基础，加强与旅游开发相关的配套，包括农家乐形式的旅游餐饮业、民居旅馆形式的体验式服务等。

三、村庄保护规划

1. 核心区保护规划

（1）对非物质文化遗产进行重点保护、加大支持力度，使其得到更好的保护与传承。

（2）对重要的历史环境要素及其周边环境进行重点保护和整治。

（3）对传统历史街区和古建筑群落进行重点保护，划定历史建筑、建议历史建筑和传统风貌建筑等。

（4）对现存的古庙、古戏楼与古阁楼进行重点保护并对其周边环境进行整治、修复。

该村村庄保护规划如图 12-2 所示。

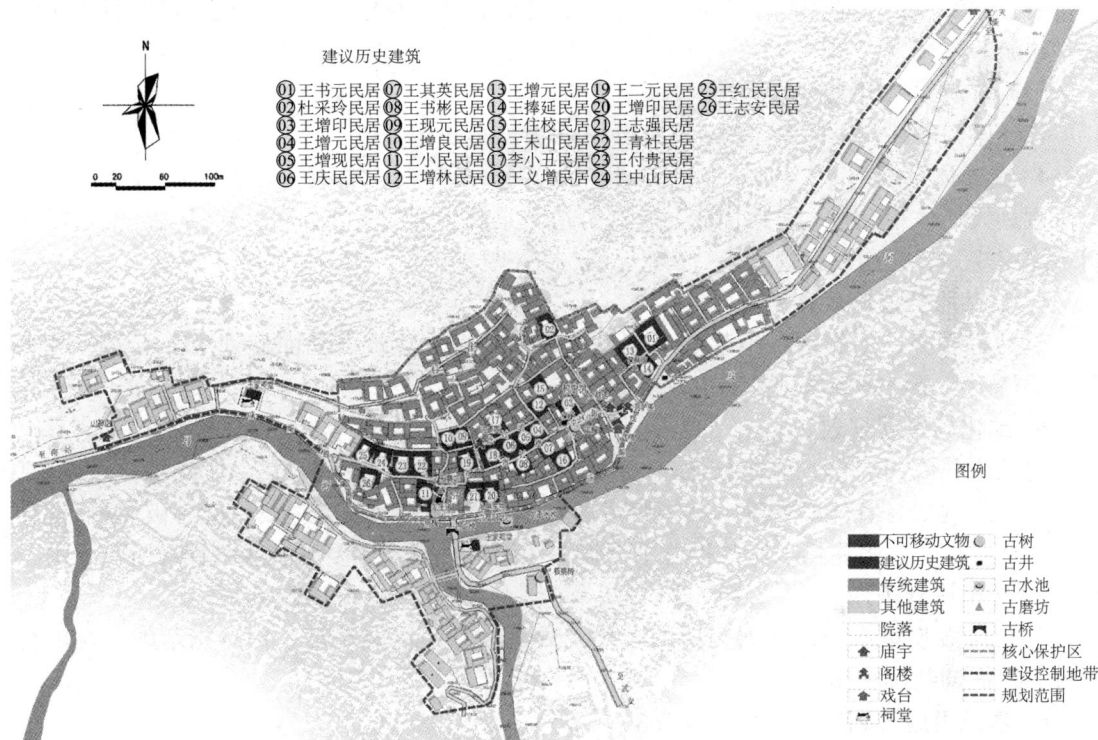

建议历史建筑
①王书元民居 ⑦王其英民居 ⑬王增元民居 ⑲王二元民居 ㉕王红民民居
②杜采玲民居 ⑧王书彬民居 ⑭王捧延民居 ⑳王增印民居 ㉖王志安民居
③王增印民居 ⑨王现元民居 ⑮王佳校民居 ㉑王志强民居
④王增元民居 ⑩王增良民居 ⑯王未山民居 ㉒王青社民居
⑤王增现民居 ⑪王小民民居 ⑰李小丑民居 ㉓王付贵民居
⑥王庆民民居 ⑫王增林民居 ⑱王义增民居 ㉔王中山民居

图 12-2　绿水池村村庄保护规划总图

2. 山水格局保护规划

（1）绿水池村周边需要保护的山体空间为大寨山、小寨山、北硇山、北坡山、东坡山、板山、鬼子硇、罗锅寨。规划应严格保护村落周边的山体空间环境，加强山体植被覆盖，严禁乱砍滥伐，为绿水池村村落创造原生态的自然天际线背景。

（2）绿水池村内需要重点保护的水体为马河。规划保持马河的自然线形及走向，保护两侧的自然驳岸，适当增加绿化，控制增加景观设施，景观设施应以小型、自然材质及形态为主，形成自然、淳朴的滨水生态空间。村落的传统风貌，环境景观以自然风格为主。

四、其他规划

1. 文物古迹与历史建筑保护规划

绿水池村不可移动文物 3 处，即王氏家族墓地、桥阁（菩萨阁）、戏楼；重点保护的历史建筑共 33 处。另有石磨坊、古井、龙王庙、龙形水池、王家祠堂、过道阁、中心街等古遗存。按照《历史文化名城名镇名村保护条例》和《城市紫线管理办法》的要求划定历史建筑的保护范围，并按照相关规定执行保护、管理工作。

2. 土地利用规划

控制绿水池村村庄现有居住规模，避免盲目扩大村落的用地，村庄建设应以土地的内部优化调整为主。

3. 村庄旅游规划

（1）旅游项目设计

设计旅游项目，增加旅游收入。包括观光旅游、休闲旅游、民俗文化旅游、登山旅游、研学旅游等。

（2）旅游线路组织

设计区内线路、区间联系线路，组织一日游、多日游线路。

4. 交通体系规划

规划设计体系完整、线路优化、美观舒适、景观协调的交通体系，包括对外交通规划、村域道路规划、交通设施规划。

5. 公共服务设施规划

包括村委会、卫生室、小学等公共设施布局规划、建筑外立面规划；广场游园规划；游客接待中心及停车场规划；宾馆及餐饮设施规划等。

6. 绿化与景观规划

包括山体农田绿化、道路绿化、水系绿化、庭院绿化、宅间绿化、广场绿化、停车场绿化。村庄内如有宣传广告等，其招牌以匾额形式设置，不得凌空设置标志破坏村庄空间风貌。空调机、太阳能热水器等设施不得设置在沿街立面及主要旅游线路视线所及范围。

7. 环境设施规划

包括垃圾收集系统、公共厕所的布局及外貌规划，以及路灯、信息指示牌、垃圾箱、桌椅、地面铺装等规划。

8. 基础设施规划

包括给水工程、排水工程、电力工程、通信工程、综合管线规划等。

9. 综合防灾工程

包括消防规划、防洪规划、抗震规划等。

第十三章　农村新社区与乡村旅游

第一节　乡村旅游的概念与分类

乡村旅游源于 19 世纪中期的欧洲，目前，欧美国家和一些发达国家已经发展成非常成熟的旅游产品。乡村旅游以优美的田园风光、良好的空气与环境、淳厚的民风民俗吸引着众多游客。乡村旅游促进了旅游产业的发展，也带动了乡村经济的繁荣。党的十九大报告中提出要实施乡村振兴战略，而发展乡村旅游是实施乡村振兴战略、推进美丽乡村建设和农业农村现代化的有力举措。

一、乡村旅游的概念

乡村旅游是以都市居民为目标市场，以农村社区为活动场所，以乡村田园风光、森林景观、农林生产经营活动等为吸引物，实现领略农村乡野风光、体验农事生产并回归自然的一种旅游方式。

国外学者重视对乡村旅游概念的研究，认为这涉及乡村旅游理论体系的构建，但目前对概念的界定尚未取得一致意见。在英语国家里，"乡村旅游"有两种替代名称，即 agritourism（亦称农业旅游）和 ruraltourism（乡村旅游）。在东亚和东南亚地区，传统上将旅游称为观光的国家和地区则称之为"农业观光旅游"。欧洲联盟（EU）和世界经济合作与发展组织（OECD，1994）将乡村旅游（Ruraltour-ism）定义为发生在乡村的旅游活动。其中"乡村性（Rurality）是乡村旅游整体推销的核心和独特买点"。然而，Inskeep 对乡村旅游的分类有另外一些看法，他在《旅游规划——一种可持续的综合方法》一书中，将农业旅游（Agrotourism）、农庄旅游（Farmtourism）、乡村旅游（Ruraltourism）等提法不加区分，相互替代。Deegan 和 Dineen 也有类似的提法。由于乡村旅游本身所具有的复杂性和多样性，学术界对乡村旅游的相关概念有着各自不同的理解方式，但是从本质上讲，基本上都认同乡村性（Rurality）是吸引旅游者进行乡村旅游的基础，是用以区别城市旅游和界定乡村旅游的最重要标志。

二、乡村旅游的内容

乡村旅游的内容包括农业旅游、民俗民情旅游、建筑风貌旅游、饮食文化旅游、购物旅游、农耕文化旅游等。

1. 农业旅游

农业旅游主要指以农业生产的环境、过程、手段、产出物等为旅游吸引的专项旅游。随着社会经济发展和人们生活节奏的加快，生活在都市里的人们已开始厌倦自己的生活氛围，渴望回归自然，体验、感受乡村农业产业生长过程中的原汁原味，渴望在山清水秀、碧空万里的自然风光里彻底放松自己，从而获得一种心灵上的愉悦感。农业观光旅游正好可以满足人们的这些要求，是人们返朴归真的最佳选择。乡村旅游者也可以在乡村参与果品的采摘，参与农作物的收割，参与一些特产食品的品尝等。旅游乡村蓝色的天空、清新的空气无疑对都市里的人们形成了一定的吸引力，特别是对那些需要疗养的人们来说，富有乡野情趣的绿色农业之旅可使游客放松身心，消除疲劳，陶冶情操，同时，优美的自然景观和适宜的气候条件也有利于恢复人体机能和提高环境适应力。

2. 民俗民情旅游

民俗民情旅游是以当地民间的日常生活方式及文化来吸引外来旅游者，反映出特定地域上的生活习惯、风土人情，是乡村民俗民情文化长期交流的结果。它从民俗民情生活的空间角度，分为山村民俗民情游、水乡民俗民情游、渔村民俗民情游等；从产品性质角度，又可分为观赏型、参与型、休闲型等。同乡村旅游密切相关的民俗民情主要有服饰民俗，例如：衣服、鞋帽、佩带和装饰等穿戴打扮方面的民俗。例如：传统民间节日、居住、婚姻、礼仪民俗；游艺竞技民俗，例如：武术、放风筝、赛龙舟等；饮食民俗；生产民俗等。

3. 建筑风貌旅游

乡村建筑包括乡村民居、乡村宗祠建筑以及其他建筑形式。不同地域的乡村民居建筑均代表一定的地方特色，景观意象很独特。在乡村中，人—村落—环境构成了一个和谐的整体，处于一种生态上的平衡，保持了居住中与环境的真实接触，在那些朴实简陋的乡土建筑中显现出精神和物质的完整性，表现出对人本性深刻的了解和自信，为寻找精神本质的城市游客提供了一种人性回归的可能。

4. 购物旅游

购物旅游主要是指游客所购买的乡村旅游纪念品具有一定的乡村文化内涵。乡村旅游商品要有"三性"（纪念性、艺术性、实用性），同时，具有"三风"（中国风格、地方风格、民族风格），从而以其浓烈的乡村地方色彩和深刻的乡村文化内涵令城市人痴迷，如：传统的民间工艺品油纸伞、折扇、风筝、剪纸、竹编、泥塑等，另外，像少数民族的傣锦、藏毯、苗锈等都可让游客享受到一种乡村传统民间文化的情趣。

三、乡村旅游的特点

我国的乡村旅游起步较晚，但在需求牵引和供给推动的双重促动下快速发展，目前已经形成了较大的发展规模和鲜明的产品特色。

1. 乡村性

乡村旅游的主要目标市场是满足都市居民因工作紧张、生活节奏快、工业文明带来的环境问题日益严重等，使他们产生回归自然，返璞归真的愿望。乡村旅游无论是旅游吸引物还是旅游环境载体都必须是乡村的才能满足他们的愿望需求，传统的乡村生活和环境是最可贵、最具吸引力的旅游资源。乡村旅游者也暂时农民化，融入到当地社区生活中，才能真正体会到乡村旅游的乐趣。

2. 原生性

乡村旅游者需要的旅游产品应该是一种原始的、原汁原味的农村风貌、纯朴自然的田园生活、新鲜可口的蔬菜瓜果。

3. 平民性

平民性并不是指乡村旅游价值的低廉，作为现代旅游形式的乡村旅游是大众化的，以城市中产阶层为主要客源，应该注重大众化的项目和大众化的消费。

4. 参与性

这主要是指乡村旅游活动项目要注重游客的参与性，这样才能真正体会到乡村旅游的乐趣。

丰富多彩的乡村民俗风情，充满情趣的乡土文化艺术，风格迥异的乡村民居建筑，富有特色的乡村传统劳作，形态各异的农用器具，乡土气息浓郁的农事节庆活动，生活感强烈的农产品现场加工、制作工艺等都是乡村旅游可以挖掘利用的内容丰富的资源。此外，乡村旅游还具有明显的地域差异性和季节性，不同的地域有不同的自然条件、农事习俗和传统，农、林、牧、渔产品的生产也具有很明显的地域特色和季节性影响。

四、乡村旅游与农村新社区建设的关系

1. 有利于调整农业产业结构，推动经济发展

建设农村新社区首先要解决的是农业产业问题，以农业为基础，三产联动的产业发展是三农问题解决的前提。以往的农村建设是城镇化在乡村的延伸，一幢幢新楼房拔地而起，一户户人家打工而去，盖了房，背了债，外出打工挣钱还债，已经成为农村的一种普遍现象。这种重外表粉饰，轻内在产业发展的错误做法，只能进一步加剧农村经济的萧条和农民经济的困顿。农村是乡村文化的传承载体，乡村旅游将农村的生态环境、民俗文化等潜在资源就地转化成旅游产品，就地形成旅游市场。同时推动农产品的直售、农副产品的加工与开发，带动农家乐餐饮、住宿、交通运输、商业、娱乐等相关要素产业开发，促进农村产业的多样化发展，带动农业结构调整和优化，促使农民向非农领域转化，传统农村种植经济向服务性经济转变，实现第一产业到第三产业的快速跨越。大力培育乡村旅游产业，发展乡村旅游经济，带动农村第二、三产业的壮大发展，并形成有竞争力的优势产业集群。从而，改变单一的以种植业、养殖业为主的农村产业结构，实现多种经济形式共同发展，促进农村经济的繁荣。

2. 有利于农业生态建设，促进农民增收

乡村旅游把农事活动、乡村田园风光、乡土民俗文化、乡村民居和聚落文化与现代旅游度假、休闲娱乐相结合，形成了一种全新的旅游形式。乡村度假不再是一日游消费，而是持续性消费，其涵盖了观光农业和休闲农业的各种要素。培育乡村度假旅游产业，对乡村生态环境提出严格要求，促进了农民注重环境保护，乡村美化整治，民俗文化的保护传承等，促使乡村在生产生活中保持良好的自然生态与社会生态，最终形成良性的可持续发展的新农村复合经济模式，从而进一步推动乡村旅游的发展。

通过发展绿色无公害农业，使绿色农副产品直接走上旅馆餐桌，或者直接销售给游客，成为增加农村家庭收入的主要渠道。同时，为农村劳动力提供了大量的就业机会，实现农村剩余劳动力就地转移，农民增收得实惠。乡村旅游强调社区和居民的全方位参与，从旅游产品的生产到销售、从开发到接待均由社区和居民主动参与，从经济上保障了乡村全体居民的旅游收益，从而保证农民能从旅游开发中直接获益，增加农民的直接收入。从根本上避免了传统旅游开发中只有部分农民受益或受益少的问题，避免了旅游开发后因土地和资源被占而使农民返贫的现象。

3. 有利于传承民俗文化，促进精神文明建设

我国的乡村文化经受着现代化发展的碰撞，逐渐消逝，有些已经几近失传。这些带有

浓郁乡土气息的文化、民俗和工艺却能够满足城市居民的新奇的体验需求，深受乡村旅游市场欢迎，是发展乡村旅游所需的特色文化元素。一些颇具乡土气息的文化内容可以丰富乡村旅游文化内涵，突出乡村旅游地域特色。通过在乡村旅游区开展各种非物质文化遗产类民俗节目演艺，通过农耕文化展示，通过将各种特色鲜明的民间工艺品转化为旅游纪念品，也就充分挖掘了它们的经济价值，为这些文化的保护和传承注入了生机和活力。同时，通过大力发展乡村旅游，来自城市的居民和游客将城市先进的理念、生活方式和市场信息等带到了农村，并影响和改变着农村传统、落后的生产生活方式。在农村产业发展、农民就业渠道拓宽后，农民的收入也随之增加，经济条件逐渐改善，农民生活消费水平、文化消费水平不断提高，带动农民的物质生活、精神生活越来越宽裕。进一步推动乡村逐步走向追求文明、要求进步、寻求发展的新气象。

第二节　乡村旅游产品开发

一、乡村旅游产品的开发思路

1. 乡村旅游与农业科技相融合

农业科技新产品为游客带来好看、好吃、好玩的新享受、新体验，农业新品种、新工艺和新产品是最容易吸引游客眼球和味觉的道具。以农业科技示范园和乡村旅游场所为载体，融科技示范、科普教育、文化娱乐、休闲体验等活动于一体，可以满足游客增长知识、休闲娱乐、提升兴致等需要。为此，乡村旅游点就是农业新技术的示范点和展示区。一是展示农业新品种。充分利用生物的多样性和人工培育的优势，挖掘开发新颖的农作物蔬菜园艺等新品种，丰富乡村旅游的内涵、体现不同乡村旅游景点的差异性。比如番茄就有30多个可以栽培的品种，把部分品种种植在一起，就是一个番茄王国；再比如辣椒有60多个品种，而且颜色和果型都不一样，完全可以做成一个五彩斑斓的辣椒王国。花卉品种更丰富，可以一花一园，比如月季园、菊花园、海棠园和樱花园。二是展示农业生产新工艺。无土栽培、高架立体等现代园艺栽培新方法会给游客带来新的感受。比如草莓的高架无土栽培就给游客带来全新的体验和享受，它变过去游客在地上采草莓为空中摘草莓，变过去的弯腰弓背为现在的伸手就来，甚至和草莓一起合影也如此简单，几乎可以把鲜脆红润的草莓含在嘴里。三是展示农业新产品。农业科技使餐桌上的食品更加丰富和多彩，水果蔬菜、药材蔬菜、野生蔬菜让游客大开眼界，迷你瓜、超大果、创意葫芦等让游客爱不释手。

2. 乡村旅游与乡土文化相融合

乡村旅游的根本在于"乡村性"，要从旅游要素出发，深度挖掘并融合乡土文化、休闲文化、创意文化，突出生态、绿色、环保、休闲特色，抓住文化、资源、生态和生活差异，满足市场需求。一是与乡土文化有机融合。深入挖掘村落文化，对传统村落保护的同时合理改造，优化布局，培育以美丽田园为代表的乡村文化游。挖掘农业生产、经营和管理活动的文化内涵，形成与观光、体验相结合的旅游业态。举办农味鲜明的乡村旅游节庆或乡村美食节，营造出有别于城市的乡村文化旅游氛围。二是与休闲文化融合。培育知识型乡村休闲旅游、休闲型乡村休闲旅游、养生型乡村休闲旅游，形成不同层次的乡村休闲文化游，实现引人、怡人、动人、养人目的。如文化保护与慢生活融合的"生态之旅"等。三是与文化创意产业融合。培育乡村文化旅游创意项目，如形成乡村演艺、影视等创意案例。用创意升级乡村旅游产品，用创意强化乡村旅游营销，用创意文化引领乡村旅游消费。

3. 乡村旅游与特色专业村建设相融合

乡村旅游的发展能拉动和提升新型城镇化、美丽乡村的建设，而后者又能为前者的发展提供充足的人才资源及资金积累，加快其发展。应积极推进以乡村旅游产业为主导的特色专业村建设，形成乡村科技旅游社区、乡村景观旅游社区、风景名胜旅游配套服务社区、农家乐服务群旅游社区等，从而实现乡村旅游与特色专业村的融合发展。

乡村旅游特色村应坚持产业集聚、差异化布局，因地制宜选择合适的发展模式。建设中须强调城镇特色与文化氛围，尊重乡村风貌、记得住"乡愁"，打造特色、注重体验；注重引导、强调社区参与，多模式共建；整合资源、塑造品牌；强调土地利用的适度集约，坚持保护优先、注重智慧平台构建，建设资源型乡村旅游小镇、乡村旅游服务型小镇，发挥其在新型城镇化进程中的独特作用。

4. 乡村旅游与新型职业农民培育相融合

在现代农业发展过程中，乡村旅游与新型职业农民培育之间存在相互影响、相互促进的关系。一方面，乡村旅游的发展为农民提供了更多就业岗位，同时，旅游市场的开发、创意产品的营销更新了农民的市场观念；另一方面，农民素质的提高有利于提升技术水平和管理能力，进一步做大做优旅游产业，实现良性发展。因此，有效推动两者的融合创新，既能加快培育"有文化、懂技术、会经营"的新型职业农民，也能促进乡村旅游的健康快速发展。

推进乡村旅游与新型职业农民培育相融合。一是要构建职业农民培育与乡村旅游融合发展机制，从制度层面进行科学布局；二是将乡村旅游纳入职业农民培育体系，提升职业农民的乡村旅游服务能力、创业能力、经营能力；三是协调各方利益，加大职业农民在乡村旅游发展中的话语权；四是大力发展乡村旅游合作社，提升乡村旅游发展规模和品牌效应；五是以职业农民为主体，形成乡村旅游多元化发展模式。

5. 乡村旅游与信息技术相融合

移动互联网、大数据技术是现代信息技术典型代表，为乡村旅游的智慧发展创造了良好的条件。通过与移动互联网融合，开发微博、微信、网络社区、易信等自媒体平台，可以提升乡村旅游信息咨询服务的针对性和实效性，为游客提供导游、导购（团购）、导览、导航等智慧化服务。

乡村旅游与信息技术的融合不仅仅是信息的推送、新的营销推广平台，更要创新服务、产品、市场。如通过可穿戴移动终端，将虚拟信息和现实世界的画面相融合，打造全新的旅游体验。开发乡村旅游动漫、游戏等产品，将旅游信息和文化嵌入到游戏中去，让游客玩游戏的同时，也能体验到当地乡村文化和历史，从而增加游客黏性。伴随大数据时代的来临，基于大数据分析技术，可以精准定位乡村旅游消费者地域分布、消费特征，进行精准营销、跨界营销。可以通过移动终端产生的大数据对乡村旅游进行客源分析和流量预测，帮助相关部门建立有效的预警机制，提高监控和危机管理能力。

二、乡村旅游产品开发的原则

1. 功能复合原则

乡村旅游作为农村新社区建设和乡村经济发展的一种模式，目的之一就在于提高目的地社区人民的生活质量。乡村旅游旅游具有发展地方经济、提高当地居民的收入和生活质量、使开发商获得合理的利益汇报、保护环境与资源等多种功能。只有协调好社区居民与政府、投资人、旅游者之间的利益关系，才能使社区居民积极参与到当地的旅游开发与建设，才能够使规划区旅游得到良性的持续发展。乡村旅游产品开发设计不仅要满足游客观光、玩赏的基本旅游需求，还要能满足游客休闲度假、娱乐参与、拓宽视野、增长知识、品尝美食、尝鲜购物、求知增智、探幽访奇等多重目的，融观赏性、参与性、体验性、教育性、娱乐性于一体。乡村旅游产品功能复合是旅游收入多元的基础，使旅游收入可包含门票收入、娱乐收入、交通工具租金、食宿收入、商品花木、瓜果蔬菜、畜渔产品（或食用，或玩赏）、传统食品、手工艺品及其他商品销售收入等。多元化的旅游收入有利于农村经济、农业经济与旅游经济的协调发展，减轻乡村旅游的季节性波动。同时，乡村旅游产品的开发与其他类型旅游产品不同，需要正确认识乡村旅游产品开发与乡村地区历史悠久且依然占据主导地位的第一产业农业之间的关系。农业是乡村经济的基础，也是乡村景观的重要组成部分，是乡村旅游产品赖以开发的重要资源，注重与农业发展的功能复合是乡村旅游产品可持续发展的关键。

2. 主题差异原则

乡村旅游产品的市场半径通常以中距离和近距离为主，旅游者与乡村旅游地的自然人文环境差异不大；乡村旅游产品赖以发展的旅游资源在地域范围内具有相同的基底，容易出现雷同化发展、重复性建设和恶性竞争等现象。因此，乡村旅游产品的设计需要坚持主题差异的原则，在内容形式上不断创新和多样化，避免项目重复雷同，要注重提高服务质量、游客满意度和重游率，以确保产品长久的生命力。国内外乡村旅游主要开发形式有高新技术农业观光园、花卉园艺观光园、果蔬采摘园、特种植物园、特种养殖园、特种蔬菜园、民俗观光村、务农旅游、山村写生影视基地，以及城市郊区开辟租赁菜园、老年休养农庄等，还可以发展土特产品加工业、传统手工艺制作等，依靠特色经济来吸引游客。

3. 文化创意原则

文化创意是以文化为元素、融合多元文化、利用不同载体而构建的再造与创新的文化现象。乡村旅游产品开发的文化创意原则，主要是指将现代时尚的文化符号与乡村传统的文化元素相结合，将现代城市居民的生活需求与乡村传统的民俗文化相结合，通过文化创意激发现代城市居民的旅游动机，提供具有冲突和惊喜的乡村文化旅游体验。创意农业起源于 20 世纪末期，它是借助创意产业的思维逻辑和发展理念，"通过创意把文化艺术活动、农业技术、农副产品和农耕活动，以及市场需求有机结合起来，形成彼此良性互动的产业价值体系"，把传统农业发展为融生产、生活、生态为一体的新型农业发展模式。创意农业最显著的特征是通过科技和文化的融入，拓展了农业的功能，将以生产为主的传统农业转化为具有生活和生态功能的融观光农业、休闲农业、精致农业和生态农业于一体的综合性产业。创意农业旅游，就是通过创意农业与旅游业的进一步融合，形成以创意农业为基础，以旅游产业为主导的农业旅游项目，最终形成一个服务型的综合产业园区。通常对于具有一定文化底蕴的乡村地区和缺乏独特资源的乡村地区，文化创意的巧妙运用能够为乡村旅游的跨越式发展提供契机。

4. 资源保护原则

原生态的自然环境、乡村性的乡村景观、传统的乡村生产生活等都是乡村旅游赖以发展的资源基础，随着乡村旅游的开发和发展，由于经济上与城市相比乡村地区仍然处于弱势地位，在旅游产品经济利益的诱导下，乡村景观的保持和传统文化的传承实际上处于比较脆弱的状态。因此，乡村旅游产品的开发必须坚持资源保护原则，不能对乡村资源实行掠夺式开发和利用，还要特别注重产品的设计是否会对当地自然环境和居民的生产生活造成负面影响。以最大限度地保护乡村资源作为乡村旅游产品开发的前提，为乡村旅游可持续发展提供保障。

三、乡村旅游产品体系

乡村旅游产品开发也是从核心产品域、辅助产品域和乡村旅游发展备用地三个层次进行。核心产品域是基于乡村旅游资源评价中的评价综合层的自然资源价值和人文资源价值。这一产品域满足旅游者的核心需要，即"乡村审美、乡村休闲、乡村愉悦"。辅助产品域基于乡村旅游资源评价中的旅游开发条件，以及由此产生的各项内容。这一产品域满足旅游者对乡村交通、乡村餐饮、乡村住宿、乡村购物等需求，由当地农民或相关企业提供的服务。第三层次的乡村旅游发展备用地是基于所有评价因素而设计的，旨在为乡村旅游持续发展而预留的一个空间，是可持续发展观念的具体体现。

1. 核心产品域

核心产品域是指专项的乡村旅游产品，主要是满足乡村旅游者的需要，在开发形式、规模和旅游影响力上虽然是有限的，但因为是针对特定的旅游客源市场而设计，所以其开发价值较高，是乡村地区特性的符号标志，是乡土文化得以持续发展的关键和保障，也是乡村旅游地的核心竞争力之一。

（1）生态农业观光型

生态观光型乡村旅游产品把生态与民俗风情结合起来，旅游与休闲结合起来，满足游客回归自然、寻找梦想的心理需求，吸引城市居民前来参观和游览的旅游产品。生态观光型旅游产品是乡村旅游开发的基础内容。主要从以下几个方面着手开发：

一是提高生态农业观光旅游产品的解说服务，尤其是农业高科技示范园。不管是一般型的观光农园、观光牧场、观光渔村、观光鸟园等，还是专项的高科技示范园，解说在这种类型的乡村旅游产品中起着重要的作用。解说的目的是引导游客的态度和行为、激发人们产生出游的动机、使旅游信息更为明确和更有感召力。二是瞄准周末工薪阶层乡村旅游市场。随着交通状况的不断改善，城市上班族在周末走出城市、投身乡下已经成为一种时尚。为适合这一潮流所做的乡村旅游开发，势必有很大的市场发展潜力。生态农业观光型旅游产品应该对不同的旅游群体加以区别，尤其是对普通游客和专项游客。三是适度增加一些生态农业的体验产品，丰富传统生态农业观光的内容。例如，以水果旅游为主题的观光果园，可以利用成熟果园，通过观果、品果、摘果等系列活动吸引游客。既可以在开放成熟期供游人亲自采摘、品尝、购买及参与加工果实，又能观赏果实累累的丰收美景，并与其他休闲活动相结合的果园经营新形态。果树一般选择花香、色艳、味美的果品树种，综合考虑开花期和成熟期合理搭配和组装，以增强吸引力，延长开放期。

（2）乡村休闲度假型

乡村休闲度假型旅游产品是以滞留性的休闲、度假为主，在水乡、山村或民俗园中小住数日，对乡村地的衣、食、住、行作亲身体验，同时对当地的民间艺术、民间技艺、方言等加以轻松地了解。这种类型的民俗产品强调景区（或农村新社区）内的自然环境和当地居民以及旅游者之间的和谐共处。

现代旅游的特点是人们更多地强调旅游经历与自我参与，因此乡村休闲度假型旅游产品的发展是一种必然趋势。近年来，由于社会经济的发展，人们生活质量的提高，很多大城市的周边农村一到假日就会出现不同的城市人的身影。他们或者无所事事地闲逛，或者在山水中钓鱼、野餐聚会，或者到农民家摘果子、种蔬菜、喂小鸡等。农民们也很热情地邀请城里人到家里做客，住农家屋，睡土炕，吃农家饭。这种对休闲度假生活的需求与供给的对接使乡村休闲度假型旅游产品应运而生，因此，可以在自然风景美丽、气候舒适宜人、生态环境优良的景观地带建成以满足旅游者度假、休闲为主要目的的场所。具体来说，这类乡村旅游产品有专门针对工薪族的乡村俱乐部、针对空巢家庭的中长期疗养度假产品、针对青少年暑期的寄宿农庄和针对丁克家庭的中长期休闲度假产品等内容。

（3）民俗文化依托型

民俗文化依托型乡村旅游产品是"乡村性"为根本，以乡村的风土人情、民俗文化为凭借和吸引物，充分突出农耕文化、乡土文化和民俗文化特色的旅游产品。这是全面提升乡村旅游产品文化品位的一个有力手段。把农村居民的衣食住行、婚丧嫁娶；生计风俗；时令风俗、游乐民俗、信仰民俗等，无论是物质的、有形的具体实物，还是观念的、无形的抽象形式，都作为开发民俗文化旅游产品的资源依托。乡村旅游的本质特色在于乡村性。某些乡村具有特定的民俗风情、文学艺术、园林建筑、文物古迹，如衣着、饮食、节庆、礼仪、婚恋、喜好、歌舞、工艺、寺庙等，这些都是重要的旅游资源，对城镇居民有着强烈的吸引力，尤其是对于散客型家庭市场和大学生市场有着强烈的吸引力。

（4）结合型乡村旅游产品

结合型乡村旅游产品从纵向看是城乡结合型产品，即都市型乡村旅游产品；从横向看是旅游类型的结合，最有代表性的就是红色旅游结合型产品。

一是都市型乡村旅游产品。这类乡村旅游地的乡村旅游资源分布与客源分布在空间上相互重叠，乡村旅游具有资源和客源双重优势的同时，还具备良性的乡村旅游聚集效应，是乡村旅游开发最理想的地区。都市型乡村旅游产品的发展必须依托于城市，尤其是大型的经济、政治、文化中心，如北京、天津，这种类型的产品具有稳定的城区客源市场，客源的回头率较高，停留时间长，容易形成忠诚客户，并且向休闲度假方向发展，注重高端旅游产品培育，突出其体验性、时尚性、创新性等特点。将高端乡村旅游产品和大众乡村旅游产品结合，提升乡村旅游产品体系，并完善整个市场体系。

二是红绿结合型产品。红色旅游具有富民功能、文化功能、民心功能的等社会功能。发展红色旅游，增强全国人民特别是青少年的爱国情感，弘扬和培育民族精神，带动革命老区经济社会协调发展，具有重要的现实意义和深远的历史意义。红色旅游可以净化游客心灵的同时，调节身心，增加消费，延长停留时间。以西柏坡旅游区为例，结合天桂山、泌泌水等周边丰富的生态旅游区，开发度假旅游，使游客在良好的生态环境中缓解压力，释放心灵，感受革命历史，使游客全部身心沉浸在红色旅游文化中，进而增强西柏坡精神的震撼力、吸引力和感染力。

2. 辅助产品域

辅助产品域是指专门用来完善核心产品域的乡村旅游产品，是核心产品域的点缀，即其伴生产品，目的是用来协调吃、住、行、游、购、娱的关系，形成"乡村大旅游产品"

体系，从而实现与核心产品域之间的"资源共享"和"市场共享"。其内容既可以是乡村旅游地标物、标识、交通，也可以是完善的解说系统、基础设施系统，最为关键的是要营造旅游氛围，加大视觉冲击力，提升乡村旅游目的地的旅游形象。

（1）家庭旅馆

家庭旅馆是我国大众旅游发展到一定阶段的产物，家庭旅馆作为星级宾馆的一种补充形式，作为游客增加旅游体验的一个项目，作为充分利用闲置资产的一个有效手段，作为一些居民通过劳动合法增加收入的一种途径，无疑是一种很好的乡村旅游产品。乡村家庭旅馆位于乡村地区这一地理位置的特殊性，决定了乡村家庭旅馆的产生和发展必须借助于乡村旅游，只有家庭旅馆成为游客旅游的一部分内容和旅游生活的体验，成为有新奇感的经历，或是成为代表区别于游客生活环境的风土人情，成为乡村文化的载体时，家庭旅馆才能具有生命力。

家庭旅馆的建立首先要考虑其市场需求，其主要市场是以中低消费的城市旅游者，他们来到乡村旅游大部分想感受一下乡村生活，那么就不可避免要住农家屋，这种需求使乡村家庭旅馆应运而生。一般来说，乡村家庭旅馆具有较低的机会成本，拥有价格优势，因此，在建设中，应更多地关注与乡村的旅游吸引物相结合，提供人情化和个性化的优良服务。随着物质生活水平的提高，人们可支配的收入越来越多，游客开始注重专业化的服务享受，乡村宾馆就是为了满足游客这个要求开设，以"开门大自然，闭门现代化"的方式协调了乡村性和现代化之间的矛盾。

（2）乡村餐饮

乡村餐饮与乡村旅游是相辅相成的关系。乡村餐饮业作为乡村核心产品域的辅助产品，它面向所有在乡村停留半天以上的游客，它与城市和区内观光、娱乐性旅游产品形成互补、互动关系，所以说乡村餐饮业的发展直接反映了乡村旅游的发展程度。同时，乡村旅游为乡村餐饮行业带来了客源市场。因此，乡村餐饮的发展应该走专门性的乡村旅游产品道路，从根本上说乡村餐饮是一个城市（市场）依托型的乡村旅游产品。该项旅游产品的开发要考虑以下两个方面：一是生产乡村特色食品，以绿色营养、色香味俱全、原料独特的乡村食品为主。如：花卉食品（饮品、糕点）、花粉食品（包括花粉饮品、糕点、菜肴、糊羹、糖果、药酒）、野菜食品、水果食品、土特产、珍稀禽畜和水产佳肴；二是形成当地的饮食品牌。如北京春卷、保定驴肉火烧、广州云吞面等。

（3）乡村购物

乡村旅游商品的开发、生产与经营，扩大了农民的就业机会，使农民收入不断增加；提高了农副产品的附加值；乡村旅游商品的开发，复苏了一大批流传于乡村、濒临灭绝的民间工艺、手艺、绝活儿等非物质文化遗产，成为传承和弘扬民族民俗文化的载体；乡村旅游商品能激发游客的消费，而作为"吃、住、行、游、购、娱"六大要素一体的旅游业，"购"占很大的一部分，能够提高当地旅游收入，促使旅游业的发展。

在乡村中，洁净新鲜的特色蔬菜、稀有的珍稀禽畜和名贵水产、美丽花卉、别致的盆景、风味独特的土特产、工艺精湛的手工艺品、古朴雅致的古玩字画、设计独特的旅游纪念品都为开展购物型乡村旅游产品提供了丰富的资源。引入精品观念，对乡村旅游商品进行全面的设计和规划。在突出乡土性的基础上，结合现代旅游者好奇、回忆的心理，创造性地开发和生产具有乡村气息的、有纪念意义的商品。

第三节　乡村旅游社区参与模式

　　社区参与旅游是指在旅游的决策、开发、规划、管理、监督等旅游发展过程中，充分考虑社区的意见和需要，并将其作为开发主体和参与主体，以保证旅游可持续发展和社区发展。社区参与旅游被认为是实现旅游可持续发展的有效途径，也是旅游研究中的热点和前沿领域。无论在西方国家还是在中国，最初的旅游开发往往忽视社区参与，大多是一种自上而下推行的政府或企业行为，这使得旅游发展与社区、与地方民众脱离，产生了很多问题。应当指出，社区是旅游发展的依托，没有社区的健康发展就没有旅游业的健康发展。社区参与旅游发展的模式没有统一的标准，长期以来，根据当地社区的实际情况，因地制宜地探索与发展了多种模式。

一、"社区＋公司＋农户"模式

　　一是社区、公司、农户三者职责明确，利益分配均衡。社区或者说乡村旅游协会采取措施，给予乡村旅游开发以引导和支持，公司主要负责选择项目，设计旅游产品。农户是生产者，负责生产高质量的旅游产品，提供优质的旅游服务，三者职责明确，相互配合。在利益分配上能够充分保障经营农户的收益。二是社区、公司、农户之间相互制约的关系保证了经营机会的公平均等。三者之间存在一种相互制约的关系，相当于董事会的乡村旅游协会可以监督公司管理人员，而公司管理人员通过对农户经营实行规范化管理来保障旅游产品的质量，这种相互制约的关系既保证了管理人员的公平性，同时也保证了乡村旅游产品的质量。三是经营管理的规范化、标准化。农户如要从事经营，需要按照公司规定的标准进行房间的装修和改造并要通过公司的检查。团队、会议、散客的预订、接待任务等，统一由公司负责，此外，在采购、结账、菜单设计等方面，也采取公司统一管理。四是财务制度透明化，接待价格由旅游公司统一制定，农户对每次接待的游客人数、游客规格都有详细的记载，每次接待游客时都要统一从公司领取原材料，各经营农户每月与公司结清一次账务。

　　"社区＋公司＋农户"模式的特点：一是通过以公司为主导进行整体开发和经营，解决了发展乡村旅游的资金短缺问题；二是发挥公司的经济实力和经营能力，强化公共基础设施建设，开发核心旅游资源，配套服务接待设施，加强对外宣传促销，促进乡村旅游迅速健康发展；三是引导和帮助村民改善社区环境条件，开展配套接待服务活动，促进村民收入的增加；四是提高社区村民的旅游服务质量，形成良好的旅游环境和氛围，增强对旅游者的吸引力。总体来看，在公司和农户的关系之中，公司在对资金、资源的掌握方面还是占优势的，可能会导致公司的管理权过于集中，在进行利润分配时出现争执等问题。

二、整体租赁模式

　　整体租赁经营模式是指将乡村旅游的所有权与经营权分开，授权给一家企业进行较长时间的控制和经营管理，成片租赁开发，垄断性建设、经营、管理，并按约定比例由所有者和经营者共同分享经营收益。在运用整体租赁这种模式时，有一个核心的前提，那就是乡村旅游资源的产权是可以进行分割的，只有乡村旅游的所有权和经营权实现了有效分离，才能够在不违背现行法律法规规定的前提下，在保证资源国家所有的前提下，将经营权转让出去，进行租赁经营，它既遵循了乡村旅游资源国家所有的法律条文，又不局限于现有的体制与政策框架，有利于争取相关部门的理解和支持。整体租赁强调的是由政府授权某一家而不是多家企业进行投资和开发建设，实施的是独家经营。政府虽然把资源租赁给了企业，让企业去经营和管理，但是资源仍然是国家的，政府对资源和环境的保护不能置之不理。因为企业主要是以盈利为目的的，有时为了追求经济回报，甚至会不惜牺牲资源和环境，这种情况一旦发生，损害难以弥补。对于实施整体租赁经营，政府的主要职责是编制乡村旅游规划，成立管理乡村旅游专门的机构，对乡村旅游日常经营管理及资源与环境的保护措施进行有效监督，协调开发经营与当地居民的关系并通过各种行政、税收、行业管理等手段对乡村旅游进行直接或间接的调控。相应的，乡村旅游的经营企业作为资产的经营者，市场竞争的参与者，要负责整个日常经营，保证乡村旅游的可持续发展，当然也要保证自身的收益。这样，在整体租赁过程中，乡村旅游的所有者和经营者通过法律协议对各自的责权利进行合理、清晰的界定，各司其职，相互监督，共同为当地的发展做贡献。

在乡村旅游开发中实行整体租赁，把某个乡村旅游承包给一个企业经营，可以充分发挥企业在资金、市场、经营、管理方面的优势，从而将乡村旅游较快的推向市场。整体租赁，不是将乡村旅游全交给企业，而只是把乡村旅游的经营权交给企业，在乡村旅游规划、环境保护等方面，政府和当地社区还要采取措施实施有效的监督，这样实际上相当于政府和当地社区把自身不擅长的方面剥离了出去，交给了有优势的企业，然后两者相互配合，为乡村旅游的发展共同努力。能够租赁乡村旅游进行经营的企业，其资金实力一般也比较雄厚，有能力投资开发建设乡村旅游。此外，企业在经营、管理、营销等方面比较专业，可以更好地经营管理和宣传乡村旅游。整体租赁模式可以说在地方政府、乡村旅游管理机构、乡村旅游投资企业和当地居民等直接利益主体之间，达成了一种均衡。

三、"村办企业开发"模式

村办企业开发模式就是由村一级的"村有企业"开发、经营管理的模式，实际上往往由村委会主持。在前期建设过程中结合当地的资源状况，村委会聘请有关专家进行规划和设计，一般也是由村委会筹资组建公司，然后由该公司负责乡村旅游项目的开发建设。项目建设所需的资金可以由当地财政拨款或者申请专项基金，还可以通过村民集资或入股的方式来筹措资金，村民可以用自己的实物资产作价出资。项目建成后除少数管理和技术人员可以考虑外聘以外，一般的服务和工作人员，以当地村民为主，这样既能够尽可能多地消化当地劳动力，使村民无需离乡即可就业，同时也可以降低劳动成本，当然由于村民过去多是从事田间耕作的农民，要他们去从事服务业，一下子从与庄稼打交道变成与人打交道，无论从心理上还是技能要求上可能都达不到，甚至一时转不过弯来，觉得做接待和服务员是"伺候人"的工作，因此在上岗前必须对他们进行统一的岗位培训，以便能够更好地胜任工作。投入运营以后，村民可以按照出资比例分红，通过这种模式既提高了农民的技能水平，又增加了农民收入。

由村属集体企业自主开发乡村旅游，一方面，由于是自家的产业，积极性比较高，对家底和资源摸得都比较清楚，对乡风民俗的理解深刻而透彻，所以，在开发时能够把一些真正体现当地特色的东西保留下来，体现出来；另一方面，虽然在开发乡村旅游过程中，村民和开发者之间也会产生利益方面的冲突，但相对于外来企业开发而言，比较容易调和，在思想观念、生活方式、文化差异等方面的冲突也比较少，虽然经过开发乡村旅游，他们会接触到很多外面先进的经营理念，然而地缘情结还是很浓厚的，自家人之间相处沟通起来总要容易得多。

四、其他模式

1. "公司＋农户"模式

在发展乡村经济的实践中，高科技种养业成功地推出了该发展模式。这种模式充分地考虑了农户利益，在社区全方位的参与中带动了乡村经济的发展。

2. "政府＋公司＋农村旅游协会＋旅行社"模式

为了避免乡村旅游开发过度商业化，保护本土文化，采用多方联合、共同开发、利益共享、责任共担的模式。这种模式发挥旅游产业链中各环节的优势，通过合理分享利益，保护了本土文化，增强了当地居民的自豪感，从而为旅游可持续发展奠定了基础。

3. 股份制模式

为了合理地开发旅游资源，保护乡村旅游的生态环境，有的农村社区采用了股份制模式。这种模式把社区居民的责（任）、权（利）、利（益）有机结合起来，引导居民自觉参与他们赖以生存的生态资源的保护，从而保证乡村旅游的良性发展。

4. "农户＋农户"模式

一些农民对企业介入乡村旅游开发有一定的顾虑，他们更信任那些"示范户"，采用这种先富帮后富的模式。这种模式通常投入较少，接待量有限，但乡村文化保留最真实，是最受欢迎的乡村旅游形式。

5. 个体农庄模式

以规模农业个体户发展起来的，以"旅游个体户"的形式出现。这种模式通过个体农庄的发展，吸纳附近闲散劳动力，通过手工艺、表演、服务、生产等形式加入到服务业中，形成以点带面的发展模式。

6. 民族社区参与旅游开发的"轮流制"模式

少数民族聚居地区往往旅游资源富集、市场潜力巨大，需要维护社区利益均衡性以促进当地旅游业持续发展。"轮流制"模式一方面妥善协调与巧妙解决了村民参与旅游开发利益分配的不均衡，控制了外来投资；另一方面也避免了由于无序竞争引起的经济利益过于集中现象，对构建和谐社会起着很大积极作用。

7. 国家公园旅游企业主导的社区参与模式

许多国家森林公园、国家地质公园等景区的经营权转让后，如何在利益主体间分配利益、如何平衡经济和社会效益之间的矛盾等问题逐渐显现。旅游企业在引导社区参与生态旅游的过程中发挥重要作用，从社区定位到社区活动的实施都占据明显的主导地位。另外，生态旅游理念是该模式可持续运作的根本条件。

第四节 乡村旅游存在的问题及对策

一、乡村旅游存在的问题

1. 缺乏规划或规划难以落地

很多地方的乡村旅游项目大多是由个人或者企业自主开发的。项目开发者主要追求个体的利益最大化，开发中往往不能依据当地整体发展方向制定发展规划，发展过程具有很大的盲目性。即使做了相关规划，由于个人或私企的意识、财力等原因，规划也难以落地实施。再加上缺乏系统的法律条文，使得开发者和经营者无法可依、无据可循。

2. 产品粗糙、同质化严重

我国乡村旅游资源丰富，但大多乡村旅游产品粗糙、单一，大部分还停留在提供简单的采摘、吃农家饭、住农家院等接待服务上，未能很好地开发、利用当地优势资源。市场经济条件下，乡村旅游呈现出了一定程度上的盲目跟风现象，许多乡村旅游景区的产品相似度较高，"吃农家饭、住农家院"成为许多乡村旅游的模式，产品千篇一律，不能满足多样化的旅游需求。

3. 村民尚未成为乡村旅游发展的主体力量

乡村旅游开发和经营模式还处于摸索阶段，还未找到村民有效参与乡村旅游发展的各种渠道。一是参与面小，大部分乡村旅游点只有部分村民主要通过"农家乐"的形式参与其中，还有相当一部分村民未能参与，特别是一些边远地区；二是村民参与的内容偏窄，如只从事一线服务工作或给游客提供乡村土特产品；三是村民参与的目的性单一，大部分村民参与是为了获得更多收入，经济目的单一、明显；四是村民文化素质偏低，对乡村旅游开发业务并不熟悉，对旅游服务行业缺乏了解，缺乏经营意识、服务意识和创新意识。种种原因导致他们所提供的乡村旅游服务质量偏低，与旅游接待服务的要求存在较大差距，从而制约了村民成为发展的主体力量。

4. 政府的主导行为不完善

一是乡村旅游管理机制不完善，办事效率不高，影响了乡村旅游的有序发展；二是乡村旅游的政策尚未配套，资金投入不足，基础设施薄弱，如保护政策、鼓励投资开发政策、信贷政策、经济扶持政策、税收政策等尚未配套，导致乡村旅游发展的资金投入不足，其主要表现便是乡村旅游的交通、水电、通信、卫生等基础设施薄弱，住宿、饮食、接待等配套设施建设不到位；三是科学性旅游规划缺位导致资源盲目开发，传统文化流失。

二、乡村旅游资源的可持续性受到挑战

1. 资源开发缺乏前期的总体规划

发展乡村旅游时，没有将乡村旅游资源的开发纳入区域旅游开发的大系统中进行统筹安排、总体规划，而是任由经营者进行盲目开发，无法实现区域内乡村旅游资源的有效整合，使得乡村旅游的巨大潜力不能有效发挥，在一定程度上破坏了旅游资源。许多农户既不做市场调查和投资分析，也不做产品规划设计，急于创收、模仿严重，一般都是在原有农业基础上稍加改动就开始接待游客，只是简单地利用现有农田、果园、牧场、养殖场发展旅游，没能挖掘乡村资源的深层次价值，如休闲度假、参与体验。

2. 文化内涵挖掘不足，乡村旅游特色不鲜明

由于对乡村旅游的内涵理解不够全面、深刻，开发者和经营者在开发过程中互相模仿较为普遍，对自身所在地区的乡村旅游资源没有深度挖掘，忽视了对节庆民俗与乡村文化内涵的开发。乡村旅游产品也主要以"农家乐"形式体现，局限于"几间房子、几张桌子、吃吃饭、喝喝茶、钓钓鱼"的经营模式，未能真正展现乡村风土人情，产业结构单一，所提供的产品质量、品种等大同小异，缺乏特色。

3. 缺乏引导与保护，乡村意境弱化

随着农村经济的不断发展，村民收入水平逐步提高，村民生活和居住条件日益改善，各种电器也慢慢走进百姓人家，使得现代工业文明对农业文明的冲击日益严重，古朴的乡村气息日渐丧失，视觉污染问题日益严重。并且，在发展乡村旅游过程中，一些乡土文化浓郁、生态环境良好的乡村往往缺乏必要的指导和保护，在建筑形式和材料、设施设备等方面刻意模仿城市，导致乡村的城市化痕迹过于明显，极大地破坏了乡村资源的乡村性和原真性，削弱了乡村旅游的魅力。

三、市场经营体系有待规范

1. 营销渠道单一

在招徕客源上，过于迷信"回头客"和口碑传播，对朋友关系的依赖也说明经营户的宣传促销意识还停留在原始的、被动的认识上；主动宣传和参加集体促销的意识和要求不强，这很难适应旅游市场竞争的形式。

2. 经营理念陈旧

在经营理念上，还停留在特别看重菜品质量、味道和价格，而对于旅游接待地吸引游客至关重要的一些因素：特色（农家风味）、环境（绿化环境）、服务（服务水平）却没有放在重要位置。经营者乐意在主体建筑上花钱，而不愿在治理、美化环境方面下功夫。主张少投入，多产出；采购质劣价低的菜品欺骗顾客，甚至克扣斤两；单兵独战的多，团结协作，致力于树立景区形象的意识不强。

3. 市场竞争意识不强

经营者经营理念与游客需求之间存在差距，需要专业的培训、指导和政府的引导。乡村旅游作为一种新兴的近郊旅游休闲形式，有其特殊发展规律和经营模式。要让农民一家一户在实践中去摸索经验需耗费太大的成本，容易动摇经营者的自信。对于当地政府来讲，自发的、分散的、粗放的小农个体经营形式，其产业意义不大；对大众游客来讲，没有特色、规模，管理不规范的旅游地是没有吸引力的。因此，特色化、规范化、规模化、品牌化是乡村旅游实现产业化目标的基本方向。

四、乡村旅游发展的对策

1. 统筹编制乡村旅游发展规划

在产品项目选择上要科学规划、合理引导，不要盲目发展和恶性竞争。在创新上下功夫，坚持以特取胜，提升乡村游的文化品位，绝不能千村一面。应对旅游地区位条件、资源特色、生态环境以及社会经济、客源市场等进行认真翔实的调查与评价，并根据区域旅游经济开发及系统生态学理论进行合理规划和科学开发。决不能不顾及客观实际和旅游市场规律，盲目开工，各自为阵，重复建设。应在国家与地方旅游业发展总体规划的指导下，做好详细规划与开发工作。同时乡村旅游的开发也要遵循市场规律，根据旅游市场的需求情况，开发适销对路的产品。另外，要注意旅游产品的地域特色，充分认识到特色是旅游产品生命力的所在，强化旅游产品特色以增强其吸引力。当前乡村旅游应以加强休闲娱乐、民俗风情"绿色产品"等特色产品的开发为主。乡村旅游地在规划设计时必须进行环境审计（EA）和环境影响评价（EIA），确定合理的环境承载力与游客容量，预测旅游开发对环

境产生的影响和当地可能承担的风险，确定"生态经济适合度"，并在这个基础上采取适当的环保措施。

支持重点乡村旅游目的地的规划设计和可行性论证。旅游行政管理部门应以一定财力支持重点乡村旅游目的地的规划设计和项目论证工作。目前，为乡村旅游做规划的机构少、经验不足、水平不高。农民个人投资，也不愿在规划上多投入。因此，有些乡村旅游目的地的建设布局不够合理，特色特点不突出。应鼓励规划设计单位深入乡村，为乡村旅游发展做出一流水准的规划和设计。乡村旅游市场发育较早的地区，地方政府投入了一定财力、物力和人力对旅游景区景点的旅游环境进行整治。但是，有些地方环境脏乱差的问题并没有得到根治。应逐步有计划地解决乡村旅游道路最后一里地的硬化问题、厕所问题、做饭燃料问题、垃圾处理问题等。

2. 加快制定乡村旅游土地使用政策

我国农村新社区发展乡村旅游要走不占用粮食生产用地发展旅游业的新路子。但不占用粮食生产、蔬菜生产用地，不等于不占用土地，特别是在农村非农业保护用地的土地使用方面，制定这一类土地的使用政策既有利于粮食、蔬菜生产用地的保护，又有利于乡村旅游业的发展。

一些获得土地使用权的乡村旅游企业，在土地供应价格上存在按哪类土地价格定价的问题。现在一般按商业用地定价，也有的地方按工业用地定价。通过调研，从事乡村旅游的人士认为，国家应规定旅游业用地的地价价格，如一时不好规定，也最好按工业用地价格来定价。在旅游用地的使用年限上，也希望最好按70年来定，这样有利于可持续发展。

另外，供销合作社的土地属性应明确，在原第一产业用地的基础上，应制定出有利于发展第三产业的土地政策。在计划经济时代，国家划拨给供销合作社系统一定数量的土地，用于培育良种和建设生猪养殖基地。目前，有些地区的供销合作社在土地上办了休闲农庄或现代农业观光园，这些房子没有产权证，在财务核算上不规范。这类土地的使用政策也应该尽快明确。

3. 乡村旅游项目应充分考虑农民长远利益

乡村旅游发展资金应多方筹集。政府资金、资本市场资金、大型企业资金、集体资金和个人资金，都可以进入乡村旅游市场。目前，多数地方的投资模式是：投资方与政府签订协议，政府确定土地价格，投资开发商支付征地拆迁资金，政府负责拆迁和土地平整，政府收到开发商的资金后再向农民支付。农民在得到一次性支付的现金后迁走，与原耕作的土地没有了任何关系。乡村旅游目的地政府在审批建设项目时，应充分考虑农民的长远利益。农民在出让土地使用权，失去生产资料的情况下，特别是整体搬迁的农民，投资发展商如分给农民一小部分股权，作为村级集体土地的长远收益，村集体可以用土地收益进行环境保护和建设，农民也可以增加资产性收入。为解决农民后顾之忧，可让他们以土地评估价入股开发项目。农民不参与管理，只按股份分红。此外，目前农家乐的经营户，基本没有设立财务制度。在开发和利用农村旅游资源的同时，注重保护生态环境，这不仅可以让旅游资源保持原本特色，也可以让资源持续开发。

第五节　乡村旅游开发案例
——以河北省内丘县岗底村为例

一、岗底村概况

岗底村位于河北省邢台市内丘县侯家庄乡境内，总面积 550hm²。岗底村全村 170 户，共有 690 口人。岗底村形成了以李保国教授团队研发的富岗苹果和富岗农产品为核心的绿色产业，人均收入 2.25 万元。

二、资源基础

根据《旅游资源分类、调查与评价》GB/T 18972—2017，岗底村旅游资源共有 8 个主类，14 个亚类 24 个基本类型，形成了以苹果园为核心，以太行山自然与人文资源为辅、乡村风情浓郁的资源格局。诸多资源与要素在此融汇，并蕴含着独特的文化内涵。

1. 苹果文化

富岗苹果果肉硬度大、纤维少、质地细，具有典型的芳香味，且风味较浓，所含有的 18 种氨基酸，15 项高于全国代表值。为保证苹果质量，李保国教授研发了富岗苹果生产的 128 道生产管理工序，并且严格执行，形成了独特的苹果文化。

2. 进取精神

1984 年开始，在村党委书记杨双牛的领导下，岗底村民艰苦创业，依靠李保国教授科研团队等科技力量科学治山，在该村的 8000 亩山场上营造出了一处生机盎然的绿色生态农业观光区，被国家誉为"全国造林绿化千佳村"，被外国专家誉为"中国农业的奇迹"、"富岗模式"。

3. 太行风韵

岗底村群山环抱、双龙汇聚、负阴抱阳，其优良的自然环境，古朴的村庄面貌，蕴含了天人合一的意境，体现了自强不息、厚德载物的太行文化。

4. 甜蜜农家

岗底村森林覆盖率 64%，大气综合质量为一级，空气清新，环境良好，水质甘甜。岗底村民人均收入较高，强大的村集体为村民提供技术培训等多项服务，村民生活无忧无虑，甜蜜幸福。总结起来，这里的水甜、气甜、果甜、日子甜！

三、主题形象塑造

1. 主题定位

以苹果产品及太行山水为基础，以苹果文化、太行文化、进取精神为文脉，以"平安、甜蜜、富裕、幸福"为灵魂，以美丽乡村建设为亮点，以休闲、健康产品为品牌，将岗底村建设成为饱含富岗元素、凸显太行特色的——苹果文化品鉴乡村旅游示范点、创业励志教育基地、太行风情休闲旅游区。

2. 主题形象

"太行山中最甜的地方——富岗山庄"。

3. 分区形象

（1）村庄形象——具有特色的太行新农村。

意境诉求：富岗特色，太行底蕴，自然和谐，经典山村。

开发要点：在村庄建设中，要注重提升文化内涵，更多地融入中华文化元素，使村庄风貌成为乡村旅游的景点和乡村文化经典，彰显出富岗特色和太行风韵。

（2）山林形象——四时宜游的北方山林。

意境诉求：千树果香飘，一山清气来，有福到富岗，此境胜瑶台。

开发要点：在旅游发展过程中，要珍惜和保护山林资源，严格保护原始次生林和苹果生产核心园区，使得山更绿、气更甜。

（3）水域形象——清澈灵动的太行秀水。

意境诉求：清清溪流高低欢唱，静静湖沼昼夜沉思。

开发要点：注重水域的清洁，条件允许的地方，尽量拓宽水面，增加跌宕起伏，营造多种姿态的水景。

四、总体布局与功能分区

岗底村总体格局呈现为"三沟两峪一面坡"，各景点分布在陀摩沟谷和两个阶梯状的山顶。沟谷的景点呈串珠状分布在峡谷两侧，山顶景点由迂回曲折的步游道自然相连。共分综合服务区、苹果生产核心保护区、观光采摘区、休闲度假区、生态保育区等功能分区，详见图13-1。

五、旅游产品策划

1. 观光旅游产品

岗底村观光旅游产品丰富，例如开发片麻岩区山体观光、嶂石岩地貌观光、苹果园观光、橡树沟观光、天象观光、水域观光、新农村观光等旅游产品。根据各自特点，各旅游产品要有不同的旅游意境诉求，例如气势磅礴、浪漫天真等。

2. 励志教育旅游产品

规划建设太行山植物科技馆、太行山民俗博物馆、村史博物馆。游客可在其中学习苹果种植知识、进行励志教育。村庄西南部约1500m防洪长墙，是1996年洪水后该村修建起来的防洪堤坝，蕴含了岗底人民的奋斗精神，教育意义深远。

3. 休闲健身旅游产品

（1）休闲垂钓——三湖、村南水面

在三湖、村南水面设立垂钓区，让游客在安静的"世外桃源"享受垂钓乐趣。

环绕库区设置80个垂钓平台，平台建设材料为木制、稻草蓬顶，外观为蘑菇形状，色彩为原色，水下部分采用混凝土，表面仿树皮状，这些平台可以让游客充分体验垂钓的乐趣。

（2）登山健身旅游产品

健身旅游产品有登山旅游、森林旅游等。登山旅游在九龙岭、抱福峪开发，九龙岭登山线路长度为2000m左右；抱福峪沿溪水登山线路长度2000m左右。森林旅游在原始次生林区开发，原始次生林区游览线路长度1000m左右。

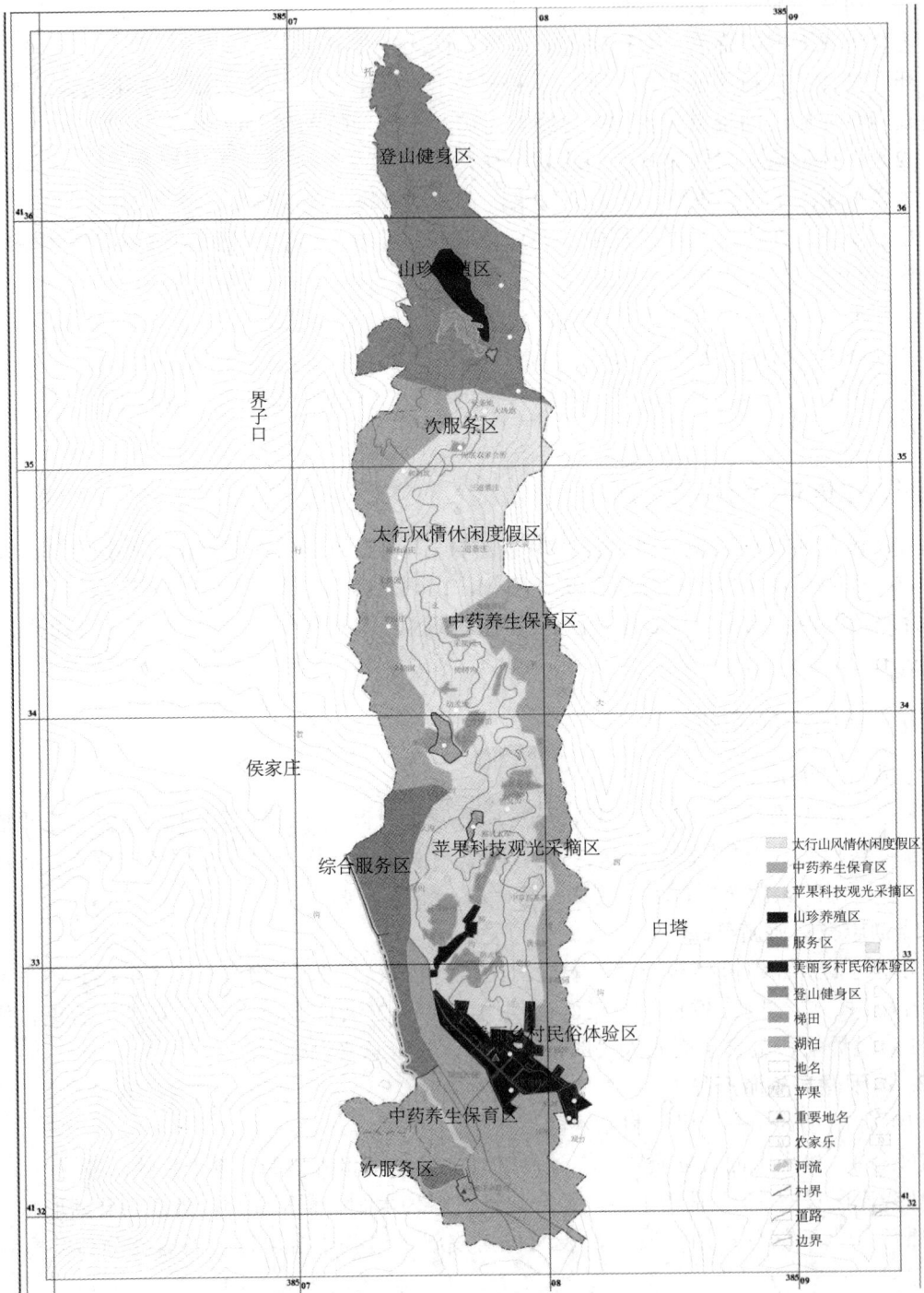

图 13-1　岗底村乡村旅游开发规划功能分区图

4. 农事活动旅游产品

（1）采摘旅游产品

苹果采摘、板栗采摘、药材采摘以及其他农产品采摘。

（2）科技示范旅游产品

根据富岗苹果生产过程的128道生产管理工序，开发科技示范旅游产品，打造学生实习、科技考察、技术培训等基地，利用夏令营、冬令营等形式进行科普教育。

（3）苹果深加工旅游产品

研发可供游客参与的多种苹果深加工旅游产品，如苹果汁、苹果醋、苹果酒、苹果酱、苹果糖、苹果干、苹果脯、苹果粉、苹果软胶囊、苹果膳食纤维、苹果香精等，进一步培养技术农民、提升苹果产业水平，同时增加旅游活动项目，壮大旅游实力。

（4）其他农耕、民俗体验产品

根据地方风俗及当地特色，开发农产品种植、家畜养殖、荆编、豆腐制作、雕刻、木工、纺织、剪纸等手工劳作等农耕、民俗体验特色旅游产品。

5. 地方风情旅游产品

岗底村及周边乡村的非物质文化资源丰富，有牛郎织女传说、郭巨孝文化、内丘神码、内丘扇鼓腔、扁鹊祭祀、内丘牛王庙会和内丘庆源排鼓等。

6. 其他旅游产品

在旅游发展过程中，可根据需要开发多种旅游产品，例如开发水果文化节、度假村、春游踏青、农家乐等形式的休闲旅游产品；保健疗养旅游产品，如森林浴、药膳、农家饭、水果食疗和美容等；商品展销会，即果树栽培研讨会、果业高科技展示会、绿色食品展销会等；野外生存训练，即定向越野、露营、丛林穿越、自救互救等；纪念林活动，如植成年树、夫妻同心林、父母长寿林、友谊长青林以及企事业单位、个人认养林等。

第十四章　振兴乡村战略与规划管理

第一节　农村新社区管理概述

一、农村新社区管理的概念

农村新社区管理是社区建设与规划的一个重要的组成部分，它涉及社区的各个方面。具体而言，农村新社区管理是指各级政府和社区行政部门，为实现农村新社区规划发展和建设目标，而对社区发展与建设和规划所进行的决策、规划、组织、指挥、协调、监督和服务等的一项综合性活动。

决策是决定农村新社区发展所制定的目标，是在种种发展的可行性发展方案中筛选出适合与农村新社区发展的方案的过程。根据选定的目标确定农村新社区发展的方向、目标、规模，确定农村新社区发展的结构、空间布局，确保农村新社区的有序、健康、快速发展。

规划是对农村新社区未来发展的具体安排，是对未来发展的管理依据。规划的目标、方针、具体的战略部署安排都是农村新社区建设和发展的需要落实的具体任务。

组织是实现目标和部署的行政行为，社区建设与发展的目标和部署要实现，就必须进行必要的组织安排。因此，农村新社区建设与发展必须建立一个高效的组织系统，指导安排各项事业的建设和部署的落实，使各项工作有计划、有步骤地进行。

指挥是通过组织系统，依据国家和各级政府的法律、法规、政策、条例，各种建设的标准规程，作出指示，发布命令，组织协调各部门、各团体及个人，落实职责要求，组织各种建设活动，使得农村新社区建设在协调、稳健中发展。

控制是决策和规划的目的，是使农村新社区健康、有序发展的前提。只有控制好，才能使农村新社区各项建设和事业的发展按照理性、有步骤地发展和建设；才会实现既定的目标。合理、有效地控制使农村新社区建设处在理想状态之中，可以按照规划的目标进行建设和发展。

协调是农村新社区建设与发展的重要措施，无论是决策、规划、组织、指挥、控制，还是具体到某一项具体事情、事物，协调的作用就是处理各种矛盾的最好方式。在各项安排活动中，出现矛盾是必然的现象，那么处理这些矛盾和问题的办法，最主要要依靠协调来处理。

二、农村新社区管理原则

1. 坚持深化村民自治实践

坚持自治为基础，加强农村群众性自治组织建设，健全和创新村党组织领导的充满活力的村民自治机制。推动村党组织书记通过选举担任村委会主任。发挥自治章程、村规民约的积极作用。全面建立健全村务监督委员会，推行村级事务阳光工程。依托村民会议、村民代表会议、村民议事会、村民理事会、村民监事会等，形成民事民议、民事民办、民事民管的多层次基层协商格局。积极发挥新乡贤作用。推动乡村治理重心下移，尽可能把资源、服务、管理下放到基层。加强农村社区治理创新。创新基层管理体制机制，整合优化公共服务和行政审批职责，打造"一门式办理""一站式服务"的综合服务平台，逐步形成完善的乡村便民服务体系。大力培育服务性、公益性、互助性农村社会组织，积极发展农村社会工作和志愿服务。集中清理上级对村级组织考核评比多、创建达标多、检查督查多等突出问题。维护村民委员会、农村集体经济组织、农村合作经济组织的特别法人地位和权利。

2. 坚持建设法治乡村

坚持法治为本，树立依法治理理念，强化法律在维护农民权益、规范市场运行、农业支持保护、生态环境治理、化解农村社会矛盾等方面的权威地位。增强基层干部法治观念、法治为民意识，将政府涉农各项工作纳入法治化轨道。深入推进综合行政执法改革向基层延伸，创新监管方式，推动执法队伍整合、执法力量下沉，提高执法能力和水平。建立健全乡村调解、县市仲裁、司法保障的农村土地承包经营纠纷调处机制。加大农村普法力度，提高农民法治素养，引导广大农民增强遵法学法守法用法意识。健全农村公共法律服务体系，加强对农民的法律援助和司法救助。

3. 坚持提升乡村德治水平

深入挖掘乡村熟人社会蕴含的道德规范，结合时代要求进行创新，强化道德教化作用，引导农民向上向善、孝老爱亲、重义守信、勤俭持家。建立道德激励约束机制，引导农民自我管理、自我教育、自我服务、自我提高，实现家庭和睦、邻里和谐、干群融洽。广泛开展好媳妇、好儿女、好公婆等评选表彰活动，开展寻找最美乡村教师、医生、村干部、家庭等活动。深入宣传道德模范、身边好人的典型事迹，弘扬真善美，传播正能量。

4. 坚持建设平安乡村

健全落实社会治安综合治理领导责任制，大力推进农村社会治安防控体系建设，推动社会治安防控力量下沉。深入开展扫黑除恶专项斗争，严厉打击农村黑恶势力、宗族恶势力，严厉打击黄赌毒盗拐骗等违法犯罪。依法加大对农村非法宗教活动和境外渗透活动打击力度，依法制止利用宗教干预农村公共事务，继续整治农村乱建庙宇、滥塑宗教造像。完善县乡村三级综治中心功能和运行机制。健全农村公共安全体系，持续开展农村安全隐患治理。加强农村警务、消防、安全生产工作，坚决遏制重特大安全事故。探索以网格化管理为抓手、以现代信息技术为支撑，实现基层服务和管理精细化精准化。推进农村"雪亮工程"建设。

三、农村新社区管理的主要任务

总任务是认真执行国家有关农村新社区的方针、政策，以国家农村新社区建设法规为准则，科学地组织和领导农村新社区建设和规划的各项活动，正确处理农村新社区建设活动中的各种问题，促进农村新社区建设和规划事业的健康发展。具体有以下几个方面：（1）贯彻执行国家有关农村新社区发展与建设的方针、政策和法规；（2）落实各级政府和相关部门制定各种规划；（3）组织编制或调整完善农村新社区规划和建设计划；（4）完成上级政府部门安排的各项任务和统计报表；（5）沟通农民意愿与上级政策的要求；（6）组织或指导实施农村新社区规划，控制和监督各项建设活动；（7）组织和督促对农村新社区基础设施实施与农村新社区环境的维护管理;（8）探索研究农村新社区建设自身的发展规律，提高管理水平。

第二节　社区管理与制度建设

我国农村在长期传统文化影响下，农村新社区的管理制度改革是农村新社区建设的重点任务。要依据农村基层自治选举制度，充分发挥党在基层领导作用的优势，创新与加强农村新社区管理制度是重要一环。

一、完善乡村自治制度

1. 深化村民自治实践

严格依法实行民主选举，选出群众拥护的讲政治、守规矩、重品行、有本事、敢担当的村委会班子。推动村党组织书记通过选举担任村委会主任。严格落实村民会议和村民代表会议制度。抓好农村社区协商示范点建设，以县（市、区）为单位推动社区协商制度化、规范化和程序化，发挥村民自治章程、村规民约的积极作用。推进村务监督委员会建设，规范职责权限、监督内容、工作方式，提高村务监督工作的水平和实效。进一步规范村务公开的内容、形式、时间和程序，实现村务事项事前、事中、事后全过程公开。

2. 推进基层管理服务创新

积极稳妥地推动社区体制改革，依法有序撤销合并社区原行政村村民委员会，设立一个村民委员会。积极推进相关配套政策改革，取消以原行政村为单位的财政补助体制，建立以社区、人口为依据的财政扶持政策，让社区成为农村社会治理服务基本单元。创新基层管理体制机制，整合优化公共服务和行政审批职责，打造"一门式办理""一站式服务"的综合服务平台。在社区普遍建立网上服务站点，逐步形成完善的乡村便民服务体系。

3. 发展农村各类合作组织

以提高农民组织化程度为重点，积极培育合作经济组织，带动农民发展特色优势产业，促进农民增收，壮大集体经济。厘清村民委员会、农村集体经济组织权责边界，维护村民委员会、农村集体经济组织、农村合作经济组织的特别法人地位和权利。积极发展农村各类中介组织，为农民群众提供市场信息、决策咨询等中介服务，畅通农产品流通渠道。逐步建立和完善优势产业的行业协会，引导农民在自愿的基础发展新型合作组织和农民经纪人队伍。大力培育服务性、公益性、互助性农村社会组织，积极发展农村社会工作和志愿服务，着力满足农民个性化、多样化需求。

二、推动法治乡村建设

1. 深入开展农村法治宣传教育

组织实施普法规划，开展"法律进社区"活动，广泛宣传土地管理法、农村土地承包法、村民委员会组织法、婚姻法等与乡村群众生产生活密切相关的法律知识，不断增强农村基层干部群众的法治观念和依法维权意识，在乡村形成办事依法、遇事找法、解决问题用法、化解矛盾靠法的良好法治环境。坚持学用结合、普治并举，推进"民主法治示范社区"创建活动。加强法制宣传一条街、法制书屋、远程教育等法制宣传阵地建设，大力开展法治文文化活动，构建覆盖县乡村的法治文化体系。

2. 增强基层依法办事能力

增强基层干部法治为民意识，将政府涉农各项工作纳入法治化轨道。深入推进综合行政执法改革向基层延伸，推动执法队伍整合、执法力量下沉，探索建立社区综合执法平台，加大农村的执法力度。进一步完善执法标准规范，改进执法方式方法，加强执法监督，把执法目的与手段、执法过程与结果统一起来，切实做到严格规范公正文明执法。健全农村公共法律服务体系，抓好社区法律顾问工作，落实"一村一法律顾问"，加强对农民的法律援助和司法救助，降低法律援助门槛，扩大法律援助范围，抓好困难群众法律援助工作。建立健全乡村调解、仲裁、司法保障的农村土地承包经营纠纷调处机制。推进社区司法行政工作室建设，建好用好"12348热线平台"，为群众提供方便快捷的法律服务。

3. 全面推进平安智慧乡村建设

加强治安突出问题排整治，深入开展扫黑除恶专项斗争，严厉打击农村黑恶势力、宗族恶势力，严厉打击黄赌毒盗拐骗等违法犯罪。依法加大对农村非法宗教活动和境外渗透活动打击力度，依法制止利用宗教干预农村公共事务。落实社区服刑人员、刑满释放人员管理制度，健全政府主导、社会参与、家庭扶持的帮扶机制，使其尽快融入社会，预防重新违法犯罪。加强反邪教、社区戒毒、严重精神障碍患者服务管理工作，对乡村留守老人、妇女儿童等强化服务教育，提高其自我防范意识和能力。强化网格化管理，深入实施"雪亮工程"，继续深化平安智慧社区创建活动，构建人防、技防、物防深度融合的农村治安防控体系。强化乡村安全生产监管，防范各类事故发生。

三、提升乡村德治水平

1. 强化道德教化作用

发挥中华传统文化、伦理道德的教化滋养作用，大力弘扬社会主义核心价值观，把社会和谐稳定建立在较高的道德水准上。深入挖掘乡村熟人社会蕴含的道德规范，结合时代要求进行创新，通过完善村规民约、居民公约等，培育规则意识、契约精神、诚信观念，引导农民向上向善、孝老爱亲、重义守信、勤俭持家。建立道德激励约束机制，引导农民自我管理、自我教育、自我服务、自我提高，实现家庭和睦、邻里和谐、干群融洽。深入宣传道德模范、身边好人的典型事迹，鼓励见义勇为，弘扬真善美，传递正能量。

2. 加强乡村德治建设

深入挖掘和阐发中华优秀传统文化讲仁爱、重民本、守诚信、崇正义、尚和合、求大同的时代价值，开展优秀传统文化传播，立家训家规、传家风家教，倡文明树新风、革除陈规陋习等活动，推进家风建设、文明创建、诚信建设，依法治理、道德评道德评议等行动，实现乡村德治与自治良性互动。注重微博、微信等网络社交媒体的广泛应用，引导群众性自治组织规范发展，发挥其植根群众、联系群众、服务群众的优势，形成群众问题由群众解决的新机制。

3. 培养健康社会心态

加强社会心理服务体系建设，将社会心理咨询服务场所建设纳入各级特别是基层综治中心标准化建设管理范畴。在乡镇卫生院和社区卫生服务中心设置心理咨询室，专业化开展精神卫生和心理抚慰工作。聘请专业社会工作者或心理辅导人员、志愿者，开展心理健康宣传教育和心理疏导。充分利用现代信息技术，做好流浪乞讨、服刑、刑满释放、社区矫正、社会戒毒人员和孤寡老人、留守儿童妇女及易肇事肇祸严重精神障碍患者等的人文关怀、心理疏导和危机干预。

第三节　土地资源与资产管理

一、贯彻落实土地改革政策

2018 年中央一号文件指出，深化农村土地制度改革。系统总结农村土地征收、集体经营性建设用地入市、宅基地制度改革试点经验，逐步扩大试点，加快土地管理法修改，完善农村土地利用管理政策体系。扎实推进房地一体的农村集体建设用地和宅基地使用权确权登记颁证。完善农民闲置宅基地和闲置农房政策，探索宅基地所有权、资格权、使用权"三权分置"，落实宅基地集体所有权，保障宅基地农户资格权和农民房屋财产权，适度放活宅基地和农民房屋使用权，不得违规违法买卖宅基地，严格实行土地用途管制，严格禁止下乡利用农村宅基地建设别墅大院和私人会馆。在符合土地利用总体规划前提下，允许县级政府通过村农村新社区规划，调整优化农村新社区用地布局，有效利用农村零星分散的存量建设用地；预留部分规划建设用地指标用于单独选址的农业设施和休闲旅游设施等建设。对利用收储农村闲置建设用地发展农村新产业新业态的，给予新增建设用地指标奖励。进一步完善设施农用地政策。

深化农村土地使用制度改革：一是深化农村土地使用制度改革，依法试行农村集体建设用地流转；二是推进征地制度改革，积极开展征地制度改革试点工作。提高征地补偿标准，保证征地补偿款按时足额到位。确保被征地农民不因征地而降低生活水平，切实保障被征地农民的利益。

1. 巩固和完善农村基本经营制度

落实农村土地承包关系稳定、落实好第二轮土地承包到期后再延长 30 年的政策，让农民吃上长效"定心丸"。全面完成土地承包经营权确权登记颁证工作，实现承包土地信息联通共享。完善农村承包地"三权分置"制度，在依法保护集体土地所有权和农户承包权前提下，平等保护土地经营权。农村承包土地经营权可以依法向金融机构融资担保、入股从事农业产业化经营。实施新型农业经营主体培育工程，培育发展家庭农场、合作社、龙头企业、社会化服务组织和农业产业化联合体，发展多种形式适度规模经营。

2. 深化农村土地制度改革

系统总结农村土地征收、集体经营性建设用地入市、宅基地制度改革试点经验，逐步扩大试点，加快土地管理法修改，完善农村土地利用管理政策体系。扎实推进房地一体的农村集体建设用地和宅基地使用权确权登记颁证。完善农民闲置宅基地和闲置农房政策，探索宅基地所有权、资格权、使用权"三权分置"，落实宅基地集体所有权，保障宅基地农户资格权和农民房屋财产权，适度放活宅基地和农民房屋使用权，不得违规违法买卖宅基地，严格实行土地用途管制，严格禁止下乡利用农村宅基地建设别墅大院和私人会馆。在符合土地利用总体规划前提下，允许县级政府通过农村新社区规划，调整优化农村新社区用地布局，有效利用农村零星分散的存量建设用地；预留部分规划建设用地指标用于单独选址的农业设施和休闲旅游设施等建设。对利用收储农村闲置建设用地发展农村新产业新业态的，给予新增建设用地指标奖励。进一步完善设施农用地政策。

3. 深入推进农村集体产权制度改革

全面开展农村集体资产清产核资、集体成员身份确认，加快推进集体经营性资产股份合作制改革。推动资源变资产、资金变股金、农民变股东，探索农村集体经济新的实现形式和运行机制。坚持农村集体产权制度改革正确方向，发挥村党组织对集体经济组织的领导核心作用，防止内部少数人控制和外部资本侵占集体资产。维护进城落户农民土地承包权、宅基地使用权、集体收益分配权，引导进城落户农民依法自愿有偿转让上述权益。研究制定农村集体经济组织法，充实农村集体产权权能。全面深化供销合作社综合改革，深入推进集体林权、水利设施产权等领域改革，做好农村综合改革、农村改革试验区等工作。

二、加强农村土地利用管理

1. 控制建设用地规模，加强基本农田的保护

控制建设用地规模，加强基本农田的保护：一是切实保护耕地特别是保护好基本农田，做到"三个不能"，即总量不能减少、用途不能改变、质量不能下降。二是严格执行土地管理法律法规，做到"三个依法"，即依法管地用地、依法审批土地、依法查处各种违法违规行为。三是加强土地规划管理和用途管制，不得随意改变农用地的用途。四是充分运用价格机制调控土地，抑制多占、滥占和浪费土地。

2. 积极筹措资金，支持土地开发整理

建设农村新社区，要坚持"多予少取放活"的方针，重点在"多予"上下功夫。一是依法严格收缴"涉土"的耕地占用税、耕地开垦费、新增建设用地有偿使用费、土地出让金等各项费用；二是使用好这部分资金，切实用于土地开发整理复垦和"空心村"治理。

3. 要禁止乱采、滥采矿产资源

农民由于技术和管理水平低，就地开矿、采矿会造成粗放经营、环境污染和安全问题，必须严格控制矿产资源的开采管理，禁止乱采、滥采。企业在农民居住地区开矿、采矿也要严格管理，防止环境污染，影响农民的正常生产和生活。在农民居住地区还要搞好地质灾情预测预报，把灾害损失降到最低限度。

4. 规范、合理利用土地资源

2018年中央一号文件指出，完善农民闲置宅基地和闲置农房政策，探索宅基地所有权、资格权、使用权"三权分置"，落实宅基地集体所有权，保障宅基地农户资格权和农民房屋财产权，适度放活宅基地和农民房屋使用权，不得违规违法买卖宅基地，严格实行土地用途管制，严格禁止下乡利用农村宅基地建设别墅大院和私人会馆。

土地管理是一项基本国策，节约用地是每个公民的义务，更是建设和国土部门的职责。应以村农村新社区规划为龙头和依据，制定村级农村新社区规划，实行建房定点、设施定位、规模定形、用地定量，在"四定"的基础上，制定基本农田保护规划和其他有关专业规划。

三、规范宅基地的管理和制度建设

1. 建立规范、有序的农村宅基地市场体系

随着社会主义市场经济体制的建立，土地要素市场从无到有逐步建立起来，初步形成

了土地市场体系的框架，在农村宅基地市场探索宅基地所有权、资格权、使用权"三权分置"，落实宅基地集体所有权，保障宅基地农户资格权和农民房屋财产权，适度放活宅基地和农民房屋使用权，不得违规违法买卖宅基地。建立规范有序的农村宅基地市场，形成合理的价格体系，使价格在农村宅基地的有效配置中发挥基础性作用。

2. 农村宅基地超占部分实行有偿使用

首先，通过对农用地的分等定级和农用地价格的评估，将农民实际使用的宅基地对号入座，确定其应向集体土地所有者交纳的租金数额。这样既消除了群众心中的不平，又增加了集体收入。其次，落实"一户一宅"的管理制度，建立"宅田挂钩"管理机制，其实质就是"不交宅就交钱"，这主要是针对采取行政手段强行收回大量的超占宅基地执行难、容易引起矛盾冲突的情况而采取的一种经济手段。对超过省、市、自治区规定的宅基地使用面积标准的，一律交纳超占费。具体标准应按各地人民代表大会制定的《农民宅基地使用权登记条例》规定的标准执行。通过运用上述经济手段，宏观调控农民建房，尽量利用村内空闲地和山坡荒地，不用、少用耕地，尽量使用劣等地，不用、少用优等地。这既有利于规范农民建房用地，又能达到保护集体和国家利益的目的。

3. 引进市场竞争机制，多渠道筹措资金

在农村新社区建设用地上，充分引进市场竞争机制，用经济杠杆来调节土地供给，促进农村新社区建设用地向高效、集约方向发展。宅基地整理资金可以是农民自筹，也可以是通过向村民拍卖村内建设用地使用权所得收益；移民建镇等大规模的宅基地整理还可争取政府的财政支持和有关部门与企业的资助，对土地整理资金实行专款专用。宅基地整理除按规定由用地农民和单位负担外，还可通过建立激励机制，积极鼓励有意参与的个人和单位投入到宅基地整理中来，让农村宅基地整理成为全民性活动。

4. 对农村宅基地进行整理规划

农村宅基地整理必须坚持统一规划、分步实施的原则。农村宅基地整理规划指的是农村新社区整理规划，即对农村新社区宅基地的利用进行重新安排，包括原有宅基地利用的调整、腾出宅基地的利用、规划扩大宅基地的定位等。在编制农村宅基地整理规划工作中，认真贯彻建设农村新社区的指导思想。要以城乡一体化规划、农村现代化规划和城镇体系规划为依据，明确农村新社区建设的长远规划格局，实行定位、定性、定规模。对进行宅基地整理的农村新社区规划，要坚持以人为本，把改善农村居民的生活生产环境条件放在首位。要充分重视村内基础设施的配套和建筑物的合理布局。同时，还要注意处理好与原有建筑物的关系，特别是一些竣工时间不长的建筑，可以保留的尽量予以保留。此外，规划要走群众路线，要依靠村民参与，集思广益，充分尊重村民的意见。

第四节　基础设施建设与管理措施

一、社区基础设施的分类与问题

1. 农村新社区内部基础设施

农村社区的基础设施应该包括农村新社区道路、桥梁、供水、排水和污水处理、环境卫生、绿化、供电、邮电、邮电通信等设施。广义的基础设施还应包括农村公共服务设施，

即中小学、幼儿园、老年活动室、文化室、卫生室、农村新社区服务、文教卫生等公益设施。农村新社区基础设施建设资金、技术、运营、管理体制等各个方面均未形成系统完善的政策和措施。

2. 农村新社区域内基础设施

农村新社区要建造生态宜居居住环境。在新社区建设中要严守生态保护红线，加强山水林田湖草系统治理，划定并保护好饮用水源地，重视山体形貌维护、植被修复养护、水系岸线防护，慎砍树、禁挖山、不填湖、少拆房，不人为取直道路，不盲目改变河道流向。要对"田、水、路、林、电、村"统一规划治理，彰显乡村生态特色，水系发达乡村体现水乡韵味，平原乡村营造田成方、林成网的平原美景，丘陵地区乡村打造山村风貌，沿海地区乡村表现海洋风情，充分体现具有山区、平原、水乡、海滨等不同地域特色的自然风貌。

3. 社区基础设施建设存在的问题

（1）重建轻养现象较为普遍，直接影响使用效果

农村基础设施由于养护责任不落实，缺乏后续投入和维护管理，老化失修较为普遍，难于长期发挥效益。如水利工程建后缺乏维护，农田整治工程和渠道防渗硬化建设竣工验收后，客观上是移交项目所在乡镇和管养所管理，但实际上，一些设施根本没人进行正常的维修管护工作，加上农民对水费征收意识淡薄，造成水费征收困难，不少管理单位长期处于困境，水利工程建后管护的任务自然难以完成。

（2）质量控制不到位

由于投资额小等特点，政府质量监督部门也不会列入监督范围，监理单位也不愿监理，即使有监理，也不会足够重视。所以，许多农村工程都是委派村干部来监督工程质量、验收基础设施，由于村干部对基础设施不熟悉、不在行，质量控制、监督力度不足，无法达标。同时，有的承包商接到工程后，进行二次转包或多次转包，最后实际施工的就是本村的"泥水匠"。这些"泥水匠"由于没有正规的操作技能、国家允许的营业资格，工程质量较差。同时，一些"包工头"为了实现个人利益最大化，在施工过程中偷工减料，以次充优，使工程质量大打折扣。

（3）控制不够到位、不合法

一方面，工程业主标底委托个人核算，无单位资质，造价偏高，有的以设计院的设计概算作为标底，将设计费、晒图费等都列入标底之中。另一方面，工程施工合同一次性包干造价约定不明，结算原则模糊。另外，工程变更联系单数量多，存在问题多，有的与合同精神相违背，包干的内容又出具了变更联系单。

二、加快乡村基础设施建设

1. 建设社区宜居环境

要把农民群众生活宜居作为首要任务，重点改善农村路、水、电、气、房、厕及垃圾污水处理等基础设施条件。把农村建设成为广大农民的美好家园，必须切实改善农民生产生活条件，科学制定农村新社区建设规划。加快农村饮水安全工程建设，解决农村饮水安全问题。加强农村公路建设，确保基本实现乡镇通柏油（水泥）路，进而普遍实现行政村通柏油（水泥）路，逐步形成城乡公交资源相互衔接、方便快捷的客运网络，实施道路通

村组、道路入户工程，要实现农村道路"户户通"，基本解决村内道路泥泞、村民出行不便等问题。推进农村饮水同网、同源、同质，扩大集中规模化供水覆盖面，农村自来水普及率保持在95%以上。推进农村能源建设，扩大电网供电人口覆盖率，推广沼气、秸秆利用、小水电、风能、太阳能等可再生能源技术，形成清洁、经济的农村能源体系。实施农村清洁工程，加快改水、改厨、改厕、改圈，开展垃圾集中处理，不断改善农村卫生条件和人居环境，有条件的地区推行垃圾就地分类和资源化利用，绝大部分的村庄实现农村生活垃圾无害化处理。推进农村生活污水治理有效处理，加强农村水污染防治，要消除农村黑臭水体，农村新社区基本实现污水全收集全处理。加快推进农村"厕所革命"，坚持建管并重，把"管"放到更加突出的位置，统筹抓好建设时序和长效管护，要完成农村无害化卫生厕所改造，让农民群众用上洁净厕所。推进广电网、电信网、互联网"三网融合"，积极发挥信息化为农服务作用，发展农村邮政服务。健全农村公共设施维护机制，提高综合利用效能。

2. 方便村民生产生活

优化生活舒适空间。合理确定乡村生活设施用地位置、规模和建设标准，着力完善供水、供电、通信、污水垃圾处理、公共服务等配套设施，适当增加旅游、休闲等服务设施，建立健全长效管护机制，努力满足乡村发展需要。加强资源整合，强化空间发展的人性化、多样化，规划建设农村社区党群服务中心、文体活动广场、村级办公场所、公园、停车场等村落公共生活空间；配套完善乡村菜市场、快餐店、配送站等大众化服务网点，加快建设乡村电子商务服务体系，发展一批多功能的社区商贸中心，充分满足农民休闲、娱乐、消费等多方面需求。

三、新社区基础设施管理措施

1. 提高社区安全和保护措施

随着生活水平提高和全面建设小康社会的推进，农民迫切要求改善农村生活环境和村容村貌。安排资金支持编制农村新社区规划和开展农村新社区治理试点；可从各地实际出发制定农村新社区建设和人居环境治理的指导性目录，重点解决农民在饮水、行路、用电和燃料等方面的困难，凡符合目录的项目，可给予资金、实物等方面的引导和扶持。注重农村新社区安全建设，防止山洪、泥石流等灾害对农村新社区的危害，加强农村消防工作。农村新社区治理要突出乡村特色、地方特色和民族特色，保护有历史文化价值的古村落和古民宅。要本着节约原则，充分立足现有基础进行房屋和设施改造，防止大拆大建，防止加重农民负担，扎实稳步地推进农村新社区治理。

2. 社区基础设施管理措施

（1）确立一套相对完善规范的管理机制。农村新社区基础设施建设工作要加强领导，协调配合，确立一套相对完善、规范的管理机制，明确责任。行业主管部门，负责规划设计、建设、管理和监督；发展改革部门做好农村规划编制和报批、项目审批、计划下达以及建设与管理的监管工作；财政部门负责筹措配套资金，对资金使用情况进行监督检查；审计部门负责对资金使用情况进行审计并出具审计报告。各部门统一合作，全力配合，为农村新社区基础设施建设提供保障。要用机制和制度来保证农村基础设施的建设项目，建成一个，收效一个，建成一批，受益一片。

（2）制定一套适合农村新社区项目特点的管理办法。农村新社区基础设施建设中的各项工作内容要齐全，重要环节要把握，操作程序要规范，责任落实到位，考核奖罚分明。农村新社区基础设施建设要明确标准，量化指标，标准的制定要在合理的基础上从高从严进行，不要在有限资金投入的过程中降低建设标准。

（3）根据农村新社区经济、社会发展规划，制订科学的农村基础设施建设规划。要按照"统筹规划、合理布局，先急后缓、先重后轻，因地制宜、建管并重"的原则。对不同村镇的地理位置、居住人口、村级经济、甚至文化背景等实际情况进行全面掌握了解，科学地做出基础设施建设投资决策、实施办法，切不可搞"一刀切"，特别在确定经济补助方案、建设规模、范围甚至于建设地点等都应有所侧重，有所区别。规划一经批准，不作随意变动和调整。避免和减少建设过程中的浪费，实现土地、人力、财政资源的效率最大化。

（4）完善规章制度建设，不断增强农村基层党组织的战斗力、凝聚力和创造力，充分发挥农村基层党组织的领导核心作用，为建设社会主义新农村提供坚强的政治和组织保障。结合农村实际，有针对性地开展正面教育，解决党组织和党员队伍中存在的突出问题，解决群众最关心的重点问题，务求取得实效。要加强农村基层组织的阵地建设，健全村党组织领导的村民自治机制，进一步完善村务、财务、政务"三公开"和民主议事制度，让农民群众真正享有知情权、参与权、管理权、监督权，强化村民自我管理、自我服务的功能。

第五节　生态振兴与环境卫生管理

2018年中央一号文件指出，乡村振兴，生态宜居是关键。良好生态环境是农村最大优势和宝贵财富。必须尊重自然、顺应自然、保护自然，推动乡村自然资本加快增值，实现百姓富、生态美的统一。

具体要求：一是统筹山水林田湖草系统治理。把山水林田湖草作为一个生命共同体，进行统一保护、统一修复。实施重要生态系统保护和修复工程。健全耕地草原森林河流湖泊休养生息制度，分类有序退出超载的边际产能。扩大耕地轮作休耕制度试点。科学划定江河湖海限捕、禁捕区域，健全水生生态保护修复制度。实行水资源消耗总量和强度双控行动。开展河湖水系连通和农村河塘清淤整治，全面推行河长制、湖长制。加大农业水价综合改革工作力度。开展国土绿化行动，推进荒漠化、石漠化、水土流失综合治理。强化湿地保护和恢复，继续开展退耕还湿。完善天然林保护制度，把所有天然林都纳入保护范围。扩大退耕还林还草、退牧还草，建立成果巩固长效机制。继续实施三北防护林体系建设等林业重点工程，实施森林质量精准提升工程。继续实施草原生态保护补助奖励政策。实施生物多样性保护重大工程，有效防范外来生物入侵。二是加强农村突出环境问题综合治理。加强农业面源污染防治，开展农业绿色发展行动，实现投入品减量化、生产清洁化、废弃物资源化、产业模式生态化。推进有机肥替代化肥、畜禽粪污处理、农作物秸秆综合利用、废弃农膜回收、病虫害绿色防控。加强农村水环境治理和农村饮用水水源保护，实施农村生态清洁小流域建设。扩大华北地下水超采区综合治理范围。推进重金属污染耕地防控和修复，开展土壤污染治理与修复技术应用试点，加大东北黑土地保护力度。实施流域环境和近岸海域综合治理。严禁工业和城镇污染向农业农村转移。加强农村环境监管能力建设，落实县乡两级农村环境保护主体责任。

农村环境问题是城乡差别的主要问题。农村新社区环境由于投入不足，缺乏管理机构、设施、人员和资金，使得农村环境脏、乱、差，使得农村新社区环境管理存在许多问题，值得特别关注。农村新社区的环境卫生、村容村貌的管理，包括农村新社区的环境卫生与农村新社区的环境保护的管理和农村新社区保护的内容。

一、农村新社区环境管理

持续改善农村人居环境。实施农村人居环境整治三年行动计划，以农村垃圾、污水治理和村容村貌提升为主攻方向，整合各种资源，强化各种举措，稳步有序推进农村人居环境突出问题治理。坚持不懈推进农村"厕所革命"，大力开展农村户用卫生厕所建设和改造，同步实施粪污治理，加快实现农村无害化卫生厕所全覆盖，努力补齐影响农民群众生活品质的短板。总结推广适用不同地区的农村污水治理模式，加强技术支撑和指导。深入推进农村环境综合整治。推进北方地区农村散煤替代，有条件的地方有序推进煤改气、煤改电和新能源利用。逐步建立农村低收入群体安全住房保障机制。强化新建农房规划管控，加强"空心村"服务管理和改造。保护保留乡村风貌，开展田园建筑示范，培养乡村传统建筑名匠。实施乡村绿化行动，全面保护古树名木。持续推进宜居宜业的美丽乡村建设。

1. 农村新社区环境卫生管理

所谓生态振兴、乡村振兴，生态宜居是关键。良好的生态环境是农村的最大优势和宝贵财富。要坚持人与自然和谐共生，走乡村绿色发展之路。要牢固树立和践行绿水青山就是金山银山的理念，落实节约优先、保护优先、自然恢复为主的方针，统筹山水林田湖草系统治理，严守生态保护红线，以绿色发展引领乡村振兴。生态宜居是实施乡村振兴战略的重大任务。要主动加快推动城镇基础设施向农村延伸，通过"绿化""美化""规划"等措施，以优化农村人居环境和完善农村公共基础设施为重点，把乡村建设成为生态宜居、富裕繁荣、和谐发展的美丽家园，让乡亲们都能生活在蓝天白云、青山绿水的舒适环境中。要推动乡村生态振兴，坚持绿色发展，加强农村突出环境问题综合治理，扎实实施农村人居环境整治三年行动计划，推进农村"厕所革命"，完善农村生活设施，打造农民安居乐业的美丽家园，让良好生态成为乡村振兴支撑点。

农村新社区环境卫生管理是建设新农村达到环境舒适、优美、清洁、卫生的必然措施，它将影响村民的身体健康和农村新社区的文明程度。所以要采取以下措施管理农村新社区环境卫生。

（1）建立健全农村新社区环境卫生制度。制定环境卫生管理标准、落实责任区的划分，坚持检查制度、奖罚制度和家禽圈养、公共场所的管理等内容。配制专职环卫员，负责公共场所街道、公共厕所的清扫、消毒和垃圾清运工作，做到清运及时。

（2）责成农村新社区住户要发扬"各扫门前雪"精神，实行门前三包，群众动手，处处干净。

（3）生产、经营性垃圾，要谁生产，谁负责，清运到指定地点。

（4）农村新社区内适当位置要配备和设置垃圾箱和垃圾集中点，并要求村民及单位都要使用和爱护这些设施，建立村民督导小组。

（5）制定村规民约，人人爱惜卫生，建设好垃圾坑、箱、粪坑等设施，不随意倾倒垃圾，实行圈养禽畜，并定时清圈除粪、喷药灭蝇。最好用沼气池处理粪便、垃圾。

（6）不在街道堆放柴草燃料等，并定期进行环境卫生检查评比活动。

2. 环境保护管理

环境保护是我国的一项基本国策。农村新社区环境保护要坚持"预防为主、综合治理"的方针，坚持"谁开发谁保护、谁污染谁治理"的原则。防止乡镇企业、养殖业的污染。积极开展农村生态建设，保护农村生态平衡。

（1）整合乡镇企业。对于一些规模小、污染严重、无治理能力的小企业关、停、并、转、迁，部分集中到工业园区，不要让乡镇企业污染农村新社区；对于可改造的企业经过技术改造、改革工艺、更新设备，减少"三废"排放量；对于有条件可治理污染的区域和企业，统一安排到治污点。

（2）加强自然资源的管理。自然资源主要是指对土地、水、生物和环境资源的保护，要贯彻土地利用和环境保护的基本国策，防止水土流失，防止污染，防止由于人的活动造成破坏。

（3）积极建设生态农业和生态村。可根据农业生态建设的不同模式，结合当地的实际情况选择生态建设的方式，推进农业的生态建设和生态村的建设。

（4）加强农村新社区的绿化美化管理。充分利用当地的实际情况，搞好绿化美化，如利用住宅、公共场所、房前屋后、道路、渠道两旁搞好绿化；或利用分片包干的办法实行责任制搞好绿化；鼓励农民利用宅院搞好绿化。通过各种绿化措施，达到农村新社区绿化美化的目标。

二、村容村貌的管理

1. 历史文化遗迹

历史文化遗产保护作为农村新社区发展战略中的一个重要组成部分，已成为规划建设中不可缺少的内容。农村新社区历史文化保护不仅意味着文物古迹或历史地段的保护，还包括农村新社区经济、社会和文化结构中各种积极因素的保护与利用。

保存：一般指各级重点文物单位应根据相关法规及技术规范，不得改变文物的现状（含改造或拆毁）。

保护：一般指对历史建筑、传统民居等文化遗产及其他环境风貌的保护。

防护：一般指重要的安全防护工作，如防震、防火、防洪等，不含对建筑区的具体维护或维修工程。

整治：多指对历史建筑外观、周边环境、基础设施的改善、整理及优化工作。按照"符合历史、照顾习惯、体现规划、好找好记"的原则，确定并设置农村新社区的道路、胡同名牌，并要加强管理。

2. 建筑风格的管理

各类服务亭店，如售货亭、书报亭、电话亭及信报箱等，为居民提供多种便利和服务，在设置时要注意美观实用、造型精致、色彩鲜明，既要便于人们寻找和使用，又不能影响各项交通和景观。雕塑和建筑小品在创造舒适、优美的环境，加强农村新社区文明建设方面起着重要的作用。农村新社区雕塑要体现地方特色和时代精神，要结合与本地有密切关系的历史名人、重大事件和有启迪意义的神话传说，因地制宜地选定农村新社区的雕塑题材。

3. 道路管理

道路是农村新社区的骨架,在组织农村新社区生产和生活方面起着重要作用。道路红线是根据实际需要而科学规划确定的,道路必须规划宽度线,任何建筑物、构筑物不得侵占红线内的空间和地面,任何单位和个人都不得随意掘动路面,禁止在人行道上摆摊设点,停放机动车、兽力车,禁止进行烧、压、砸、泡及其他腐蚀、损害道路的活动。

第六节 文化振兴与科教文化管理

2018 年中央一号文件指出,乡村振兴,乡风文明是保障。必须坚持物质文明和精神文明一起抓,提升农民精神风貌,培育文明乡风、良好家风、淳朴民风,不断提高乡村社会文明程度。

一是加强农村思想道德建设。以社会主义核心价值观为引领,坚持教育引导、实践养成、制度保障三管齐下,采取符合农村特点的有效方式,深化中国特色社会主义和中国梦宣传教育,大力弘扬民族精神和时代精神。加强爱国主义、集体主义、社会主义教育,深化民族团结进步教育,加强农村思想文化阵地建设。深入实施公民道德建设工程,挖掘农村传统道德教育资源,推进社会公德、职业道德、家庭美德、个人品德建设。推进诚信建设,强化农民的社会责任意识、规则意识、集体意识、主人翁意识。二是传承发展提升农村优秀传统文化。立足乡村文明,吸取城市文明及外来文化优秀成果,在保护传承的基础上,创造性转化、创新性发展,不断赋予时代内涵、丰富表现形式。切实保护好优秀农耕文化遗产,推动优秀农耕文化遗产合理适度利用。深入挖掘农耕文化蕴含的优秀思想观念、人文精神、道德规范,充分发挥其在凝聚人心、教化群众、淳化民风中的重要作用。划定乡村建设的历史文化保护线,保护好文物古迹、传统村落、民族村寨、传统建筑、农业遗迹、灌溉工程遗产。支持农村地区优秀戏曲曲艺、少数民族文化、民间文化等传承发展。三是加强农村公共文化建设。按照有标准、有网络、有内容、有人才的要求,健全乡村公共文化服务体系。发挥县级公共文化机构辐射作用,推进基层综合性文化服务中心建设,实现乡村两级公共文化服务全覆盖,提升服务效能。深入推进文化惠民,公共文化资源要重点向乡村倾斜,提供更多更好的农村公共文化产品和服务。支持"三农"题材文艺创作生产,鼓励文艺工作者不断推出反映农民生产生活尤其是乡村振兴实践的优秀文艺作品,充分展示新时代农村农民的精神面貌。培育挖掘乡土文化本土人才,开展文化结对帮扶,引导社会各界人士投身乡村文化建设。活跃繁荣农村文化市场,丰富农村文化业态,加强农村文化市场监管。四是开展移风易俗行动。广泛开展文明村镇、星级文明户、文明家庭等群众性精神文明创建活动。遏制大操大办、厚葬薄养、人情攀比等陈规陋习。加强无神论宣传教育,丰富农民群众精神文化生活,抵制封建迷信活动。深化农村殡葬改革。加强农村科普工作,提高农民科学文化素养。

一、加快发展农村义务教育

2018 年中央一号文件指出,优先发展农村教育事业。高度重视发展农村义务教育,推动建立以城带乡、整体推进、城乡一体、均衡发展的义务教育发展机制。全面改善薄弱学校基本办学条件,加强寄宿制学校建设。实施农村义务教育学生营养改善计划。发展农村学前教育。推进农村普及高中阶段教育，支持教育基础薄弱县普通高中建设，加强职业教育，逐步分类推进中等职业教育免除学杂费。健全学生资助制度，使绝大多数农村新增劳动力接受高中阶段教育、更多接受高等教育。把农村需要的人群纳入特殊教育体系。以市县为单位，推动优质学校辐射农村薄弱学校常态化。统筹配置城乡师资，并向乡村倾斜，建好建强乡村教师队伍。

发展农村教育，促进教育公平，提高农民科学文化素质，培育有文化、懂技术、会经营的新型农民。巩固农村义务教育普及成果，提高义务教育质量，完善义务教育免费政策和经费保障机制，保障经济困难家庭儿童、留守儿童特别是女童平等就学、完成学业，改善农村学生营养状况，促进城乡义务教育均衡发展。

普及和巩固农村九年制义务教育。对贫困家庭学生免费提供课本和补助寄宿生生活费，建立健全农村义务教育经费保障机制，进一步改善农村办学条件，逐步提高农村中小学公用经费的保障水平。加强农村教师队伍建设，加大城镇教师支援农村教育的力度，促进城乡义务教育均衡发展。加大力度监管和规范农村学校收费，进一步减轻农民的教育负担。在有条件的地方要逐步发展普及高中的义务教育。

二、加强农民素质教育

所谓人才振兴、乡村振兴，人才是基石。农村经济社会发展，说到底，关键在人。乡村振兴，人才是关键。要积极培养本土人才，鼓励外出能人返乡创业，鼓励到村任职的大学生扎根基层，为乡村振兴提供人才保障。农民是乡村振兴的主力军，要就地培养更多爱农业、懂技术、善经营的新型职业农民。要通过富裕农民、提高农民、扶持农民，让农业经营有效益，让农业成为有奔头的产业，让农民成为体面的职业。要营造良好的创业环境，制定人才、财税等优惠政策，为人才搭建干事创业的平台，吸引各类人才返乡创业，激活农村的创新活力。要注重建立引导和鼓励高校毕业生到基层工作"下得去、留得住、干得好、流得动"的长效机制，让大学生"愿下来，又留得住"。

推动乡村人才振兴，要把人力资本开发放在首要位置，强化乡村振兴人才支撑，加快培育新型农业经营主体，让愿意留在乡村、建设家乡的人留得安心，让愿意上山下乡、回报乡村的人更有信心，激励各类人才在农村广阔天地大施所能、大展才华、大显身手，打造一支强大的乡村振兴人才队伍，在乡村形成人才、土地、资金、产业汇聚的良性循环。

1. 开展农村劳动力技能培训

健全县域职业教育培训网络，加强农民技能培训，广泛培养农村实用人才。提高农民整体素质，培养造就有文化、懂技术、会经营的新型农民，是建设社会主义新农村的迫切需要。支持新型农民科技培训，提高农民务农技能，促进科学种田。扩大农村劳动力转移培训阳光工程实施规模，提高补助标准，增强农民转产转岗就业的能力。加快建立政府扶助、面向市场、多元办学的培训机制。整合农村各种教育资源，发展农村职业教育和成人教育。

2. 繁荣农村文化事业

乡村振兴，既要塑形，也要铸魂。没有乡村文化的高度自信，没有乡村文化的繁荣发展，就难以实现乡村振兴的伟大使命。实施乡村振兴战略，要物质文明和精神文明一起抓，既要发展产业、壮大经济，更要激活文化、提振精神，繁荣兴盛农村文化。要把乡村文化振兴贯穿于乡村振兴的各领域、全过程，为乡村振兴提供持续的精神动力。"要推动乡村文化振兴，加强农村思想道德建设和公共文化建设，以社会主义核心价值观为引领，深入挖掘优秀传统农耕文化蕴含的思想观念、人文精神、道德规范，培育挖掘乡土文化人才，弘扬主旋律和社会正气，培育文明乡风、良好家风、淳朴民风，改善农民精神风貌，提高乡村社会文明程度，焕发乡村文明新气象。"

要增加对农村文化发展的投入，加强县文化馆、图书馆和乡镇文化站、村文化室等公共文化设施建设，继续实施广播电视"村村通"和农村电影放映工程，发展文化信息资源共享工程农村基层服务点，构建农村公共文化服务体系。推动实施农民体育健身工程。积极开展多种形式的群众喜闻乐见、寓教于乐的文体活动，保护和发展有地方和民族特色的优秀传统文化，创新农村文化生活的载体和手段，引导文化工作者深入乡村，满足农民群众多层次、多方面的精神文化需求。扶持农村业余文化队伍，鼓励农民兴办文化产业。加强农村文化市场管理，抵制腐朽落后文化。

3. 倡导健康文明新风尚

大力弘扬以爱国主义为核心的民族精神和以改革创新为核心的时代精神，激发农民群众发扬艰苦奋斗、自力更生的传统美德，为建设社会主义新农村提供强大的精神动力和思想保证。加强思想政治工作，深入开展农村形势和政策教育，认真实施公民道德建设工程，积极推动群众性精神文明创建活动，开展和谐家庭、和谐村组、和谐村镇创建活动。引导农民崇尚科学，抵制迷信，移风易俗，破除陋习，树立先进的思想观念和良好的道德风尚，提倡科学健康的生活方式，在农村形成文明向上的社会风貌。

三、积极发展农村卫生事业

2018 年中央一号文件指出，加强农村社会保障体系建设。完善统一的城乡居民基本医疗保险制度和大病保险制度，做好农民重特大疾病救助工作。巩固城乡居民医保全国异地就医联网直接结算。完善城乡居民基本养老保险制度，建立城乡居民基本养老保险待遇确定和基础养老金标准正常调整机制。统筹城乡社会救助体系，完善最低生活保障制度，做好农村社会救助兜底工作。将进城落户农业转移人口全部纳入城镇住房保障体系。构建多层次农村养老保障体系，创新多元化照料服务模式。健全农村留守儿童和妇女、老年人以及困境儿童关爱服务体系。加强和改善农村残疾人服务。

推进健康乡村建设。强化农村公共卫生服务，加强慢性病综合防控，大力推进农村地区精神卫生、职业病和重大传染病防治。完善基本公共卫生服务项目补助政策，加强基层医疗卫生服务体系建设，支持乡镇卫生院和村卫生室改善条件。加强乡村中医药服务。开展和规范家庭医生签约服务，加强妇幼、老人、残疾人等重点人群健康服务。倡导优生优育。深入开展乡村爱国卫生运动。

基本医疗卫生服务关系广大农民幸福安康，必须尽快惠及全体农民。巩固和发展新型农村合作医疗制度，提高筹资标准和财政补助水平，坚持大病住院保障为主、兼顾门诊医疗保障。完善农村医疗救助制度。坚持政府主导，整合城乡卫生资源，建立健全农村三级医疗卫生服务网络，重点办好县级医院并在每个乡镇办好一所卫生院，支持村卫生室建设，向农民提供安全价廉的基本医疗服务。加强农村卫生人才队伍建设，定向免费培养培训农村卫生人才，妥善解决乡村医生补贴，完善城市医师支援农村制度。坚持预防为主，扩大农村免费公共卫生服务和免费免疫范围，加大地方病、传染病及人畜共患病防治力度。加强农村药品配送和监管。积极发展中医药和民族医药服务。广泛开展爱国卫生运动，重视健康教育。加强农村妇幼保健，逐步推行住院分娩补助政策。

积极推进新型农村合作医疗制度试点工作，加强以乡镇卫生院为重点的农村卫生基础设施建设，健全农村三级医疗卫生服务和医疗救助体系。有条件的地方，可对乡村医生实行补助制度。建立与农民收入水平相适应的农村药品供应和监管体系，规范农村医疗服务。加大农村地方病、传染病和人畜共患疾病的防治力度。增加农村卫生人才培养的经费预算，鼓励各种社会力量参与发展农村卫生事业。加强农村计划生育服务设施建设，鼓励村民按政策生育。

第七节　人口振兴与人口管理

一、人口的素质管理

实施乡村振兴战略，必须把人力振兴放在重要位置，畅通智力、技术、管理下乡通道，造就更多乡土人才，聚天下人才而用之。

1. 大力培育新型职业农民

全面建立职业农民制度，完善配套政策体系。实施新型职业农民培育工程。支持新型职业农民通过弹性学制参加中高等农业职业教育。创新培训机制，支持农民专业合作社、专业技术协会、龙头企业等主体承担培训。引导符合条件的新型职业农民参加城镇职工养老、医疗等社会保障制度。鼓励各地开展职业农民职称评定试点。

2. 加强农村专业人才队伍建设

建立县域专业人才统筹使用制度，提高农村专业人才服务保障能力。推动人才管理职能部门简政放权，保障和落实基层用人主体自主权。推行乡村教师"县管校聘"。实施好边远贫困地区、边疆民族地区和革命老区人才支持计划，继续实施"三支一扶"、特岗教师计划等，组织实施高校毕业生基层成长计划。支持地方高等学校、职业院校综合利用教育培训资源，灵活设置专业（方向），创新人才培养模式，为乡村振兴培养专业化人才。扶持培养一批农业职业经理人、经纪人、乡村工匠、文化能人、非遗传承人等。

3. 发挥科技人才支撑作用

全面建立高等院校、科研院所等事业单位专业技术人员到乡村和企业挂职、兼职和离岗创新创业制度，保障其在职称评定、工资福利、社会保障等方面的权益。深入实施农业科研杰出人才计划和杰出青年农业科学家项目。健全种业等领域科研人员以知识产权明晰为基础、以知识价值为导向的分配政策。探索公益性和经营性农技推广融合发展机制，允许农技人员通过提供增值服务合理取酬。全面实施农技推广服务特聘计划。

4. 鼓励社会各界投身乡村建设

建立有效激励机制，以乡情乡愁为纽带，吸引支持企业家、党政干部、专家学者、医生教师、规划师、建筑师、律师、技能人才等，通过下乡担任志愿者、投资兴业、包村包项目、行医办学、捐资捐物、法律服务等方式服务乡村振兴事业。研究制定管理办法，允许符合要求的公职人员回乡任职。吸引更多人才投身现代农业，培养造就新农民。加快制定鼓励引导工商资本参与乡村振兴的指导意见，落实和完善融资贷款、配套设施建设补助、税费减免、用地等扶持政策，明确政策边界，保护好农民利益。发挥工会、共青团、妇联、科协、残联等群团组织的优势和力量，发挥各民主党派、工商联、无党派人士等积极作用，支持农村产业发展、生态环境保护、乡风文明建设、农村弱势群体关爱等。实施乡村振兴"巾帼行动"。加强对下乡组织和人员的管理服务，使之成为乡村振兴的建设性力量。

5. 创新乡村人才培育引进使用机制

建立自主培养与人才引进相结合，学历教育、技能培训、实践锻炼等多种方式并举的人力资源开发机制。建立城乡、区域、校地之间人才培养合作与交流机制。全面建立城市医生教师、科技文化人员等定期服务乡村机制。研究制定鼓励城市专业人才参与乡村振兴的政策。

二、农村新社区人口基本管理

1. 建立农村社会保障体制

贯彻广覆盖、保基本、多层次、可持续原则，加快健全农村社会保障体系。按照个人缴费、集体补助、政府补贴相结合的要求，建立新型农村社会养老保险制度。创造条件探索城乡养老保险制度有效衔接办法。做好被征地农民社会保障，做到先保后征，使被征地农民基本生活长期有保障。完善农村最低生活保障制度，加大中央和省级财政补助力度，做到应保尽保，不断提高保障标准和补助水平。全面落实农村五保供养政策，确保供养水平达到当地村民平均生活水平。完善农村受灾群众救助制度。落实好军烈属和伤残病退伍军人等优抚政策。发展以扶老、助残、救孤、济困、赈灾为重点的社会福利和慈善事业。发展农村老龄服务。加强农村残疾预防和残疾人康复工作，促进农村残疾人事业发展。

建立农村的社会保障机制，逐步建立覆盖全部农村的社会保障体系，使农民也像城市居民那样，人有所教、病有所医、老有所养，形成一整套完整的保障措施。进一步完善农村"五保户"供养、特困户生活救助、灾民补助等社会救助体系。探索建立与农村经济发展水平相适应、与其他保障措施相配套的农村社会养老保险制度。落实军烈属优抚政策。形成老有所养，生活得到保障，安心农村生产生活。

2. 建立农村劳动力的流动管理和人口流动管理制度

加强农村新社区内人口管理，主要是人口流动造成的不稳定因素，尤其是劳动力的流动状况，要不断进行登记摸底，掌握本村的常住人口和外来人口迁动情况。

3. 农村劳动力就业安置

劳动力的转移是我国农村建设中一个非常复杂的大问题，它是事关农村社会安定的问题，对于劳动力的安置要高度重视。伴随农村机械化程度的提高，大批剩余农村劳动力产生是必然的趋势。农村劳动力的就业安置成为未来一个时期我国社会建设中的焦点问题。关于农村劳动力的安置途径主要有三：一是经过转移进入城镇成为城市的人员；二是就地转业，成为农村第二产业和第三产业的劳动力；三是就地消化，即发展农业产业化，增加农业就业的渠道。农民就业的安排与管理则是建设农村新社区的重要任务之一。农村劳动力转移的管理，一是做好登记、统计工作，做到心中有数；二是根据转化方向搞好技术培训；三是解决农民转移后的后顾之忧，使得出走的农民走出去能安心工作，回来能够顺利生活。这样才算是做好了农民的就业安置。

第八节　资金来源与管理

2018 年中央一号文件指出，提高金融服务水平。坚持农村金融改革发展的正确方向，健全适合农业农村特点的农村金融体系，推动农村金融机构回归本源，把更多金融资源配置到农村经济社会发展的重点领域和薄弱环节，更好满足乡村振兴多样化金融需求。要强化金融服务方式创新，防止脱实向虚倾向，严格管控风险，提高金融服务乡村振兴能力和水平。抓紧出台金融服务乡村振兴的指导意见。加大中国农业银行、中国邮政储蓄银行"三农"金融事业部对乡村振兴支持力度。明确国家开发银行、中国农业发展银行在乡村振兴中的职责定位，强化金融服务方式创新，加大对乡村振兴中长期信贷支持。推动农村信用社省联社改革，保持农村信用社县域法人地位和数量总体稳定，完善村镇银行准入条件，地方法人金融机构要服务好乡村振兴。普惠金融重点要放在乡村。推动出台非存款类放贷组织条例。制定金融机构服务乡村振兴考核评估办法。支持符合条件的涉农企业发行上市、新三板挂牌和融资、并购重组，深入推进农产品期货期权市场建设，稳步扩大"保险＋期货"试点，探索"订单农业＋保险＋期货（权）"试点。改进农村金融差异化监管体系，强化地方政府金融风险防范处置责任。

加快农村金融产品和服务方式创新，持续深入推进农村支付环境建设，全面激活农村金融服务链条。稳妥有序推进农村承包土地经营权、农民住房财产权、集体经营性建设用地使用权抵押贷款试点。探索县级土地储备公司参与农村承包土地经营权和农民住房财产权"两权"抵押试点工作。充分发挥全国信用信息共享平台和金融信用信息基础数据库的作用，探索开发新型信用类金融支农产品和服务。结合农村集体产权制度改革，探索利用量化的农村集体资产股权的融资方式。提高直接融资比重，支持农业企业依托多层次资本市场发展壮大。创新服务模式，引导持牌金融机构通过互联网和移动终端提供普惠金融服务，促进金融科技与农村金融规范发展。

一、资金的来源与筹措

拓宽资金筹集渠道。调整完善土地出让收入使用范围，进一步提高农业农村投入比例。严格控制未利用地开垦，集中力量推进高标准农田建设。改进耕地占补平衡管理办法，建立高标准农田建设等新增耕地指标和城乡建设用地增减挂钩节余指标跨省域调剂机制，将所得收益通过支出预算全部用于巩固脱贫攻坚成果和支持实施乡村振兴战略。推广一事一议、以奖代补等方式，鼓励农民对直接受益的乡村基础设施建设投工投劳，让农民参与建设管护。

1. 资金存在的问题

资金是农村建设与发展中的重要限制因素，资金的管理十分重要。农村新社区资金管理主要是指资金的计划、筹措、运用、监督和控制。

农村资金主要是指从事农村建设发展所用的资金。目前，我国农村基本是一家一户经营模式，农民所拥有的资金基本上是满足个体生产、个体建设和个体经营需求，很少用于农村新社区的基本建设，这也是农村基本建设落后的一个主要原因。因此，农村新社区建设所需要的资金来源与管理显得十分重要。

目前，我国农村的资金管理与农村新社区建设发展的形势有很大的差距，农民不仅贷款难，而且存款也困难，主要是农村的金融业发展缓慢，跟不上形势发展的需要。金融机构一般不在农村设服务点，国家仅有农村信用社在为农村服务，其他银行不在农村设置服务机构。从而造成民间高利息贷款非常活跃，影响农村金融业的正常发展。

2. 资金的来源

（1）财政拨款。国家明确制定城乡建设用地增减挂钩政策，这就意味着农村土地对于农村的建设与发展是重要经济来源，重点是由资源转化为资产。国家的投入是农村加快建设与发展的主导因素，国家财政拨款的增加，能加大加快农村建设的步伐，对财政拨款的管理显得十分重要。财政拨款包括农村新社区建设（含基础设施、公益建筑）、土地开发整理、农村生态建设、产业扶持等，这些款项基本是专款专用，不得随意挪用，要严加管理。

（2）银行贷款。银行贷款也是农村建设与发展的主渠道之一。银行贷款是金融业融入农村新社区建设的方式之一，也对社会发展起到保驾护航的作用。

（3）集体收入。集体收入主要是指农村资源变更所得收益，如集体土地的转让、划拨、用于建设用地的有偿使用等，还有集体中用于工矿企业的收益。集体收入是农村新社区建设和发展资金来源的重要渠道之一。

（4）利用外资。部分农村新社区在建设和发展中，可能利用部分外来资金，其渠道有三：一是港澳台同胞、海外侨胞对于家乡的投资；二是部分农村新社区有某种优势，受到国外投资者的青睐，外商投资建设农村新社区；三是国家在建设农村新社区中采取富裕地区帮助落后地区，采取"一帮一，共同富裕"的策略，富裕地区向相对贫穷的农村新社区给予的资金支持。这些外来资金都是农村新社区建设中需要认真管理的资金。

（5）群众集资。在农村新社区建设中有些公益事业需要大家集资完成，群众个人集资也是农村新社区建设中的资金来源渠道之一。

3. 资金的筹措

农村新社区建设事业中所需的资金往往不是某一种资金所能完成的，应是多方面筹措共同协调完成。因此，在农村新社区建设和发展中，注意统筹安排，多方筹措，合理安排资金的使用。

实施乡村振兴战略，必须解决钱从哪里来的问题。要健全投入保障制度，创新投融资机制，加快形成财政优先保障、金融重点倾斜、社会积极参与的多元投入格局，确保投入力度不断增强、总量持续增加。

确保财政投入持续增长。建立健全实施乡村振兴战略财政投入保障制度，公共财政更大力度向"三农"倾斜，确保财政投入与乡村振兴目标任务相适应。优化财政供给结构，推进行业内资金整合与行业间资金统筹相互衔接配合，增加地方自主统筹空间，加快建立涉农资金统筹整合长效机制。充分发挥财政资金的引导作用，撬动金融和社会资本更多投向乡村振兴。切实发挥全国农业信贷担保体系作用，通过财政担保费率补助和以奖代补等，加大对新型农业经营主体支持力度。加快设立国家融资担保基金，强化担保融资增信功能，引导更多金融资源支持乡村振兴。支持地方政府发行一般债券用于支持乡村振兴、脱贫攻坚领域的公益性项目。稳步推进地方政府专项债券管理改革，鼓励地方政府试点发行项目融资和收益自平衡的专项债券，支持符合条件、有一定收益的乡村公益性项目建设。规范地方政府举债融资行为，不得借乡村振兴之名违法违规变相举债。

二、资金的使用与管理

资金的使用与管理是最为敏感的话题，也是村民最为关心的问题，因此，对于资金的使用与管理要高度重视。资金的使用与管理一般包括制定使用计划、明确资金的使用来源与出处和资金的管理。

1. 制定计划

（1）资金的需求计划。农村新社区建设计划应根据农村新社区规划来制定。农村新社区建设计划应是一项一议，目标十分明确，要做到专款专用。

（2）资金来源筹集计划。如前所述，许多建设项目并非是由一种资金所完成，应是多方筹措。因此，要明确制定资金筹集计划。

（3）编制资金来源、使用说明。对于农村新社区建设项目的资金来源出处、使用方向都要做出明确的说明，并向广大村民做出具体说明与公示。

2. 资金的使用

（1）明确收入。根据计划，说明资金筹集的渠道和筹款的多少，作为项目的总收入。

（2）公布预算。明确项目的工程量、材料的市场价格、各项建设需要资金的数量。

（3）项目建设所采用的方式，包括项目建设者的选择、选择的方式、工程的监理、施工的标准、施工的具体要求等内容。

（4）资金支付。对于资金的支付要有明确规定，如预付的比例、各时段支付的比例、工程不合格处理方式方法等。

3. 资金的管理

（1）资金要专款专用。为了保障建设项目的顺利进行，筹集到的建设项目资金必须专款专用，任何人不得挪用，不允许用于其他事项。

（2）专人负责。对于建设项目的筹集款项要有专人负责，并设有专人监管，防止建设资金挪用。

（3）定期向村民公布。根据项目建设情况，要分阶段向村民公示资金使用情况，对于资金出现的问题要征求村民的意见。

（4）要做好资金使用的审计工作。项目工程建设资金的使用情况要不断向资金提供者进行汇报，并经过相关部门的审计。

第九节　组织振兴与基层党组织建设

加强农村基层党组织建设。以党组织振兴推进抓党建促乡村振兴，突出政治功能，提升组织力，抓乡促村，把农村基层党组织建成坚强战斗堡垒。强化农村基层党组织领导核心地位，创新组织设置和活动方式，持续整顿软弱涣散村党组织，稳妥有序开展不合格党员处置工作，着力引导农村党员发挥先锋模范作用。实施农村带头人队伍整体优化提升行动，注重吸引高校毕业生、进城务工人员、机关企事业单位优秀党员干部到村任职，选优配强村党组织书记。健全从优秀村党组织书记中选拔乡镇领导干部、考录乡镇机关公务员、招聘乡镇事业编制人员制度。加大在优秀青年农民中发展党员力度。建立农村党员定期培训制度。全面落实村级组织运转经费保障政策。

一、强化农村基层党组织领导核心地位

落实好全面从严治党要求，扎实推进抓党建促乡村振兴，突出政治功能，提升组织力，打造坚强的农村基层党组织，培养优秀的党组织书记，发挥农村基层党组织战斗堡垒作用，为乡村振兴提供坚强的政治保证和组织保证。积极适应农业农村现代化要求，及时调整优化合并村组、村改社区、跨村经济联合体党组织设置和隶属关系，切实加强党组织对农村社区组织的领导。适应新型农村社区建设要求，调整优化党组织设置。坚持政治标准，强化"从好人中选能人"导向，选优配强村"两委"班子特别是党组织书记，鼓励政治性、组织性、纪律性强的退伍军人进入村"两委"班子。

坚持农村基层党组织领导核心地位，大力推进村党组织书记通过法定程序担任村民委员会主任和集体经济组织、农民合作组织负责人，推行村"两委"班子成员交叉任职；提倡由非村民委员会成员的村党组织班子成员或党员担任村务监督委员会主任；村民委员会成员、村民代表中党员应当占一定比例。推动农村基层党组织和党员在脱贫攻坚和乡村振兴中提高威信、提升影响。加强农村新型经济组织和社会组织的党建工作，引导其始终坚持为农民服务的正确方向。

二、加强基层党员队伍建设

坚持把政治标准放在首位，严格标准条件，注重从青年农民中发展党员，提高农村发展党员质量。组织开展形式多样的党员教育活动，加强党的基本理论、基本路线、基本方略和党的宗旨、党性、党纪、党的基本知识教育。健全落实农村新社区党员定期培训制度，强化知识和技能培训。健全党员岗位创先争优长效机制，发挥党员先锋模范作用。通过开展党员挂牌、设立党员责任区、结对帮扶、党员承诺践诺和志愿服务等活动，树立先进典型，强化党员意识，真正做到一个党员就是一面旗帜。

实施村党组织带头人整体优化提升行动。加大从本社区致富能手、外出务工经商人员、本乡本土大学毕业生、复员退伍军人中培养选拔力度。通过本土人才回引、院校定向培养、县乡统筹招聘等渠道，每个村储备一定数量的村级后备干部。全面向贫困村、软弱涣散村和集体经济薄弱村党组织派出第一书记，建立长效机制。

三、推进基层党组织制度和作风建设

加强农村党员教育、管理、监督，推进"两学一做"学习教育常态化制度化，严格党的组织生活，全面落实"三会一课"、主题党日、谈心谈话、民主评议党员、党员联系农户等制度。加强农村流动党员管理。注重发挥无职党员作用。扩大党内基层民主，推进党务公开。加强党内激励关怀帮扶，定期走访慰问农村老党员、生活困难党员，帮助解决实际困难。稳妥有序开展不合格党员组织处置工作。加大在青年农民、外出务工人员、妇女中发展党员力度。

认真落实《中国共产党党务公开条例（试行）》，积极推进党务村务财务公开，及时回应党员和群众关切，以公开促落实、促监督、促改进。严格落实按"四议两公开"程序决策村级重大事项制度，促进村级事务运行健康有序。认真落实村干部小微权力清单、坐班值班、岗位目标责任制等制度，督促村干部履职尽责、为民服务。建立健全村干部经济责

任审计、任期述职、责任追究等制度，规范村级事务运行。严厉整治惠农补贴、集体资产管理、土地征收等领域侵害农民利益的不正之风和腐败问题。

第十节　农村新社区管理的《乡规民约》
——河北省宁晋县小河庄村《乡规民约》实例

小河庄地处河北平原南部，隶属于宁晋县贾家口镇。全村 1118 户、4025 人，耕地 6430 亩，党员 136 名。本村主要以电线电缆加工业为主，是个电线电缆生产的专业村。2017 年拥有线缆企业 111 家，年产值 5000 万元以上企业 32 家，年产值超亿元的规模企业 10 家。拥有河北省著名商标 13 个，河北省名牌产品 4 个，河北省优质产品 4 个。2017 年全村三次产业实现产值 40 亿元，纳税 3800 万元，人均收入 3.0 万元。其中，农业产值 2.48 亿元、工业总产值 36.39 亿元、第三产业 1.13 亿元，三产结构比为 6.20：90.98：2.82。

小河庄村是在党的领导下，"组织起来、共同富裕"的一个样板，是"工业反哺农业"的一个典范，是住房城乡建设部批准为全国为数不多的"宜居农村新社区"，是河北省发展改革委批准的 30 个"特色小镇"之一，是河北省首批 100 个"美丽乡村"之一，成为国家民委颁布的"中国电线电缆第一庄"等一系列的荣誉称号。

农村新社区经过多年的建设，其基础设施、公益设施建设都达到城镇化水平。道路全部硬化、亮化、绿化；给排水、电力、供热、燃气、通信入户，90% 的住户入住新的多层、小高层住宅小区，基础设施、公益设施可与城市相媲美，已经建成一个"美丽的特色小镇"，村民生活水平已达到小康水准，做到了村民"病有所医、贫有所扶、童有所学、老有所养"。

小河庄村党委、村委会在文明生态村建设、新社区建设、农村新社区面貌改造提升规划活动中，非常重视规划引领和实施。该村先后委托河北安原规划设计咨询公司于 2007 年 6 月第一次编制了《小河庄农村新社区建设规划》；2008 年 5 月编制了工业发展的《万兴源产业孵化园区规划》；2010 年 10 月编制小河庄《新社区建设规划》；2012 年 9 月编制了《小河庄生态观光园区》规划设计；2013 年 6 月编制了农村新社区改造提升《面貌改造提升修建性详细规划》；2016 年编制了《小河庄休闲观光旅游规划设计》、《宁晋县小河庄电线电缆特色小镇概念规划》、完成向住房城乡建设部申请宜居农村新社区的《宜居农村新社区建设规划》；2017 年完成《小河庄村农村新社区规划》。小河庄村产业发展、工业园区建设、基础设施和公益设施建设、居民小区建设严格按规划实施。规划一旦经批准就成为小河庄村建设的法律依据。他们把规划内容向全村村民群众展示，让群众参与并监督实施。实施不走样，不能因换届、换人任意修改变更；一棒接一棒传下去，一张宏伟蓝图干到底，直至开花结果，实现建设美丽乡村和实现小康社会的目标。

到 2016 年年底，全村累计投资 6.39 亿元，其中：用于住宅建设的资金 2.69 亿元，占农村新社区建设总投资的 42.10%。到 2016 年建成 4 个居住小区，建成住宅 15.5 万 m²；用于农村新社区基础设施建设资金 1.46 亿元，占农村新社区建设总投资的 22.85%。道路建成"四纵四横"和通畅的外环路的格局，其中主干道 26～30m 宽。村中间十字街建设成仿古建筑商业街步行街。建供水厂两座，铺设供水管道 12.5 万 m，自来水普及率实现

100%；排水管道 13.6km，建成一座污水处理厂；改造电力线 10km，配套电压器 52 座；电话线、网线全部入户，为全村人使用天然气铺设供热管道 12km，供热建筑面积 9.8 万 m²；安路灯 2232 盏，全村实现了全部亮化。全村建设"天眼工程"，关键部位均有摄像头，加大安全力度；绿化工程：累计投资 6000 多万元，绿化道路 2.5 万 m²；全村建设公园 5 处，建村民活动广场一座。主要街道全部绿化，根据不同道路，栽种不同树种，例如在商业大街种植银杏树，外环种植法国梧桐树，栽植金叶、榆叶梅、紫叶李、金丝垂柳、红叶石楠、银杏等观赏树木 23.4 万棵。人均公共绿地 11m²；用于农村新社区公益设施建设资金 1.14 亿元，占农村新社区建设总投资的 17.84%。农村新社区入口修建具有民族特色的牌楼、牌坊 6 座；建有 5 层村民服务和活动中心办公楼一座，建筑面积 5400m²，配有老年、青少年活动中心、妇女学校；体育活动中心一座、村民广场一座、寄宿制小学一座、高标准幼儿园一座、谦德学校一座，主要传播国学；省教育厅、县党校和职业培训学校、郑州市电线电缆学校实习基地均在本村建校；免费浴池一座。仿古商业街两条，商业门市 128 个。农村新社区公共设施全部配套，达到城镇化标准。经过十余年的建设，小河庄已脱离传统的农村景观，成为一个名副其实的美丽的新社区和特色小镇。用于拆迁资金 1.1 亿元，占农村新社区建设总投资的 17.21%。

为了促进农村新社区建设和管理，促进村民精神与政治文明建设，经全村村民讨论，一致通过制定全村的《乡规民约》，简介如下。

第一章　总则

第一条　为进一步提高全体村民自我约束、自我管理水平，淳化村风民风，密切党群关系，维护社会稳定，弘扬正气，提高正能量，促进我村各项事业繁荣昌盛，根据国家有关法律、法规和政策，结合本村实际，特制定《小河庄村村规民约》。

第二条　凡在本村辖区内居住、生活、工作的公民，在日常生活、生产及社会交往中，必须遵守《小河庄村村规民约》。

第二章　经济管理

第三条　集体所有的土地由村委会统一管理，承包者只有经营权，没有所有权，遇有国家、集体征用、划拨土地，被征用单位和个人不得无理取闹，对阻挠征用划拨土地的，集体有权收回承包土地，并处以每亩 300～500 元的罚款。

第四条　严禁在承包地上私自挖土、建房，如需平整改造，必须申报村委会监督实施，违者按有关法规进行处罚，对弃耕撂荒的，每亩收回 150～200 元土地荒芜费，并收回土地，转包他人。

第五条　加强财务管理，严格财务审批，实行民主理财制度，成立有群众代表参加的理财小组，严格把关财务审计制度和村财乡管制度。

第三章　社会秩序管理

第六条　全体村民都要学法、懂法、守法，自觉遵守法律、法规，维护社会治安秩序，积极同一切违法犯罪分子作斗争。

第七条　禁止聚众赌博，违反者视情节轻重除没收赌资外，每人罚款 100～500 元。对开设赌场者没收赌具，并罚款 100～500 元，对屡教不改者从严处理或移交司法机关进行处理。

第八条　严禁打架斗殴、酗酒闹事，造谣中伤，违者视情节轻重对肇事者处以 300 元以下的罚款，造成一切后果由肇事者负全部责任。

第九条　严禁调戏、侮辱妇女和其他伤风败俗行为发生；禁止非法侵入他人住宅、非法限制他人人身自由，造成严重后果的，并交司法机关处理。

第十条　严禁小偷、小摸和毁坏集体、他人财物现象发生，违者令其退还赃物或折价赔偿，并以偷摸或毁坏物品价值的 3 倍进行处罚。

第十一条　加强林、果木管理，严禁乱砍滥伐和偷盗损坏树木，违者按树木价值的 3 倍赔款，并限期进行补栽。

第四章　婚姻家庭

第十二条　禁止包办、干涉、买卖婚姻，严禁早婚、私婚和非法同居，支持男到女家落户。

第十三条　子女对老人必须尽赡养义务。老人的生活、医疗费用子女必须承担，老人的生活水平不能低于平均水平。

第十四条　再婚的老年人，仍需子女们给予体贴和照顾，子女不得推卸责任，借故拒绝赡养老人。

第十五条　家庭主要成员必须履行全日制九年义务教育的职责，不允许以任何理由使子女辍学。

第五章　环境卫生管理

第十六条　所有村民均应强化环境卫生意识，门前实行卫生三包，经常保持门前、街面及家庭整洁卫生，要养成每日打扫的良好习惯。

第十七条　集体检查卫生时，各户均要积极响应，自觉打扫好自己的卫生区域，经检查发现，第一次未打扫罚款 20 元，第二次罚款 50 元，第三次罚款 100 元，并利用广播通报批评。

第十八条　街内及道路两旁严禁堆放砖石、沙灰、柴草、煤炭等，更不准建房或搭临时棚。

第十九条　不准在路面上打场晒粮，不能占用机动车道或放置阻碍交通的其他物品。

第二十条　冬季下雪时，各户要及时打扫清运，不准堆放在巷内，街道两旁任其自消。

第二十一条　新建或翻建房屋时施工材料要尽量少占或不占交通要道，必占不可时，用后要及时清运建筑垃圾，尽快恢复原貌。

第二十二条　不准随意向大街和小巷内及道路上排放污水。

第二十三条　不准在街道墙壁上乱贴乱画。

第二十四条　喂养的各种动物必须严加圈管，不准随便乱跑乱放。

第二十五条　家长要教育儿童不准随地大小便，如发现要及时清除干净。

第二十六条　以上（第十八条至第二十五条）要严格遵守，违者罚款 20 ～ 50 元。

第六章　村风民俗

第二十七条　在生产和日常生活中，互尊互敬、互谅互让、互帮互助，提高道德风尚，建立和睦、良好的家庭和邻里关系，出现矛盾和平解决。

第二十八条　讲文明、守公德、勤劳致富，争做"星级文明户"。

第二十九条　青年人要积极向党组织和团组织靠拢，自觉接受党组织的监督和考验，要在两个文明（物质文明、精神文明）建设中发挥模范带头作用。

第三十条　适龄青年要积极报名参军，履行保家卫国的职责和义务。

第三十一条　村民要积极配合工作人员执行公务，严禁阻碍工作人员依法执行公务；严禁造谣惑众、煽动闹事、威胁、侮辱、殴打、诬陷工作人员，违者依法惩处。

第三十二条　树立良好的社会风尚，婚丧嫁娶要由监事会、红白理事会主持，对老人提倡厚养薄葬，严禁大操大办，结婚用车不得超过10辆，酒100元每瓶以内，烟每盒10元以下，白事不放哀乐，不放鞭炮。如超出村理事会的规定范围，将不享受村部分福利。

第三十三条　所有村民有责任、有义务积极配合、支持村内公益事业及农村新社区发展，对不支持、不配合村内公益事业及农村新社区发展的，不得享受村内公益设施、公共服务及各项福利。

第三十四条　在美丽乡村建设中，不能积极配合，无理要求，阻挠破坏，造谣中伤，无理上访者，不享受村公益事业福利待遇。

第三十五条　在社会文化活动中，如发生不利于我村的和谐，影响我村声誉者，不享受村公益事业福利待遇。

第三十六条　只要有损我村名声的言语、行动，如偷秋、偷麦、偷摘瓜果、盗伐树木等，均不享受村公益事业福利待遇。

第三十七条　自觉维护公共秩序，不允许任何人以任何借口到机关、学校、办公场所寻衅闹事，违者给予批评教育，情节严重者处以200元以下的罚款，不享受村福利待遇。

第三十八条　对拒不赡养老人的不孝之子，民调会有权对其进行通报广播点名批评，触犯法律者交司法机关惩处，不享受村福利待遇。

第三十九条　自觉按国家计划生育政策生育，对无理取闹者，不享受村福利待遇。

第四十条　信仰自由，反对邪教，反对利用网络进行人身攻击、造谣惑众、煽动闹事。对违反行政纪律者，依据治安条例处罚，对于违反法律者，依法追究法律责任。

第四十一条　本《村规民约》如与国家法律、法规及现行政策相悖，按国家法律、法规及现行政策执行。

第四十二条　本《村规民约》自村民代表大会讨论通过后生效。

以上实例是新社区建设管理中的具体例子，具有示范性，在实际应用中可以借鉴推广。

附表一 《第二次全国土地调查土地分类》

一级类		二级类		含义
编码	名称	编码	名称	
01	耕地			指种植农作物的土地，包括熟地，新开发、复垦、整理地，休闲地（含轮歇地、轮作地）；以种植农作物（含蔬菜）为主，间有零星果树、桑树或其他树木的土地；平均每年能保证收获一季的已垦滩地和海涂。耕地中包括南方宽度＜1.0m、北方宽度＜2.0m固定的沟、渠、路和地坎（埂）；临时种植药材、草皮、花卉、苗木等的耕地，以及其他临时改变用途的耕地
		011	水田	指用于种植水稻、莲藕等水生农作物的耕地。包括实行水生、旱生农作物轮种的耕地
		012	水浇地	指有水源保证和灌溉设施，在一般年景能正常灌溉，种植旱生农作物的耕地。包括种植蔬菜等的非工厂化的大棚用地
		013	旱地	指无灌溉设施，主要靠天然降水种植旱生农作物的耕地，包括没有灌溉设施，仅靠引洪淤灌的耕地
02	园地			指种植以采集果、叶、根、茎、汁等为主的集约经营的多年生木本和草本作物，覆盖度大于50%或每亩株数大于合理株数70%的土地。包括用于育苗的土地
		021	果园	指种植果树的园地
		022	茶园	指种植茶树的园地
		023	其他园地	指种植桑树、橡胶、可可、咖啡、油棕、胡椒、药材等其他多年生作物的园地
03	林地			指生长乔木、竹类、灌木的土地，及沿海生长红树林的土地。包括迹地，不包括居民点内部的绿化林木用地，铁路、公路征地范围内的林木，以及河流、沟渠的护堤林
		031	有林地	指树木郁闭度≥0.2的乔木林地，包括红树林地和竹林地
		032	灌木林地	指灌木覆盖度≥40%的林地
		033	其他林地	包括疏林地（指树木郁闭度≥0.1、＜0.2的林地）、未成林地、迹地、苗圃等林地
04	草地			指生长草本植物为主的土地
		041	天然牧草地	指以天然草本植物为主，用于放牧或割草的草地
		042	人工牧草地	指人工种植牧草的草地
		043	其他草地	指树木郁闭度＜0.1，表层为土质，生长草本植物为主，不用于畜牧业的草地

一级类		二级类		含义
编码	名称	编码	名称	
05	商服用地			指主要用于商业、服务业的土地
		051	批发零售用地	指主要用于商品批发、零售的用地。包括商场、商店、超市、各类批发（零售）市场，加油站等及其附属的小型仓库、车间、工场等的用地
		052	住宿餐饮用地	指主要用于提供住宿、餐饮服务的用地。包括宾馆、酒店、饭店、旅馆、招待所、度假村、餐厅、酒吧等
		053	商务金融用地	指企业、服务业等办公用地，以及经营性的办公场所用地。包括写字楼、商业性办公场所、金融活动场所和企业厂区外独立的办公场所等用地
		054	其他商服用地	指上述用地以外的其他商业、服务业用地。包括洗车场、洗染店、废旧物资回收站、维修网点、照相馆、理发美容店、洗浴场所等用地
06	工矿仓储用地			指主要用于工业生产、物资存放场所的土地
		061	工业用地	指工业生产及直接为工业生产服务的附属设施用地
		062	采矿用地	指采矿、采石、采砂（沙）场，盐田，砖瓦窑等地面生产用地及尾矿堆放地
		063	仓储用地	指用于物资储备、中转的场所用地
07	住宅用地			指主要用于人们生活居住的房基地及其附属设施的土地
		071	城镇住宅用地	指城镇用于生活居住的各类房屋用地及其附属设施用地。包括普通住宅、公寓、别墅等用地
		072	农村宅基地	指农村用于生活居住的宅基地
08	公共管理与公共服务用地			指用于机关团体、新闻出版、科教文卫、风景名胜、公共设施等的土地
		081	机关团体用地	指用于党政机关、社会团体、群众自治组织等的用地
		082	新闻出版用地	指用于广播电台、电视台、电影厂、报社、杂志社、通讯社、出版社等的用地
		083	科教用地	指用于各类教育，独立的科研、勘测、设计、技术推广、科普等的用地
		084	医卫慈善用地	指用于医疗保健、卫生防疫、急救康复、医检药检、福利救助等的用地
		085	文体娱乐用地	指用于各类文化、体育、娱乐及公共广场等的用地
		086	公共设施用地	指用于城乡基础设施的用地。包括给排水、供电、供热、供气、邮政、电信、消防、环卫、公用设施维修等用地
		087	公园与绿地	指城镇、农村新社区内部的公园、动物园、植物园、街心花园和用于休憩及美化环境的绿化用地
		088	风景名胜设施用地	指风景名胜（包括名胜古迹、旅游景点、革命遗址等）景点及管理机构的建筑用地。景区内的其他用地按现状归入相应地类

续表

一级类		二级类		含义
编码	名称	编码	名称	
09	特殊用地			指用于军事设施、涉外、宗教、监教、殡葬等的土地
		091	军事设施用地	指直接用于军事目的的设施用地
		092	使领馆用地	指用于外国政府及国际组织驻华使领馆、办事处等的用地
		093	监教场所用地	指用于监狱、看守所、劳改场、劳教所、戒毒所等的建筑用地
		094	宗教用地	指专门用于宗教活动的庙宇、寺院、道观、教堂等宗教自用地
		095	殡葬用地	指陵园、墓地、殡葬场所用地
10	交通运输用地			指用于运输通行的地面线路、场站等的土地。包括民用机场、港口、码头、地面运输管道和各种道路用地
		101	铁路用地	指用于铁道线路、轻轨、场站的用地。包括设计内的路堤、路堑、道沟、桥梁、林木等用地
		102	公路用地	指用于国道、省道、县道和乡道的用地。包括设计内的路堤、路堑、道沟、桥梁、汽车停靠站、林木及直接为其服务的附属用地
		103	街巷用地	指用于城镇、农村新社区内部公用道路（含立交桥）及行道树的用地。包括公共停车场，汽车客货运输站点及停车场等用地
		104	农村道路	指公路用地以外的南方宽度≥1.0m、北方宽度≥2.0m的村间、田间道路（含机耕道）
		105	机场用地	指用于民用机场的用地
		106	港口码头用地	指用于人工修建的客运、货运、捕捞及工作船舶停靠的场所及其附属建筑物的用地，不包括常水位以下部分
		107	管道运输用地	指用于运输煤炭、石油、天然气等管道及其相应附属设施的地上部分用地
11	水域及水利设施用地			指陆地水域，海涂，沟渠、水工建筑物等用地。不包括滞洪区和已垦滩涂中的耕地、园地、林地、居民点、道路等用地
		111	河流水面	指天然形成或人工开挖河流常水位岸线之间的水面，不包括被堤坝拦截后形成的水库水面
		112	湖泊水面	指天然形成的积水区常水位岸线所围成的水面
		113	水库水面	指人工拦截汇集而成的总库容≥10万m³的水库正常蓄水位岸线所围成的水面
		114	坑塘水面	指人工开挖或天然形成的蓄水量＜10万m³的坑塘常水位岸线所围成的水面
		115	沿海滩涂	指沿海大潮高潮位与低潮位之间的潮浸地带。包括海岛的沿海滩涂。不包括已利用的滩涂
		116	内陆滩涂	指河流、湖泊常水位至洪水位间的滩地；时令湖、河洪水位以下的滩地；水库、坑塘的正常蓄水位与洪水位间的滩地。包括海岛的内陆滩涂。不包括已利用的滩地
		117	沟渠	指人工修建，南方宽度≥1.0m、北方宽度≥2.0m用于引、排、灌的渠道，包括渠槽、渠堤、取土坑、护堤林
		118	水工建筑用地	指人工修建的闸、坝、堤路林、水电厂房、扬水站等常水位岸线以上的建筑物用地
		119	冰川及永久积雪	指表层被冰雪常年覆盖的土地

续表

一级类		二级类		含义
编码	名称	编码	名称	
12	其他土地			指上述地类以外的其他类型的土地
		121	空闲地	指城镇、农村新社区、工矿内部尚未利用的土地。
		122	设施农用地	指直接用于经营性养殖的畜禽舍、工厂化作物栽培或水产养殖的生产设施用地及其相应附属用地，农村宅基地以外的晒晒场等农业设施用地
		123	田坎	主要指耕地中南方宽度 ≥ 1.0m、北方宽度 ≥ 2.0m 的地坎
		124	盐碱地	指表层盐碱聚集，生长天然耐盐植物的土地。
		125	沼泽地	指经常积水或渍水，一般生长沼生、湿生植物的土地
		126	沙地	指表层为沙覆盖、基本无植被的土地。不包括滩涂中的沙地
		127	裸地	指表层为土质，基本无植被覆盖的土地；或表层为岩石、石砾，其覆盖面积 ≥ 70% 的土地

附表二 城乡用地分类和代码

类别代码 大类	类别代码 中类	类别代码 小类	类别名称	范围
H			建设用地	包括城乡居民点建设用地、区域交通设施用地、区域公用设施用地、特殊用地、采矿用地等
	H1		城乡居民点建设用地	城市、镇、乡、农村新社区以及独立的建设用地
		H11	城市建设用地	城市和县人民政府所在地镇内的居住用地、公共管理与公共服务用地、商业服务业设施用地、工业用地、物流仓储用地、交通设施用地、公用设施用地、绿地
		H12	镇建设用地	非县人民政府所在地镇的建设用地
		H13	乡建设用地	乡人民政府驻地的建设用地
		H14	农村新社区建设用地	农村居民点的建设用地
		H15	独立建设用地	独立于中心城区、乡镇区、农村新社区以外的建设用地,包括居住、工业、物流仓储、商业服务业设施以及风景名胜区、森林公园等的管理及服务设施用地
	H2		区域交通设施用地	铁路、公路、港口、机场和管道运输等区域交通运输及其附属设施用地,不包括中心城区的铁路客货运站、公路长途客货运站以及港口客运码头
		H21	铁路用地	铁路编组站、线路等用地
		H22	公路用地	高速公路、国道、省道、县道和乡道用地及附属设施用地
		H23	港口用地	海港和河港的陆域部分,包括码头作业区、辅助生产区等用地
		H24	机场用地	民用及军民合用的机场用地,包括飞行区、航站区等用地
		H25	管道运输用地	运输煤炭、石油和天然气等地面管道运输用地
	H3		区域公用设施用地	为区域服务的公用设施用地,包括区域性能源设施、水工设施、通信设施、殡葬设施、环卫设施、排水设施等用地
	H4		特殊用地	特殊性质的用地
		H41	军事用地	专门用于军事目的的设施用地,不包括部队家属生活区和军民共用设施等用地
		H42	安保用地	监狱、拘留所、劳改场所和安全保卫设施等用地,不包括公安局用地
	H5		采矿用地	采矿、采石、采沙、盐田、砖瓦窑等地面生产用地及尾矿堆放地

类别代码			类别名称	范围
大类	中类	小类		
E			非建设用地	水域、农林等非建设用地
	E1		水域	河流、湖泊、水库、坑塘、沟渠、滩涂、冰川及永久积雪，不包括公园绿地及单位内的水域
		E11	自然水域	河流、湖泊、滩涂、冰川及永久积雪
		E12	水库	人工拦截汇集而成的总库容不小于 10 万 m^3 的水库正常蓄水位岸线所围成的水面
		E13	坑塘沟渠	蓄水量小于 10 万 m^3 的坑塘水面和人工修建用于引、排、灌的渠道
	E2		农林用地	耕地、园地、林地、牧草地、设施农用地、田坎、农村道路等用地
	E3		其他非建设用地	空闲地、盐碱地、沼泽地、沙地、裸地、不用于畜牧业的草地等用地
		E31	空闲地	城镇、农村新社区、独立用地内部尚未利用的土地
		E32	其他未利用地	盐碱地、沼泽地、沙地、裸地、不用于畜牧业的草地等用地

参考文献

[1] 张泉，王晖，陈浩东，等 . 城乡统筹下的乡村重构 [M]. 北京：中国建筑工业出版社，2006.

[2] 方明，刘军 . 新农村建设政策理论文集 [M]. 北京：中国建筑工业出版社，2006.

[3] 李兵弟，张文成 . 三农问题与村镇建设政策理论文集 [M]. 北京：中国建筑工业出版社，2006.

[4] 李兵弟 . 中国城乡统筹规划的实践探索 [M]. 北京：中国建筑工业出版社，2011.

[5] 崔英伟 . 村镇规划 [M]. 北京：中国建筑工业出版社，2008.

[6] 顾朝林 . 城镇体系规划—理论、方法、实例 [M]. 北京：中国建筑工业出版社，2005.

[7] 汤铭潭 . 小城镇规划技术指标体系与建设方略 [M]. 北京：中国建筑工业出版社，2006.

[8] 建设部村镇建设办公室等 . 全国村镇规划设计优秀方案图集 [M]. 北京：中国建筑工业出版社，
    2002.

[9] 中国城市规划设计研究院，中国建筑设计研究院，沈阳建筑工程学院 . 小城镇规划标准研究 [M].
    北京：中国建筑工业出版社，2002.

[10] 刘亚臣，汤铭潭 . 小城镇规划管理与政策法规 [M]. 北京：中国建筑工业出版社，2004.

[11] 汤铭潭等 . 小城镇发展与规划概论 [M]. 北京：中国建筑工业出版社，2004.

[12] 王云才，郭焕成，徐辉林 . 乡村旅游规划原理与方法 [M]. 北京：科学出版社，2006.

[13] 李孟波 . 新农村规划问题研究 [J]. 农村观察，2001，（6）：18-21.

[14] 赵勇 . 历史文化村镇保护规划研究 [J]. 城市规划，2004，（8）：54-59.

[15] 高化囡，宋迎喜，孙宁，等 . 关于中国发展乡村旅游的思考 [J]. 甘肃农业，2007，（1）：11-14.

[16] 魏有广 . 乡村旅游规划体系研究 [D]. 济南：山东大学，2007.

[17] 杨梅 . 乡村旅游的扬弃与后工业化主题产品设计 [J]. 重庆工学院学报，2005，（9）：33-36.

[18] 白四座 . 新农村建设与古村落保护（上）[N]. 中国旅游报，2007，（7）（11）.

[19] 陈威著 . 景观新农村：乡村景观规划理论与方法 [M]. 北京：中国电力出版社，2007.

[20] 安国辉 . 农村新社区规划 [M]. 北京：科学出版社，2008.

[21] 张万芳 . 中国新农村规划建设简明实用教程 [M]. 北京：中国建筑出版社，2008.

[22] 汪晓敏，汪庆玲 . 现代村镇规划与建筑设计 [M]. 南京：东南大学出版社，2007.

[23] 李惟科 . 城乡统筹规划方法 [M]. 北京：中国建筑工业出版社，2015.

[24] 邱日斤 . 从新农村到小城镇 [M]. 北京：中国建筑工业出版社，2015.

[25] 李慧民 . 农村基础设施建设技术与管理教程 [M]. 北京：中国建筑工业出版社，2014.

[26] 方明，董艳芳 . 新农村建设农村新社区治理研究 [M]. 北京：中国建筑工业出版社，2006.

[27] 张泉，王晖，梅耀林，赵庆红 . 农村新社区规划（第二版）[M]. 北京：中国建筑工业出版社，
    2011.

[28] 周建明，丁洪建 . 中国城市土地利用的理论与实践 [M]. 北京：中国建筑工业出版社，2009.

[29] ［美］亚历山大 . 加文 . 美国城市规划设计的对与错 [M]. 北京：中国建筑工业出版社，2010.

[30] 吴次芳，潘文灿 . 国土规划的理论与方法 [M]. 北京：科学出版社，2003.

[31] 曹型荣，高毅存 . 城市规划实用指南 [M]. 北京：机械工业出版社，2009.

[32] 甄峰 . 城市规划经济学 [M]. 南京：东南大学出版社，2011.

[33] 朱贤枚 . 中国国情学 [M]. 北京：光明日报出版社，1997.

[34] 刘垚，田银生，周可斌 . 从一元决策到多元参与——广州恩宁路旧城更新案例研究 [J]. 城市规划，2015，8：101-103.

[35] 贾莉，闫小培 . 社会公平、利益分配与空间规划 [J]. 城市规划，2015，39（9）：9-15.

[36] 胡耀文 . 国家治理现代化进程中的城市设计控制思考 [J]. 城市规划，2015，39（9）：16-20.

[37] 巴里·卡林沃思·文森特·纳丁著 . 英国城乡规划 [M]. 陈闽齐等翻译，张京祥校译 . 南京：东南大学出版社，2011.

[38] 李惟科 . 以改革为背景谈城乡统筹规划的方法 [J]. 城市规划，2016，1：19-24.

[39] 黄怡 . 中国城市社会学研究的若干问题 [J]. 城市规划学刊 .2016，（2）：45-49.

[40] 谢英挺，王伟 . 从"多规合一"到空间规划体系重构 [J]. 城市规划学刊 .2015，（3）：15-21.

[41] 杨保军，陈鹏 . 新常态下城市规划的传承与变革 [J]. 城市规划 .2015，11：9-15.

[42] 黄亚平 . 城市规划与城市社会发展 [M]. 北京：中国建筑工业出版社，2009.

[43] 罗震东，何鹤鸣，张京祥 . 改革开放以来中国城乡规划学科知识的演进 [J]. 城市规划学刊 .2015，（5）：30-38.

[44] 王向东，龚建 ."多规合一"视角下的中国规划体系重构 [J]. 城市规划学刊 .2016，（2）：88-95.

[45] 于春敏 . 论新时期农村文化遗产保护的困境与对策 [J]. 广西师范大学学报：哲学社会科学版，2010，46（4）：125-128.

[46] 黄玉强 . 论农村文化遗产的保护与传承 [J]. 歌海，2008，（4）：44-45.

[47] 韩洋 . 对新农村建设中如何加强农村历史文化遗产保护的思考 [J]. 博物馆研究，2008（4）：53-57.

[48] 应月芳 . 论乡村旅游的全域发展 [J]. 农村经济与科技，2017，28（24）：39-44.

[49] 陈天富 . 美丽乡村背景下河南乡村旅游发展问题与对策 [J]. 经济地理，2017，37(11)：236-240.

[50] 曾乃钰 . 全域旅游视角下我国乡村旅游转型升级的路径 [J]. 中国集体经济，2017，28（10）：1-3.

[51] 鲍青青 . 我国乡村旅游发展的现状及对策研究 [J]. 农业经济，2017，（10）：44-46.

[52] 张辉，方家，杨礼宪 . 我国休闲农业和乡村旅游发展现状与趋势展望 [J]. 中国农业资源与区划，2017，（9）：205-208.

后　记

党的十九大报告要求：实施乡村振兴战略。农业农村农民问题是关系国计民生的根本性问题，必须始终把解决好"三农"问题作为全党工作重中之重。要坚持农业农村优先发展，按照产业兴旺、生态宜居、乡风文明、治理有效、生活富裕的总要求，建立健全城乡融合发展体制机制和政策体系，加快推进农业农村现代化。为新时期农村新社区规划编制提出了新目标、新方向、新任务。

习近平总书记指出，要坚持乡村全面振兴，抓重点、补短板、强弱项，实现乡村产业振兴、人才振兴、文化振兴、生态振兴、组织振兴，推动农业全面升级、农村全面进步、农民全面发展。要尊重广大农民意愿，激发广大农民积极性、主动性、创造性，激活乡村振兴内生动力，让广大农民在乡村振兴中有更多获得感、幸福感、安全感。要坚持以实干促振兴，遵循乡村发展规律，规划先行，分类推进，加大投入，扎实苦干，推动乡村振兴不断取得新成效。

我国农村建设伴随深化改革开放进入新时代，踏上新征程，呈现出一个全新的发展阶段。伴随城镇化的发展，农村出现农村新社区个数大幅度减少的发展态势，国家对于农村建设投资力度不断地增大，对于农村的基础设施、公益设施的建设逐渐纳入国家投入建设的内容，结合目前落实扶贫任务，出现一些农村新社区异地搬迁；农村新社区过于小的出现合并现象；按照地方上镇村体系规划进行组合新的社区，这些现象均说明在新历史时期，建设农村新社区正在成为新时代农村建设的趋势。

农村的基本功能有就是满足农民的"衣、食、住、行"的基本需求。但我国农村大多数都是从千百年自给自足小农经济社会演变而来，在历史上那种自然经济条件下，各种需求都很低下，普遍相对简陋。这也是给人们留下农村落后的感官成因之一。伴随我国经济社会的发展，农业生产条件有了显著地改善，农民的生活也发生了巨大变化，农民对于生产、生活的需求出现了更大、更新的需求。原来仅能满足自给自足小农经济的生产、生活需求的农村不能适应现代农业、现代农民生产、生活的需求。因此，建设农村新社区成为建设社会主义新农村的一个必然趋势。

建设农村新社区不同于城镇社区建设，原因是农村的生产、生活、社会文化与城市有着很大的区别和差异，完全按照城市规划设计的标准来规划农村新社区不能满足农村生产、生活的需求，因此对于农村新社区规划的研究和部署有着重要的意义，是社会主义新农村建设的需要。为此，根据我们的实践，决定编写《农村新社区建设规划》一书，它是河北安远规划设计院员工在长期从事农村新社区建设规划的基础上编制的，是适用我国现在农村建设状况的实用书籍。我国农村分布广阔，千姿百态，大小、疏密、习俗、风格、需求差距很大，不可能用一个统一的模式规划建设农村新社区。

农村新社区建设规划的内容主要是对于农村新社区概念的界定，农村新社区基础设施、公益设施建设的标准、规模以及因地而异的特殊规定作出一些说明，对于农村新社区建设具有指导作用。乡村振兴主要是产业振兴，本书中加大了关于产业振兴的内容，如：社区域内产业发展规划、农村经营方式、土地流转以及农业产业园区规划设计等内容，同时对于农村生产、生活、文化设施的特殊要求也做了适当的安排。适用于农村新社区建设的需求。

　　农村是一个复杂的社会环境，本书依据农村经济社会发展的需求，对于农村中产业发展、农业园区规划设计、土地流转、历史名村保护与传承、乡村旅游以及农村新社区相关管理做了具体说明，这些在农村新社区建设中都是不可缺失的内容。

安国辉　2018 年 6 月 28 日

于石家庄市